Viva Guide

KALIFORNIEN

RV
VERLAG

Autor: Mick Sinclair
Serienberatung: Ingrid Morgan
Serienredakteur: Nia Williams
Design: KAG Design Ltd

Deutsche Ausgabe:
© RV Reise- und Verkehrsverlag GmbH, Berlin • Güters-
loh • Leipzig • München • Postdam • Stuttgart 1993
3. Auflage, 1997

Übersetzung: Gerd Meißner für GAIA Text, München
Redaktion: Rita Seuß, Prisma Verlag GmbH, München
Satz und Produktion: GAIA Text, München
Lithographie: Fotographics Ltd
Druck und Bindung: LEGO SpA, Italien

Vertrieb: GeoCenter Verlagsvertrieb GmbH, München

ISBN 3-89480-003-8

Unser Autor:
Mick Sinclair verfaßte Reiseführer über Florida und Kalifornien und schreibt für diverse Zeitungen und Magazine.

Das Chinese Theater, gegründet 1927 von Sid Grauman.

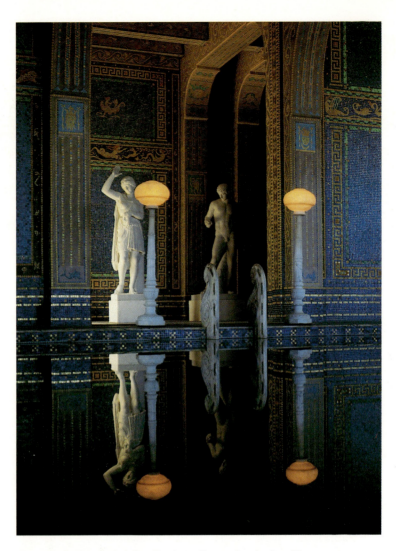

Der »römische« Swimming-Pool von Hearst Castle, San Simeon.

Zu diesem Buch

Dieses Buch ist in drei Hauptabschnitte aufgeteilt. Im ersten Abschnitt wird das Augenmerk zunächst auf das Alltagsleben, die Kunst und Kultur sowie die geschichtlichen Hintergründe gerichtet. Anschließend werden die Sehenswürdigkeiten nach Regionen geordnet behandelt, wobei San Francisco, Los Angeles und San Diego ein eigenes Kapitel gewidmet ist. Rubriken mit den Überschriften »Focus« und »Special« gehen näher auf Themen und Örtlichkeiten ein. Hier werden auch Erkundungen »zu Fuß« und Ausflüge »mit dem Auto« vorgeschlagen. Im dritten Hauptteil findet der Reisende nützliche Reiseinformationen zu Anreise und Visafragen, Klima, Geld, Telefon und Post, Gesundheit, Fremdenverkehrsämtern, Fragen rund ums Auto, Medien und andere wichtige Hinweise. Ein Hotel- und Restaurantführer befindet sich am Ende des Buches.

Inhalt

Mein Kalifornien 8–9
 von Pamela Bellwood-
   Wheeler 8
 von Ray Riegert........................9

Kalifornien heute 10–19
 Golden State 10
 Wirtschaft 12
 Ökologie 13
 Bevölkerung 14
 Kulte 16
 New Age 17

Kalifornien damals..............20–33
 Vorgeschichte 20
 Ureinwohner......................22
 Entdecker............................23
 Begehrtes Land 24
 Goldrausch..........................26
 Wirtschaftsboom 28
 Hollywood............................30
 Wilde Jahre 32

San Francisco 34–73
 Die Districts........................36
 Museen und Galerien..................40
 Focus: Gay Life....................45
 Zu Fuß: Durch Chinatown 46

Zu Fuß: Financial District 47
Zu Fuß: Golden Gate
   Promenade 47
Zu Fuß: North Beach 50
 Rundgänge 51
 Bauwerke............................52
 Parkanlagen........................56
 Ausflüge 58
 Shopping............................60
 Essen und Trinken 62
 Ausgehen 66
 Unterkunft..........................68
 Praktische Hinweise..................70

Die Bay Area......................74–89
Special: Cuisine 78
Mit dem Auto: Marin County,
 die North Bay und
    die East Bay 79
Focus: Alcatraz 80
Special: Ökologie 82
Special: Politik............................84
Special: Themenparks 87
Special: Erholungsparks............89

Nördliche Central Coast....90–101
Special: Schriftsteller 94
Special: Parks im Inland 97

6

Zu Fuß: Die Gegend um
   Monterey.....................................98
Special: Monterey 99
Special: Parks an der Küste...101

Südliche Central Coast 102–15
Special: Strände..........................106
Focus: Hearst Castle 109
Special: Missionen 110
Zu Fuß: Durch Santa Barbara..112
Mit dem Auto: Das Santa
   Ynez Valley.................................114

Los Angeles.......................116–49
Special: LA-Bevölkerung.........119
Focus: El Pueblo.......................120
Zu Fuß: Sehenswürdigkeiten
   in Downtown 121
Special: Architektur 122
Special: Zuschauersport..........125
Mit dem Auto: Der Griffith
   Park 126
Special: Exposition Park 127
Zu Fuß: Durch Long Beach....130
Special: Musik 132
Mit dem Auto: Küstenroute von
   Marina del Rey nach
   San Pedro...................................134
Shopping 140

Essen und Trinken....................142
Ausgehen 144
Unterkunft 146
Praktische Hinweise 148

**Die Umgebung von
   Los Angeles**...................150–65
Special: Kunst............................154
Mit dem Auto: Das San Gabriel
   Valley 159
Zu Fuß: Pasadena.....................159
Special: Disney & Co 160
Focus: Forest Lawn 165

San Diego.........................166–81
Focus: Architektur 170
Special: Sand und Meer 174
Die Umgebung San Diegos 176
Mit dem Auto: Highway-76
   und Highway-78.....................177
Focus: La Jolla............................179

Die Wüsten.........................182–95
Mit dem Auto: »Am Rande
   der Welt«...................................186
Focus: Tal des Todes...............187
Mit dem Auto: Die Umgebung
   von Palm Springs...................191

Mit dem Auto: The Lost Coast
(die verlorene Küste) 237
Focus: Der Andreasgraben 239
Focus: Redwood National
Park 243

Wine Country 244–55
Focus: Heilquellen 247
Mit dem Auto: vom Calistoga
zum Clear Lake und
zurück 248
Special: Wein 250
Special: Parks 253

Reiseinformationen 256–65

Hotels und
Restaurants 266–281

Register 282–288

Karten
Kalifornien 10
Kalifornien im Jahr 1851 20
San Francisco 34
San Francisco: Zentrum 48
Die Bay Area 74
Nördliche Central Coast 90
Südliche Central Coast 102
Los Angeles 116
Los Angeles: Umgebung 150
San Diego 166
Die Wüsten 182
Sierra Nevada 196
Gold Country und
der Norden 210
Nordküste 228
Wine Country 244

Zu Fuß: Die Innenstadt von
Tallahassee 255
Special: Wüsten 194

Sierra Nevada 196–209
Special: Abenteuersport 199
Mit dem Auto: Die Nationalparks
Sequoia und Kings Canyon..201
Special: Geologie 202
Focus: Lake Tahoe 205
Mit dem Auto:
Mammoth Lakes 206
Focus: Wege und Seen 207
Special: Yosemite 208

Gold Country und
Far North 210–27
Gold Country 212
Mit dem Auto: von Jamestown
nach Placerville 214
Special: Techniken des
Goldabbaus 216
Focus: Sacramento 221
Zu Fuß: Sacramento 222
Far North 224
Special: Wanderwege 226

Die Nordküste 228–43
Special: Die Redwoods 232

Mein Kalifornien

von Pamela Bellwood-Wheeler

Ich brachte 182 Meilen mit meinem 4-Rad-betriebenen Wagen hinter mich, als ich mit meinem Mann und meinem älteren Sohn am Mojave Desert Trail campte. Zwischendurch fuhren wir kurz nach Hause, um die Ausrüstung für Ski-Touren in den Mammoth-Bergen zu holen. Bei der Rückreise erinnerte ich mich an eine spöttische Bemerkung, die ich einmal an der East Coast gehört habe: ´Ein Kalifornier ist jemand, der am Morgen aufsteht, seinen Orangensaft trinkt, im Pool schwimmt, sich in die Sonne legt, und wenn er aufwacht, ist er 84.´ Falsch. Kalifornien ist kein Platz des Faulenzens, der Beständigkeit oder Kontemplation. Es ist unermeßlich kontrastreich. Der höchste und der tiefste Punkt des Kontinents sind gerade eine Stunde voneinander entfernt. Es gibt Dürre und Überschwemmungen, Lärm und Stille, dichte Wälder und öde Wüsten, Sonne und Nebel. Die chaotische Ausdehnung von Los Angeles mit seinen vielen Vororten ist eine kontrollierte Anarchie.

Als ich die East Coast verließ, kamen mir die Worte von H.L. Mencken in den Sinn: »Wenn die Erde umkippt, sammelt sich alles nicht Niet- und Nagelfeste in Kalifornien.« Kalifornien erfindet sich selbst täglich neu; seine Häuser sind von Mauern mit Fenstern umgeben. Ist dies ein Symbol, die Vergangenheit zu verdrängen und nur nach vorn zu blicken?

Ich lebe hier nun seit 15 Jahren. Hier habe ich meinen Mann kennengelernt. Unsere Kinder wurden hier geboren. Wir verbrachten den Sommer in Europa. Aber bei unserer Rückkehr erregte mich immer der physische Optimismus der ungeheuren Weite Kaliforniens, die Klarheit des Lichtes und die Frische - außer bei Smog. Vielleicht ziehen wir eines Tages um. Ein anspruchsloser Ort ist leicht zu verlassen. Vielleicht scheint es dann so, als seien wir nur für einen Moment hier gewesen – aber für einen farbigen Moment. Eine Zeit, in der meine Kinder Vertrauen in ihre Möglichkeiten faßten, mit dem Potential, sie zu verwirklichen... – wie die grenzenlosen Ränder Kaliforniens.

Sierra Nevada, von der Route 395 aus gesehen.

Pamela Bellwood-Wheeler wurde an der East Coast geboren und wuchs dort auf. Sie besuchte hier das College und die Schauspielschule. Vor ihrem Umzug nach Los Angeles, wo sie durch ihre Rolle in der Serie *Denver-Clan* bekannt wurde, trat sie am Broadway auf. Pamela Bellwood-Wheeler lebt mit ihrem Mann, dem Fotographen Nik Wheeler, und ihren Kindern Adam, Kerry und Christian noch immer in LA.

Mein Kalifornien

von Ray Riegert

Der erste Besuch in Kalifornien ist wie ein *Déja-Vu*-Erlebnis. Meine ersten Erfahrungen mit dem Staat machte ich mit 18, als ich die Küste hinunter nach Mexiko trampte. Mein ganzes Leben hatte ich im Umland von New York verbracht, nur 20 Meilen vom Atlantik entfernt. Aber als ein Kind des Fernsehzeitalters mußte ich einfach die riesigen, mit Palmen bestückten Städte sehen. Hunderte von Filmen haben mich überzeugt, daß der Wilde Westen hinter der Mojave-Wüste begann, und daß alle Ozeane dem Pazifik ähnelten.

Blick vom 17-Mile Scenic Drive, Monterey-Halbinsel.

Für amerikanische Kids wie mich repräsentierte die Architektur Kaliforniens die Gebäude-Stile der Welt, und die Bevölkerung des Golden State stellte die Population von überall dar. Ich trampte auf der Memory Lane .
Für jenes Kid auf dem Weg zum College war Kalifornien nur ein Bild im Kopf. Wie für alle von uns existierte Kalifornien schon im Medium Film, irgendwo in meiner Psyche. Es zu besuchen, war wie eine Rückkehr in meine eigene Vergangenheit – zu Orten, die weder richtig real waren noch schon hinter mir lagen.
Heute, mehr als 20 Jahre später, erkenne ich, daß Hollywood in meinen unreifen Augen Kalifornien zu einer Metapher für gutes Leben gemacht hatte. Die Attribute, die anfänglich Filmemacher angezogen hatten – das italienische Klima Kaliforniens, seine abwechslungsreiche Geographie und sein gemächliches Tempo – das waren genau die Merkmale, die mich hierher lockten.
Für mich ist die Schönheit Kaliforniens nach zwei Jahrzehnten der Mythos, der Wirklichkeit wurde. Ich war auf der Suche nach etwas gekommen, das nur auf Zelluloid existierte, und fand ein Land, wo ich meine Lebenspläne schmieden konnte. Mein Kalifornien ist Yosemite Valley und die Golden Gate Bridge, die Küste von Big Sur und Los Angeles bei Nacht. Aber es bedeutet auch meine Frau, die im Schatten Hollywoods aufwuchs, die Karriere, die ich hier startete, und meine beiden Kinder, die, nicht wie der verträumte Tramper, im Westen der Sierra Nevada gezeugt und geboren wurden.

Ray Riegert ist Präsident von Ulysses Press in Berkeley, Kalifornien. Er ist Autor von vier Büchern über Kalifornien, wie »Hidden Coast of California« und »California: The Ultimate Guidebook«. Mit seinem populärsten Buch, »Hidden Hawaii«, gewann er Preise für herausragende Reiseführer, nämlich den »Herden Lowell Thomas Award« und den »Hawaii Visitors Bureau Award for Best Guidebook«.

KALIFORNIEN

0	100	200 km
0	50	100 Meilen

■ **Kaum ein Land hat so viele und so starke Sehnsüchte geweckt wie Kalifornien. Spanische Forschungsreisende; die »Fortyniners«, die Einwanderer von 1849; Möchtegern-Filmstars und Millionen Touristen – alle kamen, um das Gelobte Land Amerika zu finden. Die wenigsten wurden enttäuscht, obwohl Kalifornien immer etwas anders ist, als man es erwartet hat ... ■**

Was seine Sozialstruktur, seine geographische und politische Landschaft betrifft, ist der »Golden State« viel zu abwechslungsreich und komplex, als daß man ihn in ein bestimmtes Schema pressen könnte. So ist auch nur ein verblüffend geringer Teil der etwa dreißig Millionen Kalifornier im Staat geboren, und nicht einmal die Hälfte davon dürfte dem Bild des typischen Anglo-Amerikaners entsprechen. Nur das südlichste Viertel der rund eintausend Meilen langen Küste Kaliforniens besteht aus goldenen Sandstränden. Der Rest sind zum Teil hochaufragende, steile Felsklippen, gegen die die tosende Brandung donnert.

Ein Teil der kalifornischen Goldküste nördlich von Malibu.

Im Landesinneren gibt es vegetationsarme Wüstenregionen, schneebedeckte Berge, aber auch üppig grüne Weinanbaugebiete und die berühmten Redwood-Baumriesen. Die beiden größten Städte Kaliforniens liegen Welten voneinander entfernt: San Francisco ist klein, attraktiv und strahlt Wärme und kulturelles Flair aus. Die riesige Metropole Los Angeles dagegen ist zwar alles andere als langweilig, muß aber beständig um die Erhaltung seines Glamour-Images kämpfen und gibt dem Wort »Stadt« eine bislang unbekannte Dimension.
Das Schlagwort Kaliforniens lautet: »Anything goes«, und tatsächlich scheint das Land der unbegrenzten Möglichkeiten hier seinem Namen noch gerecht zu werden. Zwar zeigen inzwischen die langjährigen Bemühungen linksliberaler Politiker Erfolg, und Umweltschutz ist seit einiger Zeit kein Tabu-Thema mehr. Doch muß man davon ausgehen, daß eine konservative Einstellung vorherrscht.

Staatsmotto: Heureka (Ich habe es gefunden!)
Staatshymne: *I love you, California*
Staatsmineral: Gold
Staatsblume: Goldmohn
Staatstier: Grizzlybär
Staatsvogel: Schopfwachtel
Staatsfisch: Lachsforelle
Staatsreptil: Wüstenschildkröte
Staatsinsekt: Schmetterling
Staatssäugetier: Grauwal
Staatsfossil: Säbelzahntiger

Wirtschaft

■ **Schon bevor die ersten Europäer sich hier niederließen, galt Kalifornien als Land, in dem ungeheure Schätze verborgen lägen. Die Goldfunde verstärkten diesen Glauben. Von nun an ging es wirtschaftlich ständig aufwärts: Heute ist Kalifornien eine Finanzmacht, deren Industriezweige die Basis einer blühenden Wirtschaft bilden. Wäre Kalifornien ein selbständiger Staat, es wäre das siebtreichste Land der Welt ... ■**

Trotz der ständig wachsenden Vorteile, die die Lage am Rande des Pazifik mit sich bringt, sieht Kaliforniens Zukunft nicht gerade rosig aus: Ungünstige Lage der Weltwirtschaft, nationale Rezession, demographische Veränderungen sowie soziale und umweltpolitische Probleme – all das setzt Kaliforniens Wirtschaft unter Druck. Es steht zu befürchten, daß die Armut in Kalifornien bald genauso auffällig sein wird wie es heute noch der Reichtum ist.

Luftfahrtindustrie: Aus bescheidenen Anfängen hat sich seit Beginn unseres Jahrhunderts ein riesiger Industriezweig mit Unternehmen wie Hughes Aircraft, Lockheed und McDonnell Douglas entwickelt, in dem über eine halbe Million Kalifornier beschäftigt sind. Da seit dem Ende des Kalten Krieges Einsparungen im Verteidigungshaushalt der USA staatliche Aufträge rar machen, ist dieser Wirtschaftszweig längst nicht mehr so lukrativ, und viele große Unternehmen verlegen ihre Produktion in Billiglohnländer.

Landwirtschaft: Segen oder Bedrohung?

Silicon Valley: Seit den 70er Jahren hat die Entwicklung des Silikon-Chips der Computerindustrie ständig neue Rekordumsätze beschert, und das sogenannte Silicon Valley bildete lange die Weltspitze.

Der Niedergang des Silicon Valley ist nicht weniger spektakulär als sein Aufstieg: Bedingt durch eine Stagnation der Computerindustrie, streiten sich viel zu viele Unternehmen um einen kaum noch expansionsfähigen Markt. Gleichzeitig hat die Zahl der staatlich finanzierten Projekte stark abgenommen. Auch gesellschafts- und umweltpolitisch zahlt die Region heute für den kurzen Boom: Der Smog ist hier fast so schlimm wie in Los Angeles.

Die in den 1860er Jahren entdeckten Erdölvorkommen sind noch nicht erschöpft. In der Umgebung von Los Angeles und im Tiefland stehen zahlreiche Bohrtürme. Die Förderung vor der Küste wurde begrenzt, nachdem es 1969 in der Nähe von Santa Barbara zu schweren Umweltschäden gekommen war.

Landwirtschaft: Nicht etwa die Filmstars bringen Kalifornien das meiste Geld: Rund fünfzig Prozent der US-amerikanischen Ernte an Obst, Nüssen und Gemüse (16 000 Mio. Dollar Jahresumsatz) wird hier produziert. Doch inzwischen mehren sich die Stimmen, die ökologische Schäden durch den Einsatz von Chemikalien und durch die Umwandlung von Wüsten- in Farmland beklagen.

■ **Mehr als 100 Jahre unbegrenztes Wachstum haben ihren Preis: Kaliforniens Ökosystem liegt im Argen. Die künstliche Umleitung von Wasserwegen und die Abholzung der Wälder haben bei Flora und Fauna nicht wiedergutzumachende Schäden angerichtet, und Kalifornien weist die ärgste Luftverschmutzung der ganzen USA auf. Von der Gründung des Sierra Clubs (1892) bis zu Umweltschutzinitiativen hat sich einiges getan, doch ist Kalifornien noch weit von einer akzeptablen Lösung entfernt. Nicht nur die Bürokratie steht im Wege; noch immer haben Konservative und Vertreter kommerzieller Interessen eine starke Lobby ... ■**

Luftverschmutzung: 25 Millionen Fahrzeuge und eine ungünstige Kombination aus geographischer Lage und Klima sind schuld am Smog, der ganz Kalifornien Kopfschmerzen bereitet. Neben Los Angeles besonders schlimm betroffen sind weitere Städte im Süden sowie das Silicon Valley im Norden. Katalysatoren und bleifreies Benzin haben sich durchgesetzt, was sich vom Car-pooling (Fahrgemeinschaften) leider nicht sagen läßt. Seit Jahren baut die Stadt Los Angeles an einem teuren Netz öffentlicher Verkehrsmittel, das bis zum Jahr 2000 acht Millionen Autofahrer von der Straße locken soll.

Gefährdeter Lebensraum: Alljährlich lassen sich rund eine halbe Million Menschen neu in Kalifornien nieder, was dazu führt, daß immer mehr schützenswerte Landstriche zubetoniert werden. Inzwischen setzen sich die Bewohner einiger Regionen freiwillig für Steuererhöhungen ein, um eine weitere Zerstörung der Umwelt zu verhindern.
Um die Wirtschaft in Südkalifornien anzukurbeln und die Agrarerträge im Central Valley aufzustocken, wurde Wasser aus nordkalifornischen Flüssen abgeleitet. Dies hat speziell im Sacramento-Delta und in der San Francisco Bay zu massiven Störungen im ökologischen Gleichgewicht geführt. Dürreperioden zogen Wasserrationierung nach sich.

Waldbestand: 90 Prozent der kalifornischen Redwoods und Douglas-Tannen sind seit den Jahren des Gold-Rush dem Beil oder der Baumsäge zum Opfer gefallen. Nicht einmal die Tatsache, daß die Regierung die Redwoods an der Küste und die Giant Sequoias unter Naturschutz gestellt hat, kann das Überleben dieser ein-

Kalifornien zählt mehr seltene oder vom Aussterben bedrohte Spezies als jeder andere Staat der USA: insgesamt 283.

zigartigen Baumriesen garantieren: Die Zivilisation bereitet ihnen auch indirekt – durch Erosion – das Aus.

LA: Zentrum der Auto-Wahns.

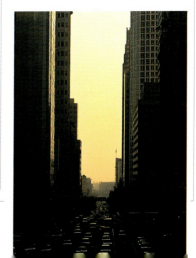

■ **Angesichts des staatlichen Personals glaubt man es kaum, aber 1990 waren nur 57 Prozent der Kalifornier weiße Anglo-Amerikaner. Bis zum Jahr 2000 wird es gar keine vorherrschende Bevölkerungsgruppe mehr geben, sondern nur noch mehrere große ethnische Minderheiten ... ■**

Konflikte im Heimatland und gelockerte Einwanderungsbestimmungen haben seit den 50er Jahren zahlreiche Asiaten nach Kalifornien geführt, und die etablierte hispanische Bevölkerungsgruppe ist im letzten Jahrzehnt um über siebzig Prozent angewachsen. 85 Prozent der mehr als sieben Millionen Menschen, die in den 80er Jahren nach Kalifornien einwanderten oder dort geboren wurden, gehören der asiatischen oder hispanischen Bevölkerung an. Die Zahl der Weißen ist dagegen rückläufig – Auswanderung und sinkende Geburtenrate sind die Gründe dafür. In manchen Fällen spielt möglicherweise auch die Angst vor dem multikulturellen Kalifornien der Zukunft mit.

Kulturelle Vielfalt bereichert das Leben: Melrose Avenue, LA.

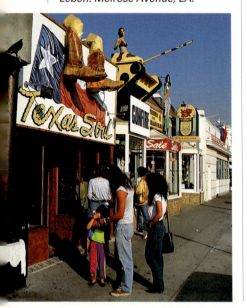

Indianer: Seit der spanischen Missionierung bis in die 1960er Jahre hinein wurde die Urbevölkerung Amerikas aus ihren angestammten Gebieten vertrieben und ihrer Rechte beraubt. In den folgenden zwei Dekaden nahm die indianische Bevölkerung zahlenmäßig wieder etwas zu, und heute leben in Kalifornien rund 250 000. Obwohl sie die eigentlichen Ureinwohner sind, bilden sie die unauffälligste aller ethnischen Gruppen. Etwa zwanzig Prozent von ihnen leben in Reservaten.

> In Kalifornien leben mehr Menschen als in ganz Kanada.

Afro-Amerikaner: Schwarze afrikanischen Ursprungs bilden einen wichtigen Faktor in der frühen Siedlungsgeschichte Kaliforniens, denn sie kamen zum Teil schon mit den Spaniern. Die größte Zunahme erlebte der schwarze Bevölkerungsteil während der 1940er Jahre, als die hiesige Schwerindustrie kriegsbedingt Arbeitskräfte aus den Südstaaten anlockte. Die Afro-Amerikaner haben aufgrund ihres hohen Bevölkerungsanteils inzwischen zwar einige wichtige politischeSchlüsselpositionen erreicht, doch da der tief verwurzelte Rassenhaß vieler Weißer fortbesteht, kann die Mehrheit der Afro-Amerikaner der wirtschaftlichen Misere, und damit auch den Ghettos, nicht entkommen. In manchen Fällen hat der Zuzug von Asiaten in bislang rein schwarze Wohngebiete zu Ausschreitungen geführt.
Heute ist es so, daß manche Afro-Amerikaner in Anbetracht des unsicheren Arbeitsmarktes die Rückkehr in die Südstaaten erwägen, wo die Landwirtschaft Arbeitsplätze bietet.

14

Bilder einer vielfältigen und lebensfrohen Kultur, im Hispanic Mission District in San Francisco.

Hispanics: Die spanische Geschichte Kaliforniens spiegelt sich in zahllosen Orts- und Straßennamen wider. Heute gehört jeder sechste Kalifornier der spanischsprechenden Bevölkerungsgruppe an, und die Medien tragen dieser Zahl Rechnung. Viele Radio- und Fernsehsender buhlen um ihre Gunst. Schon 1945 lebte in Los Angeles die größte mexikanische Gemeinde außerhalb Mexikos, und zwischen 1951 und 1964, als die US-Regierung »Gastarbeiter« für die Landwirtschaft anwarb, kamen immer mehr über die Grenze. Die schlechte Wirtschaftslage in Mexiko sowie eine vergleichsweise hohe Geburtenrate haben seither zu einer ständigen (teils legalen, teils illegalen) Zunahme der hispanischen Bevölkerung Kaliforniens geführt.

Asiaten: 35 Prozent der asiatischen Bevölkerung der USA leben in Kalifornien, wo sie heute ein Zehntel der Einwohner ausmachen. Diese Zahl ist seit den 80er Jahren um 127 Prozent gestiegen. Die ersten asiatischen Einwanderer waren Chinesen und kamen zur Zeit des Gold Rush. Viele wurden Arbeiter, einige trieben Handel, aber alle bekamen den unverhohlenen Rassismus zu spüren, der dazu führte, daß sie sich zusammentaten und in Chinatown-Distrikten niederließen. Bis zur Aufhebung der antiasiatischen Einwanderungsbestimmungen im Jahr 1965 blieb

ihre Zahl relativ konstant. Danach konnten es sich immer mehr Chinesen erlauben, sich außerhalb der traditionellen Chinatowns anzusiedeln, in denen nur die Armen und Alten zurückblieben, die sich nicht in die amerikanische Gesellschaft eingliedern wollten oder konnten.

Nicht lange nach den ersten Chinesen kamen auch japanische Arbeiter und Bauern nach Kalifornien, wo sie den Grundstock für die blühende Landwirtschaft legten. Nach dem Angriff auf Pearl Harbour 1941 wurde fast die gesamte japano-amerikanische Bevölkerung interniert. Die Kinder dieser Generation haben sich jedoch hervorragend an den amerikanischen Lebensstil angepaßt, und heute zählen sie zu den erfolgreichsten Bewohnern Kaliforniens.

> Selbst wenn die Einwanderungswelle gestoppt würde, gäbe es hier im Jahr 2000 dennoch vier Mio. Menschen mehr als heute.

Seit den 1950er Jahren leben zahlreiche Koreaner in Los Angeles, und nach dem Fall von Saigon kamen in den 70ern Hunderttausende Vietnamesen nach Kalifornien. In San Francisco haben sie dem Tenderloin District zu neuem Leben verholfen. Weniger gut geht es den Kambodschanern, die in »Little Phnom Penh« bei Long Beach leben und sich in die Gesellschaft dadurch integrieren, daß sie sich an den Straßenschlachten zwischen schwarzen und hispanischen Streetgangs beteiligen.

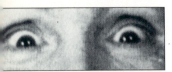

■ **Von den marxistischen Holzfällerkolonien bis zu den bunt gemischten Glaubensvarianten der New Age-Gemeinden bereichern seit Jahrzehnten in verschiedensten Kultbewegungen das Leben in Kalifornien ...** ■

16

Schon in den 80er Jahren des letzten Jahrhunderts haben sich utopische Gemeinschaften in Kalifornien niedergelassen. Die mit vierhundert Mitgliedern größte war die Kaweah Colony. Sie gab sich marxistisch und hatte die Selbstversorgung zum Ziel, was zur Abholzung sämtlicher Baumriesen hätte führen können. Orientalischer Mystizismus hatte in den 20er Jahren den utopischen Gemeinschaften den Rang abgelaufen. Damals wurde in Ojai die Krishnamurti Foundation gegründet, und der Orden vom Rosenkreuz ließ sich in San Jose nieder. Beide bestehen noch heute. Inspiriert durch einen Besuch des englischen Okkultisten A.Crowley, formierten sich in Los Angeles die Builders of the Adythum. In ihrem Tempel versuchen sie, die Geheimnisse der Kabbala zu ergründen. Berühmt ist der Mount Shasta: Auf diesem Berg leben angeblich die Lemurianer, hochentwickelte Lebewesen, deren Heimat im Pazifik versunken sein soll. 1930 behauptete ein gewisser G.W. Ballard, dort hätte ihm ein Jugendlicher das Lebenselixier gereicht, um ihm die Geheimnisse des Universums zu offenbaren. Daraufhin gründete Ballard die AM Foundation of Youth, zu deren Zeremonien sich in den 50er Jahren über 3000 leuchtend gekleidete Anhänger zusammenfanden.

Während Ballard seine Erleuchtung empfing, förderte der Bergbau-Ingenieur W. Warren Shufelt eine Karte über unterirdische Gänge zutage, in denen (unterhalb von Downtown Los Angeles) angeblich das Volk der »Lizard People« lebte. Zwar fand Shufelt keine weiteren Beweise, doch stieß man bei Bauarbeiten tatsächlich auf eine Reihe mysteriöser Tunnel. 1969 verübte die sogenannte Charles Manson-»Family« (siehe Seite 33)

> Aufgrund von Geschichten über »leuchtende Wesen« und dreifingrige Außerirdische, die in Supermärkten eingekauft hätten, glauben nun einige Kalifornier, das Joshua Tree National Monument sei ein UFO-Landeplatz

grauenvolle Morde. In den 70er Jahren wurden die Leiter von Synanon, einer Heilanstalt für Drogenabhängige, angeklagt, ihre Patienten der Gehirnwäsche zu unterziehen. Und Jim Jones' People's Temple fand später in Guyana ein entsetzliches Ende, als Jones zusammen mit seinen 900 Anhängern Massenselbstmord beging.

Treffen sich Außerirdische beim Joshua Tree Monument?

Im August 1987 versammelten sich viele tausend Kalifornier am Mount Shasta, einem der sogenannten »Energiepunkte« auf der Welt, die das New Age einleiten sollen. Der Begriff New Age umfaßt ein breites Spektrum esoterischer Lehren und Praktiken, die das Leben des Einzelnen weg von negativen Einflüssen der materialistischen Welt und in Einklang mit dem Unendlichen bringen wollen. Entwickelt hat sich diese Bewegung aus aktualisierten Glaubensgrundsätzen der Hippie-Generation, ist nicht zuletzt aber deshalb so erfolgreich, weil sie auch jenen Kaliforniern einen Anreiz bietet, die so reich sind, daß ihnen materielle Güter nichts mehr bedeuten ... ■

New Business: Zum kalifornischen New Age gehört natürlich auch Geschäftemacherei: Schamanen, Wiedergeborene, Reflexologen, Aromatherapeuten und viele andere preisen in zahllosen Publikationen ihre Dienste an und treten mit unzähligen Versammlungen, Seminaren und Ausstellungen an die Öffentlichkeit.
Das Esalen Institute in Big Sur hat eine Reihe der New Age-Thesen untersucht. Das 1962 von Michael Murphy und Richard Price gegründete Institut wurde in den 60er und 70er Jahren als Zentrum des »Human potential Movement« bekannt, und noch heute werden hier Workshops und Konferenzen abgehalten.
Obwohl natürlich auch Astrologie, Kartenlesen und Traumdeutung einen festen Platz im New Age innehaben, werden sie dem interessierten Besucher wie ein alter Hut vorkommen, wenn er die neueren Methoden kennenlernt. Hier ein kleiner Ausschnitt:

Channelling: In Einzel- oder Gruppensitzungen ausgeführt, wird durch Channelling ein körperloses Wesen – indianische Medizinmänner und Außerirdische sind, dem »persönlichen Geister-Führer« zufolge, besonders beliebt – herbeigerufen und spricht durch ein Medium, den »Channeller«. Bei den meisten Channelling-Sitzungen können die Teilnehmer dem Wesen Fragen stellen.

Crystals: Halbedelsteine sollen das menschliche Energiefeld beeinflussen können, wenn man sie als in Wasser gelöste Kristalle verzehrt. Man kann die Steine auch am Körper tragen oder an einem Ort hinterlegen. Die verschiedenen Halbedelsteine haben unterschiedliche Eigenschaften. Der Amethyst zum Beispiel soll Stress und Kopfschmerzen lindern. Rosenquarz soll gegen Schlaflosigkeit helfen, Bergkristall fördert angeblich den Heilungsprozeß und erleichtert dem Menschen – voraus-

Nach einer Umfrage von 1991 bezeichnen sich allein in San Francisco und der Bay Area mehr als 25 000 Menschen als Heiden oder »Wiccans« , d.h. Hexen bzw. Hexenmeister.

gesetzt er glaubt an die Kraft der Steine – den gesamten Lebensweg.

Smart drugs: Ein relativ junges New Age-Phänomen sind bewußtseinserweiternde oder »smarte« Drogen. Diese wirken auf das Gehirn und sollen das Gedächtnis stärken und die Intelligenz schärfen. Von einigen renommierten Pharmazieunternehmen legal hergestellt, erfreuen sich die Smart drugs wachsender Beliebtheit. Vor allem werden sie in sogenannten »Smart Bars« und Nightclubs konsumiert.

Körperliche Ertüchtigung

■ **Mutter Natur hat die hier Ansässigen weiß Gott verwöhnt, aber eine Gesellschaft, die körperliche Perfektion verherrlicht, und ein Klima, das selbst die faulsten Sofa-Freaks ins Freie lockt, sind wohl der Grund, daß ein Kalifornier seine Freizeit in der Regel mit schweißtreibenden Aktivitäten verbringt und nicht eher damit aufhört, bis er bzw. sie vor Kraft und Vitalität nur so strotzt ... ■**

18

Im nördlichen Teil des Bundesstaates gibt es so viele Möglichkeiten zum Bergsteigen und Paddeln, daß die Nordkalifornier normalerweise wie von selbst fit bleiben. Anders im mit mehr Einfallsreichtum und weniger natürlichen Schönheiten gesegneten Los Angeles (und generell im südlichen Kalifornien): Hier bedeutet Fitness nicht zuletzt, daß man von den richtigen Leuten am richtigen Ort bei der richtigen Sportart gesehen wird.

Health Clubs: In LA sind sogenannte Health Clubs oder Gyms an jeder Ecke zu finden, die mit einer Unmenge moderner Folterwerkzeuge und unsinniger Instrumente wie Gewichthebemaschinen, Treppensteigeapparaten u.ä. ausgerüstet sind. Dazu kommt eine Vielzahl von Trainingsleitern, die dem Wort Kinästhesie eine neue Bedeutung verliehen haben. Besonderer Beliebtheit erfreuen sich die Clubs, zu deren Mitgliedern ein

Nur wenige kalifornische Profi-Teams sind im »Golden State« gegründet worden: die LA Rams kamen 1946 aus Cleveland; die LA Dodgers zogen 1958 aus Brooklyn hierher; die LA Lakers spielten bis 1960 in Minneapolis; und die Oakland A's zogen 1968 von Kansas City nach Kalifornien.

oder zwei »Celebrities« zählen oder in denen man wichtige Geschäfte erledigen kann.

Jogging: Diese Sportart weist bestimmte regionale Vatianten auf. Im Norden kann man in den ältesten Klamotten joggen; im Süden dagegen

gleicht es einer Modenschau. Haute-couture-Jogginganzüge, Legwarmers, Walkman und eine Schweizer Uhr gehören hier zur absoluten Grundausstattung. Beim Joggen sollten Sie sich vor Skateboard- und Rollschuhfahrern in acht nehmen, denn diese machen in ganzen Legionen allerorten die Geh- und Spazierwege zu einem unsicheren Pflaster. In acht nehmen müssen Sie sich auch vor den sogenannten »Blade Skaters«, bei deren Schuhen die Rollen (wie beim Schlittschuh) in einer Reihe angebracht sind. Ursprünglich als Trockentrainingsinstrument für die Eishockeyspieler entwickelt, erreicht ein geübter Läufer damit Geschwindigkeiten von bis zu 50 Stundenkilometern – was ein kontrolliertes Abbremsen nahezu unmöglich macht.

Wassersport: Da das Surfen heute geradezu als »Nationalsportart« Kali-

»Beach Boy« vom Muscle Beach.

forniens gilt, wissen nur die wenigsten, daß das Wellenreiten erst im Jahr 1907 aus Hawaii hierher importiert und erst in den 50er Jahren – mit der Erfindung leichterer Surfbretter – populär wurde. Die mitreißenden Lieder der Beach Boys und die das Strandleben verherrlichenden Filme, die Anfang der 60er Jahre die Kinokassen zum Klingeln brachten, taten dann das Ihre: Surfen wurde zum Symbol des sonnenverwöhnten kalifornischen Lebensgefühls.

Wie man an den Menschenmassen, die sich beim Mission Beach in San Diego tummeln, ebenso wie an den heroischen Einzelkämpfern erkennt, die die Strömungen vor der steilen Felsküste der Central Coast auskosten, erfreut sich diese Sportart nach wie vor größter Beliebtheit und hat sogar eine eigene Subkultur hervorgebracht, deren Sprache für Laien nahezu unverständlich ist (siehe Kasten). Man pflegt auch eigene Sitten und Gebräuche. In manchen Gebieten vertreiben die einheimischen Surfer jeden Fremden, als seien die Brecher ihr Eigentum.

Wen die Unterwasserwelt mehr fasziniert als das Reiten auf den Wogen, der hat vielerorts (besonders entlang der Central Coast) die Möglichkeit zum Tauchen und Schnorcheln.

Strandsport: An jedem größeren südkalifornischen Sandstrand sind zahlreiche Netze aufgespannt, an denen Beach-Volleyball gespielt wird. Jeder kann mitmachen, doch Vorsicht: Dieses Spiel im Sand ist besonders anstrengend und kostet sehr viel Kraft. Wenn Ihnen keiner der oben genannten Sportarten zusagt, Sie aber dennoch nicht als Tourist erkannt werden wollen, kaufen Sie sich am besten eine Frisbee-Scheibe.

Wintersport: Im Winter zieht es viele Kalifornier, die an der Küste wohnen, ins Landesinnere. Seit 1960 die Olympischen Winterspiele im Squaw Valley (nahe dem Lake Tahoe) stattfanden, wurde zahlreichen Wintersportlern bewußt, daß dieses herrliche Skigebiet zu den schönsten der Vereinigten Staaten zählt. Zuverlässigen (unoffiziellen) Quellen zufolge werden die elitären Skigebiete von Lake Tahoe und Mammoth sowohl nach Kriterien der Exklusivität als auch nach dem Schwierigkeitsgrad ihrer Abfahrten beurteilt.

Surfer am Hermosa Beach.

Einige Begriffe des Surfer-Slangs:
Beddie
Männliche Bezeichnung für ein weibliches Wesen
Bogus
Ruhiges Wasser, keine Wellen
Grind
Essen
Grommets
Noch nicht ausgewachsene Surfer
Pouch grovel
Mit seinem »beddie« zu Hause bleiben, selbst wenn die Brandung gut ist.

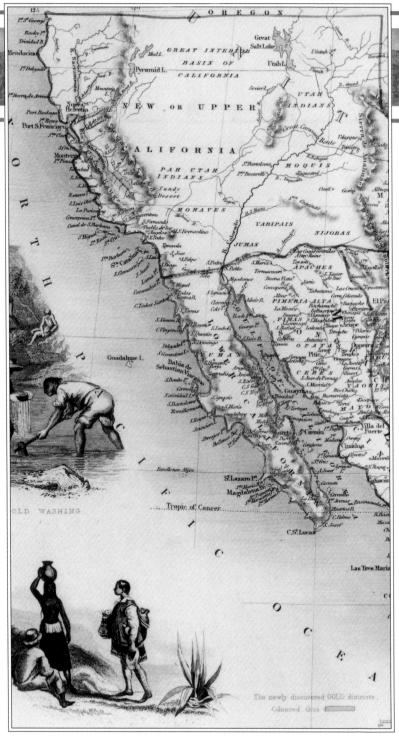

■ **Vor zweihundert Millionen Jahren lag das Gebiet des heutigen Kaliforniens noch unter dem Pazifik. Die Westküste Nordamerikas bildete damals der Gebirgszug, die heute unter dem Namen Sierra Nevada bekannt sind ...** ■

Geologie: Um diese Zeit bewegten sich zwei der zwanzig tektonischen Platten, aus denen die Erdkruste besteht: die Pazifische Platte und die Nordamerikanische Platte. Als schwerere schob sich die Pazifische Platte unter die Kontinentalplatte und verursachte Verwerfungen, aus denen im Laufe der Zeit untermeerische Gebirge entstanden.

Gebirge: Ein Gebirgszug bildete später die kalifornische Küste, ein anderer, weiter östlich gelegener, wurde zur Sierra Nevada. Letztere entstand entlang einer in Ost-West-Richtung verlaufenden geologischen Spalte, die im Laufe der Zeit einen Teil rund 100 Kilometer Richtung Westen driften ließ, der dann dort die Klamath Mountains formte. Durch Druck im Erdinneren traten die Gebirge vor 25 Millionen Jahren an die Oberfläche.

Ebenen: Durch die Verschiebung der Klamath Mountains bedeckte der Pazifik den nordöstlichen Teil Kaliforniens solange, bis durch Sedimentation eine Ebene entstand. Die hohen Temperaturen der Erdkruste ließen die Ebene brechen, durch Spalten drang Lava an die Oberfläche und bildete das heutige Modoc Plateau aus. Auch zwischen den Coastal Ranges und der Sierra Nevada war ein Stück Pazifik eingeschlossen, das im Laufe der Zeit zum Central Valley wurde.

Wüste: Vor 16 Millionen Jahren war die Sierra Nevada hoch genug, um das Wetter zu beeinflussen (niedrig freilich noch im Vergleich zu der heutigen Höhe). Der Gebirgszug hielt die vom Meer kommenden Regenwolken ab und bedingte dadurch, daß das Land östlich davon austrocknete und mit den Jahrtausenden zu einer Wüstenregion wurde. Im Zuge mehrerer Eiszeiten, deren letzte vor rund 30 000 Jahren zu Ende ging, schliffen Gletscher das Granitgestein der Berge ab und schnitten große U-förmige Täler hinein. Das bekannteste ist Yosemite.

Die ersten Europäer, die ein kalifornisches Erdbeben miterlebten, waren die Mitglieder der Portolá-Expedition, die 1769 beim Santa Ana River, im heutigen Orange County, ein Lager aufgeschlagen hatten.

Sankt Andreas-Spalte: Kalifornien liegt in einer der geologisch aktivsten Regionen der Erde und ist Teil des »Feuerrings«, der den Pazifik umgibt. Hunderte von Verwerfungszonen ziehen sich durch den Bundesstaat. Die bekannteste und längste ist die Sankt Andreas-Spalte, die sich über 1100 Kilometer erstreckt. An ihr stoßen die Pazifische und die Nordamerikanische Platte aufeinander.

Yosemite, von Gletschern geformt.

■ **Jüngste Funde lassen darauf schließen, daß die Besiedelung des amerikanischen Kontinents wesentlich früher erfolgte als bisher angenommen. Doch die These, daß die ersten Nordamerikaner vor ca. 12 000 Jahren über eine Landbrücke einwanderten, die Alaska und Sibirien miteinander verband, ist noch stark verbreitet ...** ■

Schätzungen zufolge lebten zur Zeit der Entdeckung durch die Europäer rund 300 000 Ureinwohner in Kalifornien. Sie verteilten sich auf über hundert Gruppen, von denen jede einige hundert Mitglieder umfaßte – diese Gruppen waren zu klein, um der üblichen Definition des Wortes »Stamm« zu genügen.

Kultur und Religion: Über das ganze Land verteilt, entwickelten sie viele Fertigkeiten und Glaubensrichtungen. In Mittelkalifornien etwa huldigten die Maidu, die Pomo und die Wintun-Indianer dem Kukso-Kult; für die dazugehörigen Zeremonien fertigten sie Federkleider an. Die Pomo sind auch für ihre federgeschmückte Korbflechtereien berühmt.
Weiter südlich bewiesen die Chumash große Fähigkeiten auf dem Gebiet der Steinschneidekunst, während die Gabrieleño bereits

Predigt in der Fremde.

Monotheisten waren und jedem, der von ihren strikten Moralkodex abwich, harte Strafen auferlegten. Trotz dieser Unterschiede kam es zwischen den einzelnen Verbänden nie zu kriegerischen Auseinandersetzungen, wie wir sie von anderen nordamerikanischen Stämmen her kennen. Vielleicht, weil für alle genügend Nahrung vorhanden war.

Der vermutlich letzte Yaho-Indianer wurde 1911 ganz im Norden Kaliforniens aufgespürt. »Ishi«, so sein Name, verbrachte die nächsten fünf Jahre im Anthropologie-Museum der University of California in San Francisco, wo er detailliertes Wissen über die Kultur seines Volkes weitergab, bevor er an Tuberkulose – den Folgen seiner ersten Erkältung – starb.

Ankunft der Europäer: Diese Ureinwohner, die es verstanden, mit der Natur in Harmonie zu leben, hatten in dieser Hinsicht so gut wie nichts mit den europäischen Siedlern gemein, in deren Augen die Indianer Barbaren waren, die man bestenfalls als Arbeitstiere einsetzen konnte.
Obwohl viele Indianer von kalifornischen Siedlern mißhandelt wurden, starben die meisten elend an Krankheiten wie Masern oder Windpocken, die die Europäer eingeschleppt hatten und gegen die sie keine natürlichen Abwehrstoffe besaßen. Als die Zahl der landhungrigen weißen Siedler während der Ära des Gold Rush sprunghaft anstieg, wurden die meisten Ureinwohner in Reservate umgesiedelt.

■ **Eine Expedition unter der Leitung des Spaniers Hernando Cortés soll 1533 die Baja California entdeckt haben, eine Halbinsel im Süden Kaliforniens, die sie für eine Insel hielten. Derselbe geographische Irrtum unterlief auch bei Alta California (dem nördlichen Kaliforniens), das erst sehr spät als Festland ausgewiesen wurde ...** ■

Die ersten, die vor Alta California Anker warfen, waren der portugiesische Seefahrer Juan Rodríguez Cabrillo und seine Leute. 1542 hielten sie sich einige Zeit in der San Diego Bay und bei den Channel Islands vor Santa Barbara auf.

Erst 25 Jahre später jedoch setzte der erste Europäer Fuß auf kalifornischen Boden: Es war kein Spanier, sondern der Engländer Sir Francis Drake, der 1579 in der Nähe von Point Reyes landete (die genaue Stelle ist nicht bekannt). Er nahm das Land, das er Nova Albion taufte, für Königin Elizabeth I. in Besitz.

Ohne permanente Siedlungen war es jedoch nicht möglich, die Gebietsansprüche aufrechtzuerhalten. Nachdem Sebástian Vizcaíno 1602 bei Monterey (er benannte den Ort so) gelandet war, segelte er die Küste entlang und gab vielen Buchten und Landzungen die spanischen Namen, die sie noch heute tragen. Weniger erfolgreich waren Vizcaínos Versuche, auch die Topographie des Landes festzuhalten; sein Kartograph wurde später gehängt, weil er eine völlig unzutreffende Karte der Monterey Bay angefertigt hatte.

Als Folge der Errichtung einer Jesuitenmission, die 1690 in Baja California entstand, und der Entdeckung, daß Alta California zum nordamerikanischen Festland gehörte (1742), befahl der spanische König die Gründung von Franziskanermissionen entlang der Küste mit Monterey als Verwaltungszentrum. Einerseits sollten die Missionen die Ureinwohner zum katholischen Glauben bekehren, aber auch (siehe auch Seiten 110 und 111) zusammen mit den vier *presidios*, in denen jeweils mehrere hundert Soldaten untergebracht waren, zur Bildung einer Infrastruktur beitragen, die andere Kolonialmächte von einem Eindringen nach Kalifornien abhalten sollte.

Die San Francisco Bay, Kaliforniens größter natürlicher Hafen, wurde zum erstenmal 1769 gesichtet, und zwar von einer spanischen Expedition, die von San Diego aus unterwegs war, um einen Landweg nach Monterey zu finden.

Zeugnis eines religiösen Kreuzzuges: Die Mission San Diego.

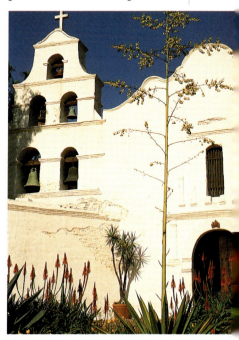

Begehrtes Land

■ Trotz der 21 Missionen und dem Stützpunkt in Monterey blieb Kalifornien ein großes, nur spärlich besiedeltes Gebiet, das östlich von El Camino Real, der Straße von San Diego nach Sonomo, kaum erforscht war. Viele Missionen – die meisten wurden erst Anfang des 19. Jahrhunderts fertiggestellt – entwickelten sich hervorragend: Sie beuteten die Arbeitskraft der Indianer aus, und auf den riesigen Weideflächen vermehrte sich das (importierte) Vieh wie von selbst ... ■

Die Russen: Zur Zeit der Missionen waren russische Trapper von Alaska (damals Teil des expandierenden russischen Reiches) aus, der Pelze wegen, nach Kalifornien vorgestoßen. 1812 gründeten die Russen 60 Meilen nördlich von San Francisco Fort Ross. Nicht zuletzt aufgrund gegenseitiger Hilfeleistungen lebten Russen und Spanier friedlich nebeneinander. Keine der beiden Gruppen konnte die andere ernstlich bedrohen.

Die Briten: Auf der Suche nach einer Nordwest-Passage, um den Handel zwischen Europa und Asien zu beschleunigen, waren die Briten seit dem frühen 18. Jahrhundert von Kanada aus immer wieder in dieser Region zugange. Obwohl sie nicht fündig wurden, verstärkte sich doch ihr Einfluß in dem Gebiet. Besonders die in Vancouver ansässige Hudson Bay Company ließ keine Gelegenheit aus, an Drakes Landnahme zu erinnern. Ansonsten beschränkte man sich darauf, Expeditionen von Pelztierjägern die Küste hinabzuschicken.

Die Franzosen: Auch ihr Interesse an Nordamerika wuchs, und während der 1820er Jahre unternahmen sie mehrere Expeditionen nach Kalifornien. In dieser Zeit kamen auch einige Siedler aus den noch jungen Vereinigten Staaten (die Landung ihrer Schiffe war in Kalifornien untersagt).

Die Californios: Während sich der Konflikt zwischen den europäischen Mächten in andere Gefilde verlagerte (Napoleon war auf dem Vormarsch),

ging die Macht in Kalifornien nach und nach in die Hände der *Californios*, jener meist in Kalifornien geborenen Mexikaner, die von der Unabhängigkeit Mexikos von Spanien profitierten und Kalifornien 1822 zur mexikanischen Kolonie erklärten. In

Der Viehbestand aller kalifornischen Missionen 1828: 252 000 Rinder, 268 000 Schafe, 34 000 Pferde, 3500 Maultiere, 8300 Ziegen und 3400 Schweine.

Russischer Stützpunkt: Fort Ross.

Mexico City betrachtete man Kalifornien als unwichtigen Vorposten und überließ die Regierung der Provinz den dort ansässigen *Californios*. Trotz der öffentlichen Vergabe großer Ländereien errichteten einige wenige *Californio*-Familien ein feudalistisches Gesellschaftssystem.

Wie ihre spanischen Vorgänger beuteten die *Californios* die Arbeitskraft der Ureinwohner aus, doch hatten

In den ersten Jahrzehnten des 19. Jahrhunderts kamen immer mehr US-Bürger nach Kalifornien. Einige legten den beschwerlichen Weg durch das Landesinnere zurück, die Mehrzahl wählte jedoch die dreimonatige Seereise rund um Kap Horn. Vor allem durch Einheirat in die führenden Familien gewannen sie schnell an Einfluß, den sie rasch ausbauten, da sie einen unternehmeri-

Pala Mission, San Diego.

sie im Gegensatz zu den Spaniern keine landwirtschaftlichen Ambitionen. Sie beschränkten sich darauf, das Vieh abzuschlachten und die Häute an US-Händler zu verkaufen – die die Häute zu Lederwaren verarbeiteten und sie den *Californios* wieder zurückverkauften.

Mit dem Ende der spanischen Herrschaft hatten auch die Missionen

> »Ich sehe auf uns hier in Kalifornien dieses Jahr große Probleme zukommen. Man erwartet sieben oder achttausend Einwanderer aus den USA.« W.D.M. Howard, Geschäftsmann aus San Francisco, 1846.

Macht und Einfluß eingebüßt, und 1834 befahl die mexikanische Regierung die Säkularisierung. Der Erlaß sah vor, den Besitz der Missionen zu gleichen Teilen zwischen *Californios* und Indianern aufzuteilen, doch die *Californios* rissen das Land an sich.

schen Eifer hatten, der den *Californios* abging. Als die expansionistische Doktrin des Manifest Destiny in den USA populärer wurde, begann die Regierung der Vereinigten Staaten, ein Auge auf Kalifornien zu werfen. Die USA waren bereits mehrfach illegal in Kalifornien eingedrungen und hatten sogar versucht, Mexiko die Provinz abzukaufen, als 1846 der Mexikanische Krieg ausbrach (aufgrund US-amerikanischer Interventionen in Texas). Im Juni desselben Jahres nahm eine Gruppe amerikanischer Soldaten eine kaum verteidigte Presidio in Sonoma ein und erklärte Kalifornien daraufhin zu einer äußerst kurzlebigen unabhängigen Republik. Im Juli landeten US-Truppen in Monterey und San Francisco, und binnen kürzester Zeit wehte über der Spanischen Plaza jeder größeren kalifornischen Siedlung das Sternenbanner. Der Ausgang des Mexikanischen Krieges erlaubte es den USA, Kalifornien – zusammen mit Nevada, Utah, New Mexico sowie Teilen von Wyoming und Colorado – für 15 Millionen Dollar zu kaufen. Der Vertrag wurde im Februar 1848 ratifiziert.

■ **Am 24. Januar 1848, neun Tage, bevor Kalifornien offiziell an die USA fiel, wurde auf dem Grundstück von John Sutter Gold entdeckt. Sutter war während der mexikanischen Ära aus Europa eingewandert, und der Fundort lag fünfzig Meilen östlich von seinem Quartier Sutter's Fort entfernt (dem heutigen Sacramento). Aus der Sierra Nevada ausgewaschenes Gold hatte sich in Kaliforniens Flüssen angesammelt und wartete nur darauf, aufgehoben zu werden ... ■**

Die Neuigkeit wurde nicht sofort bekanntgegeben. Sam Brannan, Besitzer der Zeitung *California Star*, wartete bis zum 12. Mai (und bis er in Sutter's Fort einen Laden eingerichtet hatte), ehe er in San Francisco durch die Straßen lief und einen Beutel mit Goldstaub schwenkte.

Zweifel: Außerhalb Kaliforniens wollte man zunächst nicht so recht an die Entdeckung glauben. Dies änderte sich schlagartig, als Präsident Polk im Dezember nicht nur den Fund

1905: Ein Goldgräber unterwegs.

bestätigte, sondern auch 230 Unzen davon ausstellte.

Goldfieber: Der *Gold Rush,* der zu einer der größten Völkerwanderungen der Weltgeschichte werden sollte, begann 1849. In den folgenden vier Jahren stieg die Zahl der nicht im Staat geborenen Kalifornier schlagartig von 7000 auf über 100 000. Diese Zahl wäre vermutlich noch höher ausgefallen, wenn der Weg nach Kalifornien nicht nach wie vor eine beschwerliche und lange Seereise oder der gefährliche Marsch über hohe Gebirge und durch unwirtliche Wüsten bedeutet hätte.

Bevölkerungsboom: Ein immenser Zustrom von Menschen und Bergbauindustrie ließen die Bevölkerung San Franciscos innerhalb von zwei Jahren von 500 auf 25 000 anschwellen (einmal war die San Francisco Bay durch Schiffe blockiert, deren Mannschaften sich abgesetzt hatten, um nach Gold zu suchen), und an größeren Flüssen gelegene Binnenhäfen wie Sacramento entwickelten sich rasch zu Großstädten. Entlang der Küste entstanden neue Siedlungen, während an den westlichen Hängen der Sierra Nevada mehr und mehr Goldgräber-Niederlassungen aus dem Boden schossen. Gold zu finden, war der Traum aller. Eine andere sehr ertragreiche, aber

Das größte Goldnugget, das in Kalifornien gefunden wurde, wog knapp 90 Kilogramm.

Das Wells Fargo Museum, LA.

solidere Verdienstmöglichkeit war die Unterbringung und Ernährung der rapide wachsenden Bevölkerung: Land- und Holzwirtschaft entwickelten sich rasch zu lukrativen Wirtschaftszweigen.

Der Wilde Westen: Das Kalifornien dieser Jahre war wohl der Inbegriff des sagenhaften Wilden Westens. Der größte Teil der Bevölkerung waren alleinstehende Männer, und viele skrupellose Unternehmer bereicherten sich an deren Bedürfnissen. San Francisco's Barbary Coast (in den 1940er Jahren abgerissen) war ein berüchtigtes Viertel der Prostitution und des Glücksspiels. Dabei fand hier nichts anderes statt als in jeder kalifornischen Siedlung jener Zeit; es war nur eben etwas größer und spektakulärer. In der Regel nahmen die Bürger die Rechtsprechung selbst in die Hand, und vielerorts blieb der Galgen nie lange leer.
Nach drei Jahren war der Gold Rush vorüber. Das Gold in den Flüssen war schnell herausgewaschen, und die Goldminen, der einzige Zugang zu dem wertvollen Element im Gestein der Sierra Nevada, waren fest in Händen einiger weniger Firmen. Die Goldgräber kehrten entweder in den Osten zurück oder ließen sich in den neuentstandenen Städten nieder.

Obwohl die Goldsuche längst nicht mehr plötzlichen Reichtum versprach, brachte dieser Industriezweig über Jahre hinweg immense Werte ans Tageslicht – im Spitzenjahr 1852 wurde in Kalifornien Gold im Wert von über 81 Millionen Dollar gefördert – und wirkte sich auch stark auf die gesellschaftliche wie wirtschaftliche Entwicklung Kaliforniens aus. Der Reichtum aus den Goldminen ermöglichte es Kalifornien, die anson-

Im Zuge der großen Einwanderungswelle kamen auch viele europäische Winzer, die schnell erkannten, wie gut sich Napa Valley und Sonoma Valley für den Weinanbau eigneten. Die erste Weinkellerei des Bundesstaates wurde 1857 gegründet.

sten übliche Übergangsperiode als Frontier-Gebiet zu überspringen – es wurde 1850 als vollwertiges Mitglied in die Union aufgenommen.
Der Bürgerkrieg, der von 1864 an im Rest der Vereinigten Staaten tobte, berührte Kalifornien kaum: Es war zu abgelegen und zu sehr damit beschäftigt, reich zu werden. Man schenkte seine Aufmerksamkeit lieber dem Bau des State Capitols in Sacramento, das 1874 fertiggestellt und zu einem Symbol für Kaliforniens Macht wurde.

Wirtschaftsboom

■ Der Gold Rush hatte die kalifornischen Händler reich gemacht, aber vier Geschäftsleute aus Sacramento – Charles Crocker, Mark Hopkins, Collis P. Huntington und Leland Stanford – sollten die bei weitem reichsten und mächstigsten Männer des Bundesstaates werden: Sie investierten ihr Geld in ein Unternehmen, das eine Schlüsselstellung bei der raschen Entwicklung Kaliforniens spielte: die Eisenbahn … ■

Ausgerüstet mit den Plänen des bekannten Eisenbahnbauingenieurs Theodore D. Judah, machten sich die Big Four, wie die vier Geschäftsleute später genannt wurden, an die Realisierung des langersehnten Traumes, eine Eisenbahnverbindung quer durch den amerikanischen Kontinent zu führen: 1861 gründeten sie die Central Pacific Railroad Company.

Das große Geld: Die Big Four, die die Angst der US-Regierung ausnützten, daß Kalifornien sich im Bürgerkrieg auf die Seite der Konföderierten schlagen könnte, sicherten sich enorme Subventionen für ihr Projekt. Für jede Meile Gleisbauarbeiten erhielten sie 12 800 Acres Land und 18 000 Dollar in bar; für Strecken durch unwegsames Gelände noch mehr.

Geld und Macht: Durch raffinierte Machenschaften erreichten die Big Four, daß die US-Regierung die gesamten Baukosten für die Eisenbahn übernahm.
Nach Fertigstellung der transkontinentalen Eisenbahn im Jahr 1869 schluckten die Big Four ihren Rivalen Union Pacific Railroad und gründeten die Southern Pacific Railroad, die das Monopol auf sämtlichen Handelsstrecken des Staates besaß.

Rassismus und Ressentiments: Daß sie sowohl das Schicksal ganzer Gemeinden bestimmen konnten als auch über immense Privatvermögen verfügten, stattete die Big Four mit einem in Kalifornien bisher unbekannten politischen Machtpotential aus. Doch waren die Eisenbahnbarone nicht besonders beliebt, was in

Charles Crocker war der einzige der Big Four, der den Bau der transkontinentalen Eisenbahn tatsächlich überwachte. Crocker, der 250 Pfund wog, soll sich gerne auf die frischverlegten Gleise gestellt und die Arbeiter »wie ein Stier angebrüllt« haben.

Anbetracht der mit dem Ende des Gold Rush wachsenden Armut nicht weiter verwundert.

Unterstützung: Mit der Armut breitete sich in Nordkalifornien auch der Rassismus aus, der sich vor allem gegen die Chinesen richtete, die beim Bau der Eisenbahn mitgearbeitet hatten und sich inzwischen in den chinesischen

Knotts Berry Farm, Buena Park.

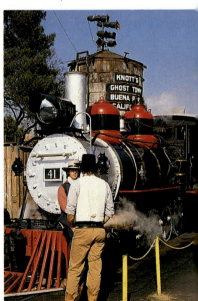

Vierteln San Franciscos und anderer Städte niedergelassen hatten.

Der Aufschwung wandert südwärts:

Während in Nordkalifornien, ausgelöst durch den Gold Rush, die Wirtschaft florierte, lag der Süden des Bundesstaates quasi isoliert; nur wenige tausend Menschen lebten dort, die meisten von ihnen in Los Angeles und San Diego – zwei Städte, die den Big Four zu abgelegen erschienen waren, um sie an ihr Eisenbahnnetz anzugliedern.

Als die Santa Fe Railroad (später übernahmen die Big Four auch diese Gesellschaft) westwärts durch Arizona in Richtung Kalifornien vordrang und eine Endstation am Pazifik suchte, sahen die Einwohner Südkaliforniens ihre Chance gekommen.

Eisenbahn-Wettlauf:

Zwischen den Städten San Diego und Los Angeles entbrannte ein gewaltiger Wettstreit, wer zuerst an das Eisenbahnnetz angeschlossen werden würde. Da San Diego einen natürlichen Hafen besaß, schien es die logische Wahl, doch glich ein Subventionsbetrag (in Wahrheit natürlich Bestechungsgelder) in Höhe von 602 000 Dollar, den 5000 Bürger von Los Angeles aufgebracht hatten, diesen Vorteil aus. 1886 war ihre Stadt mit dem Rest des Landes verbunden, San Diego erst ein Jahr später.

Es folgte eine aufwendige Werbekampagne, in der Südkalifornien als mediterranes Paradies angepriesen wurde. In Verbindung mit geradezu absurd günstigen Fahrpreisen (eine Rückfahrkarte Kansas City – Los

---

1899 führte das Los Angeles Police Department eine Neuerung ein, die als sehr fortschrittlich galt: die erste Fahrrad-Patrouille.

Angeles kostete zeitweise gerade einen Dollar) lockte diese Strategie Zehntausende in die neuerschlossene Region. Der daraus resultierende Boom des Immobilienmarktes führte dazu, daß sich die Grundstückspreise binnen eines Jahres verzehnfachten.

Die Eisenbahn ließ auch den Handel in den südkalifornischen Häfen florieren: In San Pedro (in Los Angeles), San Diego und Santa Barbara wurden die landwirtschaftlichen Erzeugnisse aus dem Central Valley und die süßen kernlosen Orangen verschifft, die seit einiger Zeit in Südkalifornien angebaut wurden.

Ortschaften wie Pasadena, Venice und Hollywood (letzteres war ursprünglich von zwei Methodisten als Abstinenzler-Kolonie gegründet worden) schossen aus dem Boden. 1892 wurde bei Los Angeles Öl entdeckt, und um die Jahrhundertwende entstanden die Anfänge der späteren gigantischen Luftfahrt- und Automobilindustrie.

Blick nach Süden:

Ganz Kalifornien ist Erdbebengebiet, doch führte das berühmte Beben, das San Francisco 1906 fast dem Erdboden gleichmachte, dazu, daß viele aus dem wirtschaftlich schwächer werdenden Norden verließen und nach Südkalifornien zogen, wo die Wirtschaft jetzt Hochkunjunktur hatte.

1906: Die Erde hat Kopfweh.

■ Der Wirtschaftsboom, der dem »Golden State« in der zweiten Hälfte des 19. Jahrhunderts ungeahnten Reichtum bescherte, trug viel zu dem Mythos bei, Kalifornien sei das Gelobte Land Amerikas. Doch gebührt der Verdienst, der Welt ein Paradies präsentiert zu haben, Hollywood – einem Bauerndorf bei Los Angeles, das sich bald zum Zentrum der Filmindustrie entwickelte ... ■

Early Days: In den frühen Tagen des Kinos hatte ein Unternehmen namens Film Trust die Filmindustrie an der Ostküste monopolisiert. Junge Regisseure mußten ihr Glück anderswo versuchen. William Seligs »The Count of Monte Christo« von 1907 war der erste Spielfilm, der in Los Angeles entstand, und die Neuigkeit, daß dieses Gebiet für die Filmproduktion hervorragend geeignet sei, verbreitete sich schnell. Abgesehen davon, daß Südkalifornien zu abgelegen war, um Patentstreitigkeiten befürchten zu müssen, lockte hier auch der (fast) immerwährende Sonnenschein, denn aus technischen Gründen mußten damals auch Innenaufnahmen im Freien gedreht werden. Zudem bot Kalifornien ein reiches Arsenal natürlicher Kulissen, aus denen sich mit geringem Aufwand so gut wie alle Landschaften der Welt nachbilden ließen.

Doch die Filmleute und ihr Gefolge wurden an der Westküste keineswegs mit offenen Armen empfangen. In den kleinen kalifornischen Städten, wo die Siedler hart für ihren Lebensunterhalt arbeiten mußten, störten die Filmaufnahmen den Tagesablauf, und das freizügige Benehmen der Filmstars schockierte die gottesfürchtigen Einheimischen. Mehrere Gemeinden verbannten das Filmgeschäft, und da die Mieten in Los Angeles zu hoch waren, zogen viele Filmemacher in das acht Meilen westlich gelegene Hollywood, wo sie Scheunen zu Produktionshallen umfunktionierten und die Straßen bald voller Kulissen standen.

> Cecil B. De Mille kam schon früh nach Hollywood. 1913 stellte er den ersten »Western« fertig, der hier gedreht wurde: »The Squaw Man«. Dem unermüdlichen Zeitgeist gemäß teilte De Mille sein Büro anfangs mit einem Pferd.

Die meisten frühen Filme waren billige, einspulige Western, aber schon 1916 engagierte D.W. Griffith für seinen Film »Intolerance« 15 000 Statisten und ließ entlang des Hollywood und Sunset Boulevards die Hängenden Gärten von Babylon nachbilden.

Cecil B. De Mille und Jesse Lasky.

The Big Time: Fünf Jahre später lebten 100 000 Menschen in Los Angeles vom Filmgeschäft, das inzwischen einen jährlichen Umsatz von mehreren Milliarden Dollar verzeichnen konnte. Zu den bekanntesten Persönlichkeiten des Landes gehörten Filmstars wie Douglas Fairbanks und Mary Pickford.

Skandalblätter versorgten ein sensationshungriges Publikum mit Klatsch aus den Bars, Clubs und Schlafzimmern der Berühmtheiten.

Da bald ein Skandal den nächsten jagte, gründeten die Bosse der großen Filmstudios eine Initiative zur »Säuberung« Hollywoods, die 1930 im sogenannten Hays Code zur Anwendung kam. Der Hays Code war eine Art freiwilliger Selbstkontrolle und bis in die 60er Jahre hinein in Kraft, dann wurde er durch das »Ratings«-System abgelöst.

Die Studios: Der Zusammenschluß einiger früher Hollywood-Produzenten zu großen Firmen wie Paramount, RKO und Warner Brothers brachte für die Beschäftigten der Branche diverse Neuerungen. Viele Schauspieler und Schauspielerinnen wurden durch langfristige Exklusivverträge an ein Studio gebunden. Die damit einhergehende kreative Trägheit machte sich in den 50er Jahren bemerkbar, als eine Lockerung der Kontrollbestimmungen unabhängigen Produzenten zu phänomenalen Erfolgen verhalf. Dennoch bestimmen nach wie vor die »Großen«, was in die Kinos kommt. Seit den 80er Jahren macht sich wieder eine Trendwende in Richtung auf aufwendig produzierte Spitzenfilme bemerkbar. Durch die Beteiligung an Fern-

seh- und Tonträgerproduktionen haben die großen Filmstudios sich einen bedeutenden Anteil an der Unterhaltungsbranche gesichert und gehören auch heute noch zu den wichtigsten Arbeitgebern Südkaliforniens. Los Angeles ist nach wie vor *der* Treffpunkt für angehende Schauspieler, Drehbuchautoren und Regisseure – und Wohnort zahlloser Stars, obwohl Hollywood längst heruntergekommen ist und die meisten Studios in die Vorstädte umgezogen sind.

Boris Karloff: »Ich bin keineswegs als Monster geboren. Hollywood hat mich dazu gemacht.«

Sid Graumans Chinese Theater.

■ **Oftmals zur Unterhaltung, manchmal aber auch zum Entsetzen der Bevölkerung gehört seit den wilden Tagen des Gold Rush ein unterschwelliger, meist in die Subkultur abgedrängter Radikalismus zum kalifornischen Lebensstil. Obwohl der Staat seit jeher als Anlaufstelle für alle exzentrischen und verrückten Amerikaner gilt, ist das »radikale Kalifornien« erst in den 50er und 60er Jahren entstanden ...** ■

Geburt des Beatnik: Entschlossen, sich von den Konventionen der Gesellschaft zu befreien, und vielfach inspiriert von Bebop, billigem Wein und Zen-Buddhismus, fand sich Mitte der 1950er Jahre in den italienischen Cafés von San Francisco eine Gruppe Schriftsteller und Maler zusammen und gründete im North Beach District eine Künstlerkolonie. Sie nannten sich »Beats«, doch blieb der spöttische Name Beatniks, den ein Journalist (in Anlehnung an den sowjetischen Satelliten Sputnik) erfand, an ihnen haften. Den Ruhm der Beats begründeten Allen Ginsberg, dessen episches Gedicht »Howl« 1956 als obszön verboten wurde, und Jack Kerouacs atemloser Roman »On the Road«, der die literarische Sensation des Jahres 1957 bildete. Tatsächlich waren die Beats ein weniger typisch kalifornisches Phänomen als eine andere Subkultur, die in ihre Fußstapfen trat: die Hippies.

Das Hippietum verdankt seine Entstehung einer persönlichkeitsverändernden Droge namens LSD, deren Wirkung die Stanford University Mitte der 60er Jahre an freiwilligen Versuchspersonen testete. Ken Kesey (»Einer flog übers Kuckucksnest«) brachte eine große Menge der damals noch legalen Droge nach San Francisco, wo sie rasch eine begeisterte Anhängerschaft fand.

LSD wurde bald verboten, doch war die Wirkung der Droge, die den Konsumenten auf einen psychedelischen »Trip« schickt, bereits bekannt, und diverse Laboratorien spezialisierten sich auf ihre illegale Herstellung – mehr zur Erbauung der Menschheit als aus materialistischen Gründen.

Flower Power: Die heruntergekommenen, aber geräumigen viktorianischen Herrschaftshäuser von Haight Ashbury (San Francisco) boten den Hippies eine ideale Unterkunft, und 1967 schien es, als seien sämtliche »entfremdete« Jugendliche der USA hier versammelt. Zehntausende langhaariger junger Leute mit bunt bemalten Gesichtern fanden sich zu Konzerten im Golden Gate Park ein.

»Frauen und Männer, alle trugen Blumen und bunte Bänder im Haar. Seit den Kreuzzügen dürfte nirgendwo eine größere Zahl sauberer, langhaariger Männer auf einem Platz versammelt gewesen sein.« – Ralph Gleason zum »Human Be-In« von 1967.

Blumenkinder verkünden den »Tod des Hippies«, 1967.

Bands wie Grateful Dead und Jefferson Airplane kamen als erste auf die Idee, Rockmusik als kritische Kunstform zu vermarkten.

Als LSD von anderen, süchtiger machenden Drogen abgelöst wurde und Haight Ashbury, inzwischen überfüllt, zusehends mehr verwahrloste, begann der Abstieg der Hippiebewegung. Anstelle von *Love and Peace* herrschte nun vielfach Horror, der in den Aktivitäten von Charles Manson kulminierte.

Zusammen mit seiner 29-köpfigen »Familie«, die er in Haight Ashbury aufgelesen hatte, zog Manson in die Nähe von Los Angeles um, wo sie eine Reihe grauenhafter Morde verübten. Manson wurde schließlich des siebenfachen Mordes überführt und stellt seither einen Antrag auf Bewährung nach dem anderen.

Auf ihre Art bekämpften sowohl Beats als auch Hippies die herrschende Gesellschaftsordnung, doch in den 60er Jahren trat in Kalifornien eine andere Bewegung auf den Plan, die auf orthodoxe Weise die politische Struktur in Frage stellte.

Politischer Protest: 1964 auf dem Campus von Berkeley entstanden, gab das Free Speech Movement (siehe Seiten 84ff) den Anstoß zu zahllosen Demonstrationen gegen den Vietnamkrieg. Gleichzeitig kam es in diesem bald bevölkerungsreichsten Staat der USA zu immer mehr Unmutsbezeugungen ethnischer Minderheiten, die sich von der vorherrschenden weißen Machtelite unterdrückt sahen. Zum Eklat kam es 1965 in Watts (einem ausschließlich von Afro-Amerikanern bewohnten Stadt-

teil von Los Angeles), als die Nationalgarde eine sechstägige Schlacht beenden mußte, in der 34 Menschen ihr Leben verloren. Im darauffolgenden Jahr entstand die militante Bewegung der Black Panthers, die vor dem Einsatz von Waffen nicht zurückschreckt.

Regionalpolitik: Den turbulenten 60er Jahren folgte eine gemäßigte Dekade, in der eine Einbeziehung der ethnischen Minderheiten in die Regierungsgeschäfte erfolgte. In diese Zeit fällt auch der Amtswechsel des Gouverneurs Ronald Reagan – der jede Art von Protest mit Gewalt bekämpfte – an Jerry Brown, einen Kalifornier der vierten Generation, der

---

Die National Farm Workers' Union, die Cesar Chavez 1962 ins Leben rief, brachte den unterbezahlen Landarbeitern Kaliforniens verbesserte Arbeitsbedingungen. Allerdings erreichte die Gewerkschaft dies erst nach Streiks und Boykottmaßnahmen.

---

für viele die »Verrücktheit« des Golden State verkörpert.

Brown, der dem von Reagan gebauten luxuriösen Gouverneurspalast eine normale Wohnung vorzog und mit der Rocksängerin Linda Ronstadt liiert ist, verfolgte eine liberale Politik: Er erließ strenge Maßnahmen, um den Smog zu reduzieren, legalisierte den Besitz von Marihuana und hatte, als er 1983 sein Amt abgab, Kalifornien zum umweltbewußtesten Bundesstaat der USA gemacht.

SAN FRANCISCO

0   1   2 km
0   1 Meile

● Bay Area Rapid Transit (BART) Stations
— 49 Mile Scenic Drive

GOLDEN GATE BRIDGE
Fort Point National Historic Site
Mexican Museum & San Francisco Craft & Folk Art Museum
Crissy Field
Golden Gate Promenade
MARINA BLVD
Marina Green
Fort Mason
MARINA
Palace of Fine Arts
LOMBARD ST
Octagon House
Presidio Army Museum
PACIFIC HEIGHTS
Haas-Lilienthal House
California Historical Society

Baker Beach
China Beach
PRESIDIO

South Bay
Lands End
PRESIDIO HEIGHTS
CALIFORNIA STREET

Lincoln Park
Golden Gate
San Francisco Fire Department Pioneer Memorial Museum
Japantown
Palace of the Legion of Honor
Holocaust Memorial
SEACLIFF
Duquette Foundation Pavilion of St Francis
St Mary's Cathedral

Point Lobos
Veterans Hospital
POINT LOBOS AVE
CLEMENT
STREET
TURK
STREET
WESTERN ADDITION
Cliff House
GEARY
BOULEVARD
University of San Francisco
Alamo Square
FELL ST

Seal Rocks
RICHMOND
MASONIC
LOWER HAIGHT

Ocean Beach
FULTON STREET
M H de Young Museum
Conservatory of Flowers
Panhandle
14TH STREET

Golden Gate Park
Japanese Tea Garden
Stow Lake
California Academy of Sciences
HAIGHT-ASHBURY
Buena Vista Park
Indi

Strybing Arboretum & Botanical Gardens
LINCOLN WAY
PARNASSUS AVE
Mission Dolores

JUDAH STREET
BUENA VISTA
CASTRO

SUNSET
7TH AVENUE
19TH AVENUE
EUREKA VALLEY
CASTRO STREET

ORTEGA STREET
Twin Peaks
Sunset Reservoir
FOREST HILL
CLIPPER STREET

TARAVAL STREET
DIAMOND HEIGHTS
NOE VALLEY

PARKSIDE
PORTOLA DRIVE
Glen Canyon Park
Mt Davidson ▲ 282m
SAN JOSE AVENUE

Pine Lake Park
Sigmund Stern Grove
San Francisco Zoological Gardens
SLOAT BOULEVARD
ST FRANCIS WOOD
Glen Park

Stonestown Shopping Center
GLEN PARK
EXCELSI

Harding Park
City College of San Francisco
OCEAN AVENUE
Balboa Park
MISSION STREET
PERSIA AVENUE

Lake Merced
San Francisco State University
INGLESIDE
Balboa Park

Golden Gate National Recreation Area
JOHN MUIR DRIVE
BROTHERHOOD WAY
OCEAN VIEW
GENEVA AVENUE

SKYLINE BOULEVARD
San Francisco City Limit

Es fällt nicht schwer diese wunderschöne Stadt auf der kleinen, hügeligen Halbinsel lieben zu lernen. Seit der Zeit des Gold Rush kamen unzählige Menschen aus allen Ländern hierher. Viele sind geblieben, und nicht zuletzt ihrer Vielfalt verdankt San Francisco jenes Flair von leben-und-leben-lassen, das diese Stadt so lebenswert macht.

San Francisco setzt sich aus einem bunten Mosaik eng beieinanderliegender Viertel zusammen: Entlang der Hauptverkehrsader Market Street gelegen, bilden der Financial District und das Civic Center die beiden Endpunkte von Downtown. Nördlich von Downtown findet man die wichtigsten Wohngebiete Nob Hill, Russian Hill und Telegraph Hill, die sich an die geschäftigen Straßen

von Chinatown und dem italienisch ange-
hauchten North Beach schmiegen. Weiter nördlich liegt Fisherman's Wharf, wo es mehr Touristen als Einheimische gibt. Südlich der Market
Street stößt der Bezirk SoMa an den größtenteils
spanischsprachigen Mission District. Westlich
davon findet man The Castro, wo die Schwulen
leben. Westlich der Downtown liegt Haight Ashbury, das Zentrum der Flower-Power-Bewegung, dahinter erstreckt sich der Golden Gate
Park. Im Norden von Haight Ashbury findet man
die Japantown sowie Pacific Heights, die zur Presidio und der Nordwestspitze der Stadt führen.

Die Districts

►►► The Castro

The Castro, das bekannteste Schwulenviertel San Franciscos, hat sich verändert. Früher herrschte hier ungetrübte Lebensfreude, und wenn auch noch die wilden Halloween-Paraden stattfinden, so haben doch der finanzielle Erfolg vieler Geschäftsleute und die Bedrohung durch AIDS eine ruhigere Zeit mit sich gebracht.

Ganz unabhängig davon dürfte der Besuch des **Names Project** (2362 Market Street) kaum jemanden unberührt lassen. Jedes der – zur Zeit 6000 – Teile dieses gigantischen Denkmals steht für ein ortsansässiges AIDS-Opfer.

►►► Chinatown

Zusammengedrängt auf wenige Häuserblocks zwischen Financial District und North Beach, bietet Chinatown eine kunterbunte Vielfalt exotischer Eindrücke. In diesem District, der als die größte chinesische Gemeinde außerhalb Chinas gilt, gibt es eigene Zeitungen und Schulen. Straßenlaternen in Form von Drachenschwänzen und Hochhäuser im Pagodenstil flankieren die Stockton Street, wo rund um die Uhr Betrieb herrscht. Zahllose Imbißstuben, Restaurants, Tearooms und buntbemalte Tempel säumen die unzähligen Straßen und Gassen.

►►► Civic Center

Die öffentlichen Gebäude des dichtbebauten Civic Center werden mit Recht immer wieder zu den schönsten *Beaux-arts* Bauten der USA gezählt. Dominiert werden sie von der Kuppel der 1915 fertiggestellten City Hall – und von vielen hundert Obdachlosen, die sich auf den sauberen Plazas dieses Viertels niedergelassen haben.

►►► Downtown/Union Square

Downtown San Francisco umfaßt die Bezirke Civic Center, Tenderloin und den Financial District. Hier stehen die meisten großen Hotels der Stadt, hier findet man die bekanntesten Geschäftsadressen. Auch der berühmte, obgleich uninteressante Union Square gehört dazu.

►►► Embarcadero

Zahlreiche ambitionierte Bauvorhaben sollen das städtebauliche Bild des am Wasser gelegenen Embarcadero verschönern. Bislang sind in dieser Gegend jedoch nur der Blick über die Bay sowie die Geschäfte und Straßenmusikanten im Embarcadero Center einen Besuch wert.

►►► Financial District

Mischen Sie sich unter die dynamischen Broker des Financial Districts, und Sie werden schnell wissen, warum die Einwohner San Franciscos eine »Manhattanisierung« ihrer Stadt befürchten. Die sterilen Glas-und-Stahl-Konstruktionen der Firmen-Hochhäuser entstanden in den 70er und Anfang der 80er Jahre.

►►► Fisherman's Wharf

Bis hinein in die 40er Jahre unseres Jahrhunderts war dieses Gebiet Ankerplatz einer ansehnlichen Fischereiflotte. Heute steht Fisherman's Wharf fast ganz im Zeichen des Tourismus. T-Shirts und andere Souvenirs hängen vor jedem Kiosk, und geschäftstüchtige Händler preisen überteuertes »Sourdough« (Sauerteig)-Brot und Meeres-

In San Francisco findet fast jede Woche irgendein Festival statt. Highlights sind: das Chinese New Year, das – normalerweise im Februar – mit großem Feuerwerk und einer dreistündigen, von einem Drachen angeführten Parade durch Chinatown gefeiert wird; die St. Patrick's Day Parade im März; die Cherry Blossom Parade in Japantown im April; das Bay-to-Breakers-Fun-Run quer über die Halbinsel im Mai; der Mission District Carnival im Juni; und die Halloween Parade entlang Castro Street im Oktober.

früchte an. Zu den wenigen Attraktionen gehören **San Francisco Experience** (Pier 39) und die Kuriositäten von **Ripley's Believe or Not** (175 Jefferson Street).

▶▶▷   Haigth Ashbury

Haight-Asbury befand sich Ende der 60er Jahre an vorderster Front der Flower-Power-Bewegung, als Tausende junger Leute sich in diesem Viertel niederließen.

Einige führende Köpfe der Hippiezeit nötigen einem noch heute Respekt ab, und die Haight Street, die Hauptverkehrsader des Viertels, strahlt nach wie vor den Flair der Gegenkultur aus. Seit einiger Zeit gibt es hier auch verrückte Boutiquen und Cafés.

▶▶▷   Japantown

Hinter den Fassaden verstecken sich die Geschäfte, Tempel und gesellschaftlichen Zentren der japanischen Bevölkerung San Franciscos, die zum überwiegenden Teil jedoch in anderen Stadtteilen wohnt. Zwischen Post Street und dem Geary Expressway liegt das große **Japan Center**, wo man kunstgewerbliche Gegenstände kaufen, aber auch preiswert japanisch essen kann. Nicht weit entfernt befindet sich das Kabuki Hot Springs, das zu einem japanischen Dampfbad und Shiatsu-Massage einlädt.

▶▶▷   Mission District

Eine spanischsprachige Enklave, deren Bewohner hauptsächlich aus Mittel- und Südamerika stammen. Die Bodenständigkeit des Stadtteils – und die niedrigen Mieten – haben auch einige Künstler hergelockt. An der Valencia Street leben eine Reihe linker Aktivisten. Im Gegensatz zur Mission Dolores (siehe Seite 54) sind die Häuser hier gut erhalten.

Die Straßen von San Francisco.

SAN FRANCISCO

Dem Geschmack der Mittelschicht, der seit dem Ende des vorigen Jahrhunderts das architektonische Gesicht der Stadt prägte, entsprachen der Queen Anne Style, der Italianate Style und der Stick-Eastlake Style. Über 14 000 der schönen viktorianischen Häuser von San Francisco überstanden den verheerenden Brand, der 1906 im Anschluß an das Erdbeben wütete, und knapp die Hälfte davon sind komplett restauriert. Die Ähnlichkeit ihrer aufwendigen hölzernen Ornamentik überrascht nicht, wenn man weiß, daß das Holzschnitzerhandwerk schon damals so weit automatisiert war, daß die meisten Elemente der Massenproduktion entstammten und über Versandhäuser vertrieben wurden.

▶▶▶ Nob Hill

In der zweiten Hälfte des 19. Jahrhunderts ließen sich die ersten kalifornischen Milliardäre hier prachtvolle Villen bauen. Nur einer dieser Millionen-Dollar-Paläste hat das Erdbeben von 1906 überlebt. Er beherbergt heute den **Pacific Union Club** (1000 California Street). Nob Hill gilt immer noch als die vornehmste Adresse der Stadt. Hier stehen exklusive Hotels und Restaurants, deren Gäste man aus dem Fernsehen kennt. Unbedingt besuchen sollten Sie die **Grace Cathedral** (1051 Taylor Street), die der Notre-Dame in Paris nachempfunden ist. Diese Kirche kümmert sich um die religiösen Bedürfnisse ihrer reichen Gemeinde und beherbergte im Untergeschoß die Obdachlosen der Stadt.

▶▶▶ North Beach

Die Italiener, die Ende des letzten Jahrhunderts nach Kalifornien strömten, haben dieses Viertel nachhaltig geprägt. In North Beach eröffneten damals die Restaurants und Cafés, die das italienische Flair des Viertels begründet haben. Lassen Sie das geschäftige Treiben der Columbus Avenue bei einem Cappuccino an sich vorüberziehen.
Mitte der 50er Jahre wurde North Beach mit seinen (damals) günstigen Mieten zur Heimat der ersten Beatniks – diesen Namen verdanken sie dem Kolumnisten Herb Caen. Nach den bekanntesten wurden inzwischen Straßen benannt. Reminiszenzen werden im City Lights Bookstore und in Vesuvio's Café wach (siehe Seite 50).

▶▶▶ Pacific Heights

Die Union Street in Pacific Heights gilt heute als Bastion der Yuppies und ist voller Boutiquen und Kunstgalerien. Früher hieß das Gebiet Cow Hollow und war Standort mehrerer Molkereien. Nicht weit entfernt liegen einige sehenswerte und unter Denkmalschutz gestellte viktorianische Wohnhäuser (siehe Seite 50).

Künstler zieht es in den preiswerten Mission District.

▶▶▶ Russian Hill

Die meisten Besucher halten sich in diesem Viertel gerade lang genug auf, um ein Stück der **Lombard Street**, der »krummsten Straße der Welt«, zu fotografieren. Zwischen Hyde Street und Leavenworth Street führt sie in schön bepflanzten, engen Bögen bergab.

Besuchen sollte man in Russian Hill aber auch das **San Francisco Art Institute** (800 Chestnut Street), die älteste Kunstakademie der amerikanischen Westküste. Sehenswert sind hier nicht nur die Arbeiten der Studenten und ein herrliches Wandgemälde von Diego Rivera, sondern auch der Blick aus dem preiswertes Café.

▶▶▶ SoMa

Noch vor kurzem ein uninteressantes Gebiet mit Lagerhallen, Verladestationen und Fabriken, hat SoMa (»South of Market Street«) seinen Charakter verblüffend rasch verändert: Elegante Nachtclubs und Restaurants locken inzwischen betuchte Bürger in die Folsom Street, und allerorts wachsen stattliche Bauten aus dem Boden, wie das Moscone Convention Center (Kongreßzentrum); das neue Gebäude des Museum of Modern Art, das im Januar 1995 eröffnet werden soll und der Yerba Buena Gardens Complex (siehe Seite 44). Viele Fabriken haben eigene Geschäfte, wo man Designer-Mode zu Billigstpreisen bekommen kann; siehe die Seiten 60 und 61.

▶▶▶ Telegraph Hill

Telegraph Hill ist eine begehrte Adresse, und die steilen Straßen, die zum Coit Tower (einem 1933 errichteten Denkmal zu Ehren der Freiwilligen Feuerwehr der Stadt) hinaufführen, sind von eleganten Wohnhäusern gesäumt. Der Turm ist weniger der Aussicht wegen berühmt als vielmehr der herrlichen Wandmalereien wegen, die sein Inneres zieren. Sie zeigen Szenen aus dem Leben in Kalifornien zur Zeit der Großen Depression.

Blick auf Telegraph Hill.

Jedermann wird Ihnen erzählen, daß die Lombard Street von Russian Hill die krummste (»crookedest«) Straße in San Francisco ist. Fast genauso krumm, aber wesentlich weniger überlaufen, ist die Vermont Street der Pontrero Hill Area, gleich östlich vom Mission District. Außerdem ist die Vermont Street die einzige Durchgangsstraße der Stadt, die von der Feuerwehr gemieden wird: Sie hat einfach zu viele enge Kurven.

39

Dashiell Hammett, der große Meister spannender Krimis, zog 1920 nach San Francisco, um hier für die Pinkerton Detective Agency zu arbeiten. Die florierende, aber korrupte Stadt bildete die perfekte Kulisse für seinen zynischen Protagonisten, den Detektiv Sam Spade. Den größten Erfolg hatte Hammett 1930 mit »Der Malteser Falke«. Seine produktivsten Jahre verbracht der Autor in dem Haus 1155 Leavenworth Street, Nob Hill. Später zog er nach Hollywood, um dort Drehbücher zu schreiben, mußte jedoch schon kurz nach seiner Ankunft ins Gefängnis – weil er sich weigerte, bei der antikommunisten Hetzjagd der 50er Jahre mitzumachen.

Museen und Galerien

Das erste Cable Car, als dessen Erfinder der Schotte Andrew Hallidie gilt, rollte am 1. August 1873 die Clay Street entlang. Da die Cable Cars auf den steilen Straßen wesentlich sicherer waren als Pferdewagen, ermöglichten sie auch die städtebauliche Entwicklung bislang unzugänglicher hochgelegener Gegenden wie Nob Hill. 1906 waren 600 Cable Cars in Betrieb, doch das Erdbeben und die anschließende Zunahme motorisierter Verkehrsmittel gefährdeten ihre Existenz. Als National Historic Landmark unter Denkmalschutz gestellt, wurden Streckennetz und Wagen 1982 für sechzig Millionen Dollar überholt und sind auch heute noch unterwegs -hauptsächlich zum Vergnügen der Touristen.

▶▶▶ African American Historical and Cultural Society

Building C, Fort Mason Center

Afro-amerikanische Geschichte und Errungenschaften in der Region werden hier anhand von Archivmaterial und Bildern chronologisch vorgestellt. Im Nebengebäude (762, Fulton Street) der Western Addition sind noch mehr Ausstellungsstücke zu bewundern.

▶▶▶ Cable Car Museum

1201 Mason Street

Dieses Museum vermittelt einen kurzen Überblick über die 120-jährige Geschichte der berühmten Cable Cars von San Francisco und besitzt auch einige alte Wagen. Außerdem wird erklärt, wie die Cable Cars funktionieren: Jedes Car wird von einem unterirdischen Kabel gezogen, das immer in Bewegung ist. Das dumpfe Dröhnen, das Sie schon am Eingang hören, kommt von den Stahlkabeln, die hier über gigantische Winden gezogen werden. Im Untergeschoß kann man diese besichtigen.

▶▶▶ California Academy of Sciences

Golden Gate Park

Zielpublikum sind Kinder, bei denen das Interesse an der Natur geweckt werden soll. Die ständigen Ausstellungen zur Ökologie Kaliforniens und zur Kultur der Ureinwohner lassen viel zu wünschen übrig, erstklassig und unbedingt sehenswert ist jedoch das **Steinhart Aquarium**, wo man ein breites Spektrum maritimen Lebens zu sehen bekommt; Raubfische aus dem Amazonas ebenso wie die elektrizitäterzeugenden Zitteraale. Im »Safe-quake Exhibit« der **Hall of Earth and Space Sciences** bebt der Boden mit derselben Stärke, die bei den Erdbeben der Jahre 1865 und 1906 die Straßen von San Francisco erschütterte. Gewinnen Sie Ihr Gleichgewicht in der Far Side of Science Gallery zurück, wo Gary Larsons Cartoons ausgestellt sind. Zusätzlichen Eintritt kostet das benachbarte **Morrison Planetarium**.

▶▶▶ Cartoon Art Museum

665 Third Street

Die Exponate der Wechselausstellungen sind einem riesigen Fundus entnommen. Interessenten können die Entwicklung eines Cartoons oder Comicstrips von der Hand des Künstlers bis zum fertigen Produkt verfolgen.

▶▶▶ Chinese Historical Society of America

650 Commercial Street

Eine bereichernde Ergänzung zu einem Spaziergang durch Chinatown. Hier sind die wichtigsten Stationen der chinesischen Bevölkerung Kaliforniens dokumentiert: ihre Ankunft, ihr Beitrag zum Eisenbahnbau und ihr Zusammenrücken angesichts der Rassendiskriminierung als »Gelbe Gefahr«. Besuchen Sie auch die Ausstellungen im **Chinese Cultural Center** im zweiten Stock (third floor) des Chinatown Holiday Inn, 750 Kearny Street.

▶▶▶ Esprit Quilt Collection

9000 Minnesota Street

Kaum jemand weiß, daß eine der besten privaten Sammlungen von Quilts (Decken) der Amish People die Büros

Das vielgeliebte Cable Car, ein Wahrzeichen San Franciscos.

Die Balclutha, *eines der Schiffe vom Hyde Street Pier.*

der Firma Esprit schmückt. Sie sollen die Designer des Unternehmens inspirieren. Besucher können sie auf eigene Faust besichtigen oder einen Katalog kaufen. Die Quilts stammen größtenteils aus den Jahren zwischen 1880 und 1930. Sie sind das Ergebnis eines alten religiösen Kultes, und in jede ist ein absichtlicher Fehler eingearbeitet – um zu zeigen, daß nur Gott perfekt ist.

▶▶▶ Exploratorium
3601 Lyon Street
Lernspiele, Computer und Modelle vermitteln naturwissenschaftliche Erkenntnisse und veranschaulichen die Grundlagen von Licht, Ton, Schwerkraft und Elektrizität.

▶▶▶ Fort Point
Unter der Golden Gate Bridge
Das 1861 fertiggestellte Fort, das den Zugang zur San Francisco Bay schützen sollte, wurde niemals angegriffen. In einigen Räumen der dreistöckigen Granitfestung sind Memorabilia ausgestellt. Die Führer sind in Uniformen aus dem Amerikanischen Bürgerkrieg gekleidet.

▶▶▶ Hyde Street Pier Historic Ships
Hyde Street Pier, Nähe Fisherman's Wharf
Zu einer Zeit, als in Fisherman's Wharf noch Fischer und nicht Tourister herumliefen, legten vom Hyde Street Pier die Fähren nach Berkeley und Sausalito ab. Heute sind hier historische Schiffe vertäut. Dazu gehören die Fähre *Eureka*

Wenn die Golden Gate Bridge in dichten Nebel gehüllt ist, kann man nach dem Klipper *Tennessee* Ausschau halten, der durch die Wellen gleitet. Der Zweimaster sank hier vor über 100 Jahren, wird aber regelmäßig gesichtet – 1942 erblickten ihn gleich mehrere Besatzungsmitglieder eines Zerstörers.

SAN FRANCISCO

An den folgenden Tagen können Sie auch Museen, die normalerweise Eintritt kosten, umsonst besuchen: Asian Art Museum am ersten Mittwoch und Samstag (10–12 Uhr) im Monat; California Academy of Sciences am ersten Mittwoch im Monat; California Palace of the Legion of Honour am ersten Mittwoch und am ersten Samstag im Monat (10–12 Uhr); M.H. de Young Museum am ersten Mittwoch und am ersten Samstag im Monat (10–12 Uhr); Exploratorium am ersten Mittwoch im Monat; Mexican Museum am ersten Mittwoch; Museum of Modern Art am ersten Dienstag im Monat.

(1890), das größte Passagierfährschiff seiner Zeit, und die vollgetakelte *Balclutha*, die diverse Male das berüchtigte Kap Hoorn umsegelte, bevor sie zum Transportschiff für Alaska-Seelachs umfunktioniert wurde. Das beim Aquatic Parks gelegene **National Maritime Museum** besitzt eine gute Sammlung von Schiffsmodellen, die die komplexe Geschichte der Seefahrt rund um San Francisco erläutern.

▶▶▷ Mexican Museum
Building D, Fort Mason Center
Dieses Museum ermöglicht es unbekannten mexikanischen Künstlern, ihre Werke auszustellen, organisiert darüber hinaus aber auch hochinteressante Ausstellungen zu vielen Aspekten der mexikanischen Kunst und Kultur.

▶▶▷ M.H. de Young Memorial Museum
Golden Gate Park
Beispielhaft wird hier gezeigt, wie sich die amerikanische Kunst von europäischen Geschmacksrichtungen entfernte und eine eigene nationale Identität entwickelte. Man findet Werke fast aller bekannten amerikanischen Künstler. Besonderen Unterhaltungswert besitzt der Raum mit den *trompe-l'œil*-Gemälden. Sehenswert ist William Harnetts »After the Hunt«, dessen Leinwand eine mit frischerlegten Hasen und Vögeln behängte Tür darstellt. Ganz anders als die strenge Sammlung von de Young ist das ungleich vielfältigere **Asian Art Museum,** das sich in einem anderen Flügel befindet. Trotz des fast überreichen Angebotes sind es kleine, edle Einzelstücke, die sich einprägen: eine chinesische Votivstele, japanische Netsuke – hölzerne Knebel für Taschen und Beutel – und eine aus Tibet stammende Trompete aus einem menschlichen Oberschenkelknochen.

Das M.H. de Young Memorial Museum.

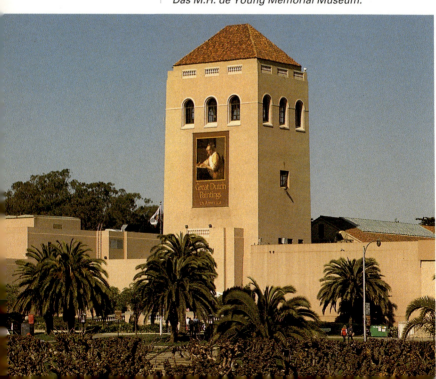

▶▶ Museum of Modern Art

401 Van Ness Avenue

Berühmt für seine Sammlung abstrakter amerikanischer Expressionisten und deutscher Expressionisten, seine innovativen Videoeinrichtungen und die Unterstützung, die man den Künstlern der Region angedeihen läßt. Das Museum of Modern Art soll noch mehr bieten, wenn es erst einmal in sein neues Gebäude (151, Third Street) in SoMa umgezogen ist (geplant für 1995). Bis dahin sind vor allem die vielen hochrangigen Wechselausstellungen sehenswert.

▶▶▶ Museum of Money of the American West

400 California Street, im Basement der Bank of California

Hier sind eine Vielzahl verschiedener Banknoten zu sehen, die von den unterschiedlichen Bundesstaaten ausgegeben wurden, bevor der Dollar standardisiert wurde.

▶▶▶ North Beach Museum

1435 Stockton Street, in der Eureka Savings Bank

Interessante Wechselausstellungen, oft mit Leihgaben ortsansässiger Sammler, die den Aufstieg eines der faszinierendsten Viertel von San Francisco illustrieren.

▶▶▶ Old Mint

Ecke Fifth Street und Mission Street

Der 1874 errichtete neoklassizistische Granit- und Sandsteinbau, in dem die Münzanstalt untergebracht war, gehört zu den wenigen Gebäuden, die das Erdbeben von 1906 unbeschadet überstanden haben. Nach der Katastrophe tauschte die Münze Zertifikate der zerstörten Banken gegen Bargeld und sicherte sich dadurch einen festen Platz in den Herzen der Bevölkerung.

1937 wurde die Münzstätte aufgelöst, und bis 1968 waren in dem eleganten Gebäude Verwaltungsbüros untergebracht. Heute sind die hohen und lichten Räume der alten Münze ein Paradies für Numismatiker aus aller Welt. Unter anderem liegen hier eine Million Dollar in Goldbarren. Doch keiner der Schätze kann sich mit der eindrucksvollen Grandeur des Gebäudes messen.

▶▶▶ Pacific Heritage Museum

608 Commercial Street

Meist interessante Wechselausstellungen über Geschichte und internationale Beziehungen der Staaten an der Pazifikküste. Im Untergeschoß erinnern Dauerexponate an die Zeit, als dieses Gebäude die erste Münzanstalt der Stadt beherbergte: gegründet 1854, als direkte Folge des Gold Rush.

▶▶▶ Palace of the Legion of Honor

Lincoln Park

Dieser Bau wurde zur Erinnerung an die Kalifornier errichtet, die im Ersten Weltkrieg fielen. Der Palast der Ehrenlegion ist wunderschön auf den Klippen gelegen und bildet den passenden Rahmen für eine der bedeutendsten Kunstsammlungen von San Francisco.

Zu bewundern sind neben Gemälden und dekorativer Kunst aus mehreren Jahrhunderten vor allem die exzellente Sammlung der Achenbach Foundation (Graphische Kunst) und einige Skulpturen von Rodin – wie der wunderbare »Victor Hugo«, das Glanzstück dieses Museums.

Der *San Francisco Bay Guardian* und die *SF Week* veröffentlichen jede Woche ein Programm mit den aktuellen Veranstaltungen. Beide bekommen Sie in vielen Geschäften und Restaurants sowie an Zeitungskästen. Kostenlos ist auch das monatlich erscheinende *North Beach Now*, das besonders die Ereignisse rund um North Beach abdeckt. Die 14-tägig erscheinende *Bay Times* wird für die Schwulen- und Lesbierinnengemeinden der Stadt gedruckt, wie auch die Wochenzeitung *Bay Area Reporter*.

43

Im Tattoo Art Museum, 837 Columbus Avenue, zwischen North Beach und Fisherman's Wharf, zieren verblüffende Fotos die Wände eines Tattoo-Salons, wo Tätowierer an der Arbeit sind.

▶▶▶ Performing Arts Library and Museum
399 Grove Street
Zur Einstimmung auf einen Ballett- oder Opernabend sollten Sie die Wechselausstellungen besuchen, die sich auf die Geschichte der »darstellenden« Künste in San Francisco beziehen. Zu den sehenswerten Stücken gehören Kostüme, Fotografien und jede Menge Programme.

▶▶▶ Presidio Army Museum
Ecke Lincoln Boulevard und Funston Avenue
In dem Gebäude eines ehemaligen Militärhospitals dokumentiert dieses Museum das Wachstum der Militärgarnison San Franciscos: von den ersten spanischen Anfängen über zwei Weltkriege hinweg bis zur Gegenwart. Neben den zahllosen Uniformen und Insignien gibt es eine exzellente Ausstellung zum Erdbeben des Jahres 1906 zu sehen. Im Freigelände stehen zwei der »Refugee Cottages«, die damals für zwei Dollar monatlich an die obdachlosen Überlebenden der Katastrophe vermietet wurden.

▶▶▶ San Francisco Craft and Folk Art Museum
Building C, Fort Mason Center
Durchgehend sehenswerte Kunst- und Kunstgewerbe-Ausstellungen. Seien Sie auf alles gefaßt: von kalifornischen Lockenten bis zu afrikanischen Figurinen.

▶▶▶ Society of California Pioneers
466 McAllister Street
Dieses kleine, aber interessante Museum wird von Nachkommen der ersten kalifornischen Siedler geleitet. Ausgestellt sind Goldgräber-Utensilien, Haushaltswaren und anderes aus den Entstehungsjahren des Bundesstaates.

▶▶▶ Wells Fargo History Museum
420 Montgomery Street
Die ersten Postkutschen, die in den 1840er Jahren Personen, Gold und Post quer über den Kontinent transportierten, taten dies im Auftrag der Firma Wells Fargo. Eine Original-Postkutsche aus den 1860er Jahren veranschaulicht die Strapazen einer solchen Reise. Weitere Exponate erläutern die Geschichte des Unternehmens.

Commandante's Quarters (1776), Teil des Presidio.

Gay Life

■ **In San Francisco wird Ihnen sehr bald auffallen, daß die Toleranz unkonventionellen Lebensformen gegenüber diese Stadt zum Stützpunkt der größten und auffälligsten Schwulen- und Lesbierinnengemeinden der Welt gemacht hat …** ■

Viele schwule (»gay«) Männer fanden sich gegen Ende des Zweiten Weltkriegs in San Francisco ein, nachdem sie ihrer Homosexualität – oder des Verdachtes auf Homosexualität – wegen unehrenhaft aus der Armee entlassen worden waren. Viele, die aus Furcht vor üblem Gerede nicht nach Hause zurückkehren wollten, blieben in der Stadt.

Gay Rights: Im Rahmen der Radikalismusbewegung dieser Zeit und zusätzlich motiviert durch die Wut über permanente Polizeirazzien in Schwulenlokalen, gingen viele Schwule in den 60er Jahren auf die Straße, um ihre Bürgerrechte einzufordern. Etwa zur gleichen Zeit wandelte sich The Castro von einem ehemaligen katholischen Arbeiterviertel zu einem fast ausnahmslos schwulen District. Je bekannter The Castro wurde, desto mehr Schwule kamen aus allen Teilen des Landes, und bald war ihre Gemeinde so groß, daß die Regionalpolitik sie nicht länger ignorieren konnte. Viele Liberale brachten die Gay Rights auf die Tagesordnung, und 1977 wurde Harvey Milk als erster Vertreter dieser Minderheit in ein öffentliches Amt gewählt.

Homophobie: Die krankhafte Abneigung vieler gegen Homosexualität war damit aber keineswegs vom Tisch. Ein Jahr, nachdem er gewählt worden war, wurden Harvey Milk – und der schwulenfreundliche Bürgermeister der Stadt, George Moscone – ermordet. Das milde Urteil von fünf Jahren, das der rechtsorientierte Politiker Dan White, der den Doppelmord gestanden hatte, erhielt, brachte die Schwulen, aber auch Heterosexuelle derart auf, daß über 50 000 an einer Protestaktion teilnahmen, in deren Verlauf das Rathaus angegriffen und Polizeifahrzeuge umgestürzt wurden.

Heute, nach über zwanzigjährigem Kampf für ihre Rechte, haben Schwule – und in etwas geringerem Maße auch die Lesbierinnen – einen Grad der Integration in die Gesellschaft erreicht, der als einmalig gelten kann.

AIDS: Die Auswirkungen der Immunschwächekrankheit AIDS sind hier deutlicher spürbar als an einem anderen Ort der Welt. Doch gerade angesichts der Krise wird die Solidarität innerhalb dieser Gemeinde deutlich, und da die US-Regierung dem Thema bislang die nötige Dringlichkeit versagt, sind die Politiker hier wieder in besonderer Weise gefordert.

Die Schwulen-Kultur ist in das Leben San Franciscos integriert.

Zu Fuß

Durch Chinatown

Siehe Karte auf den Seiten 48-49.

Ausgangspunkt für diesen Rundgang ist das Chinatown Gate an der Kreuzung Bush Street und Grant Avenue.
Seit 1907 markiert das **Chinatown Gate** den Eingang zur Hauptstraße von Chinatown.

Folgen Sie der Grant Avenue nach Norden bis zur Ecke California Street.
Die **Old St Mary's Church** (600 California Street) war die erste katholische Kathedrale an der Westküste.

Biegen Sie von der Grant Avenue nach links in die Commercial Street.
Im Gebäude 650 Commercial Street ist die Chinese Historical Society of America untergebracht (siehe Seite 40).

Biegen Sie nach links in die Kearny Street, dann nochmals links in die Clay Street, und überqueren Sie dann die Straße zum Waverly Place.
Viele Chinatown-Gebäude säumen den **Waverly Place**. Sehenswert ist der 1852 errichtete **Tien Hou Tempel**, der sich in der obersten

Unverkennbar: Chinatown.

Etage der Häuser Nummer 123-29 befindet.

Verlassen Sie den Waverly Place nach links über die Washington Street, und biegen Sie gleich darauf links in die Stockton Street.
In der immer überlaufenen **Stockton Street** kaufen die Chinesen der Stadt ihre Lebensmittel.

Von der Stockton Street zur Grant Avenue, die einen Häuserblock westlich liegt. Von dort aus zurück zum Chinatown Gate.

• *Spaziergang:* *Wenn Sie den Golden Gate Park (siehe Seite 57) über den John Kennedy Drive betreten, kommen Sie an der McLaren Lodge vorbei, dem ehemaligen Wohnsitz von John McLaren, der 50 Jahre lang den Park pflegte. Ein Stück weiter liegt das Gewächshaus mit prächtigen Blumen und Palmen. Dahinter zweigt der Hagiwara Teagarden Drive nach links ab, der zwischen der California Academy of Sciences und dem M.H. de Young Museum (siehe die Seiten 40 bzw. 42) verläuft. Besuchen Sie auch den Japanese Tea Garden mit der Buddhastatue aus dem Jahr 1790. Über den Stow Lake zum Fuße des Strawberry Hill.*

Zu Fuß — Financial District

Siehe die Karte auf den Seiten 48-49.

Ausgangspunkt ist die Federal Reserve Bank, 101 Market Street.
Mittels Computersimulationsprogrammen können Sie in der **Federal Reserve Bank** versuchen, die Finanzplanung des Staates selbst zu gestalten.

Überqueren Sie die Market Street und folgen Sie der Pine Street westwärts bis zur Montgomery Street.
Die rote Karneolskulptur vor der **Bank of America** (Montgomery Street) hat den Spitznamen »Banker's Heart« (Herz des Bankiers).

Folgen Sie der Montgomery Street in nördlicher Richtung bis zum Wells Fargo History Museum.
Das **Wells Fargo History Museum** (420 Montgomery Street) dokumentiert den Aufstieg der gleichnamigen Firma (siehe Seite 44).

Drei Blocks weiter nördlich auf der Montgomery Street liegt die Transamerica Pyramid.
Der Blick von der Aussichtsplattform der 260 m hohen **Transamerica Pyramide** ist etwas enttäuschend.

Weiter nordwärts auf der Montgomery Street, dann nach rechts in die Jackson Street zum Jackson Square.
Viele der teilweise schön restaurierten Gebäude rund um den **Jackson Square** sind einiges älter als die Hochhäuser des Financial District.

Vom Jackson Square aus westwärts entlang Washington Street zurück zur Montgomery Street.
Das ganze Jahr über bieten die Fremdenführer einstündige Führungen (zu Fuß) zu besonders interessanten Plätzen an: zum Beispiel zur City Hall (Rathaus), Coit Tower, Nob Hill, Japantown, Wandmalereien des Mission District u.ä. Nähere Informationen unter Tel.: (415) 557 4266.

• Spaziergang: *Von der Mission Dolores südwärts entlang Dolores Street zur Liberty Street, dort links ins Herz des Liberty Hill Historic District, dessen Bauten Ende des 19. Jahrhunderts entstanden. Vom Ende der Liberty Street nordwärts entlang Valencia Street, dann rechts auf die Twentieth Street. An der Kreuzung mit South Van Ness Avenue sehen Sie ein auffälliges Wandgemälde: Tribut an Carlos Santana.*

47

Zu Fuß — Golden Gate Promenade

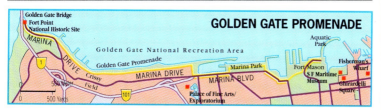

Ausgangspunkt ist der Aquatic Park, westlich von Fisherman's Wharf.
Die Golden Gate Promenade, die zu einem über fünf Kilometer langen, windigen Spaziergang am Wasser einlädt, ist Teil der riesigen Golden Gate National Recreation Area. Sie führt über die Hügel von Fort Mason (siehe Seite 53) und vorbei an den noblen Jachten, die in der Marina (Jachthafen) vertäut liegen, in die Nähe von Fort Point (siehe Seite 40) am Fuße der Golden Gate Bridge (siehe Seite 54).

SAN FRANCISCO

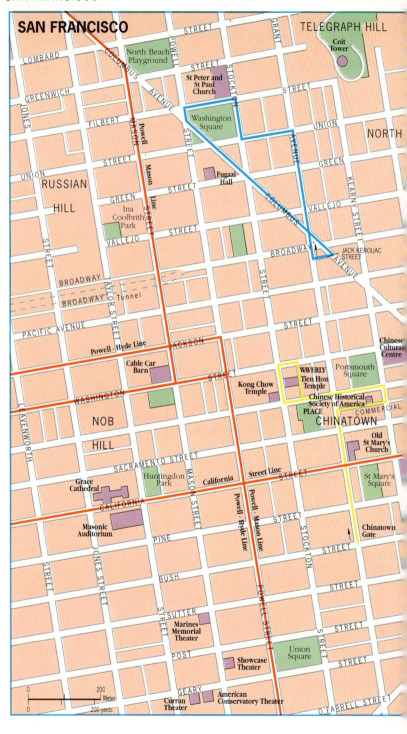

SAN FRANCISCO

TELEGRAPH HILL

Coit Tower

North Beach Playground

St Peter and St Paul Church

Washington Square

NORTH

LOMBARD

GREENWICH

FILBERT

Fugazi Hall

UNION

RUSSIAN HILL

Ina Coolbrith Park

GREEN

VALLEJO

Powell - Mason Line

JACK KEROUAC STREET

BROADWAY

BROADWAY

Tunnel

PACIFIC AVENUE

Powell - Hyde Line

JACKSON

Cable Car Barn

Chinese Cultural Centre

WAVERLY Tien Hou Temple

Portsmouth Square

Kong Chow Temple

Chinese Historical Society of America

PLACE

COMMERCIAL

CHINATOWN

WASHINGTON

NOB

HILL

Old St Mary's Church

SACRAMENTO STREET

Huntingdon Park

Street Line

St Mary's Square

Grace Cathedral

California

Powell - Hyde Line

Powell - Mason Line

CALIFORNIA

Chinatown Gate

Masonic Auditorium

PINE

BUSH

SUTTER

Marines Memorial Theater

Union Square

POST

Showcase Theater

0   200   Meter
0   200 yards

GEARY

Curran Theater

American Conservatory Theater

O'FARRELL STREET

SAN FRANCISCO

Chinatown Walk
Financial District Walk
North Beach Walk
Cable Car Line
● BART Station

San Francisco Bay

BEACH

BATTERY STREET
SANSOME STREET
FRONT STREET
DAVIS STREET
THE EMBARCADERO

STREET
STREET
STREET

PACIFIC AVENUE

Jackson Square

Sidney Walton Square

JACKSON STREET

MONTGOMERY STREET
U.S. Customhouse
WASHINGTON STREET
Transamerica Pyramid
Maritime Plaza
DRUMM STREET

Ferry Building
World Trade Center

CLAY STREET
BATTERY STREET
Embarcadero Center
FRONT STREET
DAVIS STREET
Justin Herman Plaza

Pacific Heritage Museum
STREET

STEUART STREET

SACRAMENTO STREET
Wells Fargo History Museum
Museum of Money of the American West

FINANCIAL DISTRICT
CALIFORNIA STREET
SANSOME STREET
FRONT STREET
DAVIS STREET

Federal Reserve Bank-World of Economics

Jewish Community Museum

Bank of America World Headquarters
PINE STREET
Embarcadero Station
MAIN STREET
SPEAR STREET

Pacific Coast Stock Exchange

BEALE STREET
SPEAR STREET
STREET
STREET

MARKET STREET
FREMONT STREET
1ST STREET
STREET
STREET
STREET

SUTTER STREET

Chevron World of Oil
Golden Gate University
STREET

Montgomery Street Station
MISSION STREET
2ND STREET
STREET
FOLSOM STREET
HARRISON STREET
JAMES LICK SKYWAY
BRYANT STREET

SOUTH OF MARKET
MARKET STREET
3RD STREET

RINCON HILL

California Historical Society of America

49

Zu Fuß

Siehe die Karte auf den Seiten 48–49.

Ausgangspunkt ist die Jack Kerouac Street bei der Grant Avenue.
Benannt nach einem der hellsten Köpfe der Beat-Generation, bildet die **Jack Kerouac Street** die Grenze zwischen Chinatown und North Beach.

Gehen Sie einige Schritte Richtung Norden bis zur Kreuzung von Columbus Avenue und Broadway.
Die Gegend rund um die **Kreuzung Broadway und Columbus Avenue** ist seit langem von Stripteaselokalen und Rock Clubs besetzt.

Folgen Sie der Columbus Avenue in nördlicher Richtung bis zum City Lights Bookstore.
Der 1953 gegründete **City Lights Bookstore** (261 Columbia Avenue) ist der älteste Taschenbuchladen der USA. Der Besitzer hat viele Werke der Beat-Schriftsteller veröffentlicht. Den Anfang bildete Ginsbergs Gedicht *Howl*, das 1956 erschien.

Gegenüber liegt **Vesuvio's Café**, ebenfalls noch aus der Beatnik-Ära.

Weiter in Richtung Norden entlang Columbus Avenue bis zum Washington Square.
Überragt von den beiden Türmen der im romanischen Stil errichteten Kirche Church of St. Peter and St. Paul, finden am **Washington Square** jedes Wochenende Ausstellungen von Hobby-Künstlern statt. Allmorgendlich kann man Chinesen bei ihren Tai Chi-Übungen zusehen.

Überqueren Sie den Washington Square, und folgen Sie der Grant Avenue in südlicher Richtung.
Auf diesem Stück der **Grant Avenue** (bis zum Broadway) liegen einige der empfehlenswertesten Lokale der Gegend. Beachten Sie die seltsamen Läden und Szene-Treffs.

Bummeln Sie die Grant Street noch ein Stück nach Süden, um dann zur Jack Kerouac Street zurückzukehren.

Das Octagon House in der Gegend von Union Street, Pacific Heights.

■ Eine Woche oder auch nur ein Wochenende in San Francisco kann unglaublich abwechslungsreich sein. Die folgenden Vorschläge sollen Ihnen ein ausgewogenes Bild der Stadt vermitteln ... ■

Eine Woche in San Francisco

Erster Tag: Erkunden Sie den Financial District und Chinatown auf eigene Faust (siehe Seiten 46 und 47). Mittagessen in North Beach. Dann mit dem Cable Car gen Norden zur Fisherman's Wharf und zum Fort Mason oder mit einem Ausflugsbus zur Golden Gate Bridge.

Zweiter Tag: Mit dem Cable Car zum Nob Hill, dann die Gegend und das angrenzende Russian Hill erkunden. Mittagessen in der Union Street (siehe Seite 50). Nachmittags zu Fuß durch Pacific Heights bis Japantown.

Dritter Tag: Fahren Sie mit BART nach Berkeley und erkunden Sie den Ort und den Campus der Universität. Mittagessen in der Telegraph Avenue. Dann mit BART zum Lake Merritt, dort ins Oakland Museum.

Vierter Tag: Zum Alamo Square und dann weiter in Richtung Haight Ashbury. Mittagessen in der Haight Street. Verbringen Sie den Rest des Tages im Golden Gate Park.

Fünfter Tag: Vormittags nach Alcatraz (siehe Seite 80). Mittagessen in North Beach. Nachmittags sollten Sie Telegraph Hill erkunden und den Embarcadero entlang zum Embarcadero Center spazieren.

Sechster Tag: Verbringen Sie den Tag auf der anderen Seite der Bucht in Sausalito oder Tiburon.

Siebter Tag: Vormittags im Civic Center, Spaziergang durch SoMa zum Mittagessen in der Folsom Street. Besuchen Sie die Museen und Fabrik-Verkaufsstellen in SoMa, oder machen Sie eine Bustour durch den Mission District.

Ein Wochenende in San Francisco

Erster Tag: Verbringen Sie einen Tag damit, den Möven auf der Markierung zu folgen, die den 49 Mile Scenic Drive ausweist. Diese Strecke führt Sie zu den schönsten Stellen und wichtigsten Sehenswürdigkeiten von San Francisco.

Zweiter Tag: Am zweiten Tag sollten Sie durch Chinatown spazieren (siehe Seite 47) und mittags mit dem Bus in den Golden Gate Park fahren, wo man beim Stow Lake herrlich picknicken und anschließend die Academy of Sciences (besonders für Kinder) oder das M.H. de Young Museum und das Asian Museum besuchen kann. Oder Sie schlendern einfach durch den Park.

In San Francisco ist es ganz leicht, Einheimische und Fremde zu unterscheiden: Während Touristen die Stadt »Frisco« nennen, sprechen die Einheimischen von ihr als »the city«.

Wenn Sie vormittags am Washington Square oder am Huntington Park vorbeikommen, werden sie Dutzende von Chinesen sehen, die sehr bewußte, langsame Bewegungsübungen machen. Tai Chi basiert auf sorgfältig ausgewogenen rhythmischen Bewegungen, die sämtliche Sehnen, Bänder und Muskeln des Körpers beanspruchen und die Blutzirkulation fördern.

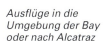

Ausflüge in die Umgebung der Bay oder nach Alcatraz

▶▶▶ Buddhas's Universal Church
720 Washington Street

Die aus Gemeindespenden finanzierte Buddha's Universal Church lädt jeden Sonntag auch Andersgläubige dazu ein, Vorträgen zu lauschen und die Kirche und den Seerosenteich auf dem Dach zu besichtigen.

▶▶▶ The Cliff House
1066-90 Point Lobos Avenue

Das siebenstöckige »Château-auf-den-Klippen«, das sich der damalige Bürgermeister Adolph Sutro 1896 errichten ließ, ist noch heute das berühmteste der Cliff Houses, die seit 1853 in dieser Gegend entstanden. Heute beherbergt das Klippenhaus einen Souvenirshop und ein Restaurant. Hier erhalten Sie aber auch Informationsmaterial über die Golden Gate National Recreation Area (zu der dieser Bau gehört), und Sie können Seelöwen und viele verschiedene Arten von Meeresvögeln beobachten.

Von den ehemaligen Sutro Baths, wo bis zu 24 000 Menschen gleichzeitig schwimmen konnten, sind heute nur noch die Ruinen zu sehen. Die 1896 errichtete Badeanstalt bedeckte ein Areal von drei Acres und umfaßte mehrere Salzwasserbecken, die unter einer riesigen Glaskuppel lagen. Der Eintritt kostet lächerliche 10 Cents.

▶▶▶ City Hall (Rathaus)
Civic Center, Van Ness Avenue

Das 1915 erbaute Rathaus von San Francisco zählt zu den auffälligsten Gebäuden der Stadt und beherrscht das Civic Center, dessen öffentliche Gebäude alle sehenswert sind. Der Entwurf stammt von dem Architekturbüro Brown and Bakewell. Die beiden reichten den aufwendigsten Plan von allen Bewerbern ein: Marmor, Granit, Goldintarsien und üppige Bögen zieren den Prunkbau.

Der aus Preußen stammende Adolph Sutro entwickelte einen Tunnel, der die Belüftung und Drainage in Nevadas Silberminen erheblich verbesserte und machte mit dieser Idee ein Vermögen. Sutro war von 1894 bis 1896 Bürgermeister und gründete auch die Sutro Library.

52

Hinter der schlichten Fassade der buddhistischen Kirche San Franciscos (1881 Pine Street) verbirgt sich ein reiches, prächtiges Interieur. Die Altarschranken sind mit prunkvollen Pfau-Motiven bemalt, und Schnitzwerk aus Kyoto ziert die Holzbalken der Decke.

Die City Hall (Rathaus) von San Francisco.

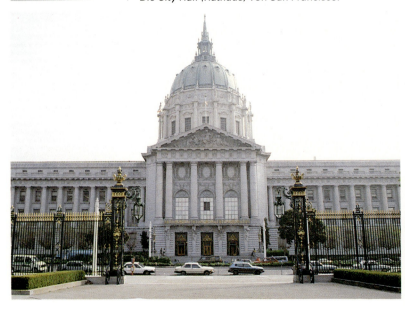

Nachtleben in der Großstadt: Transamerica Pyramid.

▶▶▶ Columbus Tower

Ecke Kearny Street und Pacific Avenue

In den 70er Jahren hat der Regisseur Francis Ford Coppola diesen Turm gekauft und restaurieren lassen. Der aus dem Jahr 1905 stammende Columbus Tower bildet zusammen mit der nahegelegenen Transamerica Pyramid einen Blickfang von North Beach in Richtung Chinatown.

▶▶ Ferry Building

Am östlichen Ende der Market Street

Bevor die bekannten Brücken der Stadt entstanden, war dieser Bau aus der Zeit der Jahrhundertwende das Wahrzeichen – und höchste Gebäude – San Franciscos und Anlegestelle für Zehntausende Pendler, die täglich über die Bay zur Arbeit fuhren. Noch heute verkehren einige wenige Schiffe vom rückwärtigen Landesteg aus. Im Fährgebäude selbst sind Büros untergebracht.

▶▶ Fort Mason

Westlich von Fisherman's Wharf

1796 errichtete die spanische Garnison, deren Stützpunkt die Presidio (siehe Seite 55) war, hier auf den Klippen mit Blick über die Bucht eine Geschützstellung. In den 1860er Jahren wurde sie Kommandoposten der US-Armee, und achtzig Jahre später diente sie als Verladestation für über eine Million Soldaten auf dem Weg in den Pazifik.

Einige Gebäude auf dem Hügel werden noch militärisch genutzt, das frühere Militärspital dient als Verwaltungssitz der Golden Gate National Recreation Area (siehe Seite 56). Am Fuße der Klippen sind in einer Reihe ehemaliger Lagerhäuser die Museen des **Fort Mason Center** untergebracht. Nicht weit davon liegt die **Jeremiah O'Brien**, ein Versorgungsschiff aus dem Zweiten Weltkrieg, das zur Besichtigung offen steht.

Am 18. April 1906 vernichteten ein Erdbeben der Stärke 8,3 (auf der Richterskala) und ein darauf folgendes Feuer, das drei Tage lang wütete, einen Teil der Stadt. 3000 Menschen kamen uns Leben, über 300 000 wurden obdachlos. Nicht zuletzt äußerst strikten Bauvorschriften war es zu verdanken, daß ein Beben der Stärke 7,1, das am 17. Oktober 1989 die Stadt erschütterte, nicht in einer ähnlichen Katastrophe endete. Elf Menschen starben, 1800 verloren ihren Wohnsitz.

Die schlichte Eleganz der Golden Gate Bridge.

▶▶▶ Golden Gate Bridge

Benannt nach der Bucht, die sie überspannt, und nach ihrem Anstrich (einem rötlichen Orange, der Farbe, die im Nebel am besten sichtbar ist), ist die Golden Gate Bridge eine bemerkenswerte künstlerische wie bautechnische Leistung. Ihre Konstruktion trotzt den Strömungen und Tiefen der Bay, und der schlichte Entwurf paßt sich nahezu perfekt in die landschaftlich herrliche Umgebung ein. Die Brücke wurde 1937 nach Plänen von Joseph B. Strauss fertiggestellt. Die Baukosten in Höhe von 37 Mio. Dollar waren bis 1971 durch Benutzungsgebühren wieder hereingeholt. Mit einer Länge von knapp zwei Meilen gehört sie noch heute zu den größten Hängebrücken der Welt. Man kann die Golden Gate Bridge mit dem Auto, mit dem Fahrrad oder zu Fuß (bei Joggern sehr beliebt) überqueren. Leider stören der permanente Verkehrslärm die Muße des Besuchers.

▶▶▶ Mission Dolores

320 Dolores Street

Die ursprünglich als Mission San Francisco de Asís benannte Mission Dolores wurde 1791 gegründet – als 6. der 21 spanischen Missionen, die die Küste säumen.

Die dicken Ziegelwände haben Erdbeben und jahrelange Vernachlässigung überstanden, und die Mission ist heute das älteste Bauwerk San Franciscos – sogar die ursprünglichen Glocken und diverse Artefakte, die damals auf Maultierrücken aus Mexiko antransportiert wurden, sind noch vorhanden.

Hinter der freskengeschmückten Kapelle steht ein kleines Museum, und auf dem Friedhof liegen in namenlosen Gräbern mehr als 5000 Castonoan-Indianer, viele davon Opfer europäischer Krankheiten. Unter beschrifteten, aufwendigen Grabsteinen dagegen ruhen einige ehemals mächtige Spanier und Anglo-Amerikaner.

Joseph B. Strauss, der geistige Vater der Golden Gate Bridge und vieler hundert weiterer gigantischer Hängebrücken in allen Teilen der Welt, war gerade 1,50m groß. Strauss starb 1938 im Alter von 68 Jahren.

▶▶▶ Palace of Fine Arts

Baker Street und Beach Street

Bernard Maybecks »Palast der Schönen Künste« besteht aus einer Reihe traumhaft schöner *Beaux-arts*-Gebäude, die sich um eine riesige Rotunda gruppieren. Der Komplex war als zeitlich befristeter Beitrag zur 1915 in San Francisco stattfindenden Panama-Pacific-Exposition vorgesehen, doch sprachen sich die Bürger gegen den geplanten Abriß der Gebäude aus, und ein gutbetuchter Sponsor finanzierte in den 60er Jahren eine Restaurierung.

▶▶▷ Presidio

Haupteingang Lombard Street, Kreuzung Lyon Street

Auf dem Hügelland wurde 1776 eine spanische Presidio (Garnison) gegründet. Das Gebiet war bis zu seiner Stillegung in den 90er Jahren dieses Jahrhunderts ein für die Öffentlichkeit zugänglicher Stützpunkt der Sechsten Armee der Vereinigten Staaten. Etliche Gebäude sind einen Besuch wert: Einige Mauern des Officer's Clubs (Moraga Avenue) sind Ziegelwände aus der spanischen Ära. Auf der anderen Seite des Pershing Square gelegen, beherbergt das Old Station Hospital heute das Presidio Army Museum (siehe Seite 44); das ehemalige Spital ist das älteste vollständig erhaltene Gebäude der Militärbasis. Im Militärfriedhof findet man Gräber aus Bürgerkriegszeiten.

In San Francisco werden Sie vermutlich öfters denken, daß die Straße, auf der Sie sich gerade befinden, bestimmt die steilste der Stadt sei. Recht haben Sie allerdings nur, wenn Sie das Stück der Filbert Street erklimmen, das zwischen Hyde Street und Leavenworth Street liegt. Die Steigung beträgt hier 31,5 Grad.

▶▶▷ Rincon Center

101 Spear Street

Wenn Sie die riesige überdachte Plaza des Rincon Center zur Mittagszeit betreten, treffen Sie jede Menge Büroangestellte an, die hier einen Snack verzehren und sich von einem Pianisten unterhalten lassen. Das moderne Gebäude umschließt den wunderschönen Art-deco-Bau des 1940 entstandenen Rincon Annexe Post Office Building. Die Wände des Neubaus werden von Malereien von Anton Refregiar geschmückt, die düstere Momente aus der Geschichte San Franciscos zeigen.

▶▶▷ St Mary's Cathedral

Ecke Geary Street und Gough Street

In einer Stadt, die eigentlich für ihre viktorianische Architektur bekannt ist, vertritt diese 1971 fertiggestellte Kathedrale die Moderne auf eindrucksvolle Weise. In diesem Gotteshaus haben 2500 Gläubige Platz.

Kompromißlos modern: St Mary's Cathedral.

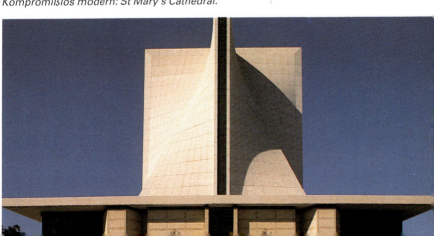

San Francisco hat elf Part-
nerstädte: Abidjen, Assisi,
Caracas, Cork, Haifa, Mani-
la, Osaka, Seoul, Shanghai,
Sydney und Taipeh.

Parade der »Painted Ladies«.

▶▶▶ Alamo Square

Ein hübscher, hügeliger Park auf einem Hügelkamm zwischen The Western Addition und Pacific Heights. Gegenüber der Ostseite des Alamo Square liegen sechs viktorianische Wohnhäuser, die sogenannten »Painted Ladies« –
für Fotografiersüchtige ein absolutes Muß.

▶▶▶ Aquatic Park

Eine große Grasfläche mit Konzertmuschel in der Nähe
von Fisherman's Wharf und den Schiffen am Hyde Street
Pier. Im Aquatic Park trifft man auf viele Spaziergänger,
die der Golden Gate Promenade (siehe Seite 47) folgen.

▶▶▶ Baker Beach
Zugang vom Lincoln Boulevard
Wenn Ihnen die steife Brise nichts ausmacht, können Sie
hier einen erfrischenden halben Tag verbringen. Freunde
des Angelsports werden hier länger bleiben wollen.

▶▶▶ Buena Vista Park
Blocks 1100 und 1200 der Haight Street
Der Name bedeutet »Schöne Aussicht«, und eine solche
werden Sie wirklich genießen, sobald Sie sich durch den
Wald aus Monterey-Kiefern und Redwoods gekämpft
haben, der diesen steilen Hügel fast vollständig bedeckt.
Rings um den Park liegen hübsche viktorianische Häuser.

Die Golden Gate National
Recreation Area wurde
1972 zum Schutz des fast 70
Quadratmeilen großen
Küstengebietes eingerich-
tet. Dieses »Erholungsge-
biet« umfaßt den äußers-
ten Nord- und Westteil der
Stadt und erstreckt sich
über die Bay bis hin zu den
zerklüfteten Marin County
Headlands. Es gibt mehrere
Museen sowie den stürmi-
schen Coastal Trail zwi-
schen Lincoln Park und
dem Golden Gate Park.

▶▶▶ China Beach
Nähe Seacliff Avenue
Ein kleiner und wundervoll abgelegener Strand. Die umliegenden Klippen halten die Brandung ab und machen China Beach zu einem Paradies für Schwimmer.

▶▶▶ Mission Dolores Park
Blocks 500 und 600 der Dolores Street
Dieser Park genießt auch dann Sonnenschein, wenn die
Stadt im dichten Nebel liegt. Mission Dolores Park ist
nicht weit von der Mission Dolores und bietet sich für ein
Picknick an, wenn man den Mission District erkundet.

▶▶▶ Golden Gate Park

Es gibt nur wenige städtische Parkanlagen, die schöner oder größer sind als der Golden Gate Park, der sich über drei Meilen zwischen Haight Ashbury und dem Pazifik erstreckt. Er ist groß genug für ein Polo-Spielfeld, Fußballplätze, zehn kleinere Seen und eine Reihe größerer Museen. Durch den Park führen ein paar vielbefahrene Straßen, aber viele »Zebrastreifen« ermöglichen Fußgängern ein sicheres Vorankommen. Die **Holländische Windmühle**, ein **Japanischer Teegarten** und ein winziger **Bahnhof** aus der Zeit der Jahrhundertwende sind nur drei der zahlreichen, teils überraschenden Sehenswürdigkeiten, die den Besucher erfreuen.

▶▶▶ San Francisco Zoo

Sloat Boulevard

Der 1889 gegründete Zoo wird zur Zeit grundlegend renoviert, die Käfige sollen naturnaheren Gehegen weichen. Neu ist auch das ausgezeichnete Primaten-Haus. Koalas, Zwergnilpferde und Leoparden erfreuen sich großer Popularität. Weniger beliebt, aber auch vielbesucht sind die Schwarzen Witwen und Skorpione im Insektenzoo.

▶▷▷ Sutro Heights Park

Dieser Park umfaßt das ehemalige Anwesen von Adolph Sutro, einer der führenden und beliebtesten Figuren im San Francisco des späten 19. Jahrhunderts (siehe Seite 52). Auf einem Felsvorsprung oberhalb des Cliff House gelegen, ist dieser Park ein beliebtes Ziel für Freunde romantischer Sonnenuntergänge, aber auch für Leute, die zwischen den teilweise sehr heruntergekommenen Statuen, die aus der Zeit stammen, als Sutro hier lebte, herumschlendern wollen.

In North Beach gibt es keinen Strand *(beach)*, auf dem Washington Square kein Standbild von George Washington, und keinen Platz *(square)* im Jackson Square.

Die hohen »Zwillings-Gipfel« der Twin Peaks bieten einen unvergleichlichen Blick auf San Francisco und das Hinterland der Stadt. Die ersten spanischen Siedler nannten diese Hügel *Los Pechos de la Cola* – Brüste des Indianermädchens.

Der Japanische Teegarten im Golden Gate Park.

Ausflüge

Ein Fußmarsch durch wildes Hügelland oder eine »dégustation« der berühmten hiesigen Weinsorten – die Möglichkeiten für einen Tagesausflug in die Umgebung von San Francisco sind ebenso vielfältig wie abwechslungsreich. Die meisten Touren kann man mit öffentlichen Verkehrsmitteln oder mit dem Auto machen, aber wenn Sie einen wirklich erholsamen Tag genießen wollen, sollten Sie bei einem der auf Seite 59 aufgeführten Ausflugsveranstalter eine organisierte Tour buchen. Die Liste enthält auch einige spezielle Touren innerhalb der Stadt.

Vorschläge für Rundfahrten

Malerisch gelegen ist **Sausalito**, acht Meilen nördlich von San Francisco. Viele der vornehmen Villen und Landhäuser hier sind in den Hang hineingebaut. Unten am Wasser liegen eine Reihe hübscher Cafés und Geschäfte.

Von vielen höhergelegenen Stellen San Franciscos hat man eine gute Aussicht auf die öde Landspitze von **Marin County**, die auf der Nordseite der Bucht direkt gegenüber der Stadt liegt und zur **Golden Gate National Recreation Area (GGNRA)** gehört. Wanderwege schlängeln sich hier über windige Klippen, durch geschützte Täler und zu abgelegenen Stränden, während andere Routen zu den schattigen Redwoodwäldern von **Muir Woods** führen.

Wenn Sie mit BART nach Osten fahren, erreichen Sie **Berkeley** mit der berühmten Universität sowie die Industriestadt **Oakland**, die für das ausgezeichnete Oakland Museum berühmt ist. Nähere Beschreibungen finden Sie auf den Seiten 76, 77 und 83.

Gut 90 Meilen südlich liegen **Monterey**, die frühere Hauptstadt Kaliforniens (siehe Seite 96), und das Mis-

Golden Gate National Recreation Area

sionsstädtchen **Carmel** (siehe Seite 92), je auf einer Seite der landschaftlich wundervoll gelegenen Monterey Peninsula und in der Nähe von **Big Sur** (siehe Seite 92), das zu Recht als das fotogenste Stück der Central Coast gilt.

Das zentrale Weinanbaugebiet ist das sogenannte Wine Country (siehe Seiten 244-55). Es beginnt rund fünfzig Meilen nördlich von San Francisco und umfaßt die fruchtbaren Regionen **Sonoma Valley** und **Napa Valley**. Zahlreiche Weingüter laden zu einer Weinprobe ein, und vielerorts werden Ballonfahrten über die Täler angeboten.

Eine Touristenattraktion anderer Art ist der kombinierte Themenpark **Africa USA/Marine World**, der 25 Meilen nordöstlich von San Francisco in der Nähe von Vallejo liegt. Tiger, Löwen, Seelöwen, Delphine u.a. treten in besonderen Unterhaltungsshows auf.

Ausflugsveranstalter und Sondertouren

A Day in Nature: (Tel.: (415) 673 0548). Halbtägige Führungen durch die Marin Headlands und Muir Woods, Ganztagestouren zum Napa Valley. Im Preis inbegriffen ist ein Gourmet-Picknick.

Articulate Art: (Tel.: (415) 225 0495). Zeigt Beispiele und erklärt Hintergründe der umstrittenen Wandmalereien von San Francisco in den 30er Jahren unseres Jahrhunderts.

Blue and Gold Fleet: (Tel.: (415) 705 5444). Täglich von Pier 39 (Fisherman's Wharf) und vom Ferry Building nach Oakland.

Flavour Tours: (Tel.: (415) 520 1775). Erkundet die afroamerikanischen Beiträge zur Stadtgeschichte, zur Musik, Kunst und natürlich vom afro-amerikanischen Standpunkt.

Golden Gate Ferries: (Tel.: (415) 332 6600). Zehnmal täglich vom Ferry Building nach Sausalito.

Golden Gate National Recreation Area: Jedes GGNRA Besucherzentrum versorgt Sie mit Informationsmaterial und speziellen Karten. Wanderinformationen erhalten Sie über das Marin Headlands Office (Tel.: (415) 331 1540).

Gray Line: (Tel.: (415) 958 9400). Bustouren nach Monterey und Carmel, Muir Woods und Sausalito sowie ins Wine Country.

Great Pacific Tour Co.: (Tel.: (415) 626 4499). Busausflüge nach Monterey und Carmel, Muir Woods und Sausalito sowie ins Wine Country.

Red & White Fleet: (Tel.: (800) BAY CRUISE). Fähren nach Sausalito und Katamaran-Fahrten nach Africa USA/Marine World. Abgehend am Pier 41 in Fisherman's Wharf.

San Francisco Helicopter Tours: (Tel.: (510) 635 4500). Die Stadt und ihre Umgebung aus der Vogelperspektive.

Wine Country Wagons: (Tel.: (707) 833 2724). In Kenwood, dem Herzen des Weinanbaugebietes im Sonoma Valley, besucht man im Pferdewagen drei Winzereien. Zum Abschluß lockt ein Buffet.

Shopping

Im Gegensatz zu vielen anderen Amerikanern legen die Bewohner von San Francisco großen Wert auf persönlichen Stil, und deshalb haben sich die riesigen Einkaufszentren, die man in fast allen US-amerikanischen Städten findet, hier nicht durchsetzen können. »Shopping« wird dennoch groß geschrieben, und in jedem Viertel gibt es mindestens eine Straße, die einen Einkaufsbummel lohnt. Wie nicht anders zu erwarten, ist Fisherman's Wharf voll von Souvenir-Shops. Die Geschäfte und Galerien, die in zwei umgebaute Fabriken eingezogen sind – **The Cannery** (2801 Leavenworth Street) und **Ghirardelli Square** (9800 N Point Street) – bieten dagegen die Möglichkeit, zuweilen einen echten Gelegenheitskauf zu tätigen oder etwas Besonderes zu finden.

In der Grant Street, in der Chinatown gelegenen Abschnitt, gibt es Dutzende von Geschäften wie den **China Trade Center** (Hausnummer 838), die Nützliches und Unsinniges verkaufen – fein gearbeitete Jadefigürchen ebenso wie wunderbar kitschiges Spielzeug.

Für eher klassische Geschmacksrichtungen Die eleganten Kaufhäuser Macy's, I. Magnin, Neiman-Marcus und Saks Fifth Avenue liegen, nur einen Kreditkartenwurf weit von einander entfernt, alle beim Union Square. Wenn Sie nur einen Konsumtempel besuchen können, wählen Sie **Nordstrom's** (865 Market Street), wo spiralförmige Rolltreppen Sie in ein Paradies der Kauflust entführen.

Für Leute, deren Augen größer als ihr Geldbeutel sind, empfiehlt sich ein Schaufensterbummel entlang der Maiden Lane. Zu *den* Boutiquen dieser Straße zählen **Chanel** (Nr. 155) mit dem Feinsten, was das französische Stammhaus zu bieten hat, und **Candelier** (Nr. 6), das Kerzen und Kerzenhaltern in zahllosen Formen und Farben bietet.

Werfen Sie auch einen Blick in das nahegelegene **Gump's** (250 Post Street), das seiner edlen Kristallwaren, Jade und Perlen wegen sehr bekannt ist.

Einen Bummel wert: Ghirardelli Square.

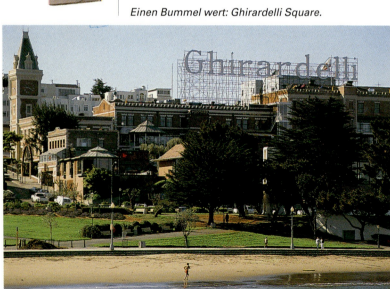

Union Street ist berühmt für Antiquitätengeschäfte.

Die Jagd auf Antiquitäten: Diese könnte sehr wohl in einem Besuch des Jackson Square gipfeln, dessen historische Backsteingebäude zahlreiche Antiquitätenläden mit europäischen Möbeln aus dem 18. und 19. Jahrhundert, orientalische Teppiche und andere Einrichtungsgegenstände beherbergen. Der begüterte Sammler kommt hier sicherlich voll auf seine Kosten, weniger finanziell Begünstigte werden wohl nicht allzulange verweilen.

Viel Altes und Antikes findet man auch in den teils etwas verrückten Geschäften, die in der Gegend von Haight Ashbury eröffnet haben. Vor allem auch Second Hand-Kleidung aus vergangenen Zeiten: Aardvark's (1501 Haight Street), auch Held Over Too (1537 Haight Street). Spellbound (1670 Haight Street) führt elegante Kleidung aus den 1890er bis 1920er Jahren, während Dharma (1600 Haight Street) Gewänder aus der Dritten Welt offeriert.

In der Gegend liegt auch Revival of the Fittest (1701 Haight Street), das teils seltsamen Haushalts-Krimskrams aus den 1940er und 1950er Jahren anbietet. Curios & Candles (29 Divisadero Street) verwandelt Kristalle und Halbedelsteine in teure Talismane, während die überdimensionalen Wasserpfeifen von Pipe Dreams (1376 Haight Street) seit Hippie-Zeiten exzentrische Raucher in ihren Bann ziehen.

In einer Stadt der Bücherwürmer gibt es natürlich zahllose Buchhandlungen, in denen man stundenlang stöbern kann. Bei Filialen der Ketten Crown und Doubleday bekommt man oft die neuesten Titel zu Sonderpreisen.

Besonders berühmt ist San Francisco freilich für seine Sach-und Fachbuchhandlungen. Dazu gehören: Forever After (1475 Haight Street), ein riesiges modernes Antiquariat mit Büchern aus allen Fachbereichen; City Lights (261 Columbus Avenue), mit so gut wie allen Titeln über die Beat-Generation sowie einer breiten Auswahl politischer Literatur; Lighthouse Books (2162 Union Street), mit einem breitgefächerten Angebot an Büchern zu allen möglichen metaphysischen und New Age-Themen; und A Different Light (489 Castro Street), mit einem großen Angebot an Schwulen- und Lesbenliteratur.

Für eigentlich jeden Geldbeutel Erschwingliches findet man bei den zahllosen Fabrikverkaufsstellen, die in den Lagerhäusern von SoMa eröffnet haben. Viele bekannte Modefirmen bieten hier Kleidung zweiter Wahl und Auslaufmodelle zu zum Teil günstigen Preisen an. Esprit (499 Illinois Street) ist nur einer der großen Namen. Im Six Sixty Center (660 Third Street) und im Yerba Buena Square (899 Howard Street) sind jeweils mehrere Geschäfte unter einem Dach.

Essen und Trinken

Essen und Trinken genießen herausragende Bedeutung in dieser Stadt, in der es mehr Restaurants gibt als in New York City (weit über 4000). Die Speisekarten sind vielseitig: von gutbürgerlicher amerikanischer Küche bis hin zu exotischen Spezialitäten aus allen Teilen der Welt. Viele Kalifornier mit verwöhntem Gaumen schätzen San Francisco nicht der Cable Cars oder der Golden Gate Brücke wegen – sie kommen hierher zum Essen.

Preise: Erbitterter Konkurrenzkampf hält die Preise niedrig, und außer den exklusivsten Gourmettempeln dürften alle Lokale für Durchschnittsbürger erschwinglich sein. Selbst die immer vollen Restaurants in Fisherman's Wharf sind nicht die Touristenfallen, die man eigentlich erwarten würde. Trotz vielfacher gegenteiliger Behauptungen stammt nur ein geringer Prozentsatz der Fische und Meeresfrüchte, die in den Seafood-Restaurants angeboten werden, aus einheimischen Gewässern.

Italienisch: Südlich an Fisherman's Wharf grenzt North Beach mit seinen Straßen voller italienischer Restaurants, die Gerichte aus allen Teilen Italiens auf den Tisch bringen. Ausgezeichnetes Preis-Leistungs-Verhältnis.

Krabben-Spezialitäten: In die Zeit von Mitte November bis Juni fällt die Saison der Dungerness-Krabben, die italienische Lokale als Hauptbestandteil eines Gerichtes namens Cioppino anbieten. Die gleiche Spezies findet man auch in chinesischen Restaurants, wo sie in Ingwer und Knoblauch eingelegt serviert werden. Köstlich.

Chinesisch: Diese Gerichte gehören seit langem zu den Attraktionen San Franciscos, und Chinatown ist das kulinarische Zentrum, obwohl viele chinesische Restaurants in andere Stadtteile umgezogen sind – vor allem in den Distrikt Richmond (westlich von Pacific Heights), wo in der Clement Street viele asiatische Restaurants liegen.

Ein Stück Italien am Washington Square.

Bei einem Besuch von Fisherman's Wharf sollten Sie sich auf einen Snack in einer der Seafood-Buden beschränken – *clam chowder* in einer Schale aus *sourdough bread* (sämige Muschelsuppe und Sauerteig-Brot) ist nur eine der leckeren Möglichkeiten – und ihren Appetit ansonsten für die abwechslungsreicheren Lokale der Umgegend aufsparen.

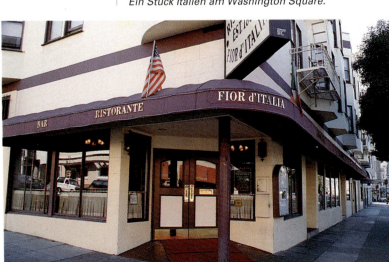

Das überaus beliebte »Empress of China«.

Vielfalt: Innerhalb Chinatowns sind mit immer mehr Einwanderern aus verschiedenen ethnischen Gruppen auch verschiedene Arten der chinesischen Küche heimisch geworden: neben kantonesischen (mit Unterarten wie Hakka und Choazhoul), Hunan- und Szechuan-Gerichten bereichern ungewöhnliche vietnamesisch-chinesische und peruanisch-chinesische Spezialitäten viele Speisekarten.

Am besten lernt man die chinesische Küche in einem der großen und vielbesuchten Dim Sum-Restaurants kennen, die von 11–15 Uhr geöffnet haben und hauptsächlich chinesische Gäste bewirten. Eine größere Auswahl von Dim Sum – kleine Pasteten oder Knödel mit Fisch, Meeresfrüchten, Fleisch und/oder Reis und Nudeln – werden Sie nur in Hongkong finden.

Bestellung: Laut rufen und auf das gewünschte Teil zeigen, ist die sicherste Art, das zu bekommen, worauf Sie Lust haben. Die kleinen Gerichte werden auf Handwägen vorbeigezogen. Falls Sie, was zu vermuten ist, nicht wissen, was Sie vor sich haben, sollten Sie einfach das am interessantesten aussehende Gericht wählen. Abgerechnet wird nach der Anzahl der leeren Teller auf Ihrem Tisch.

Gourmet-American: Im restlichen San Francisco, vor allem entlang Union Street und Fillmore Street in Pacific Heights, stellen immer mehr wegweisende Restaurants auf »Contemporary American Cuisine« um – Feinschmecker-Varianten der regionalen amerikanischen Küche, die sowohl ernährungswissenschaftlich als auch ästhetisch der Kalifornischen Cuisine (siehe Seiten 78–79) ähnelt, deren Stern jedoch am Verblassen ist.

Französisch: Die eher konservativen und etablierten Kreise der Stadt werfen sich in Schale und lassen sich zu den Nobelrestaurants in Nob Hill chauffieren, die für ihre klassische französische Küche bekannt sind.

Mexikanisch: Wesentlich weniger aufwendig – und viel sättigender – sind die unzähligen preiswerten mexikanischen Lokale, die im Mission District dicht gedrängt liegen. Das Spektrum reicht hier von schmuddeligen Bil-

Zu den Dim Sum-Gerichten gehören *Jow Ha Gok* – frittierte Shrimps, *Siu Mai* – gedämpfte Fleischklößchen, *Cha Siu Bow* – Schweinefleisch in Brotteig und *Gee Cheung Fun* – Reis- und Nudelrollen.

In San Francisco gibt es jede Menge Bäckereien.

ligkneipen bis hin zu Restaurants der mittleren Preislage mit schmackhaftem Essen und freundlichem Service.

Asiatisch und Fernöstlich: Japanische Restaurants sind in den USA wesentlich preiswerter als in Europa und auch sehr viel weiter verbreitet. Beim Japan Center in Japantown finden Sie gleich mehrere Dutzend Restaurants und Sushi-Bars, die zu erschwinglichen Gaumenfreuden einladen.
Noch preiswertere asiatische Gerichte bekommt man im Tenderloin District (nicht gerade das sicherste Stadtviertel, siehe Seite 36), wo sich in letzter Zeit zwischen miesen Fast-food Buden eine ganze Menge vietnamesische, laotische und kambodschanische Lokale angesiedelt haben. Von den Restaurantkritikern der Stadt noch unentdeckt, servieren sie leckere, scharf gewürzte exotische Gerichte zu Spottpreisen.

Bohème: Wer in Gesellschaft von Künstlern, Schriftstellern, Möchtegern-Medienstars und Vollzeit-Nachtclub-Schönheiten speisen möchte, sollte die Restaurants und Cafés in der Haights Street (Haight-Ashbury) oder der Folsom Street (SoMa) aufsuchen. Viele davon haben lediglich anspruchslose, aber sättigende amerikanische Gerichte wie Sandwiches oder Riesen-Omelettes auf der Karte, aber in der bizarren Umgebung mit typischer Bohème-Atmosphäre schmekken selbst diese interessant.

Tee und Kaffee: Was Getränke angeht, so haben Teeliebhaber in den USA oftmals nichts zu lachen. In diesem kaffeetrinkenden Land bedeutet Tee in der Regel entweder völlig überzuckerten Eistee oder aber einen billigen Teebeutel, der kurze Zeit in lauwarmes Wasser gehängt wird.
Gerade in San Francisco bieten immer mehr gute Hotels inzwischen jedoch zur Nachmittagszeit auch wirklich guten Tee mit Snacks wie Teegebäck oder Sandwiches. Die außergewöhnliche Frische des Kaffees könnte vielleicht auch eingeschworene Teetrinker dazu verleiten, einmal von ihrer Gewohnheit abzuweichen – vor allem in North Beach, wo der Duft frisch gerösteter Kaffee-

bohnen regelmäßig durch die Straßen zieht. Wo könnte ein belebender Espresso besser schmecken als in einem North Beach *Caffè*.

Alkohol: Irish Coffee – mit Whiskey, Zucker und Schlagsahne – steht auf den Getränkekarten fast aller Bars, Cafés und Restaurants der Stadt, und ein Glas davon wird Sie sicherlich in die Lage versetzen, auch den stürmischen Winden zu trotzen, die zuweilen durch die Straßen San Franciscos fegen.

Viele, aber nicht alle Restaurants haben die Genehmigung zum Alkoholausschank. Falls vorhanden, sollten Sie ein oder zwei Glas **kalifornischen Wein** trinken, der zu jedem Essen paßt. Das gilt vor allem dann, wenn Sie nicht vorhaben, das Wine Country (siehe Seiten 244–55) zu besuchen. Einen entspannenden Drink bei prachtvoller Aussicht genießen können Sie in einer der Cocktail Lounges, die in fast allen großen Hotels in der obersten Etage liegt (siehe Seite 66).

Das typische Flair der Stadt spürt man freilich besser in einer der vielen Straßenbars, die zum größten Teil auch viel sicherer sind, als es zunächst den äußerlichen Anschein hat.

Amerikanisches Bier: Biertrinker, die amerikanisches Bier automatisch mit Budweiser gleichsetzen, sind zu bedauern. Neben den üblichen Weinen und Spirituosen führen die meisten Bars auch die Produkte verschiedener kleiner und kleinster Brauereien: Biere, die zu probieren sich wirklich lohnt.

Anchor Steam Beer gehört zu den bekanntesten Biersorten der Region San Francisco, aber es gibt zahllose weitere, deren Namen man in der Regel auf einer Tafel über dem Tresen findet.

Bars sind in San Francisco nicht nur ein Ort, an dem man etwas trinkt: Sie sind Teil des Way of Life.

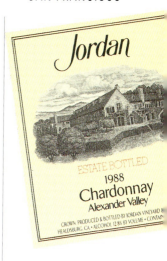

Den (angeblich) ersten Irish Coffee, der in den Vereinigten Staaten ausgeschenkt wurde, servierte das Buena Vista Café in Fisherman's Wharf (2765 Hyde Street).

Ausgehen

Verglichen mit anderen Großstädten hält sich das Nachtleben von San Francisco in einem überraschend kleinen und freundlich anmutendem Rahmen, und man findet kaum Anzeichen jenes gesellschaftlichen und finanziellen Snobismus, der in Los Angeles herrscht.

What's on: Über alle Nightlife-Veranstaltungen informieren die kostenlosen Wochenzeitschriften *San Francisco Bay Guardian* und *SF Weekly* (siehe Seite 43).
Die größte Ticket-Agentur ist BASS/TM (Reservierungen oder Tonbandinformation Tel.: (510) 762 2277), die überall in der Stadt Filialen hat. Bei TIX am Union Square auf der Stockton Street (geöffnet Di bis Sa 12– 19.30 Uhr; Tel.: (415) 433 7827) bekommt man Tickets für Vorstellungen am gleichen Abend zum halben Preis.

Erfrischungen: Freundliche und sehr unterschiedliche Cafés findet man überall in der Stadt, besonders viele liegen in North Beach. Bei Tageslicht sollten Sie ein paar Stunden in einer der Dachterrassen-Cocktail-Lounges verbringen, die einen herrlichen Blick über die Stadt bieten. Das Schönste ist der Carnelian Room in der 52. Etage des Bank of America Building, 55 California Street.

Klassische Musik, Oper und Ballett: San Franciscos klassische Musik, Oper und Ballett genießen weltweit einen ausgezeichneten Ruf. Konzerte des **San Francisco Symphony** finden von September bis Mai in der Louise M. Davis Symphony Hall, 201 Van Ness Avenue (Tel.: (415) 431 5400) statt, während der Sommermonate gibt es viele Sonderveranstaltungen.
Die **San Francisco Opera** hat ihre »Hauptsaison« mit vielen Stars in den Monaten September bis Dezember im War Memorial Opera House, 99 Grove Street (Tel.: (415) 864 3330). Im Sommer bringt die **Pocket Opera** weniger bekannte Stücke in bescheidenerer, jährlich wechselnder Umgebung
Das zu den besten Balletttgruppen der Welt zählende **San Francisco Ballet** tritt von Februar bis Mai im Opera House, 301 Van Ness Avenue (Tel.: (415) 621 3838) auf. In der Weihnachtszeit gibt es Sondervorstellungen.

Theater: Von Oktober bis Mai bringt das renommierte **American Conservatory Theater** anspruchsvolle Stükke im Geary Theater, 415 Geary Street (Tel.: (415) 749 2200; momentan wegen Restaurationsarbeiten geschlossen), das ganze Jahr über tritt es in dem winzigen Magic Theater, Building D, Fort Mason Center (Tel.: (415) 441 8822) auf. Das Curran Theater, 445 Geary Street (Tel.: (415) 474 3800) präsentiert Broadway-Erfolge.
Mit einer Spielzeit von über 17 Jahren das meistgespielte Stück der Stadt ist die witzige Revue *Beach Blanket Babylon*, die sich im Club Fugazi, 678 Green Street (Tel.: (415) 421 4222) noch immer großer Beliebtheit erfreut.

Comedy: Anfang der 1960er Jahre wurde der Komiker Lenny Bruce seiner bissigen Witze wegen in San Francisco verhaftet. Die modernen Gags dürften die Polizei kaum interessieren, aber es gibt noch immer eine Reihe unterhaltsamer Comedy Clubs. Zwei gute Tips sind das Holy City Zoo, 408 Celment Street (Tel.: (415) 386 4242)

Im Castro-Theater werden Kultfilme gezeigt.

und das Punch Line, 444 Battery Street (Tel.: (415) 397 4337).

Kino: Das alljährlich im Frühling stattfindende Francisco Film Festival erfreut sich ständig wachsender Beliebtheit. Die neuesten Produktionen zeigt u.a. das Kabuki Center (18 Kinos), Ecke Post Street und Geary Street (Tel.: (415) 931 9800), seltene Kult- und Kunstfilme präsentieren das Castro Theater, 429 Castro Street (Tel.: (415) 612 6120), das Roxie, 317 16th Street (Tel.: (415) 863 1087) und das Red Vic, 1727 Haight Street (Tel.: (415) 668 8999).

Jazz, Rock und Rythm & Blues: Viele der weltbesten Gruppen treten bei USA-Tourneen in San Francisco auf. Die meisten Konzerte finden statt im I-Beam, 1748 Haight Street (Tel.: (415) 668 6006) und in der DNA Lounge, 375 Eleventh Street (Tel.: (415) 626 1409). Besonders großer Popularität erfreut sich in San Francisco R&B; am besten klingt diese Musik in einer »heruntergekommenen« Kneipe wie The Saloon, 1232 Grant Street (Tel.: (415) 989 7666). Wenn Sie Brandneues hören wollen, sollten Sie am frühen Abend im Brainwash vorbeischauen, 1122 Folsom Street (Tel.: (415) 861 FOOD) – einer Mischung aus Bar und Waschsalon. Jazz-Liebhaber und solche, die es werden wollen, werden sich darüber freuen, wie viele gute Jazz-Lokale San Francisco zu bieten hat. Die besten der »Mainstream«-Jazz Clubs sind Slim's, 333 Eleventh Street (Tel.: (415) 621 3330) und Up & Down Club, 1151 Folsom Street (Tel.: (415) 626 2388).

Discos: In den Discotheken von SoMa präsentieren sich die Schickimickis der Modebranche, um mit ihrem neuesten Fummel anzugeben. Im internationalen Vergleich ist diese Szene freilich lasch, interessant ist bestenfalls der Club DV8, 540 Howard Street (Tel.: (415) 777 1419).

Unterkunft ist in San Francisco alles andere als rar.
Hotels wie das Marriott sind zudem unübersehbar.

In San Francisco sind Übernachtungsmöglichkeiten genauso zahlreich wie Hügel, für jeden Geschmack und Geldbeutel. San Francisco ist einer der wenigen Orte in Kalifornien, wo sich erschwingliche Alternativen zu den eintönigen Hotel- und Motelketten anbieten.
Eine rechtzeitige Reservierung ist nie verkehrt, während der Hauptsaison – im Sommer und Frühherbst, wenn die Preise allgemein 10–20 US-$ über denen des restlichen Jahres liegen – absolut unerläßlich.
Das **San Francisco Visitors and Convention Bureau** (siehe Seite 71) gibt ein kostenloses Unterkunftsverzeichnis mit zahlreichen Informationen (u.a. Übernachtungspreise) heraus, außerdem liegen Broschüren über private Übernachtungsmöglichkeiten aus.

Hotels: In einer Stadt mit guten Verkehrsmöglichkeiten ist es relativ unwichtig, wo Sie während Ihres Aufenthaltes wohnen. Die meisten großen Hotels liegen in der Nähe des Union Square und mehrere neue Kettenhotels auch rund um Fisherman's Wharf. Es empfiehlt sich, diese überlaufenen Gegenden zu meiden und nach Möglichkeit in ruhigere Wohngegenden auszuweichen.
Die luxuriösen »Grand«-Hotels in Nob Hill werben damit, ihre Gäste zu verwöhnen, doch werden die Preise (ab 130 US-$) jeden Durchschnittsverdiener abschrecken.
Eine willkommene Alternative hierzu dürften die »Boutique«-Hotels sein (80–140 US-$), von denen mehrere in der Gegen zwischen Nob Hill und Downtown liegen. Es sind kleine Hotels mit aufmerksamem Personal in ehemaligen herrschaftlichen Villen. Ausstattung und Inventar sind sorgfältig ausgesucht, Frühstück ist inklusive, und oft werden am Nachmittag kostenlos Wein oder Sherry gereicht. Reservierung ist empfehlenswert.
Nach Art der Boutique Hotels wurden in allen Teilen der Stadt auch viele viktorianische Häuser renoviert und in Bed and Breakfast-Gasthäuser umgewandelt. Das recht unterschiedliche Preisniveau (60–190 US-$) reflektiert die großen Unterschiede sowohl des Komforts als auch der Lage etc.: Manche Zimmer sind sehr klein und haben kein eigenes Bad/WC; andere sind geräumig und mit Whirlpool und CD-Spieler ausgestattet.

Vorwarnung: In den aufgeführten Preisen für Übernachtung ist nur selten die zwölfprozentige »Durchreise«-Steuer der Stadt enthalten, die alle Gäste zahlen müssen.

Vor- und gleichzeitig Nachteil der B&Bs (Bed & Breakfast) liegt darin, daß es keinen einheitlichen Standard gibt. Die ungeheure Beliebtheit, derer sich die B&Bs erfreuen, bedingt, daß Sie sich rechtzeitig um eine Reservierung kümmern sollten, vor allem, wenn Sie im Sommer oder an einem Wochenende kommen. Reservieren können Sie über spezielle Agenturen wie zum Beispiel Bed & Breakfast International, 1181-B Solano Avenue, Albany, CA 94706 (Tel.: (415) 525 4569) oder San Francisco Reservations, fourth floor, 22 Second Street, San Francisco, CA 94105 (Tel.: (415) 227 1500).

Preiswerte Unterkunftsmöglichkeiten: Obwohl die Kosten für eine Übernachtung in San Francisco generell über denen des restlichen Bundesstaates liegen und es auch keine Campingplätze gibt, existieren doch preiswerte Unterkünfte für Reisende mit schmalem Geldbeutel: Über ein Dutzend offizielle AYHs und privat unterhaltene Hostels (Herbergen) sowie zwei YMCAs bieten Übernachtungsmöglichkeiten in Schlafsälen, Einzel- und Zweibettzimmern für 12–40 US-$.

Zu den Hostels gehört auch die San Francisco International Hostel in Fort Mason, mit 170 Betten eine der größten der USA. Viele Hostels haben in der geschäftigen Sommersaison eine Mindestaufenthaltsdauer von drei Tagen, manche verhängen auch eine nächtliche Ausgangssperre.

Die Liste der empfohlenen Übernachtungsmöglichkeiten in San Francisco beginnt auf Seite 266.

Schwule oder lesbische Reisende dürfen damit rechnen, in San Francisco nicht diskriminiert zu werden. Es gibt, vor allem im Castro District, sogar eine ganze Reihe von Hotels und B&Bs, die von Schwulen oder Lesbierinnen geführt werden und gleichgesinnte Gäste besonders willkommen heißen.

Wahrzeichen von Nob Hill: das Mark Hopkins Hotel.

Nur wenn sich drei oder vier Personen die Kosten teilen, lohnt es sich, vom Flughafen in die Stadt mit einem Taxi zu fahren. Der Fahrpreis dürfte zwischen 28 und 35 US-$ liegen.

Ankunft mit dem Flugzeug: Der Flughafen von San Francisco (Tel.: (415) 761 0800) liegt dreizehn Meilen südlich der Stadt. Die Verkehrsverbindung zur Innenstadt ist in der Regel schnell und zuverlässig.

Eine Reihe privater Unternehmen wie Airport Express (Tel.: (415) 775 5112) und Super Shuttle (Tel.: (415) 558 8500) pendeln zwischen der Verkehrsinsel direkt vor dem oberen (Departure/Abflug) Geschoß und der Stadt. Der Informationsschalter im Untergeschoß (Arrivals/Ankunft) hält eine Aufstellung mit sämtlichen Unternehmen und Preisen zu jedem beliebigen Zielpunkt in der Stadt bereit (normalerweise ungefähr 10 US-$).

Alternativ dazu fährt der SFO Airporter (Tel.: (415) 445 8404) Bus alle zwanzig Minuten (5–23 Uhr) – Abfahrt bei der blauen Säule vor dem Untergeschoß – zu den größeren Hotels rund um Union Square.

Die Routen 7F und 7B des regionalen SamTrans Busservice (Tel.: (800) 660 4BUS) sind eine billige, aber langsamere Alternative, zudem ist auf der 7F nur ein kleineres Gepäckstück erlaubt. Die Busse halten an gekennzeichneten Haltestellen vor dem Obergeschoß des Flughafens.

Telefonnummern der Fluggesellschaften: American (800) 433 7300; British Airways (800) 247 9297; Delta (800) 221 1212; Northwest (800) 225 2525; United (415) 397 2100; US Air (800) 428 4322.

Ankunft mit dem Zug: Züge (Tel.: (800) 872 7245) nach San Francisco kommen auf der anderen Seite der Bucht, in Oakland, an, von wo aus kostenlose Pendelbusse zum Transbay Terminal, 425 Mission Street, verkehren.

Ankunft mit dem Bus: Auch die Greyhound-Busse (Tel.: (415) 558 6789) kommen am Transbay Terminal an.

Autovermietung In einer Stadt, die man so gut zu Fuß erkunden kann und die über ein so gutes Netz öffentlicher Verkehrsmittel verfügt, werden Sie ohne Auto auskommen. Wenn Sie jedoch selber fahren wollen (alle

Am besten fährt man Bus in der Stadt.

größeren Verleihfirmen haben im Flughafen und in der Stadt eigene Büros), wenden Sie sich an:
Alamo (Tel.: (415) 882 9440);
Avis (Tel.: (800) 331 1212);
Budget (Tel.: (800) 527 0700);
Hertz (Tel.: (800) 654 3131);
Thrifty (Tel.: (800) 367 2277).

Behinderte: San Francisco ist sehr gut auf Behinderte eingerichtet. Alle öffentlichen Gebäude sind mit dem Rollstuhl zu erreichen und haben Toiletten für Rollstuhlfahrer. Die Busse haben meist Vorrichtungen, um Rollstühle aufzunehmen, und alle BART-Haltstellen verfügen über Aufzüge zwischen Bahnsteig und Straßenniveau.
Informationen über Behinderteneinrichtungen erhält man beim Disability Coordinator, Mayfield's Office of Community Development, 10 United Nations Plaza, Suite 600, San Francisco, CA 94102 (Tel.: (415) 554 8925).

Geldwechsel: Fremdwährungen und Reiseschecks in Fremdwährung können Sie am Flughafen sowie bei folgenden Adressen eintauschen:
American Foreign Exchange, 315 Sutter Street (Tel.: (415) 391 9913);
Bank of America, 345 Montgomery Street (Tel.: (415) 622 2541);
Thomas Cook, 75 Geary Street (Tel.: (415) 362 3452).
Diese Büros haben zu den normalen Geschäftszeiten geöffnet, die beiden ersten auch Samstagvormittag.

Informationen: Kostenlose Stadtpläne, Broschüren und allgemeines Informationsmaterial erhalten Sie im Visitor Information Center, im Untergeschoß der Hallidie Plaza bei der Kreuzung Market Street und Powell Street.
Öffnungszeiten: Montag bis Freitag 9–17.30 Uhr; Samstag 9–15 Uhr; Sonntag 10–14 Uhr (Tel.: (415) 391 2000).

Klima: San Francisco hat das ganze Jahr über angenehme Temperaturen. Selten klettert das Thermometer auf über 21 ˚C (70˚ Fahrenheit), selten sinkt es unter 4˚C (40 ˚F). Häufig bläst jedoch ein frischer Wind über die Bay, und Nebel gehört zum täglichen Leben. Dadurch wirkt es oft kühler, als es tatsächlich ist. Nehmen Sie zur Sicherheit immer eine dicke, windfeste Jacke mit, und seien Sie im Winter auf frostige Temperaturen gefaßt.

Notrufnummern: Wählen Sie **911** für Feuerwehr, Polizei und Krankenwagen. San Franciscos Women against Rape service (Notruf bei Vergewaltigung) ist rund um die Uhr besetzt: Tel.: (415) 647 7273.

Konsulate: Die meisten ausländischen Botschaften haben ihren Sitz in Washington D.C. Sollten Sie Probleme mit Ihrem Paß oder andere Schwierigkeiten haben, sollten Sie das nächstgelegenen Generalkonsulat kontaktieren, das sich in San Francisco befindet:
Bundesrepublik Deutschland: Consulate General of the FRG, 1960 Jackson Street (Tel.: (415) 775 1061).

Parkvorschrift: Das Gesetz schreibt vor, daß die Vorderräder jedes geparkten Wagens in Richtung Randstein eingeschlagen sein müssen, um zu verhindern, daß ein Wagen die steilen Straßen hinabrollen könnte.

Radio und Fernsehen: Die wichtigsten nationalen Fernsehsender sind: 2 KTVV (FOX), 4 KRON (NBC),

SAN FRANCISCO

*Eine der bliebtesten
Sportarten der Stadt:
Jogging.*

5 KPIX (CBS), 7 KGO (ABC) und 9 KQED (PBS). Viele Hotels bieten darüber hinaus verschiedene Kabelkanäle.

Sport: Wie die meisten Kalifornier treiben auch die Bewohner von San Francisco begeistert Sport, vor allem an der frischen Luft. Besucher haben die Auswahl unter einer Vielzahl von Aktivitäten:

Bootfahren und Gleitschirmfliegen (Parasailing) – Zahlreiche Firmen bieten Bootstouren von Pier 39 in Fisherman's Wharf aus. Wenn Sie nichts gegen einen Adrenalinstoß haben, sollten Sie bei Golden Gate Parasailing and Power Boat Rides anrufen (Tel.: (415) 399 1139) und einen Termin vereinbaren, an dem Sie mit dem Gleitschirm fliegen oder mit einem Motorboot über die Bucht jagen können.

Drachenfliegen (Hang Gliding) – Die konstanten Winde machen San Francisco zu einem Paradies für Drachenflieger. Besonders geeignet sind die rund 60 Meter hohen Klippen bei Fort Funstan, Nähe Lake Merced.

Golf – Öffentliche 18-Loch-Plätze gibt es im Lincoln Park (Tel.: (415) 221 9911) und im Harding Park (Tel.: (415) 664 4690) und einen Pitch-und-Putt 9-Loch Platz im Golden Gate Park (Tel.: (415) 751 8987). Die Greenfee beträgt zwischen 13 und 17 US-$ pro Person im Lincoln Park und 8 bis 11 US-$ im Golden Gate Park.

Radfahren – In San Francisco gibt es zwei sehr gut ausgeschilderte Fahrradrouten. Eine führt durch den Golden Gate Park, die andere quer durch die Stadt und zur die Golden Gate Bridge. Ein Mietrad kostet ca. 20 US-$ pro Tag, und überall entlang der Stanyan Street finden sich Verleihfirmen.

Zuschauersportarten Eintrittskarten für die meisten größeren Sportveranstaltungen bekommen Sie über BASS Ticketmaster (Tel.: (510) 762 2277) und bei den folgenden Adressen:
Baseball – Während der Saison (April bis September) kommen riesige Zuschauermengen in den Candlestick Park, acht Meilen südlich der Stadt, um die San Francisco Giants zu sehen. Eintrittskarten gibt's am Stadion Box Office (Tel.: (415) 467 8000). An Spieltagen pendelt der »Ballpark Express« Bus zwischen Downtown und Candlestick Park.
Football – Auch das Football-Team der Stadt, die San Francisco 49ers (Tel.: (415) 468 2249), spielt im Candlestick Park. Die Saison dauert von August bis November.
Baseball und Basketball – Zwei weitere Profi-Mannschaften findet man auf der anderen Seite der Bay: das Oakland A's Baseball Team und die Golden State Warriors (Basketball); Heimatstadion beider ist das Oakland Coliseum (Tel.: (510) 430 8020).

Verkehrsmittel (öffentliche): Die weltberühmten **Cable Cars** sind eher eine Touristenattraktion als ein praktisches Fortbewegungsmittel. Sie verkehren auf zwei Linien zwischen Downtown und Fisherman's Wharf sowie auf einer weiteren zwischen Nob Hill und dem Financial

District. Fahrkarten löst man am Automaten. Ungleich nützlicher sind die **Busse und Straßenbahnen** von MUNI (Tel.: (415) 673 MUNI). Für die Busse braucht man Kleingeld, eine Einfach-Fahrkarte mit zweimaliger Umsteigemöglichkeit gilt neunzig Minuten. Billiger ist der MUNI-Passport. Er gilt auf allen MUNI-Strecken für einen zwei, oder drei Tage. Die MUNI-Strecken sind in den Telefonbüchern und an den meisten Bushaltestellen abgebildet. Das Netz des **Bay Area Rapid Transit (BART)** reicht weiter, wird aber hauptsächlich für Fahrten über die Bay nach Berkeley und Oakland genutzt. Der Fahrpreis variiert zwischen 80 Cents und 3 US-$. Fahrkarten erhält man aus Automaten an den Haltestellen.

Taxis: kann man telefonisch bestellen, üblicher ist es, sie einfach auf der Straße anzuhalten. Der durchschnittliche Fahrpreis liegt bei 2 US-$ für die erste Meile und 1,50 US-$ für jede weitere Meile.

Zeitungen: Die beiden Tageszeitungen der Stadt, der morgens erscheinende *San Francisco Cronicle* und die Abendzeitung *San Francisco Examiner* (sonntags zusammengefaßt), sind nicht sonderlich anspruchsvoll.
Über aktuelle Weltnachrichten informieren sowohl die *LA Times* als auch die *New York Times* wesentlich besser. Über aktuelle Veranstaltungen in San Francisco informieren zwei kostenlose Blätter (siehe Seite 43).
Durchblättern sollten Sie auch die kostenlosen Touristen-Zeitschriften *San Francisco Key* und *Bay City Guide*, die in den meisten Hotels ausliegen.

Touristen-Transport.

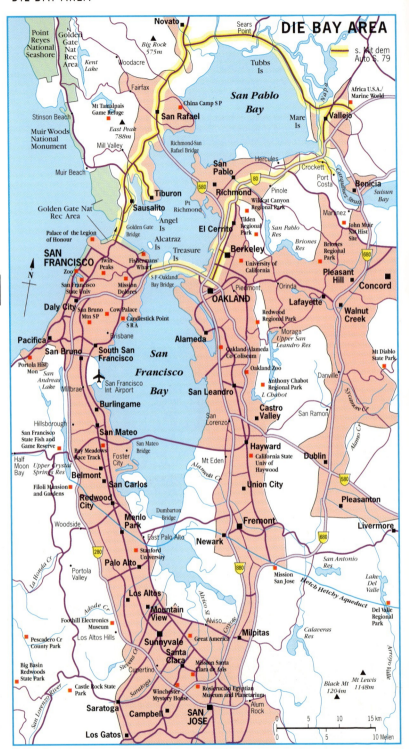

DIE BAY AREA

s. Mit dem
Auto S. 79

Von den naturbelassenen Hügeln der Marin Headlands bis zu den High-Tech-Städten des Silicon Valley – die Bay Region umfaßt eine Vielzahl unterschiedlichster Landschaftsformen, denen allein die Nähe zur San Francisco Bay gemeinsam ist. Die Gegend ist alles andere als eintönig, doch kaum ein Fleck lohnt einen längeren Aufenthalt, und so lernt man sie am besten durch Tagesausflüge von San Francisco aus kennen.

Im Osten der Bay liegt Berkeley, wo sich alles um den Campus der weltberühmten Universität dreht, die für ihre Studentenunruhen in den 60er Jahren ebenso bekannt ist wie für die bahnbrechenden Erkenntnisse auf dem Gebiet der Nuklearphysik. Feinschmecker und Gastronomen wissen, daß Berkeley darüber hinaus auch als Geburtsort der kalifornischen Cuisine gilt. Das benachbarte Oakland erfreut sich wachsender Beliebtheit und lockt mit einem Museum und einem Tidensee.

Hauptstraßen: Entlang der Küste der 55 Meilen langen Halbinsel südlich von San Francisco verläuft Highway-1 (siehe Seiten 90–101), an der Bayseite des Höhenzugs der Halbinsel, an baumbestandenen Ortschaften vorbei, führt der Highway-101 nach Süden in das Santa Clara Valley (bekannt als Silicon Valley) und nach San Jose – die am schnellsten expandierende Stadt der USA.

Wichtigste Sehenswürdigkeit hier ist die Stanford University, obwohl die Städte und Städtchen des Silicon Valley sehr bemüht sind, ihr Image durch Restaurierung erhaltener Bauwerke und durch Landschaftsschutz aufzupolieren und so auch Gäste anzulocken, deren Interesse sich nicht auf die Produktion von Mikrochips beschränkt.

In das nördlich von San Francisco gelegene, großenteils noch naturbelassene Marin County zogen vor etwas über zwei Jahrzehnten viele Hippies. Ihre Theorien haben die Vertreter des New Age Movements weitergeführt, die heute in Mengen ins Marin County strömen.

Abgesehen von hübschen Küstenstädtchen gibt es nicht viel zu sehen, es empfiehlt sich, Marin County im Rahmen einer Fahrt um die San Pablo Bay zu besuchen.

Feuerwerk über der San Francisco-Oakland Bay Bridge.

DIE BAY AREA

Frank Lloyd Wright, der vielleicht größte, sicherlich aber einer der einflußreichsten Architekten des 20. Jahrhunderts, hat in Kalifornien 25 Gebäude errichtet, deren auffälligstes das 1957 fertiggestellte Marin County Civic Center sein dürfte. Der gelblich-braun und blau gestrichene Bau aus Beton und Stahl, der drei Hügel miteinander verbindet, liegt direkt östlich des Highway-101, am nördlichen Stadtrand von San Rafael. Das Civic Center war der erste Auftrag, den Wright von der Regierung erhielt, gleichzeitig aber auch seine letzte Arbeit, da er 1959 starb.

►►► Angel Island

Die amerikanischen Ureinwohner jagten hier schon Seelöwen, lange bevor die Spanier 1775 die Insel entdeckten. Später wurde Angel Island von der US-Regierung zu den verschiedensten Zwecken genutzt: Bevor sie in einen State Park umgewandelt wurde, diente sie als Anlaufstelle für asiatische Einwanderer, als Quarantänestation und als Kriegsgefangenenlager. Durch die grüne, dichtbewachsene Insel führen Wanderwege, und die windgeschützten Strände bei Ayola Cove (Anlegestelle der Fähren von Fisherman's Wharf) und Quarry Point sind für ein Picknick wie geschaffen.

►►► Benicia

In den hektischen Jahren des Gold Rush war es der Tiefwasser-Hafen, der es der Stadt ermöglichte, mit San Francisco Schritt zu halten. 13 Monate lang (1853/54) war Benicia sogar Hauptstadt des Bundesstaates, und im **Benicia State Capitol Park** kann man das stattliche neoklassizistische Gebäude bewundern, in dem die Staatsgeschäfte geführt wurden. Zu besichtigen ist auch das **Fisher-Hanlon House**, ein renoviertes Hotel aus der Gold Rush Ära (gleich beim Park), und in dem nahegelegenen **Benicia Arsenal** haben Kunstgewerbler Werkstätten und Verkaufsräume eingerichtet.

►►► Berkeley

In den frühen 60er Jahren bildete das Free Speech Movement den Anfang einer Protestbewegung, die die **University of California** in Berkeley als Zentrum radikaler Ausschreitungen erscheinen ließ und der Stadt Berkeley den Spitznamen »Berserkely« einbrachte. Noch heute findet man im Universitätsgelände jede Menge Buchhandlun-

Berkeley, Ausgangsort radikalen Gedankenguts.

gen, die Literatur zu allen nur denkbaren kontroversen Themen führen, und die Stadtverwaltung von Berkeley gehört zu den linksliberalsten der ganzen Landes. Den rund 30 000 Studenten freilich, die gegenwärtig den Campus bevölkern, scheint nichts ferner zu liegen als ein Aufstand gegen die Obrigkeit. Sie sind viel zu sehr damit beschäftigt, ihre Studien voranzutreiben.

Von San Francisco aus erreicht man Berkeley ganz mit BART, und die Universität liegt nicht weit vom Bahnhof. Lassen Sie sich ruhig Zeit auf dem Campus, denn sonst sind lediglich die gutsortierten Buchhandlungen und die Restaurants entlang der **Telegraph Avenue** einen Besuch wert. Mehr über die militante Vergangenheit Berkeleys erfahren Sie auf den Seiten 84–85.

Auf der **Sproul Plaza** (Nähe Bancroft Way), wo einst die Anti-Vietnamkriegs-Demonstrationen stattfanden, drängen sich heute Studenten, und engagierte Umweltschützer und Idealisten tun ihr Möglichstes, Passanten auf die ökologische und politische Misere aufmerksam zu machen. Der rund 60 Meter hohe **Campanile**, dem Glockenturm von San Marco in Venedig nachempfunden, gilt seit 1914 als Wahrzeichen.

Direkt nördlich davon liegt die **Bancroft Library**, die die Buchschätze der Universität hütet und auch ein kleines Museum zur Geschichte Kaliforniens enthält. In der angrenzenden **Le Conte Hall** arbeitete der Physiker Robert Oppenheimer an Plänen für die erste Atombombe.

Noch etwas weiter nördlich, auf der anderen Seite des University Drive, befindet sich das 1907 fertiggestellte **Hearst Mining Building**. Im dem eindrucksvollen Rundbau sind Exponate zur Geschichte des Bergbaus in Kalifornien zu besichtigen. Das **Phoebe A. Hearst Museum of Anthropology,** am Bancroft Way gelegen, besitzt eine Sammlung indianischer Ausstellungsstücke. Auf der anderen Seite des Bancroft Way ist eine architektonische Glanzleistung zu bewundern: das **Universitiy Art Museum**, das auch Wechselausstellungen veranstaltet.

▶▶▶ Fremont

Auf der Fahrt durch Fremont können Sie die 1797 gegründete **Mission San José de Guadalupe** (43 300 Mission Boulevard) besichtigen, obwohl ein Umbau die Mission sehr verändert hat.

Lohnenswerter ist ein Besuch der **Ardenwood Historic Farm** (an der State Road 84), deren Tierhaltung, Gärten und Geschäfte das Landleben so darstellen, wie es um die Jahrhundertwende ausgesehen haben mag. Zwischen August und April fliegen Tausende von Zugvögeln durch Fremont. Viele von ihnen nützen das Naturschutzgebiet **San Francisco Bay National Wildlife Refuge** (an der Marsh Land Road) als Zwischenstation.

▶▶▶ Hayward

Acht Meilen südlich von Oakland gelegen, bietet das **Historical Society Museum** von Hayward (22701 Main Street) einen guten Überblick über die Geschichte dieses Ortes. Ein kurzer Blick in das **McConaghy House** (18701 Hesperian Boulevard) vermittelt einen Eindruck, wie die Reichen der Stadt im letzten Jahrhundert gelebt haben. Eine erholsame Stunde kann man im **Japanese Garden** verbringen (22372 N Third Street).

Der Mörder Robert Strout, bekannt als »Birdman of Alcatraz«, wurde 19jährig 1909 zu lebenslanger Haftstrafe verurteilt. Im Gefängnis von Leavenworth, Kansas, begann Stroud mit der Haltung und Beobachtung von Vögeln und veröffentlichte »Stroud's Digest of the Diseases of Birds«, das in Fachkreisen große Beachtung fand. 1942 wurde der »Vogeldoktor von Leavenworth« nach Alcatraz verlegt und mußte seine Vögel zurücklassen. In einer 1955 erschienenen Biographie Strouds fand sich erstmals die Bezeichnung »Birdman of Alcatraz«. Unter gleichnamigem Titel entstand 1962 ein Film mit Burt Lancaster als Stroud (deutscher Filmtitel: »Gefangene von Alcatraz«).

Acht Meilen südlich von San Francisco liegt Acres of Orchids (1450 El Camino Real), wo mit dem Erbgut von Orchideen experimentiert wird. Es gibt kostenlose Führungen durch die Labors, die üppigen Gewächshäuser und den prachtvollen Garten.

Cuisine

■ **Nirgendwo in Kalifornien wird der Koch-kunst höherer Stellenwert beigemessen als in und um San Francisco. Wen wundert es da, daß in den anspruchsvollen Restaurants von Berkeleys Shattuck Avenue – diese Gegend ist als »Gourmet Ghetto« bekannt – die ersten interessanten Kreationen der kalifornischen Cuisine entstanden ...** ■

Die Filialen der Califor-nia Pizza Kitchen backen ihre Pizze zwar im traditionellen Ziegel-ofen, belegen sie jedoch mit exotischen Zutaten wie Schafskäse, Ente oder Hummer.

Ingredienzien: Was rückblickend an der kalifornischen Cuisine besonders auffällt, ist die Frage, warum sie nicht schon viel früher entstand. Kalifornien ist überreich an allen natürlichen Zutaten: In den weitläufigen Farmen des Central Valley weiden jede Menge Rinder, und Gemüse gedeiht ebenso so üppig wie Getreide. Der Pazifik liefert Fisch und Schalentiere im Überfluß, und das milde Klima ermöglicht rund ums Jahr die Ernte von frischem Obst. Darüber hinaus bereichert die ethnische Vielfalt der Ein-wohner Kaliforniens seit Jahrzehnten die internationale und regionale amerikanische Küche.

Einzigartige Mischung: Ende der 70er Jahre begannen die berühmtesten Küchenchefs von Berkeley damit, die festen Reglements der internationalen Cuisine zu erwei-tern, und aktualisierten die traditionellen Zubereitungs-arten mit frischen einheimischen Zutaten. Das ging stel-lenweise so weit, daß Küchenchefs einzelner Restaurants Anweisungen erteilten, wie Rinder gemästet und Gemü-searten gedüngt werden sollten; viele kauften Fisch und Schalentiere nur von bestimmten Fischern.

Geschmackssache: Da dieser Trend zeitlich mit dem generellen Ruf nach gesünderer Ernährung zusammen-fiel, wählten die führenden Häupter der kalifornischen Cuisine bevorzugt Ingredienzien, die den Verfechtern von ausgewogener Ernährung ebenso zupaß kamen wie den Gaumen der verwöhnten Feinschmecker.
Obwohl der Ruhm und auch gewisse Kochtechniken der kalifornischen Cuisine die Grenzen rasch überschritten, wird sie doch gerade ihrer individuellen Rezepte wegen geschätzt: Jeder Küchenchef hat seine eigene Spezialität, wie z.B. gegrillte Taubenbrüstchen oder Schnapperfisch in Erdnußsauce.

Kalifornien ist überreich an landwirtschaftlichen Produkten: Farmer's Market, Marin County.

Mit dem Auto

Marin County, die North Bay und die East Bay

Siehe die Karte auf Seite 74.

Von San Francisco über die Golden Gate Bridge, auf den Highway-101 bis zur Ausfahrt Sausalito.
Die malerische und höchst anspruchsvolle »Künstlerkolonie« **Sausalito** ist eine hübsche Kleinstadt an der Küste mit steilen, schmalen Straßen und einem besuchenswerten Uferbezirk.

Zurück auf Highway-101, dann zwei Meilen nordwärts bis zur Ausfahrt Tiburon.
Das reiche, aber beschauliche Städtchen **Tiburon** darf mit Recht stolz sein: Hier befindet sich das **Richardson Bay Audubon Center and Sanctuary**, ein Vogelschutzparadies, durch das man herrliche Spaziergänge machen kann.

Zurück auf Highway-101 und weitere sechs Meilen Richtung Norden nach San Rafael.
San Rafael ist die größte Stadt des Marin County. Zu besichtigen sind hier der Nachbau (1949) einer Missionskapelle und das **Marin County Civic Center**.

Weiter nordwärts auf Highway-101, neun Meilen bis Novato.
In der Milchwirtschafts-Stadt **Novato**, die nach einem Indianerhäuptling benannt ist, erfährt man im **Marin Museum oft the American Indian** Wissenswertes über die amerikanischen Ureinwohner.

Vom Highway-101 auf die State Route 37, 20 Meilen ostwärts nach Vallejo.
In die Stadt **Vallejo** kommen die Besucher vor allem des Themenparks **Africa USA/Marine World** wegen, der am Stadtrand liegt (siehe Seite 87). Auch das **Naval and Historical Museum** verdient einen kurzen Besuch.

Von Vallejo südwärts auf Highway-80 bis Crockett. Dort biegen Sie links ab und folgen dem Carquinez Strait Scenic

Drive bis Port Costa.
In dem hübschen Dorf **Port Costa** befindet sich das **Muriel's Old Doll House Museum** mit wundervollen alten Puppen.

Zurück nach Crockett, dann südwärts auf Highway-80 bis Berkeley.
Siehe Seiten 76–77.

Über eine beliebige Straße nach Oakland.
Oakland besitzt ein sehenswertes Museum. Siehe Seite 83.

Auf Interstate-80 über die Bay Bridge zurück nach San Francisco.

Hübsche Fassaden in Sausalito.

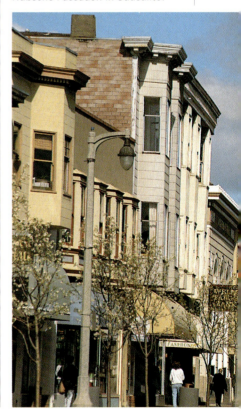

■ **Angel Island (siehe Seite 76) ist zwar die größte, Treasure Island (siehe Seite 88) die vielleicht schönste, aber die als Alcatraz bekannte, fast vegetationslose Steinwüste ist die berühmteste, aber auch berüchtigste Insel der San Francisco Bay ...** ■

High Security: Anderthalb Meilen nördlich von Fisherman's Wharf liegt Alcatraz (der spanische Name bedeutet »Pelikan«), das seit 1934 gefürchtetste Staatsgefängnis der Vereinigten Staaten. Damals wurden in den Hochsicherheitstrakt dieser Strafvollzugsanstalt »unverbesserliche« Straftäter verlegt – Kriminelle, die man für zu gefährlich hielt, um sie in regulären Gefängnissen unterzubringen.

Auf Alcatraz galt sogar Arbeit als Privileg; nur Häftlinge mit guter Führung durften sich betätigen. Auf drei Insassen kam ein Wärter, und wenn einem Gefangenen tatsächlich die Flucht gelang, so trennten ihn von der Freiheit die eiskalten, strömungsreichen Wasser der Bucht. Obwohl die durchschnittliche Aufenthaltsdauer in Alcatraz zehn Jahre betrug, bekamen die Häftlinge niemals eine Zeitung, ein Radio oder gar einen Fernseher zu Gesicht, und 80 Prozent erhielten auch nie Besuch. Von den insgesamt 1576 Insassen (unter ihnen Al Capone und Robert Stroud – der sogenannte »Birdman of Alcatraz«, siehe Marginalie auf Seite 77) versuchten nur 36 einen Ausbruch: Bis auf fünf wurden alle binnen weniger als einer Stunde gefaßt. Von diesen fünf hat man nie wieder etwas gehört.

Neue Funktion: Die Kosten und Schwierigkeiten, die das Gefängnis verursachte, sowie die Härten der Leitung führten 1963 zur Schließung von Alcatraz. 1972 wurde die Insel Teil der Golden Gate National Recreation Area, und Alcatraz öffnete einer neugierigen Öffentlichkeit seine einstmals fest verriegelten Pforten. Der Zellenblock, der Speisesaal mit den in die Decke eingelassenen Tränengaszylindern und das Gefängnishospital können besichtigt wer-

den. Es gibt ein kleines Museum und einen kurzen Dokumentarfilm. Wer gut Englisch versteht, kann auch die Tonbandkassetten-Tour machen, die knappe Kommentare ehemaliger Gefängniswärter und Häftlinge enthält. Zwischen Pier 41 an Fisherman's Wharf und Alcatraz pendeln Fähren der Red & White Fleet (Tel.: (800) BAY CRUISE); im Sommer sollten Sie mindestens einen Tag im voraus buchen.

Eine Gefängniszelle von Alcatraz.

Die John Muir National Historic Site, Martinez.

►►► Los Altos Hills

Wenn die Wissenschaftler des Silicon Valley ihre Mikrochips einmal besonders satt haben, fahren Sie in Richtung Los Altos Hills und schwelgen im **Foothill Electronics Museum** in nostalgischen Erinnerungen. Hier gibt es richtige »Dampfradios«, alte Fernsehapparate und andere Elektrogeräte aus der guten alten Zeit.

►►► Los Gatos

Prächtige Villen säumen die Straßen von Los Gatos, das 16 Meilen westlich von San Jose liegt. Zuweilen verlassen die vornehmen Herrschaften ihre Refugien, um sich in die vornehmen und teuren Geschäfte und Boutiquen der Altstadt (an der University Avenue) zu begeben. Zum Zeitvertreib bietet sich auch ein Besuch im wissenschaftlichen und naturkundlichen Los Gatos Museum (Ecke Main Street und Tait Street) an. Im Oak Meadow Park lädt die Billy Jones Wildcat Railroad zu einer halbwegs unterhaltsamen Rundfahrt ein.

►►► Martinez

Wenn er nicht gerade damit beschäftigt war, einen Wanderweg durch das kalifornische Hinterland anzulegen, lebte der aus Schottland gebürtige Naturforscher John Muir hier in Martinez – und zwar in einem Haus mit 17 Zimmern. Einst eine spanische Rancho, ist Martinez eine Stadt voller Raffinerien und Konservenfabriken. Das Wohnhaus Muirs, bekannt als **John Muir National Historic Site,** (4202 Alhambra Avenue) ist so belassen, wie Muir es 1914 hinterließ, und einen Besuch wert.
Der benachbarte, 1849 erbaute Martinez Adobe informiert über das Leben in den frühen Jahren Kaliforniens.

►►► Menlo Park

Nur wenige Kalifornier lassen sich die Lektüre der Zeitschrift *Sunset* entgehen, des monatlich erscheinenden Life-style-Magazins. Die Versuchsgärten, -küchen und Büros des Verlags kann man in Menlo Park, nördlich von Palo Alto, besichtigen. Im selben Ort befindet sich die **Allied Arts Guild**, eine Gruppe eleganter Bauten im spanischen Stil, wo Kunstgewerbler ihre Ateliers haben.

»Top-secret«, streng geheime Rüstungsindustrie zählt zu den Haupterwerbsquellen im Livermore Valley, 48 Meilen östlich von San Francisco. Sinnvoller und erfreulicher ist eine andere Arbeit: die Verarbeitung der Trauben zu Wein. Viele Weingüter der Gegend kann man besichtigen und eine Weinprobe machen. Bei Wente Brothers Sparkling Wine Cellars, 5050 Arroyo Road (Tel.: (415) 447 3023), könnte es sein, daß Sie dem Oakland Symphony Orchestra begegnen, das im Sommer hier unter freiem Himmel spielt.

■ Der San Francisco Bay mögen die majestätischen Gipfel des Yosemite oder die eindrucksvollen Landschaftsformationen des Death Valley fehlen, doch ökologisch gesehen ist sie außerordentlich wichtig – und eine der bedrohtesten Regionen Kaliforniens … ■

Gefährdetes Gleichgewicht: Mit rund 100 Meilen Küstenlinie, deren größter Teil mit Spartgras bewachsen ist, spielt die Bay eine wichtige Rolle für das ökologische Gleichgewicht. In den Marschgebieten der Bucht leben Mikroorganismen, die den Zugvögeln, unter deren Flugroute die Bay liegt, als Nahrungsquelle dienen. Ins offene Meer hinausgetrieben, werden die winzigen Lebewesen auch von größeren Meeresbewohnern verzehrt – unter anderem von Grauwalen, die auf ihrer jährlichen Reise zwischen dem Arktischen Meer und dem wärmeren Wasser vor der Baja California hier vorbeikommen.

Umweltschäden: Zwei Faktoren belasten das gefährdete ökologische Gleichgewicht ganz besonders: das rapide Bevölkerungswachstum, das dazu geführt hat, daß 75 Prozent des Marschlandes unter neuen Wohnvierteln und Industriestandorten verschwanden, und die Umleitung der Flüsse Sacramento River und San Joaquin River, die nun die Farmen im Central Valley mit Wasser versorgen. Diese Maßnahme hat die Süßwasserzufuhr in die Bay beträchtlich gesenkt, so daß das Milieu dort allmählich zu salzig wird.

Rettungsmaßnahmen: Durch wiederholte Protestkundgebungen engagierter Bürger kam es Mitte der 60er Jahre zur Gründung der San Francisco Bay Conservation and Development Corporation, die dafür sorgte, daß die Einleitung ungeklärter Abwässer in die Bucht gestoppt wurde und auch Gesetzentwürfe ausarbeitete, um die Trokkenlegung des Marschlandes in Grenzen zu halten.
Aber auch dies konnte den Niedergang der Bay nicht aufhalten, sondern nur verlangsamen. Immerhin muß inzwischen für jedes aufgeschüttete Stück Land ein gleichgroßes Areal an die Natur, sprich das Wasser, zurückgegeben werden. Zur Zeit wachen Gruppierungen wie Save The Bay oder das Bay Institute über die giftigen Substanzen, die sich in der Bay sammeln und die das Leben in den Feuchtgebieten vernichten. Ein weiteres Problem ist der enorme Durst des expandierenden Südkalifornien – eine Region ohne eigene Trinkwasservorräte –, das immer größer werdende Ansprüche an die Flüsse der Bay stellt.

Die Audubon Canyon Ranch, im Marin County.

Weitere Informationen: Mehr Wissenswertes über die Ökologie der Bay Area erfahren Sie im Coyote Point Museum, San Mateo (siehe Seite 88), im Baylands Nature Interpretive Center, Palo Alto (2775 Embarcadero Road), im Environmental Education Center of the San Francisco Bay National Wildlife Refuge (in Alviso, am Nordrand von San José), und bei Hayward Regional Shoreline (östliches Ende der San Mateo Bridge, Nähe Hayward), einem Marschland-Rückgewinnungs-Projekt.

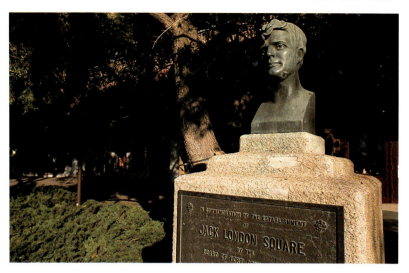

Jack London Square, Oakland.

▶▶▶ Mount Diablo

Der höchste Punkt der Bay Area trägt den Namen »Satansberg« nicht ganz zu Unrecht. Spanische Soldaten glaubten, als sie einem Zauberpriester der amerikanischen Ureinwohner begegneten, ihnen sei der Satan höchstpersönlich erschienen. Von dem knapp 1200 Meter hohen Gipfel sieht man bei guter Sicht den Pazifik bis hinein in die Sierra Nevada.

▶▶▷ Oakland

Die meisten Touristen kennen von Oakland lediglich die Geschäfte am **Jack London Square**, wohin von der BART-Haltestelle 12th Street ein kostenloser Pendelbus verkehrt. Interessanter sind Oaklands **Chinatown** und das **Oakland Museum** (Ecke 10th Street und Oak Street), das die Geschichte, die Kunst und die Ökologie Kaliforniens präsentiert.

▶▶▷ Palo Alto

In Palo Alto befindet sich die **Stanford University**, die lange Zeit als konservativer Gegenpol zum radiaklen Berkeley galt. Es heißt, daß Stanford jährlich allein fünf Millionen Dollar an Patentgebühren für seine Erfindungen kassiert. Sandsteinbauten im romanischen Stil bilden das Herz des Campus, am ansprechendsten ist noch die mit Wandmalereien verzierte **Memorial Church** am Main Quad. Von The Quad (zu deutsch: »der Hof«) aus verkehren auch kostenlose Shuttlebusse durch das 9000 Acres große Universitätsgelände, das man von der Aussichtsplattform des **Hoover Tower** aus gut überblicken kann. Unbedingt besichtigen sollten Sie die aus Asien und Ägypten stammenden Kunstwerke des **Stanford Museum of Art**, den **Cantor Sculpture Garden** (mit sehenswerten Skulpturen von Rodin) und das drei Kilometer vom Campus enfernte **Stanford Linear Accelerator Center**, das man nach telefonischer Anmeldung (Tel.: (415) 926 2204) besichtigen kann.

Die Festivals, die in der Bay Area stattfinden, sind meist sehr kleine, regional begrenzte Veranstaltungen und nur ein schwacher Abklatsch derjenigen von San Francisco. Trotzdem besuchenswert sind die Marin County und San Mateo County Fairs (in San Rafael bzw. San Mateo) im Juli; der Sand Sculpture und Sandcastle Wettbewerb auf Alameda Island, vor Oakland, im Juni; und im September lockt Redwood City mit dem Great Milk Carton Boat Race, wo Verrückte in Booten aus Milchkartons um die Wette fahren.

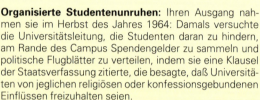

■ Während Kaliforniens Ruf als Freistatt für alle möglichen Kulte und Lebensformen vollkommen zu Recht besteht, ist der Bundesstaat keineswegs die revolutionäre Brutstätte, als die er gerne dargestellt wird. Die einzige Zeit, in der es hier zu ernsthaften sozialen Unruhen kam, waren die landesweit turbulenten 60er Jahre. Damals erschütterten Studentenrevolten Kalifornien, und Epizentrum war die Bay Area ... ■

84

Organisierte Studentenunruhen: Ihren Ausgang nahmen sie im Herbst des Jahres 1964: Damals versuchte die Universitätsleitung, die Studenten daran zu hindern, am Rande des Campus Spendengelder zu sammeln und politische Flugblätter zu verteilen, indem sie eine Klausel der Staatsverfassung zitierte, die besagte, daß Universitäten von jeglichen religiösen oder konfessionsgebundenen Einflüssen freizuhalten seien.

Unter Führung von Mario Savio organisierte das Free Speech Movement (FSM) Sit-ins und Protestmärsche sowie die Besetzung der Sproul Hall, die zu der größten Massenverhaftung in der Geschichte Kaliforniens führte, die Polizei schleppte 750 Studenten aus dem Gebäude.

Im Laufe der Zeit wurde die Position der Universitätsleitung immer schwächer, und sie mußte den Forderungen der Studenten nach mehr Mitspracherecht nachgeben.

Die Erfolge des FSM gaben Studentenbewegungen im ganzen Land Auftrieb und legten damit auch den Grundstein für die massiven Anti-Vietnamkrieg-Demonstrationen späterer Jahre, als Berkeley erneut im Brennpunkt der politischen Debatten des Bundesstaates stand. An die friedlichen Kundgebungen des FSM erinnerte man sich allerdings kaum noch nach den mehrtägigen Krawallen von 1968, nachdem die Polizei einen Protestzug der Studenten gewaltsam verhindern wollte.

Noch mehr Gewalt: 1969 ereigneten sich in Berkeley erneut gewaltsame Auseinandersetzungen. Grund dafür war ein Stück Universitätsgelände, das bebaut werden sollte, jedoch vorher von Radikalen in »People's Park«, einer Grünfläche zur allgemeinen Nutzung, verwandelt worden war. Um den Park (der heute noch besteht) in ihre Gewalt zu bekommen, warfen der zuständige County Sheriff und die Nationalgarde Tränengasbomben und feuerten mit Schrotflinten auf die »Aufständler«. Dabei wurde ein Unbeteiligter getötet, ein anderer verlor das Augenlicht.

Die Black Panthers: Während die Studentenunruhen von Berkeley ausgingen, war Oakland 1966 Gründungsort der Black Panthers, die sich zusammengefunden hatten, um mit allen Mitteln für die Rechte der Afro-Amerikaner in Amerika einzutreten. Bekanntestes Mitglied der von Bobby Seale und Huey Newton gegründeten Organisation war Eldridge Cleaver. Beeinflußt von Malcolm X, Karl Marx, Che Guevara und Mao Tse-tung, trugen die

»Schwarzen Panther« schwarze Jacken, schwarze Baskenmützen, dunkle Sonnenbrillen und Maschinengewehre.

Das FBI nannte sie »die denkbar schlimmste Bedrohung für den inneren Frieden«, da ihre Botschaft sich schnell über die ganzen USA verbreitete; dabei waren die Black Panthers zahlenmäßig wesentlich geringer als ihre Publicity vermuten ließ. Nach Feuergefechten mit der Polizei und infolge der Verhaftung vieler Mitglieder (darunter Cleaver, der sich – auf Bewährung entlassen – als Kandidat für die Präsidentschaft bewarb) schränkten die Oakland Panthers ihre militanten Aktionen ein und wandten sich zunehmend der Kommunalpolitik zu und führten Werbekampagnen für die Demokratische Partei durch.

Die SLA: Das Ende der Black Panthers bedeutete keineswegs, daß in der Bay Area nun keine militanten Aufstände mehr stattfanden. 1973 trat eine revolutionäre Untergrundbewegung auf den Plan: Die Symbionese Liberation Army (SLA) tötete den Leiter der Schulbehörde von Oakland, weil dieser plante, die Schüler der High-Schools überwachen zu lassen.

Im Jahr darauf entführte die SLA Patty Hearst, die Erbin des Hearst-Verlagsimperiums. Die Lösegeldforderung für ihre Freilassung enthielt ein Programm zur Speisung der Armen Kaliforniens. Nachdem sie davon erfahren hatte, trat Patty Hearst der Organisation bei.

Nach einem Banküberfall wurden sechs SLA Mitglieder in Los Angeles getötet, 1975 wurde Patty Hearst gefaßt und zu einer siebenjährigen Haftstrafe verurteilt.

Seither liegt der Schwerpunkt der politischen Szene der Bay Area auf Gemeinde- und Umweltfragen, auf dem Campus ist es ruhig. Die gravierendsten Änderungen im Gesellschaftssystem haben währenddessen die Schwulen- und Lesbierinnen-Gemeinden der Bay Area erreicht.

Black Panther Bobby Seale vor Studenten, 1968.

Seit dem Jahr 1888 wird im Lick Observatory am Mount Hamilton, 19 Meilen östlich von San Jose und erreichbar über eine kurvenreiche Bergstraße, der Himmel beobachtet. Da die Luft durch Emissionen immer mehr verschmutzt wird, ist die Sicht allerdings heute schlechter als vor 100 Jahren. Benannt ist das Observatorium nach seinem Stifter James Lick. Lick war ein exzentrischer Millionär der Gold Rush-Ära und glaubte, es gäbe Leben auf dem Mond. Das Observatorium ist täglich geöffnet, jeden Freitagabend findet eine Informationsveranstaltung statt (Näheres unter Tel.: (408) 274 5061).

▶▶▶ Redwood City

Einzige Touristenattraktion ist das im sogenannten Gothic Revival-Stil erbaute **Lathrop House** (627 Hamilton Drive).

▶▶▶ San Jose

San Jose ist voller Überraschungen: In dem mit Sphinxen ausgestatteten Rosicrucian Park (1342 Naglee Avenue), der von einem geheimnisumwitterten Orden unterhalten wird und als Nachbau einer Straße aus der altägyptischen Hauptstadt Theben zum **Egyptian Museum** führt, steht die Kopie einer Pyramide aus dem Jahr 2000 v. Chr. In der Nähe der Interstate-280 steht das **Winchester Mystery House** (525 Winchester Boulevard), ein wahrlich seltsamer Bau – 160 Räume, mit Treppen zur Zimmerdecke, labyrinthischen Gängen und Türen, die nirgendwohin führen. Es wurde von Sarah Winchester finanziert, der Erbin des Vermögens der Gewehrfabrik, die damit die Geister der durch Winchester-Gewehre Getöteten zu besänftigen versuchte. Sarah glaubte, sie müsse nach der Vollendung des Hauses sterben und bemühte sich deshalb, die Bauarbeiten 38 Jahre lang – bis zu ihrem Tod im Jahr 1921 – fortzusetzen.

Weitere Sehenswürdigkeiten sind der **Chinese Cultural Garden,** der zu den Overfelt Gardens (Educational Park Drive) gehört, der Japanese Friendship Garden und das **San Jose Historical Museum** im South Kelley Park (635 Phelan Avenue) sowie das **Tech Museum of Innovation** (145 W. San Carlos Avenue).

▶▶▶ San Leandro

Die frühere portugiesische Farmergemeinde San Leandro südlich von Oakland ist heute Wohn- und Gewerbegebiet. Besichtigen solten Sie die **Casa Peralta**, ein Wohnhaus von 1897.

Das Winchester Mystery House.

Themenparks

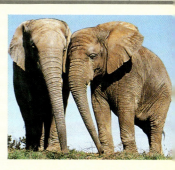

■ **Die berühmtesten Themenparks Kaliforniens liegen im Süden des Bundesstaates bei Los Angeles (siehe Seiten 160–62). Wer sich für diese Art der Freizeitgestaltung begeistert, findet aber auch in der Bay Area Anlagen, wo man bei heißem Wetter in einen Badeanzug schlüpfen und im Wasser herumplantschen kann. Natürlich sind die Themenparks herrlich für Kinder, aber auch Erwachsene können hier eine Menge Spaß haben ... ■**

Great America: In der Nähe von Santa Clara gelegen, appelliert dieser Themenpark (am Great America Parkway) an die patriotischen Gefühle der Amerikaner: Die Attraktionen orientieren sich an Nachbildungen von Plätzen, die in der Geschichte der Vereinigten Staaten eine wichtige Rolle spielten – Neuengland im Unabhängigkeitskrieg, Klondike zur Zeit des Gold Rush usw.

Neben zahllosen kleineren Vergnügungsstätten gibt es in dem 40 Hektar großen Park hundert größere Fahrgelegenheiten, von magenumdrehenden Achterbahnen bis hin zu Stromschnellen, bei denen einem schon vom Zuschauen schlecht wird. Der Park ist nur selten überlaufen, und ein Tag reicht völlig aus, um ganz Great America kennenzulernen.

Africa USA/Marine World: Dieser Park in der Nähe von Vallejo (am Marine Parkway, bei Interstate-80) bietet mehr zum Zuschauen als zum Mitmachen. In Marine World zeigen Killerwale, Delphine und Seelöwen, wie lernfähig sie sind, während in Africa USA Tiger, Orang-Utans und Elefanten die Shows gestalten. Weniger spektakuläre Sehenswürdigkeiten sind ein tropisches Vogelhaus, ein Gewächshaus mit unglaublich schönen Schmetterlingen und ein Kinderspielplatz mit Netzen, Seilen und Tunnels.

Raging Waters: Wenn Sie in San Jose sind, während die Sonne vom Himmel brennt, könnten Sie sich in diesem Themenpark (im Lake Cunningham Regional Park, Ausfahrt vom Capitol Expressway) abkühlen. Raging Waters ist ein 6 Hektar großer Park, in dem sich, wie der Name schon andeutet, alles ums Wasser dreht.

Ähnliches wird auch im Livermore Valley geboten, wo im Rapids Waterslide (Teil des **Shadow Cliffs Regional Recreation Center**, zwei Meilen östlich von Pleasanton am Stanley Boulevard) vier Bergwasserschluchten dafür sorgen, daß niemand trocken nach Hause kommt. Dasselbe gilt für den Splashdown Waterslide, der die Wasserratten von Milpitas anlockt (1200 S Dempsely Road).

Hier sind die Delphine die Stars.

Eines der zahlreichen imposanten Herrenhäuser, die man in der Bay Area findet, dürfte jedermann bekannt sein: Die Filoli Estate (43 Zimmer und ein prachtvoll angelegter Park) war Drehort der weltberühmten Seifenoper *Der Denver Clan*. Das Anwesen befindet sich an der Canada Road in Woodside (unter Tel.: (415) 386 2880 können Sie sich für eine Führung anmelden).

Treasure Island ist eine künstliche Insel in der San Francisco Bay, die für die Golden Gate Exposition des Jahres 1939 aufgeschüttet wurde. Das Treasure Island Museum zeigt Details zur Geschichte der amerikanischen Marine. Viele Besucher dürften freilich wegen der phantastischen Aussicht auf die Golden Gate Bridge und auf San Francisco kommen (Fährverbindung von Fisherman's Wharf).

►►► San Mateo

Mit Computern, Schaubildern und Filmen wartet San Mateos vierstöckiges **Coyote Point Museum** auf (Coyote Point Drive) und präsentiert außergewöhnlich detaillierte Informationen über die Lebensformen in der Bay und die Gefahren, die sie bedrohen. In dem Museum, das sich wunderbar in die bewaldete Landschaft einpaßt, sind auch ein Bienenstock sowie ein Termitenhügel zu sehen. Wunderbar ruhig ist dagegen die Lage an der Bay, die nur durch den Lärm der Flugzeuge des nahegelegenen Flughafens von San Franciscos gestört wird. Die Stadt San Mateo ist Verwaltungssitz des San Mateo County, dessen Geschichte man im **San Mateo County Historical Museum** (1700 W Hillsdale Boulevard) nachvollziehen kann.

►►► Santa Clara

Dieser rasch wachsende, aber uninteressante Ort gleich nördlich von San Jose hat sich um die 1777 gegründete Mission Santa Clara de Asís herum entwickelt. Von dieser ist allerdings nur ein Nachbau der dritten Kirche (1825) erhalten. Das zur Universität gehörige **de Saisset Museum** besitzt Stücke aus der ursprünglichen Mission, veranstaltet aber auch Kunstausstellungen. Die meisten Touristen fahren ohne Halt durch Santa Clara – auf dem Weg zum Themenpark Great America (siehe Seite 87).

►►► Saratoga

Einer der bekanntesten und wohlhabendsten Einwohner dieser Stadt, die sich westlich von San José an die sanft ansteigenden Hänge von Santa Cruz schmiegt, war James D. Phelan, dreimaliger Bürgermeister von San Francisco. Seit 1930 dient Phelans **Villa Montalvo** (15400 Montalvo Road), zu der ein in Terrassen angelegter Garten, ein Arboretum (Baumgarten) und ein Vogelschutzgebiet gehören, als Domizil für Schriftsteller und Maler. In der zu einem Theater umgebauten Remise des Anwesens finden kulturelle Veranstaltungen statt.
Sollte Saratogas Reichtümer erstickend wirken, können Sie Ihren Geist im Park **Hakone Gardens** (21 000 Big Basin Way), der in japanischer Schlichtheit angelegt ist, in höhergelegene Gefilde entschweben lassen.

Blick von Treasure Island auf die Bay Bridge.

■ **Trotz der stellenweise dichten Besiedlung sind weite Gebiete der Bay Area noch naturbelassen. So gibt es nicht einmal eine Autostunde von den Städten entfernt Wanderwege, ruhige Seen und vom Aussterben bedrohte Tier- und Pflanzenarten ...** ■

Jonglieren im Golden Gate Park.

Big is beautiful: Im hügeligen Hinterland von Berkeley und Oakland liegt das zweitgrößte Parksystem der Vereinigten Staaten, das sich aus 43 Einzelparks zusammensetzt. Der größte und meistbesuchte ist Tilden Regional Park (beim Grizzly Peak Boulevard), wo sich jedes Wochenende Menschenmassen zum Sonnenbaden beim Lake Anza, zum Golf- oder Tennisspielen oder zu einem Spaziergang durch den Botanischen Garten einfinden. Für den Nachwuchs gibt es eine Miniatur-Dampfeisenbahn und ein wunderbares nostalgisches Karussell.

Friedvolles Landleben: Der Wildcat Canyon Regional Park grenzt an Tilden, strahlt mit seinen ruhigen Wanderwegen aber eindeutig ländliches Flair aus.
Vom Wildcat Canyon aus können begeisterte Wanderer dem landschaftlich herrlich gelegenen Wanderweg Skyline National Trail über dreißig Meilen weit zum Anthony Chabot Regional Park folgen. Dieser Park ist besonders bei Anglern beliebt, da es im Lake Chabot vor Barschen und Forellen nur so wimmelt. Tierfreunde können im benachbarten Redwood Regional Park Hirsche, Waschbären und Luchse beobachten.

Südlich von San Francisco ist die Landschaft generell weniger spektakulär, obwohl Schmetterlingsforscher im San Bruno Mountain Regional Park (Ausfahrt Brisbane von Highway-101) bestimmt auf ihre Kosten kommen. Er bietet ausgesprochen seltenen und bedrohten Arten noch einen halbwegs intakten Lebensraum. Die »Friends of Endangered Species« laden zu kostenlosen Führungen ein, auf denen man nicht nur die prachtvollen Falter, sondern auch Stätten der indianischen Urbevölkerung zu sehen bekommt.
An Geologie und Erdbeben Interessierte werden der San Andreas Spalte einen Besuch abstatten wollen. Ein aufschlußreicher Abschnitt dieser Verwerfungslinie, von der viele der kalifornischen Erdbeben ausgehen, kann im Los Trancos Open Space Preserve (sieben Meilen südwestlich von Palo Alto, an der Page Mill Road) besichtigt werden. Der Wanderweg verläuft ein Stück weit neben der Spalte her.

Der Lake Merritt bei Oakland ist die größte den Gezeiten unterworfene Salzwasser-Lagune der Welt. Für 4–10 US-$ pro Stunde können Sie Boote ausleihen bei: Sailboat House (Tel.: (510) 444 3807).

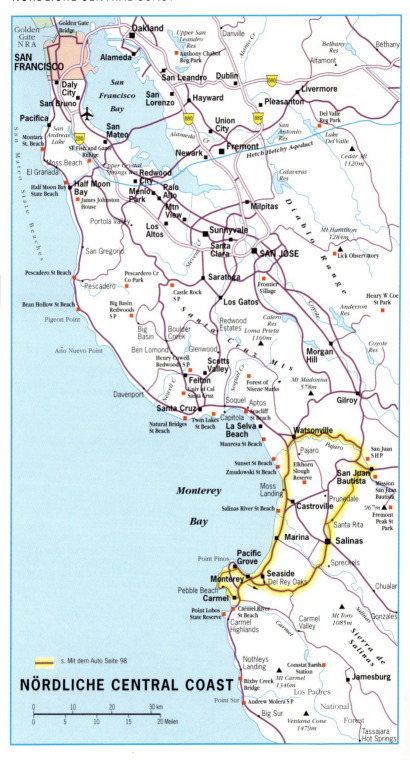

s. Mit dem Auto Seite 98

NÖRDLICHE CENTRAL COAST

| 0 | 10 | 20 | 30 km |
| 0 | 5 | 10 | 15 | 20 Meilen |

Kalifornische Kürbisse.

Ein großer Teil der kalifornischen Central Coast, die sich fast 400 Meilen lang zwischen San Francisco und Los Angeles am Pazifik erstreckt, hat sich seit dem 16. Jahrhundert, als die spanischen Seefahrer diese Küste zuerst erblickten, kaum verändert. Noch immer branden die Wellen des Pazifik gegen die hohen Granitfelsen, noch immer bedecken dichte Wälder der gigantischen Redwoods weite Teile der Küstenlandschaft, und das Schreien der Seelöwen, die hier in großen Kolonien leben, deutet an, daß die Natur hier noch in Ordnung ist.

Die Abgeschiedenheit dieser Region vom Rest des Bundesstaats zeigt sich auch darin, daß die einzige Küstenstraße (Highway-1, auch Coastal Highway genannt) nur zweispurig ausgebaut ist und sich streckenweise in engen Haarnadelkurven über tiefe Canyons windet.

Die erste größere Ortschaft ist Santa Cruz, eine freundliche Universitätsstadt, die für ihre linksgerichtete Kommunalpolitik und für die Surfer bekannt ist, die vor den Stränden durch die Wogen gleiten. 50 Meilen südlich liegt Monterey, das von 1770 ab eine Zeitlang Kaliforniens Hauptstadt war und sich viele Gebäude aus dieser Ära bewahrt hat. Die Stadt bildet die Spitze der Monterey Peninsula, einer einstmals dicht bewaldeten Halbinsel, an deren südlichem Ende das malerische, wenn auch überlaufene Städtchen Carmel liegt.

Einige Meilen landeinwärts befinden sich diverse Stateparks mit wunderbaren Wanderwegen, und verstreute Bauerndörfer sind die Zentren einer Region, die manchmal – nach dem in Salinas geborenen Schriftsteller John Steinbeck – Steinbeck Country genannt wird.

Südlich der Monterey Peninsula: Big Sur umfaßt über siebzig Meilen eindrucksvoller, naturbelassener Landschaft, in der nicht einmal eintausend Menschen leben. Am Ende dieses Landstrichs, am Stadtrand von San Simeon, endet auch der nördliche Teil der Central Coast.

Big Basin Redwoods State Park.

Als Vorkämpfer des Human Potential Movement wurde das Esalen Institute 1962 in Big Sur gegründet. Der Name leitet sich von den amerikanischen Ureinwohnern ab. Die Workshops und Seminare von Esalen sind ausgerichtet auf Yoga, Meditation, Ganzheits-Medizin, Gestaltungs-Therapie und ähnliches mehr. Freilich kommen nur die reichsten unter Kaliforniens New Age-Enthusiasten, denn für einen Einführungs-kurs übers Wochenende stellt man man die bescheidene Summe von 300 US-$ in Rechnung. Sollte Ihr Kopf in Ordnung sein, können Sie Ihren Körper mit einer Massage verwöhnen (Näheres unter Tel.: (408) 667 3000).

▶▶▶ **Big Basin**

1902 als erster kalifornischer State Park geschaffen, soll der Big Basin Redwoods State Park den Bestnd der 2000 Jahre alten Redwood-Bäume schützen, die auf den Santa Cruz Mountains wachsen. Ein gut ausgeschilderter Wanderweg führt zu den größten und eindrucksvollsten Baumriesen des Parks, und auf der Binnenseite der Hügel führen Wanderwege an Wasserfällen, farn- und grasbewachsenen Lichtungen vorbei zu abgelegenen Sandstränden. Auf den 1600 Hektar des Henry Cowell Redwoods State Park, der dicht bei Big Basin liegt, kann man ebenfalls herrlich wandern, aber auch reiten, und auch hier wurde ein exzellenter informativer Fußpfad durch die Redwoods angelegt.

▶▶▶ **Big Sur**

Als landschaftlicher Höhepunkt der kalifornischen Küste gilt Big Sur, ein nur spärlich besiedelter Landstrich zwischen Carmel und San Simeon, wo die mit Buschwerk bewachsenen Hänge und die baumgesäumten Canyons der Santa Lucia Mountains auf den Pazifik stoßen. Verschlungene Pfade führen zu versteckten Stränden, aber selbst von der schmalen Küstenstraße (Highway-1) aus wirkt Big Sur unglaublich eindrucksvoll. Die **Henry Miller Memorial Library** erinnert an nur einen der zahlreichen Künster, die sich von diesem Landstrich inspirieren ließen.

▶▶▶ **Bixby Creek Bridge**

Die größte einer ganzen Reihe von hohen und schmalen Brücken, die den Highway-1 über die tiefen Schluchten von Big Sur führen, liegt rund zehn Meilen südlich von Point Lobos State Reserve. Sie wurde 1932 fertiggestellt und soll die größte einbögige Brücke der Welt sein.

▶▶▶ **Carmel**

Um die Jahrhundertwende wählten Bohemiens aus San Francisco Carmel zu ihrem Domizil. Heute leben die rund 5000 überaus wohlhabenden Einwohner der malerischen Küstenortschaft (darunter auch der ehemalige Bürgermeister Clint Eastwood) zurückgezogen in unauffälligen Villen. Neon-Schilder, aber auch Ampeln oder gar Hot-Dog-Stände haben hier nichts zu suchen.
Die hübschen Straßen und Plätze von Carmel sind einen kurzen Besuch wert, obwohl hier fast ausnahmslos Souvenirgeschäfte, teure Restaurants und Kunstgalerien liegen, die wenig originelle Bilder der Küstenlandschaft ausstellen. Lohnender verbringt man die Zeit am Strand des Städtchens, mit einem Besuch des granitenen **Tor House** (an der Ocean View Avenue), das der Dichter Robinson Jeffers errichten ließ, oder in der **Carmel Mission** (3080 Rio Road), wo Junípero Serra, der Gründer der kalifornischen Missionen, 1784 starb.

▶▶▶ **Castle Rock**

Über Küstennebeln und Großstadtsmog erstreckt sich der 3600 Acres große Castle Rock State Park. In den vollen Genuß der Bergpfade, Wasserfälle, riesigen Felsblöcke und der sagenhaften Aussicht kommt allerdings nur, wer richtig ausgerüstet und gewillt ist, mindestens einen anstrengenden Tagesmarsch zu absolvieren.

 **Felton**

Felton, ein Bergstädtchen etwa fünf Meilen nördlich von Santa Cruz, ist der geeignete Ausgangspunkt für Exkursionen in die umliegenden Parks. Ein Erlebnis sind die über 100 Jahre alte **Covered Bridge**, die das San Lorenzo River Valley überspannt, und zwei landschaftlich schöne Eisenbahnstrecken: die Roaring Camp Big Trees Narrow Gauge Railroad, die zum Bear Mountain führt (ganzjährig), und die Santa Cruz Big Trees & Pacific Railroad, die sich nach Santa Cruz hinabschlängelt (nur von Frühling bis Herbst).

Forest of Nisene Marks

Im Jahr 1923 hatten vierzig Jahre kommerzieller Abholzung den Baumbestand des 4050 Hektar großen Waldgebietes landeinwärts von Santa Cruz beträchtlich dezimiert. Als die Holzfäller die Region verließen, kaufte eine dänische Einwandererfamilie das Land und ließ es später unter Naturschutz stellen.

Half Moon Bay

Immer mehr Menschen, die es sich leisten können, ziehen aus den Vorstadtgebieten des Silicon Valley in die

Zur Zeit der »Frontier« standen in Kalifornien zahllose Männer, aber auch eine Frau ihren Mann. Die 1812 geborene Charley Parkhurst hatte nur ein Auge und kaute fast unentwegt Tabak. Ihr Beruf war es, Postkutschen nach Santa Cruz zu begleiten. Erst als sie 1879 starb, entdeckte man, daß sie eine Frau war.

93

kleine Küstenstadt Half Moon Bay, an deren malerischer Hauptstraße viele viktorianische Häuser mit einladenden Restaurants und Bäckereien stehen. Ein mehrere Meilen langer, ruhiger Sandstrand macht das Städtchen noch anziehender.

Wenn Sie im Oktober hierher kommen, sollten Sie sich das Art and Pumpkin Festival nicht entgehen lassen.

Direkt südlich von Half Moon Bay zweigt die **Higgins Purisma Road** vom Highway-1 ab, schlängelt sich acht Meilen weit durch winzige Bauernsiedlungen, in denen die Zeit scheinbar stehengeblieben ist, und führt dann zurück zum Highway.

Die Carmel Mission.

Schriftsteller

■ **Von den Bohemiens der Jahrhundertwende über die Beatniks der 50er Jahre haben immer wieder Schriftsteller und Dichter die Central Coast bevölkert. Manche suchten auf Stippvisiten Inspiration, andere ließen sich für immer hier nieder – aber alle hat die Ausstrahlung dieser Landschaft bewogen, sie als Schauplatz ihrer Erzählungen zu wählen oder darüber zu poetisieren ... ■**

Steinbecks Haus in Salinas.

Steinbeck: Kein Schriftsteller ist dieser Region tiefer verbunden als der in Salinas geborene John Steinbeck. Im Mittelpunkt seiner Bücher stehen oftmals Kaliforniens »vergessene« Menschen, wie Leute von den Farmen rund um seinen Heimatort oder die Arbeiter aus der Fisch-Konservenfabrik im nahegelegenen Monterey.

Aus seiner produktivsten Phase in den 1930er und frühen 40er Jahren stammt Steinbecks bekanntestes Buch, »Früchte des Zorns«, das von einer Familie handelt, die zur Zeit der amerikanischen Depression auf der Suche nach dem Gelobten Land nach Kalifornien kommt, dort aber nur das auf Ausbeutung der Ärmeren gerichtete System vorfindet. Steinbeck erhielt dafür den Pulitzer-Preis, handelte sich jedoch den Zorn der kalifornischen Großgrundbesitzer ein und wurde als Kommunist gebrandmarkt. In Salinas behandelte man ihn wie einen Verräter. Lange Zeit gab es hier Buchhandlungen, deren Besitzer sich weigerten, seine Bücher zu verkaufen.

Weitere berühmte Namen: Steinbeck war noch nicht einmal geboren, als Robert Louis Stevenson nach Monterey kam. Er war hinter Fanny Osborne her, die er in Frankreich kennengelernt hatte – und die er im Jahr darauf heiratete. Obwohl er sich 1879 nur wenige Monate lang in der Stadt aufhielt, verfaßte er hier einen kenntnisreichen Text, der auf den krassen Unterschied zwischen Montereys Niedergang und San Franciscos Aufstieg hinwies

Inzwischen hat sich die Anti-Steinbeck-Stimmung in Salinas soweit gelegt, daß alljährlich Anfang August ein Steinbeck-Festival veranstaltet wird – mit Informationsfahrten, Filmen, Vorträgen und Diskussionen zum Thema Steinbeck. Unter den vielen anderen Festivals der Region kann man das Art and Pumpkin Festival in Half Moon Bay (im Oktober) und das Brussels Sprout Festival in Santa Cruz (gleichfalls im Oktober) als besonders bizarr bezeichnen.

(*The Old and New Pacific Capitols*). Hier ließ er sich auch zu seiner »Schatzinsel« inspirieren.

Von 1906 an war Carmel Sitz einer kurzlebigen Boheme-Gemeinde, die von dem Dichter George Sterling geleitet wurde. Viele einflußreiche Schriftsteller jener Zeit – Upton Sinclair, Mary Austin und Jack London – kamen in das damals noch idyllische Küstenstädtchen, um mit ihm Kontakt aufzunehmen. 1926 veröffentlichte Sterling die Biographie von Robinson Jeffers. Jeffers war in Pittsburg geboren, hatte Forstwirtschaft und Medizin studiert und 1912 seinen ersten Gedichtband herausgegeben. Zwei Jahre später zog er nach Carmel. Was Jeffers nach Carmel gelockt hatte, waren nicht die Bohemiens, sondern die natürliche Schönheit der Stadt und ihrer Umgebung sowie das, was er als »erdverbundene Reinheit« der Ortsansässigen ansah. All dies bewog Jeffers, sich dem Verfassen von langen Versen zu widmen, deren dramatische Handlungen sich vor dem Hintergrund einer rauhen Küstenlandschaft abspielten. Jeffers errichtete auch Tor House, zu dessen Bau er Granitgestein vom Strand von Carmel herbeischaffen ließ.

Henry Miller: In Anbetracht der anzüglichen Inhalte seiner Romane »Wendekreis des Krebses« und »Wendekreis des Steinbocks«, die in den USA bis in die 60er Jahre verboten blieben, sahen sich viele Ortsansässige veranlaßt, wüste Spekulationen darüber anzustellen, was Henry Miller, der 17 Jahre lang in Big Sur lebte, in seinem abgeschiedenen Haus wohl so alles triebe.

Tatsächlich tat er dort kaum etwas anderes als unglaublich viel zu schreiben. Doch lockte Miller viele junge Autoren der Beat-Generation an, die dann ihrerseits von der Landschaft Big Surs wie besessen waren. Miller beschrieb die Gegend 1958 in »Big Sur und die Orangen des Hieronymus Bosch«, während der Beat-Autor Jack Kerouac Miller als Vorbild für seinen 1962 erschienenen Roman »Big Sur «verwandte.

Tor House, erbaut von Robinson Jeffers.

In der selbsternannten »Artischockenhauptstadt der Welt«, dem gleich nördlich von Monterey gelegenen Ort Castroville, wurde Marilyn Monroe 1947 zur Artischockenkönigin gewählt.

Pacific Grove.

▶▶▶ **Pacific Grove**

1875 ließ sich eine Methodistengemeinde an der Nordspitze der Monterey Peninsula nieder, und die daraus entstandene Siedlung Pacific Grove entwickelte sich zu einer Enklave religiösen Pflichteifers und hoher moralischer Tugendhaftigkeit.

Eine Unzahl schindelgedeckter Häuser verleiht der ruhigen Ortschaft am Pazifik ein heimatlich anmutendes Flair. Schmetterlinge (vor allem Chrysippusfalter) kommen von November bis März zu Zehntausenden hierher, um an den Kiefern (speziell entlang der Ridge Road) riesige wogende orange-schwarze Knäuel zu bilden. Das **Museum of Natural History** (165 Forest Avenue) berichtet Wissenswertes über die Schmetterlinge. Wenn Sie mehr Zeit haben, sollten Sie die Stadtrundfahrt mit einem Besuch des Leuchtturms Point Pinos Lighthouse (an der Lighthouse Avenue) abschließen.

Thomas Doak, ein Seemann aus Boston, der 1816 im damals noch zu Mexiko gehörigen Kalifornien anheuerte, war der erste US-Bürger, der sich in dieser Region niederließ. Bevor er in die reiche Castro-Familie einheiratete, malte Doak als Gegenleistung für Kost und Logis das Retabel der Mission San Juan Bautista.

▶▶▶ **Salinas**

Der Schriftsteller John Steinbeck wurde 1902 in Salinas geboren (132 Central Avenue, kostenlose Führungen Dienstag bis Freitag 10–11 Uhr und Montag bis Donnerstag 14.30–15 Uhr), einer nüchternen, landwirtschaftlich orientierten Stadt abseits der der üblichen Touristenrouten. In einem Raum der **John Steinbeck Library** (110 W San Luis Street) sind Fotografien und Manuskripte des Autors zu sehen, der der Stadt und ihren Problemen in zahlreichen Büchern ein literarisches Denkmal gesetzt hat. Mehr über Steinbeck und sein gespaltenes Verhältnis zu Salinas, erfahren Sie in den Wechselausstellungen der **Steinbeck Foundation.** Derzeit residiert die Stiftung in 371 Main Street, zieht aber wahrscheinlich in einen neuen Gebäudekomplex am Steinbeck Square um, der gerade für 35 Mio. US-$ im Stadtzentrum gebaut wird und später Geschäfte und Büros beherbergen soll.

Viel Mühe und Aufmerksamkeit werden auf die Vorbereitung des jährlich im Juli stattfindenden, viertägigen Californian Rodeo verwendet. Claes Oldenburg hat die Atmosphäre dieser Veranstaltung amüsant in der Skulptur »Hat in Three Stages of Landing« eingefangen, die im Garten des Community Center (940 N Main Street) zu sehen ist.

Parks im Inland

■ **Reißen Sie sich von der faszinierenden Küstenlandschaft für einen halben Tag los, und erkunden Sie die natürlichen Schönheiten des Landesinneren. Besuchen Sie die Santa Cruz Mountains und die wilde, unberührte Natur oberhalb von Big Sur ...** ■

Hier finden Sie auch die südlichsten Baumbestände der Coastal Redwoods. Obwohl diese Baumriesen geringfügig kleiner sind als ihre Verwandten weiter nördlich, sind sie trotzdem bestimmt groß und imposant genug, um die Krönung eines Ausflugs ins Landesinnere darzustellen.

Feucht und wild: Bevor Sie sich auf eigene Faust auf den Weg machen, sollten Sie daran denken, daß das hiesige Wetter für seine Unberechenbarkeit berühmt ist, und daß plötzliche Nebeleinbrüche fast zum täglichen Leben gehören. Außerdem regnet es viel – die Redwoods benötigen mindestens 100 Zentimeter Regen pro Jahr, um überhaupt gedeihen zu können.

97

Die wichtigsten Parks dieser Region sind an anderer Stelle beschrieben, aber viele kleinere State Parks und auch regionale Schutzgebiete bieten die Möglichkeit, der Wildnis einen Besuch abzustatten. Besonders sehenswerte Gebiete liegen in der Nähe des Dorfs La Honda an der State Road 84, zwischen Half Moon Bay und Santa Cruz. Der schönste davon ist **Portola State Park**, ein tiefer, zerklüfteter Canyon, in dem prachtvolle Redwood- und Tannenwälder wachsen.

Camping und Wandern: 30 Meilen südlich von Monterey führt der Highway-1 durch einen Teil des Redwood-Bestandes, der zum Pfeiffer Big Sur State Park gehört. Hier gibt es Führungen, und die Aussicht über die Brandung, die gegen die hohe Küste donnert, ist an dieser Stelle besonders sehenswert.

Als Haupt-Campingplatz der Big Sur-Region ist dieser Park meist sehr gut besucht, aber die Massen verlaufen sich schnell, da es eine Vielzahl von Wanderwegen gibt, von denen einige in die Ventana Wilderness hinüberführen, ein Gebiet mit eichenbestandenen Schluchten, dichtem Gebüsch und einer seltenen Kiefernart. Dieses Gebiet schließt sich nahtlos dem riesigen Los Padres National Forest an.

Ein Ranger erklärt die Sehenswürdigkeiten.

Pflücken Sie sich Ihr Picknick selbst (Pick-your-own), lautet die Devise auf den ertragreichen Farmen rund um Santa Cruz, wo Sie auf diese Art und Weise hervorragendes frisches Obst bekommen. Je nach Jahreszeit können Sie große, saftige Äpfel, Erdbeeren oder Himbeeren für relativ wenig Geld bekommen. Halten Sie nach entsprechenden Schildern am Straßenrand Ausschau, oder holen Sie sich im Santa Cruz Visitor Council (701 Front Street) die kostenlose Broschüre *Country Crossroads*.

Mit dem Auto   **Die Gegend um Monterey**

Siehe die Karte auf Seite 90.

Von Monterey 18 Meilen ostwärts auf State Road 68 bis Salinas.
Die auf Landwirtschaft ausgerichtete Stadt **Salinas**, Austragungsort des California Rodeo, ist auf Seite 96 beschrieben.

Folgen Sie der State Road 68 von Salinas aus 15 Meilen in Richtung Norden bis San Juan Bautista.
San Juan Bautista vermittelt einen Eindruck davon, wie es früher in Kalifornien aussah (siehe Seite 100).

Westlich von San Juan Bautista auf State Road 156, kurz Richtung Norden auf Highway-101 und nach drei Meilen westwärts auf State Road 129 nach Watsonville.
Die Kleinstadt **Watsonville** hat mehrere Straßen mit viktorianischen Wohnhäusern zu bieten.

Von Watsonville südlich zum Highway-1 bis Moss Landing.
Das wettergegerbte Fischerdorf **Moss Landing** liegt unterhalb eines gigantischen Kraftwerks und bildet den Eingang zum **Elkhorn Slough**

Reserve, wo ein vier Meilen langer Weg durch ein Wattenmeer führt.

Weiter südlich auf Highway-1 bis Marina (10 Meilen).
Die Dünen von **Marina** sind mit Büschen und Wildblumen bewachsen.

Von Marina südlich auf Highway-1, in Monterey nach Westen Richtung Pacific Grove und auf den gebührenpflichtigen 17 Mile Scenic Drive.
Der landschaftlich herrliche **17 Mile Scenic Drive** führt durch die **Monterey Peninsula** vorbei an den schönsten Teilen der Halbinsel.

Verlassen Sie den 17 Mile Scenic Drive und folgen Sie der Ausschilderung nach Carmel.
Die hübsche und ausgesprochen wohlhabende Stadt Carmel ist auf Seite 92 beschrieben.

Von Carmel aus drei Meilen nordwärts auf Highway-1 zurück nach Monterey.

Der 17 Mile Scenic Drive.

■ In dem Roman »Cannery Row« beschreibt John Steinbeck die armseligen Straßen von Monterey zu einer Zeit, als die Stadt das Zentrum der Ölsardinen-Industrie war. Pro Jahr wurden hier 250 000 Tonnen dieser Fische eingedost – solange, bis die Bestände leergefischt waren ... ■

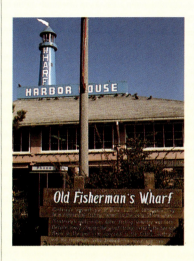

Fisherman's Wharf, Monterey.

In den ehemaligen Konservenfabriken der Cannery Row befinden sich heute Schmuckgeschäfte, die auf die rund drei Millionen Besucher hoffen, die jährlich nach Monterey kommen. Unweit davon findet man heute an der Fisherman's Wharf schicke Seafood-Restaurants und Snackbars. Wirklich wohlzufühlen scheinen sich hier nur die Seelöwen.

Geschichte: Wenn Sie von diesen Touristenfallen weg ein Stück landeinwärts spazieren, werden Sie auf das historische Monterey stoßen. 1770 von den Spaniern besiedelt, wurde Monterey 1822 Hauptstadt des damals zu Mexiko gehörigen Kaliforniens und 1849 auch Sitz der ersten kalifornischen Regierung. Die Seeleute aus Neuengland, die sich hier niederließen, griffen Elemente des spanischen Kolonialstils auf und schufen so den typischen »Monterey-Stil«, dessen

sehenswertestes Beispiel das 1835 errichtete **Larkin House** (Ecke Jefferson Street und Calle Principal) ist: ein Bau aus Redwood-Holz und Adobeziegeln und einem nachträglich aufgesetzten ersten Stockwerk mit Balkon. Zusammen mit anderen Gebäuden bildet das mit Erinnerungsstücken vollgestopfte Larkin House den **Monterey State Historic Park**, ein sieben Acres großes Areal, das sich von der Custom House Plaza, Nähe Fisherman's Wharf, ausdehnt.

Um den noch nicht ganz verblassten ehemaligen Glanz von Montereys Seehafen zu erleben, empfiehlt sich ein Ausflug zum **Maritime Museum and History Center,** das sich

---

Das Monterey Pop Festival, das 1967 stattfand und drei Tage dauerte, war das erste große Open-air-Festival. Unter anderem traten auf: Jimi Hendrix, Janis Joplin und Jefferson Airplane.

---

gegenüber des Custom House Plaza befindet.

Wer nach Monterey kommt, um auf den Spuren literarischer Größen zu wandeln, wird im **Robert Louis Stevenson House** (530 Houston Street) fündig werden, wo der schottische Schriftsteller im Herbst des Jahres 1879 lebte.

Auf jeden Fall besuchen müssen Sie – obwohl ohne jegliche historische Bedeutung – das **Monterey Bay Aquarium** (886 Cannery Row), das das vielfältige Ökosystem der Region und die verschiedenen Lebewesen, von Anemonen bis zum Zackenbarsch, überzeugend darstellt.

Das Geschöpf, das 1925 am Strand von Santa Cruz angespült wurde, war fast fünfzehn Meter lang, hatte einen nach hinten spitz zulaufenden Körper mit einer Art Schwimmflosse, und aus dem Nacken ragte etwas, das wie ein Elefantenfuß aussah. Ein Experte behauptete, das Untier sei ein Plesiosaurus und vermutete, dieser sei in Gletschereis konserviert gewesen. Die offizielle Erklärung lautete jedoch, daß es sich dabei um ein Exemplar einer seltenen Walart gehandelt habe.

 San Juan Bautista

Als wichtige Postkutschenstation schien San Juan Bautista Mitte des 19. Jahrhunderts auf eine blühende Zukunft zu blicken. Doch nach dem Bau der Eisenbahn blieb der Ort im wahrsten Sinne des Wortes links liegen.

Die drei Meilen östlich vom Highway-101 gelegene Stadt entstand 1797, als hier die größte der kalifornischen Missionen, die **Mission San Juan Bautista** gegründet wurde, in der noch heute Klosterbrüder leben.

Zum **San Juan Bautista State Historic Park** gehören unter anderem das Castro House (1840), das zweistöckige Plaza Hotel (1858 als einstöckige Bar mit Zusatzetage für Reisende eröffnet) und Erinnerungsstücke an die Postkutschenzeit.

▶▶▶ **Santa Cruz**

Eine Unzahl gemütlicher Bars und Restaurants, dreißig Meilen Strand und die Einwohner machen Santa Cruz zu einer Stadt, in der man sich eigentlich sofort wohlfühlt.

Als die Holzwirtschaft aus Gründen des Naturschutzes eingestellt wurde, wandelte sich Santa Cruz von einem wichtigen Holzumschlagsplatz zu einem hübschen, ruhigen Erholungsort, und schon seit 1904 existiert der **Boardwalk**, eine Vergnügungspromenade mit nostalgischem Karussell und einer Achterbahn aus dem Jahr 1924, dessen nostalgischer Charme jedoch die horrenden Eintrittspreise keineswegs rechtfertigt. Interessanter und besuchenswerter sind das **Surfing Museum** (im Leuchtturm am W Cliff Drive), von dem auch Surfer im unweit gelegenen Ozean bewundert werden könen, und das **City Museum of Natural History** (1305 E Cliff Drive).

Von der 1791 gegründeten **Santa Cruz Mission** kann man eine maßstabsgetreue Reproduktion besichtigen (126 High Street). Der Mystery Spot birgt nichts Mysteriöses, sondern ist ein Stück Wald am Nordrand der Stadt mit perspektivisch verzerrten Darstellungen.

Parks an der Küste

■ Wer glaubt, die Central Coast habe Ähnlichkeit mit den Bildpostkarten, die das kalifornische Strandleben darstellen, der irrt. Obwohl die Küste reich an kleinen Buchten ist, gibt es hier mehr Seelöwen als Surfer, das Wasser ist meist zu kalt und die Strömungen sind vielerorts zu gefährlich, als daß man hier schwimmen könnte ... ■

Natürliche Schönheiten: Nur wenige der geschützten Parks und Strände, die den Highway-1 fast auf seiner gesamten Länge säumen, enttäuschen, und die unten genannten zeigen die natürlichen Schönheiten der Central Coast im allerbesten Licht.

Das 18 Meilen nördlich von Santa Cruz gelegene **Año Nuevo State Reserve** wurde 1958 zum Schutz der bis zu drei Tonnen schweren See-Elefanten eingerichtet, die fast ausgerottet worden waren. Von Dezember bis März kommen diese Tiere hier an Land, und bevor sie bis zu 50 Weibchen begatten, ziehen die Männchen eine richtige Macho-Show ab. Wenn Sie ihnen dabei zusehen wollen, können Sie sich den Menschenmassen anschließen, die an einer dreistündigen Führung teilnehmen (Anmeldung unter Tel.: (800) 444 7275).

Direkt südlich von Carmel liegt das **Point Lobos State Reserve**, wo die Brandung auf sechs Meilen gegen seltsam geformte Klippen donnert. Wer gute Augen hat, kann Seeotter entdecken, während man kein besonders gutes Gehör haben muß, um die Schreie der Seelöwen zu hören, die sich auf den Sea Lion Rocks wohlfühlen. Besonders sehenswert sind die Monterey-Zypressen, die auf Granitfels den stürmischen Winden trotzen.

Um zum **Pfeiffer Beach** zu gelangen, verlassen Sie den Highway-1 rund zwei Meilen südlich vom Julia Pfeiffer Burns State Park. Das Besondere an diesem Strandstück ist eine vielfarbige Gesteinsformation, die die Brecher abfängt.

Südlich vom Pfeiffer Beach kommen Sie zum **Andrew Molera State Park**, der die Lagune an der Mündung des Big Sur River umgibt. 16 Meilen Wanderwege führen durch einen herrlichen Ahornwald.

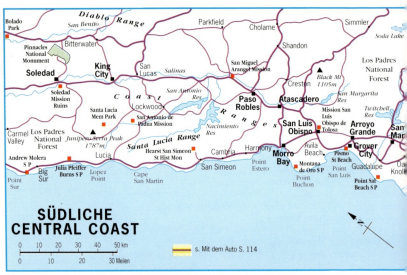

Ölbohrturm vor der kalifornischen Küste.

SÜDLICHE CENTRAL COAST

Die Trennungslinie zwischen nördlicher und südlicher Central Coast verläuft sehr fließend: Donnernde Brandung und zerklüftete Felsformationen, und dazwischen immer wieder ruhige Buchten und abgelegene Strandstücke findet man auch hier entlang dem Highway-1.

Als Einstimmung auf das, was Sie weiter südlich erwartet, kann Hearst Castle gelten, ein Denkmal unerhörten Reichtums und ebenso unerhörter architektonischer Anmaßung, das gleich hinter Big Sur an einem Berghang über dem unscheinbaren Ort San Simeon thront.

San Luis Obispo, rund um eine der spanischen Missionen dieser Gegend gewachsen, floriert heute als Sitz eines beliebten Colleges.

Malerische Winkel findet man freilich eher in kleineren Orten wie Cambria, wo die zahllosen Künstler und Möchtegern-Künstler in einen ewigen Kampf mit den Souvenirshops verwickelt sind, die sich auch in bislang ruhigen, bewaldeten Talregionen ausbreiten.

Eine der reichsten, aber auch hübschesten Städte Kaliforniens ist Santa Barbara, dessen Architektur dem ansprechenden Stil der ursprünglichen Missionen verpflichtet ist. Dazu kommt die herrliche Lage am palmengesäumten Strand, die zum erstenmal an der Central Coast das hedonistische Leben Südkaliforniens anklingen läßt.

Dreißig Meilen südlich davon liegt Ventura, die südlichste Ortschaft dieser Region. Auch hier gibt es Sandstrände und einen hübschen historischen Stadtkern. Darüber hinaus verkehren von hier die Fähren zum Channel Islands National Park, einer unbewohnten Inselgruppen vulkanischen Ursprungs, neben denen Ölbohrtürme aus dem Meer ragen: ein Symbol der Central Coast, hin und hergerissen zwischen wirtschaftlichen und ökologischen Interessen.

SÜDLICHE CENTRAL COAST

Altertümlicher Charme und ländliches Flair: Cambria.

74 Meilen östlich von San Luis Obispo, nahe bei dem Dorf Cholame, fand das 24jährige Filmidol James Dean den Tod: Am 30. September 1955 kollidierte sein silberfarbener Porsche an der Kreuzung der State Roads 41 und 46 mit einem anderen Fahrzeug. Die Kreuzung ist seit Deans letzter Fahrt verlegt worden, aber neben dem Postamt von Cholame erinnert ein Denkmal an den Schauspieler, der als Symbol unvergänglicher Jugend gilt.

Geschenke, Süßigkeiten und diverse Erinnerungsstücke, die sich während Ronald Reagans achtjähriger Amtszeit als mächtigstem Mann der Welt angesammelt haben, füllen die Regale der Ronald Reagan Presidential Library, die sich östlich von Ventura im Simi Valley befindet. Wem der hagiographische Tenor zuviel wird, kann versuchen, mit dem Kopf gegen ein Dreitonnenstück der Berliner Mauer zu rennen, das im Innenhof aufgestellt wurde – neben der zukünftigen Grabstätte von Ronald und Nancy Reagan.

▶▶▶ Cambria

Trotz der künstlich fabrizierten altertümlichen Atmosphäre und der ständigen Zunahme von Geschenkboutiquen, die sich bevorzugt in Fachwerkhäusern niederlassen, kann ein Besuch dieser Stadt Spaß machen. Cambria liegt neun Meilen südlich von Hearst Castle und ist eine Mischung aus Übernachtungsgelegenheit für Touristen und jener ländlichen Abgeschiedenheit, die den Angehörigen der hiesigen Künstlerkolonie zur Inspiration dient. Einladende Restaurants mit erschwinglichen Preisen sind ebenfalls typisch für diesen Ort, und wenn der nötige Appetit noch fehlt, sollten Sie ihn durch einen langen Spaziergang an den herrlichen Stränden der Stadt anregen. Gleich außerhalb Cambrias (am Hillcrest Drive) liegt Nit Wit Ridge, ein anarchisches Gegenstück zu Hearst Castle. Das Bauwerk, das 1928 als einräumige Hütte begann, wurde durch unzählige Anbauten aus Zement, Muscheln, Glas, alten Autoteilen und anderem Müll zu einem riesigen Haus erweitert.

▶▶▶ Carpinteria

Diese ruhige Küstenstadt erhielt ihren Namen von den Spaniern, die von den handwerklichen Fähigkeiten der einheimischen Chumash Indianer überaus beeindruckt waren. Carpinteria liegt zwischen Ventura und Santa Barbara, und wer Zeit hat, sollte am **Carpinteria State Beach** eine Pause einlegen: Es locken herrlicher Sandstrand und ruhiges Wasser, das zum Schwimmen einlädt.

▶▶▶ Harmony

Wenn Sie eine Sekunde zu lange blinzeln, haben Sie sie vielleicht schon verpaßt: Harmony, eine winzige Ortschaft landeinwärts von Cambria gelegen. Die meisten der 20 Einwohner sind Glasbläser, Töpfer oder Goldschmiede, die in Geschäften entlang der Straße ihre Arbeiten zum Verkauf anbieten. Auf den Wiesen rund um Harmony weiden Araberpferde, die auf einer nahegelegenen Farm der Hearst-Familie gezüchtet und trainiert werden.

▶▶▶ **King City**

Ein lohnender Umweg vom Highway-1 führt über die Nacimiento-Fergusson Road, die sich über den landschaftlich eindrucksvollen Plaskett Ridge der Santa Lucia Mountains nach King City schlängelt, einer winzigen Gemeinde am Highway-101.

20 Meilen südwestlich von King City befindet sich die **Mission San Antonio de Padua**, eine der abgelegendsten und evokativsten der kalifornischen Missionen. Die authentische Restaurierung der Gebäude vermittelt einen Eindruck vom damaligen Lebensstil, wirklich außergewöhnlich macht diesen Ort jedoch die wundervolle Umgebung. Da das Gelände zum Militärstützpunkt Fort Hunter-Liggett gehört, müssen sich alle Besucher einer Sicherheitskontrolle unterziehen.

▶▶▶ **Morro Bay**

In einigen ordentlichen Seafood-Restaurants von Morro Bay wird der tägliche Fang der hiesigen Fischereiflotte aufgetischt. Bekannteste Sehenswürdigkeit der mäßig interessanten Küstenstadt ist der 175 Meter hohe Felsblock **Morro Rock**, der, wenig mehr als einen Steinwurf von der Küste entfernt, fast senkrecht aus dem Wasser aufragt. Der Fels ist der letzte sichtbare einer Kette von neun Vulkanfelsen, die zwischen hier und dem neun Meilen südlich gelegenen San Luis Obispo zu sehen sind.

Morro Rock ist Nistplatz der fast ausgestorbenen Peregrin-Falken und darf nicht erklommen werden. Statt dessen sollten Sie das **Bay Aquarium** (595 Embarcadero) besichtigen, das verletzten Ottern wieder auf die Beine hilft.

Gleich südlich der Stadt erstreckt sich der **Morro Bay State Park**. Die Meerseite des Parks gilt als einer der interessantesten Vogel-Beobachtungsposten des Landes. Die ökologische Bedeutsamkeit der Region wird im **Museum of Natural History** erläutert, das sich gegenüber des Parkeingangs befindet.

Der eindrucksvolle Vulkanfels Morro Rock.

Mehr als einmal haben die Wachen des Fort Hunter-Ligget-Militärstützpunktes ihre Waffen gezogen – um zu sehen, wie sich der verdächtige Eindringling vor ihren Augen in Luft auflöste. Die Erscheinung soll der Geist einer »kopflosen« Indianerfrau sein, die bei der Mission San Antonia de Padua herumspukt. Es heißt, sie sucht ihren Kopf, den ihr Mann ihr als Strafe für ihre Untreue abgerissen hat.

Strände

■ **Gleichgültig, ob Sie auf der Suche nach einem Palmenstrand mit demnächst gut durchgebratenen Sonnenanbetern sind, einer einsamen Bucht den Vorzug geben oder die Fauna eines Tidebeckens erkunden wollen – der südliche Teil der Central Coast hat für jeden Geschmack das Richtige ...** ■

Albacore-Thunfisch, Seelachs und Klippenbarsch sind nur drei der Spezies, die die Central Coast zu einem wahren Anglerparadies machen. Piers für Angler gibt es vielerorts, und fast alle Orte bieten auch die Möglichkeit zum Hochseefischen oder gar spezielle Sportfischer-Touren. Die Preise dafür schwanken, mindestens müssen Sie jedoch mit 25 US-$ pro Tag rechnen.

Nord-Süd-Spaltung: Sie werden bemerken, daß die Central Coast sich hier in zwei unterschiedliche Hälften spaltet: Nördlich von Point Conception (zwischen San Luis Obispo und Santa Barbara) blickt die vorwiegend felsige Küste in Richtung Westen. Südlich von Point Conception blickt die Küste nach Süden, und die Strände eignen sich allgemein eher zum Sonnenbaden und Surfen.

Nachdem Sie das exzentrische Schloß des Multimillionärs besichtigt haben (siehe Seite 109), bietet der in der Nähe von San Simeon gelegene William Randolph Hearst Memorial State Beach Gelegenheit, die einfacheren Freuden des Lebens wiederzuentdecken: Ein schlichter Angler-Steg führt vom Sandstrand ins Wasser hinaus.

Im Norden: Der 1874 errichtete Leuchtturm Piedras Blancas Lighthouse am äußersten Ende von Big Sur markiert den Beginn des nördlichen Teils der Central Coast. Wenige Meilen in die andere Richtung, also südlich davon, liegen die breiten, aber überlaufenen Sandstrände von San Simeon State Beach. Besonders im Sommer ist auch der Campingplatz meistens ausgebucht.

Im Süden: Sechs Meilen hinter Morro Bay (siehe Seite 105) liegt die Estero Bay Area, die drei lohnende Anlaufpunkte bietet. Am Morro Strand State Beach besteht die Mög-

Bei Morro Bay gibt es ruhige Strände.

lichkeit, schwimmen zu gehen (obwohl hier keine Rettungsschwimmer stationiert sind), und im Los Osakas State Reserve ist einer der ältesten Baumbestände einer nur an der Pazifikküste vorkommenden Eichenart zu bewundern. Die größte Anziehungskraft dieser Gegend übt freilich der Montano de Oro State Park aus. Der Name bedeutet auf Spanisch »Berg des Goldes« und leitet sich von den Wildblumen ab, deren Blüte im Frühjahr die ganze Hügellandschaft in ein gelb-orangenes Blütenmeer verwandeln.

Der 3240 Hektar große Park umfaßt Sandstrände ebenso wie Tidebecken und Klippen – in deren Umgebung man häufig Seehunde, Seelöwen und Seeotter sichtet – erstreckt sich aber auch weit ins Landesinnere, wo man in ausgetrockneten Flußbetten Waschbären und Hirsche beobachten kann. Durch die herrliche Landschaft des Parks schlängeln sich mehrere verwunschene Pfade, und ein vier Meilen langer Rundweg führt zum Valencia Point hinauf, von dem man eine atemberaubende Aussicht über die Küste genießt – sofern nicht gerade Nebel herrscht.

Für Nachtschwärmer: Fahren Sie zum zehn Meilen westlich von San Luis Obispo gelegenen Ort Avila Beach. Der Boardwalk wird von Bars und Imbißbuden gesäumt und bietet das unterhaltsamste Nachtleben der Umgebung. Viele Nachtschwärmer von Avila Beach sind Teenager, deren Eltern in Pismo, der recht ruhigen Küstenstadt Ferien machen, die einige Meilen südlich am Highway-101 liegt. Der Pismo State Beach ist einen Besuch wert, und viele Kalifornier kennen den Ort wegen der Pismo-Clams, einer delikaten Muschelart, die inzwischen jedoch schon fast ausgerottet ist.

Traumhafte Dünenlandschaft: Die herrlichen Dünen beginnen am Pismo State Beach, reichen aber über das winzige Oceano hinaus weiter nach Süden bis in das zehn Meilen lange **Nipomo Dunes Preserve**. Die im Laufe der Zeit von Wind und Wellen geschaffenen Dünen spielen im ökologischen Gleichgewicht eine wichtige Rolle. Hier leben zum Beispiel der Braune Pelikan und die Kalifornische Seeschwalbe. Die größte Düne ist rund 150 Meter hoch, die berühmteste jedoch ist die Düne, unter der der Filmmogul Cecil B. de Mille den Szenenaufbau (darunter vier Tonnen schwere Sphinxen) seines 1923 gedrehten Films »Die Zehn Gebote« verschwinden ließ. Seit 1990 ist man dabei, diese Überreste einer der aufwendigsten Hollywoodproduktionen wieder auszugraben.

Das Südende des Preserve bildet Point Sal, eine eindrucksvolle Landspitze, die man am besten vom normalerweise menschenleeren Point Sal State Beach aus bewundert (man muß hinuntersteigen).

Rund um Santa Barbara liegen eine ganze Reihe von Stränden. 30 Meilen nördlich der Stadt erstreckt sich der Gaviota State Beach rechts und links des Highway-101. Er ist weniger für seinen Sand berühmt als für den Weg, der zu den Gaviota Hot Springs führt. Der palmengesäumte Refugio State Beach, zwölf Meilen weiter, ist eher zum Sonnetanken geeignet. Fuß- und Fahrradwege verbinden ihn mit dem El Capitan State Beach, wo draußen im Meer neben Surfern auch Seehunde und Seelöwen herumtollen.

Fünf der Küste zwischen Ventura und Santa Barbara vorgelagerte Inseln bilden den Channel Islands National Park, dessen einzigartige Flora und Fauna sich nach der Heimsuchung von weißen Siedlern allmählich wieder erholen. Wer die Inseln besucht, muß sich an die ausgeschilderten Pfade halten. Ausflüge in dieses Naturschutzgebiet organisiert Nature Conservancy – Büros in der Stearns Wharf in Santa Barbara (Tel.: (805) 962 9111) und am Spinnaker Drive in Ventura (siehe Seite 115).

Ojai

Dieser Ort, den die Einheimischen wie »O-hai« aussprechen, bietet mit Tennis- und Golfplätzen sowie luxuriösen, am Hang liegenden Herrschaftshäusern alles, was sich diejenigen Reichen und Mächtigen, die sich aufs Land zurückziehen wollen, nur wünschen können. Darüber hinaus hat Ojai aber auch den Ruf, Sammelpunkt mystisch orientierter Gruppen zu sein, die hier auf Erleuchtung warten. Das idyllisch gelegene, sichelförmige Tal diente auch als Schauplatz der Verfilmung (1937) von James Hiltons utopischem Roman »Der verlorene Horizont«. Die gutsortierte

Reichtum und Komfort in Ojai.

Bibliothek der Krishnamurti Foundation (113 MacAndrew Road) erinnert an den indischen Mystiker, der hier in den 20er Jahren lehrte, während das ebenso esoterisch orientierte **Krotona Institute of Theosophy** (am Krotona Hill) nicht nur über eine umfassende Bibliothek zum Thema, sondern auch über herrlichen Landbesitz verfügt, von dem aus man eine wundervolle Aussicht über die Orangen- und Avocadohaine des Tales sowie die dahinterliegenden Berge genießen kann.

Weniger abgehobene Themen findet man im Ojai Valley Historical Museum (109 S Montgomery Street) behandelt, das in einem ehemaligen Feuerwehrhaus untergebracht ist.

▶▶▶ **San Luis Obispo**

Die 1772 gegründete Mission **San Luis Obispo de Tolosa** liegt im Herzen der hübschen Stadt gleichen Namens, zwölf Meilen von der Küste entfernt, aber in bequemer Reichweite zu Hearst Castle. Wenn Sie nur auf der Durchreise sind, sollten Sie es so einrichten, daß Sie an einem Dienstag abend hier sind, wenn auf der Higuera Street **Farmer's Market** stattfindet (sehr leckere Speisen).

In nächster Nachbarschaft der Mission befinden sich das **County Historical Museum** (969 Monterey Street) und das Art Center (1020 Broad Street), das die ortsansässigen Künstler fördert.

Heute ist die Stadt von den Studenten der »Cal Poly« geprägt, die sich gerne beim Art-deco Fremont Theater (an der Santa Rosa Street) treffen. An die Ende des 19. Jahrhunderts (Eisenbahnbau) zahlreiche chinesische Bevölkerung San Luis Obispos erinnert der Ah Louis Store (800 Palm Street).

Im Jahr 1925 taufte ein Hotelbesitzer aus San Luis Obispo sein Gästehaus (2223 Monterey Street) auf den Namen »Milestone Motel« und hatte damit das erste Motel der Welt geschaffen. Da das erschwinglich gewordene Automobil die Urlaubsgewohnheiten von Millionen Amerikanern veränderte, schossen auch immer mehr Motels aus dem Boden, und bald stand an jeder größeren Straße, jeder wichtigen Kreuzung und an den Hauptzufahrtsstraßen der Großstädte mindestens eine dieser beliebten, weil preiswerten Unterkünfte.

Das leuchtend pink gestrichene Madonna Inn, das – unübersehbar – neben dem Highway-101 bei San Luis Obispo liegt, bietet all jenen Kost und Logis, die Kitschas-Kitsch-can ertragen: Der Wasserfall, der in der Herrentoilette des Coffee Shops als Toilettenspülung dient, ist nur eine kleine Kostprobe von dem, was Sie in den 100 individuell gestalteten Zimmern erwartet.

Hearst Castle

■ **Disneyland ist die einzige Sehenswürdigkeit Kaliforniens, die noch größere Besucher-
massen anlockt als Hearst Castle, einer der
Wohnsitze des Pressezaren William Randolph
Hearst. Das auf einem Hügel oberhalb des
Dorfes San Simeon errichtete »Schloß« hat
nach heutigem Geldwert schätzungsweise
vierhundert Millionen Dollar gekostet ... ■**

Hearst, der 1887 von seinem Vater den *San Francisco
Examiner* geschenkt erhielt, baute darauf ein Medienimpe-
rium auf, das neben Zeitungen und Zeitschriften auch
Radiosender und Filmstudios umfaßte. Er wurde nicht nur
unermeßlich reich, sondern sicherte sich auch jede Menge Einfluß: Besonders berühmt, wenn auch unrühmlich,
sind seine nationalistischen Machenschaften, die 1898
zum Spanisch-Amerikanischen Krieg führten.
Von 1919 an verbrachte die Architektin Julia Morgan 28 Jahre
damit, Hearsts ständig wechselnde Ideen in Baupläne
umzusetzen und all die flämischen Gobelins, französischen
Kamine, Perserteppiche und Ritterrüstungen, die Hearst in
Europa gekauft hatte, in den Räumlichkeiten zu verteilen.
Selbst vorgewarnte Besucher sind von dem Eklektizismus
dieses Palastes überrascht. Ganz zu schweigen von der
Extravaganz, überwältigt schon allein die Größe des Castle.
In dieser Umgebung fällt es leicht, sich vorzustellen, wie
Hearst und seine langjährige Lebensgefährtin, die Film-
schauspielerin Marion Davies, hier Gäste wie Charlie
Chaplin, Greta Garbo und Clark Gable empfingen. Viele
berühmte Hollywoodgrößen sind zwischen den unbezahl-
baren griechischen Statuen herumspaziert und haben den
Löwen und Affen zugesehen, die damals hier herumliefen
– denn zu Hearst Castle gehörte auch der größte Privatzoo
der Welt.

Eklektizismus par excellence: Hearst Castle.

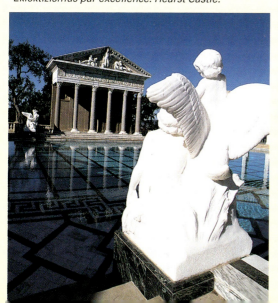

Von Gläubigern und astro-
nomischen Steuerschulden
geplagt, starb Hearst im
Jahr 1951 (zehn Jahre
nachdem Orson Welles mit
»Citizen Kane« seine
Lebensgeschichte verfilmt
hatte). Sechs Jahre später
vermachte die Hearst-Familie das Schloß dem Staat –
und konnte dafür 50 Millionen Dollar von der Steuer
absetzen.

Die drei verschiedenen, je
anderthalbstündigen Füh-
rungen zeigen unterschiedliche Teile des Castle. Eine
vierte Tour beschränkt sich
auf den prachtvollen Park
des Anwesens. Alle Touren
beginnen beim Visitors
Center neben Highway-1.
Reservierung ist, vor allem
im Sommer, empfehlens-
wert (Tel.: (800) 444 PARKS).

Missionen

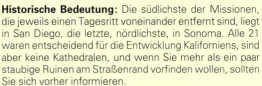

■ Touristen, die Monumentalbauten voller historischer Schätze erwarten, werden enttäuscht sein, wenn sie die spanischen Missionen besichtigen. Sehenswert sind sie aber allemal, die 21 Missionen (plus fünf kleinere »Zweigstellen« oder *Asistencia*), die zwischen 1769 und 1823 entstanden … ■

Historische Bedeutung: Die südlichste der Missionen, die jeweils einen Tagesritt voneinander entfernt sind, liegt in San Diego, die letzte, nördlichste, in Sonoma. Alle 21 waren entscheidend für die Entwicklung Kaliforniens, sind aber keine Kathedralen, und wenn Sie mehr als ein paar staubige Ruinen am Straßenrand vorfinden wollen, sollten Sie sich vorher informieren.

Im südlichen Teil der Central Coast findet man einige der besterhaltenen: Die Mission Santa Barbara dominiert von prominenter Stelle aus die Stadt, die um sie herum gewachsen ist. Die Mission San Antonio de Padua, Nähe King City, hat in einsamer Abgeschiedenheit überdauert, und die Mission La Purisma Concepcion, Nähe Lompoc, ist so sorgfältig wiederaufgebaut, daß man nicht umhin kann, Einblick in die Sorgen und Kümmernisse der damaligen Zeit zu gewinnen.

Anfänge: Die Missionen entstanden, als die Spanier fürchteten, das in ihrem Besitz befindliche, damals noch völlig unerschlossene Alta (Obere) California sei durch russische Machtinteressen bedroht. Da sich auch immer mehr europäische Siedler an der nordamerikanischen Ostküste niederließen, erließ der spanische König die Order zur Missionierung dieser Region:

Unter Leitung von Padre Junípero Serra war die sogenannte Heilige Expedition beauftragt, entlang der Küste eine Kette von Missionen zu gründen, um die Ureinwohner zum katholischen Glauben zu bekehren und sich für eventuelle Kolonialkonflikte ihre Unterstützung zu sichern. Neben vielen Missionen wurde ein Presidio, ein Fort, errichtet, in dem spanische Truppen stationiert waren.

Auswirkungen auf die Ureinwohner: Nun sollten die Indianer nicht nur Spanisch lernen, sondern auch auf den Gebieten Landwirtschaft, Baukunde, Schmiedekunst, Weberei und in der Herstellung von Wein unterwiesen werden. Die Realität sah jedoch so aus, daß man ihre Arbeitskraft ausbeutete, um den Wohlstand der Missionen zu mehren und deren Autarkie zu sichern. Viele Missionen verfügten über riesigen Landbesitz und große Rinderherden.

Es gibt nur wenig konkrete Informationen darüber, wie das Leben in den Missionen ablief, aber Berichte über Folterung und andere Mißhandlungen der Neophyten (wie die Missionsindianer hießen) haben die wohlwollendmenschenfreundliche Fassade, die die Spanier mühsam aufrechterhielten, abbröckeln lassen.

Man darf annehmen, daß viele Ureinwohner dem Reiz von Glasperlen und buntgefärbter Kleidung widerstanden,

Das erste Glied der Kette: San Diego Mission.

Die Mission von Santa Barbara gehört zu den schönsten der erhaltenen Missionen Kaliforniens.

mit denen man sie in die Missionen locken wollte, und in einigen Fällen haben sie sogar die Missionsgebäude angegriffen.

Letztlich aber bedeutete der Missionierungsplan das Ende der kalifornischen Indianerkulturen und den Tod vieler tausend (Schätzungen zufolge die Hälfte der Bevölkerung), da die amerikanischen Ureinwohner gegen eingeschleppte Krankheiten wie Masern keine Abwehrstoffe besaßen und elend daran zugrundegingen.

Rund 88 000 Indianer waren getauft, als Kalifornien an Mexiko fiel und die Missionen auf Geheiß der *Californios* (gebürtige Kalifornier spanischer oder mexikanischer Abstammung) säkularisiert wurden. Die Californios kauften das ehemalige Missionsland zu sagenhaft günstigen Preisen, bewirtschafteten es und häuften dadurch große Reichtümer an. Während die Kirchen der Missionen meist als Gemeindekirchen in Funktion blieben, überließ man die restlichen Bauten – Werkstätten, Priesterquartiere und die Seitengebäude, in denen die Neophyten schliefen – der öffentlichen Nutzung, und gerade in den ersten Jahren der US-Regierung dienten viele als Saloons und Hotels.

Die Missionsgebäude: Die mit maurischen Mustern verzierten ziegelgedeckten Bauten im schlichten Adobe-Stil hielten Erdbeben stand und überdauerten jahrzehntelange Vernachlässigung. Erst 1903 wurden Maßnahmen zum Erhalt und zur Restaurierung der Gebäude ergriffen. Alle Missionen sind zu besichtigen, und in jeder wurde ein kleines Museum eingerichtet. Einige werden noch immer von Franziskanermönchen genutzt. Vom Originalinventar ist verhältnismäßig wenig erhalten, doch die kleinen, oft von indianischen Künstlern mit Fresken geschmückten Missionskapellen besitzen ein ganz eigenes Fluidum.

Beeindruckend ist auch ein Spaziergang durch die gepflegten Gärten und die stimmungsvollen Friedhöfe, in denen viele tausend Neophyten in namenlosen Gräbern liegen, während die Ruhestätten ihrer spanischen Herren prunkvolle Denkmäler zieren.

Zu Fuß

Durch Santa Barbara

Ausgangspunkt ist das County Courthouse, 1100 Anacapa Street.
Das architektonisch interessante **County Courthouse** ist auf Seite 113 beschrieben.

Gehen Sie vom County Courthouse in südöstlicher Richtung die Santa Barbara Street entlang, dann rechts in den Cañon Perdido zum El Presidio State Historic Park.
El Presidio State Historic Park umfaßt mehrere Gebäude: Die **El Presidio Chapel** nördlich vom Cañon Perdido ist ein detailgetreuer Nachbau einer spanischen Kapelle aus der Missions-Ära; das aus dem Jahr 1788 stammende **El Cuartel Adobe** (auf der anderen Straßenseite) ist das zweitälteste, noch erhaltene Gebäude Kaliforniens.

Zurück zur Santa Barbara Street, einen Häuserblock weit Richtung Südosten bis zur De La Guerra Street und dem dortigen Historical Museum.
Die Exponate des **Historical Museum** erläutern die Geschichte Santa Barbaras seit ihrem spanischen Ursprung und die Entwicklung zu einer florierenden amerikanischen Stadt.

Weiter in südwestlicher Richtung durch die De La Guerra Street, dann rechts in die State Street und zum Museum of Art.
An der Ecke Anapamu Street gelegen, zeigt das **Museum of Art** die Werke zahlreicher bekannter amerikanischer und europäischer Künstler.

County Courthouse Santa Barbara.

Vom Art Museum gehen Sie zwei Häuserblocks Richtung Nordosten zur Anapamu Street und zurück zum County Courthouse.

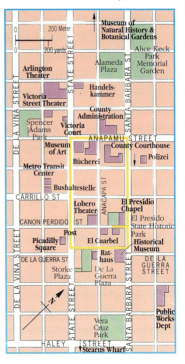

Zu den wichtigsten und schönsten Festivals der Region gehören die sogenannten »Heritage Celebrations«. Das berühmteste ist Santa Barbaras Old Spanish Days (eine Woche im August); im September erinnert Solvang mit den Danish Days an seine skandinavischen Gründer. Die außergewöhnlichste Veranstaltung dürften die Mud Olympics im ansonsten unspektakulären Arascadero (16 Meilen nördlich von San Luis Obisipo) sein, die im September dem spanischen Namen der Stadt (»Schlammplatz«, englisch mud = Schlamm) alle Ehre machen.

112

▶▶▶ **Santa Barbara**

Schon von weitem sieht man durch das umliegende dicht bewaldete grüne Hügelland die roten Ziegeldächer der wohlhabenden und konservativen, aber auch sympathischen Stadt. Nachdem ein Erdbeben Santa Barbara im Jahr 1925 dem Erdboden gleichgemacht hatte, bauten es die Bewohner im Stil der kalifornischen Missionen wieder auf. Mit den klassizistisch beeinflußten beiden Türmen und Säulen, die 1820 hinzugefügt wurden, ist die **Mission Santa Barbara** (2201 Laguna Street) architektonisch weit aufwendiger als die üblichen Missionsbauten. Die sorgfältig restaurierten Räumlichkeiten und ein Museum berichten von der Blütezeit der Mission. Auf dem Friedhof liegen in namenlosen Massengräbern 4000 Chumash-Indianer.

Nicht weit davon entfernt kann man im **Museum of Natural History** (2599 Puesta del Sol Road) Wissenswertes über die untergegangene Kultur des Chumash-Stammes erfahren. Schöne Wege führen durch die **Botanical Gardens** (1212 Mission Canyon Road), die über die Pflanzenwelt dieser Region informieren.

Abgesehen von der Mission selbst liegen alle historischen Sehenswürdigkeiten Santa Barbaras im Stadtzentrum. Glanzpunkt ist das 1929 errichtete **County Courthouse** (1100 Anacapa Street), dessen übertriebene »Mission

Reetgedeckte Dächer, Holzstörche und unechte Windmühlen sollen in der 1911 von Dänen gegründeten Ortschaft Solvang den Anschein erwecken, daß mitten in Kalifornien ein Stückchen Dänemark liegt. Besucher aus Dänemark können sich das Lachen meist nicht verkneifen, aber Solvang ist nichtsdestoweniger ein willkommener Stop auf dem Wege zwischen Santa Barbara und San Luis Obispo – und sei es nur, um die nach Originalrezepten zubereiteten »Danish pastries« zu kosten, die hier ohne den widerlich süßen und viel zu dick aufgetragenen Zuckerguß auskommen, der sie in den restlichen USA ziert.

Treffpunkt Stearn's Wharf.

Style«-Architektur die nach dem Erdbeben von 1925 vorherrschende Tendenz verdeutlicht, die Stadt ganz im Zeichen dieser Stilrichtung wiederaufzubauen. Von der Spitze des **El Mirado Bell-Tower** aus genießt man eine herrliche Aussicht über die ganze Stadt. Nicht weit entfernt befindet sich der State Historic Park (123 E Cañon Perdido Street), wo momentan diverse Militärgebäude aus der spanischen Ära restauriert werden. Zur Zeit lohnender ist ein Besuch des **Historical Museum** (136 East de La Guerra).

Eine Meile westlich des Stadtkerns liegen die breiten Sandstrände von Santa Barbara und die aus dem 19. Jahrhundert stammende Stearns Wharf, wo sich das Nature Conservancy befindet, das Informationsmaterial über den Channel Islands National Park bereithält.

Zwölf Meilen östlich von Ventura erläutert das in Santa Paula gelegene Californian Oil Museum anhand anschaulicher Exponate die kalifornische Ölförderung. Leider findet sich nur wenig Informationsmaterial zu der damit verbundenen Umweltbelastung. 1969 richtete ein Ölteppich vor der Küste Santa Barbaras nicht wiedergutzumachende Schäden im Ökosystem an.

Mit dem Auto **Das Santa Ynez Valley**

Die Rekonstruktion der Mission La Purisma Concepcion.

Siehe Karte auf den Seiten 102–03.

Von Santa Barbara auf State Road 154 10 Meilen nordwärts, dann rechts über die Painted Cave Road zu Chumash Painted Cave.
Abstrakte Muster in leuchtenden Farben, mit denen die Chumash-Indianer um 1000 n. Chr. rituelle Zwecke erfüllten, zieren die sehenswerte **Chumash Painted Cave**. Durch eine Schutzwand können Besucher einen Blick in die Höhle werfen.

Zurück auf State Street 154 und weiter Richtung Norden über den San Marcos Pass und hinunter ins Santa Ynez Valley. Nach 26 Meilen links auf die State Road 256 nach Santa Ynez.
In Santa Ynez berichten das **Valley Historical Society Museum** und das **Parks Jane Carriageway House** über die Besiedlung des Tals im 19. Jahrhundert. Etwas außerhalb der Stadt besteht bei **Gainey Vineyard** und der **Santa Ynez Winery** die Möglichkeit, die Weine zu kosten, die das Tal bei Weinkennern in aller Welt berühmt gemacht haben.

Von Santa Ynez drei Meilen auf State Road 256 bis Solvang.
Das dänische Flair von **Solvang** ist auf Seite 113 beschrieben.

Von Solvang aus 10 Meilen auf der Ballard Canyon Road Richtung Norden; vorbei an dem Dorf Ballard bis Los Olivos.

Firestone Vineyard in Los Olivos war 1975 die erste Weinkelterei, die Trauben aus dieser Region verarbeitete. Man kann das Weingut, das von 113 ha Weinbergen umgeben ist, besichtigen.

Von Los Olivos drei Meilen nordwärts auf State Road 154, dann südlich auf Highway-101 bis zum sechs Meilen entfernten Buellton.
Die mitten in Vollblut-Gestüten gelegenen **Vega Vineyards** in Buellton bieten Gelegenheit zur Weinprobe.

Verlassen Sie Buellton über State Road 256, dann siebzehn Meilen in westlicher Richtung zur Mission La Purisima Concepcion.
Die Originalgebäuge der 1787 gegründeten **Mission La Purisma Concepcion** sind seit langem zerstört, aber detailgetreue Nachbauten machen diese Mission zu der autentischsten Kaliforniens.

Von der Mission aus auf Highway-1 und 26 Meilen ostwärts zu der Kreuzung mit Highway-101, dann über eine Nebenstraße bis Las Cruces Hot Springs.
Am Ende eines kurzen Spazierweges liegen die beiden Thermalquellen von **Las Cruces Hot Springs**, die auf Seite 115 beschrieben sind.

Auf Highway-101 weiter Richtung Osten, vorbei an den Refugio und El Capitan State Beaches (siehe Seite 107) über den 35-Mile Drive zurück nach Santa Barbara.

▶▶▶ Ventura

Eine große Ölraffinerie ist der Schandfleck dieser dreißig Meilen südlich von Santa Barbara gelegenen Stadt. Zunächst wirkt Ventura nicht gerade einladend, aber der Eindruck bessert sich gewaltig, wenn Sie erst einmal den gut zwei Meilen langen Strand erreicht haben.

Sehenswertes zu entdecken gibt es auch im (zu Fuß zu erkundenden) historischen Distrikt von Old San Buenaventura in der direkten Umgebung der spanischen Mission, von der die Stadt ihren Namen ableitet. Die kleine Kirche der 1782 gegründeten, aber erst 1809 fertiggestellten **Mission San Buenaventura** (211 E Main Street) ist als einziges Missionsgebäude erhalten.

Nicht weit von der Mission entfernt haben Archäologen interessante Funde aus der Zeit der spanischen Besiedelung zu Tage gefördert. Gleichfalls ausgegraben wurden Relikte amerikanischer Ureinwohner, die im **Albinger Archaeological Museum** (113 E Mains Street) zu sehen sind.

Auf der gegenüberliegenden Straßenseite erinnert das **Ventura County Museum of History and Arts** (100 E Main Street) an die verschiedenen Nationalitäten, die sich Ende des 19. Jahrhunderts in dieser Region ansiedelten, und dokumentiert die Entdeckung der Erdölvorkommen.

An einer anderen Ecke der Stadt liegt der **Olivas Adobe Historical Park** (4200 Olivas Park Drive), in dem ein zweistöckiges Adobe-Haus steht – ein prächtiges Beispiel für den Monterey-Architekturstil, der Mitte des 19. Jahrhunderts in Kalifornien vorherrschte.

Die grandiosen Säulen des **Ventura County Courthouse** (501 Poli Street) sind Höhepunkt einer späteren Epoche mit neoklassizistischen Elementen.

Die spanische Mission San Buenaventura.

Mineralreiche Thermalquellen sind an der Central Coast nicht selten, und bei einigen sind kommerziell ausgerichtete Heilbäder entstanden. In Las Cruces Hot Springs haben Sie jedoch Gelegenheit, die Quellen so zu sehen, wie die Natur sie geschaffen hat. Der Ort liegt in der Nähe der Kreuzung von Highway-1 und Highway-101, vier Meilen nördlich von Gaviota. Von dem Parkplatz führt ein Weg zu zwei Teichen, die von frischem Quellwasser gespeist werden: Der erste ist kühl, der zweite aber warm und lädt zum Baden ein.

Ein Aufenthalt in Ventura lohnt sich schon deshalb, weil man von hier aus den Channel Islands National Park besuchen kann, der 15 Meilen vor der Küste liegt. Das Visitors Center (1901 Spinnaker Drive) hält Informationsmaterial über die Inseln bereit, die Überfahrt bucht man bei Island Packers (1867 Spinnaker Drive, Tel.: (805) 642 1393).

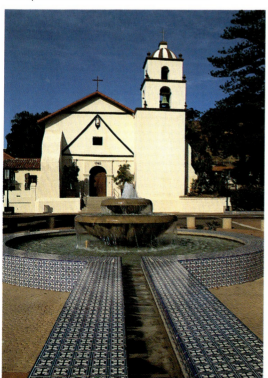

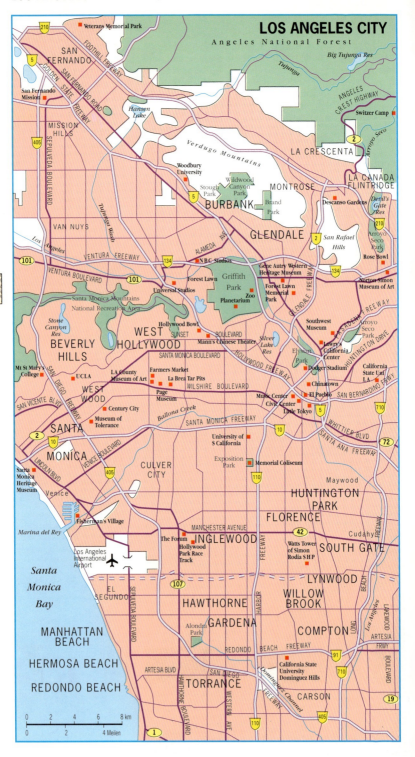

LOS ANGELES CITY

Angeles National Forest

Widersprüche und Extreme kennzeichnen die »mad metropolis«, die zu einer der privilegiertesten, aber auch einer der gefährlichsten Städte Amerikas geworden ist.
In LA liegen die herrlichsten Kunstsammlungen inmitten von grellen Leuchtreklameschildern. Image-bewußte Trendsetter amüsieren sich in Nachtclubs und starbesetzte Filmpremieren wetteifern um öffentliche Aufmerksamkeit mit Straßenschlachten und Rassenkonfliken.

The show goes on: Die Unterhaltungsindustrie, die LA zu sagenhaftem Reichtum verholfen hat, und eine Bevölkerung, die mit Klischees überfüttert ist, haben eine selbstgefällige Stadt geschaffen, die eine Scheinwelt aufrecht erhält, die zur Realität in krassestem Widerspruch steht.
Auf jeden Reichen mit Residenz in den Hollywood Hills kommen mehr als eintausend arme Schlucker, und immer wieder führt die Unzufriedenheit der Unterprivilegierten zu Konfliktsituationen, die dann jeden Moment eskalieren können.
Trotz alledem können Touristen gefahrlos die herrlichen Strände, die exzentrische Architektur und die erstklassigen Museen genießen. Große Gefahr besteht allerdings für Geldbeutel und Bankkonto, denn es bedarf schon einiger Selbstbeherrschung, um in diesem Konsumentenparadies nicht dem Kaufrausch zu verfallen.
Zusammen mit den Wolkenkratzern von Downtown bilden das historische El Pueblo de Los Angeles, Chinatown und Little Tokyo das Herz dieser riesigen Metropole. Östlich von Downtown lebt in East LA der größte Teil der zahlreichen Latino-Bevölkerung von Los Angeles. Das LA, das die meisten Besucher kennen, erstreckt sich 16 Meilen westlich von Downtown über Hollywood, Beverly Hills und Westwood bis nach Santa Monica am Pazifik.
Südlich von Santa Monica findet man Venice Beach, Manhattan Beach, Hermosa und Redondo Beach, dahinter die hohen Klippen der Halbinsel von Palos Verdes, der südwestlichsten Ecke von LA. Östlich von Palos Verdes liegen San Pedro und Long Beach beim Hafen. Diese Region ist südlich von Downtown und vom Stadtzentrum durch das heruntergekommene Gebiet South Central LA getrennt.

Sonnenuntergang über Santa Monica.

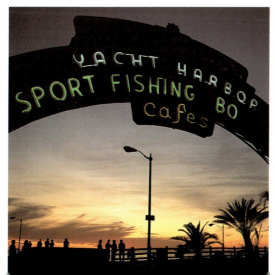

Cartier, Hermès und Gucci sind nur drei von jenen Designern, die berühmt genug sind sich die horrenden Ladenmieten am Rodeo Drive in Beverly Hills zwischen Santa Monica Boulevard und Wilshire Boulevard leisten zu können.

Die wichtigsten Sehenswürdigkeiten von LA lernt man am besten bei einer Stadtrundfahrt kennen. Reservieren Sie sich einen Platz bei Gray Line/Starline (Tel.: (800) 463 3131). Das Los Angeles Conservancy (Tel.: (310) 623 CITY) veranstaltet Führungen (zu Fuß) durch die historischen Stadtteile. Grave Line Tours (Tel.: (213) 469 4149) arrangieren Fahrten durch Hollywood, und bei Gondola Getaway (Tel.: (310) 433 9595) kann man Gondelfahrten durch die Wasserstraßen von Long Beach buchen.

▶▶▶ Beverly Hills

Rolls-Royce Cabrios und extravagant getrimmte Pudel sind ein sicheres Zeichen dafür, daß Sie in Beverly Hills gelandet sind. Seit den 20er Jahren sind zahllose Filmstars dem Beispiel von Douglas Fairbanks und Mary Pickford gefolgt, haben sich hier in den Hügeln oberhalb Hollywoods niedergelassen und Beverly Hills zu einem Synonym für Glamour und irrsinnigen Reichtum werden lassen.

In den stattlichen und abgelegenen Villen der »rich and famous« leben heute freilich nicht nur Berühmtheiten aus dem Showgeschäft, sondern auch jede Menge Schönheits-Chirurgen u.ä. Den »großen Namen« begegnet man übrigens am ehesten in den Designer-Boutiquen rund um den Rodeo Drive.

▶▶▶ Century City

Auf dem ehemaligen Gelände der 20th Century Fox-Filmstudios ragen heute die Glas-und-Stahl-Hochhäuser von Century City in den Himmel. Aufgelockert wird die sterile Atmosphäre dieses Districts lediglich durch die Kinos und Theater des ABC Entertainment Center sowie das Century City Shopping Center – und durch die Aussicht, einen Blick auf die New Yorker Staßenkulisse zu werfen, in der in den 1960er Jahren »Hello Dolly!« gedreht wurde.

▶▶▶ Chinatown

Pagodenförmige Gebäude und Dutzende feuerspeiender Schmuckdrachen gehören zu den Dingen, die LAs chinesische Bevölkerung dafür erhielt, daß sie in den 1930er Jahren ihr Viertel aufgab (dort entstand Union Station) und in das heutige Chinatown umsiedelte. Besuchen Sie die Geflügel-Geschäfte, schnuppern Sie die aromatischen Gewürze, und kommen sie vor allem gegen Abend hierher, wenn die Neondekorationen in vollem Glanz erstrahlen (siehe auch Seiten 119–20).

Chinatown hat sich seinen eigenen Charme bewahrt.

■ **Ein gewaltiges Potpourri aus allen möglichen Hautfarben, Religionen, Sprachen und Kulturen sind die Los Angelenos, deren ethnische Vielfalt wesentlich ausgeprägter ist als das anglo-amerikanische Klischee vermuten ließe …** ■

Aus Mexiko: Die überwiegende Mehrheit der mehr als 3,6 Millionen hispanischen (meist mexikanischen) Einwohner der Stadt lebt in East LA, der drittgrößten mexikanischen Gemeinde der Welt. Einblick in deren Leben gewinnen Sie auf einem Spaziergang durch die exotisch anmutenden Geschäfte der Brooklyn Avenue (in deren *Botanicas* man u.a. die nötigen Gerätschaften für das Voodoo-ähnliche *Santeria* erhält) und bei einem Besuch des Einkaufszentrums El Mercado, 3425 E First Street.

Aus Asien: Viele chinesische Gleisbauarbeiter ließen sich um die Jahrhundertwende in LA nieder. Um dem Bahnhof Union Station Platz zu machen, wurde das ursprüngliche Chinatown in den 1930er Jahren ein kleines Stück nach Norden verlegt (siehe Seite 118). Unermüdliches Treiben herrscht rund um die Restaurants und Shopping Plazas des Districts, obwohl viele Chinesen von Chinatown in das ruhigere San Gabriel Valley umgezogen sind.
Die japanische Gemeinschaft von LA blickt gleichfalls auf eine lange Geschichte zurück, wurde 1942 jedoch fast völlig zerstört, als die meisten Japano-Amerikaner für die Dauer des Krieges in Arbeitslager interniert wurden. Die heute rund 100 000 Seelen starke Gemeinde gilt als die wohlhabendste ethnische Gruppe der Stadt, und in Little Tokyo kann man die »traditional-Japanese-meets-modern-American«-Architektur bewundern. Hier findet jeden August das Nisei Festival statt. Im Japanese-American National Museum sind Kunstwerke und historisch interessante Exponate zu sehen.
Eine der weniger bevölkerungsreichen asiatischen Gemeinden lebt in der expandierenden Koreatown (rund um Normandie Avenue, südlich vom Wilshire Boulevard), deren Gebäude in leuchtenden Farben bemalt sind. Vietnamesische Enklaven findet man in Chinatown und in Westchester, und entlang der Anaheim Street in Long Beach wohnen zahlreiche Kambodschaner.

Aus Europa: Armenier, Russen und Ungarn trifft man rund um Fairfax/Wilshire Boulevard, Hier liegt das Herz der zweitgrößten jüdischen Gemeinde der USA. Bei der griechisch-orthodoxen Kirche St. Sophia's, in der Nähe von Koreatown, haben sich viele Griechen niedergelassen.

Aus Afrika: Der größte Teil der afro-amerikanischen Bevölkerung von LA lebt in dem heruntergekommenen Bezirk South Central LA, wo Streetgangs die Straßen unsicher machen und einander kaltblütig niederschießen. Weniger bekannt sind die zahlreichen erfolgversprechenden Community projects, und ein weiterer positiver Aspekt von South Central LA ist der weltweite Erfolg der hier beheimateten Rap-Musiker (siehe Seiten 132–33).

Die exakte Bedeutung der Begriffe Chicano, Latino und Hispanic hat sich durch langjährigen Gebrauch (und häufigen Mißbrauch) verwischt, und heute werden für Menschen lateinamerikanischer Abstammung alle drei synonym verwandt. Die Bezeichnung »Chicano« leitet sich von dem aztekischen Namen für Mexiko ab und wurde in den 1970er Jahren von US-Bürgern mexikanischer Abstammung eingeführt. »Hispanic« bedeutet wörtlich übersetzt »aus dem Spanischen stammend«, obwohl viele sogenannte Hispanics tatsächlich Indianerblut haben. Exakter ist der Name »Latino«, der sich auf alle Menschen lateinamerikanischen Ursprungs bezieht.

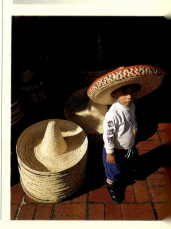

El Pueblo

■ **Die Geschichte der Weltstadt LA reicht zurück bis ins Jahr 1781, als hier eine Farmgemeinde entstand, die Getreide für die spanischen Missionen anbaute. Die 44 ursprünglichen Siedler – Indianer, Afro-Amerikaner, Spanier, Mestizen und Mulatten – verlagerten ihren Standort zweimal, bevor sie sich in der Nähe des heutigen El Pueblo State Historic Park, am nördlichen Rand von Downtown LA, endgültig niederließen … ■**

Die Old Plaza: Mit dem Bau der großenteils durch Spenden von Viehzüchtern und Whiskeybrennern finanzierten **Plaza Church** wurde 1818 begonnen, doch zogen sich die Arbeiten über vierzig Jahre lang hin. Hinter der schlichten Fassade der Kirche, die die **Old Plaza** überblickt, verbirgt sich ein reichbemaltes Interieur sowie eindrucksvollen Sakralschätze der katholischen Kirche. Ebenfalls an der Old Plaza steht das dem italienischen Baustil entlehnte **Pico House**, das zur Zeit seiner Eröffnung 1870 das eleganteste Hotel südlich von San Francisco war und heute ein französisches Restaurant beherbergt. Nichts erinnert mehr an die Zeit, als LA eine der gesetzlosesten Städte des Westens war – auf den schäbigen Straßen gehörten Hahnenkämpfe zum täglichen Leben, und Blut floß ebenso reichlich wie Alkohol in den Saloons.

Olvera Street: Der ehemalige Hauptschauplatz jenes Blutbads ist heute friedfertig: Seit den 1930er Jahren findet an der Olvera Street eine Art mexikanischer Straßenmarkt statt, wo aus Mexiko stammendes Kunstgewerbe zum Verkauf angeboten wird und wo man leckere mexikanische Spezialitäten kosten kann. Einstmals lieblos als »das erste Disneyland« beschrieben, ist die Olvera Street vergnüglicher Ort für einen Bummel. Haus Nummer 10 ist das sogenannte **Avila Adobe**, das, 1818 errichtet, das älteste Bauwerk von LA sein soll. Im Inneren (rekonstruiert) gewinnt man einen Eindruck davon, wie die Bevölkerung in der Zeit um 1840 gelebt hat.

Film: Um mehr über El Pueblo zu erfahren, sollten Sie sich die kostenlose Filmvorführung im Information Center an der Olvera Street ansehen oder bei einer Führung (zu Fuß) mitmachen, die beim Visitor Information Center, Sepulveda House, 622 N Main Street (an der Old Plaza) beginnt.

Straßenmarkt im El Pueblo State Historic Park.

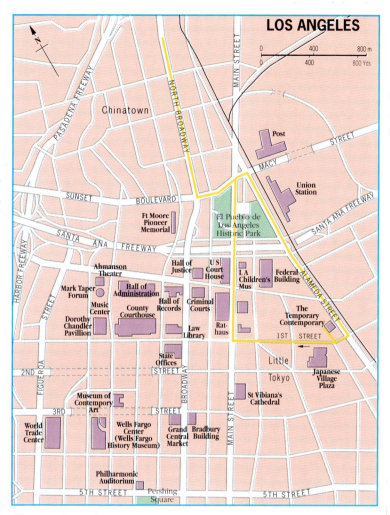

LOS ANGELES

Zu Fuß

**Sehenswürdigkeiten
in Downtown**

*Von der Japanese Village Plaza Mall
westwärts die First Street entlang, dann
in die Main Street zur City Hall.*
Vom obersten Geschoß des 1928 erbauten Rathauses (City Hall) hat man
einen schönen Blick über LA – wenn
kein Smog herrscht.

*Main Street entlang Richtung Norden
zum El Pueblo (siehe Seite 120). Links in
die Macy Street, dann rechts in den Broadway bis Chinatown. Von El Pueblo über
die Alameda Street zur Union Station.*

Auf dem Bahnhof **Union Station** kommen seit 1939 täglich viele Reisende an.

*Südwärts entlang Alameda Street, dann
rechts in die First Street und nochmals
rechts die Central Avenue entlang zum
Temporary Contemporary.*
Das **Temporary Contemporary** ist
ein ehemaliges Polizeigebäude voller
moderner Kunstwerke.

*Zurück zur First Street und rechts zur
Japanese Village Plaza Mall.*

■ Mit der Tradition europäischer Städte kann sie es natürlich nicht aufnehmen, aber was die Architektur angeht, ist die Metropole LA durchaus konkurrenzfähig. Das Spektrum reicht von verspielten Pfefferkuchenhäuschen bis hin zu kompromißlos modernen Bauten, die zum Teil zu den schönsten ihrer Art gehören … ■

Während berühmte Architekten in der Stadt Meisterwerke schufen, aber auch architektonische Sünden begingen, stammt eines der bekanntesten Bauwerke von Los Angeles von einem unbekannten Fliesenleger namens Simon Rodia. Zwischen 1921 und 1954 errichtete er aus Bettgestellen, Flaschen und 70 000 Muscheln den rund dreißig Meter hohen Watts Towers (1765 E 107th Street, Watts). Rodia arbeitete ganz alleine und gab bis zu seinem Tode nie einen Kommentar zu seinem Werk ab. Öffentliches Interesse hat die Skulptur vor der Zerstörung bewahrt, und frisch restauriert, wirkt Watts Towers heute noch genauso majestätisch und geheimnisvoll wie ehedem.

LA Architektur, Downtown-Stil.

Frühe Bauten: Die ersten Gebäude von Los Angeles waren einstöckig, aus luftgetrockneten Lehmziegeln (Adobe) und hatten ein Flachdach. Aus dem Jahr 1818 stammend, gilt das vollständig restaurierte Avila Adobe in El Pueblo de Los Angeles als ältestes erhaltenes Haus, einen umfassenderen Eindruck der damaligen Bausubstanz vermitteln jedoch Rancho Los Cerritos und Rancho Los Alamitos, beide in Long Beach.

Viele der Siedler, die Anfang des 20. Jahrhunderts aus dem Osten der USA nach LA kamen, brachten eine Vorliebe für Verzierungen mit. Die Traumhäuser dieser Epoche waren reich geschmückte Villen im Queen Anne- oder Eastlake-Stil. Je mehr Türmchen und Schnörkel diese Holzhäuser zierten, desto besser. Einige gut erhaltene Beispiele dieser Epoche kann man entlang der **Carrol Avenue** bewundern.

California Bungalows: Diese schlichteren Holzhäuser – die ersten preiswerten Stadthäuser von LA – sind keiner bestimmten Stilrichtung zuzuordnen, weisen in der Regel jedoch als Charakteristika Balkon, Veranda und vorstehende Dächer auf. Eine exklusive Ausführung jener California Bungalows setzte sich in Pasadena durch: Das Architekturbüro Greene & Greene ließ sich vom englischen Arts and crafts movement inspirieren und stellte 1908 den Prototyp des sogenannten **Gamble House** (siehe Seite 159) vor, bei dem hochglanzpoliertes Teakholz den Charakter der natürlichen Holzmaserung betont. Hervorgehoben sind auch die Fugen, und die gesamte Einrichtung – Eßtisch und Stühle ebenso wie Lampenschirme – entstand auf den Zeichentischen von Greene & Greene.

So zahlreich die California Bungalows in ihren verschiedenen Ausführungen auch waren, als typische LA-Architektur setzten sich schließlich doch die dicken Wände, offenen Höfe, Bögen und üppigen Gärten des Spanischen Neokolonialstils durch, und in ganz Südkalifornien griff man die mediterrane Bauweise auf, die auch klimatisch in diese Region paßte.

Erfolg und Exzesse der Filmindustrie begünstigten großzügige und zuweilen groteske Imitationen europäischer Baustile. Symbol für LAs aufstrebende Modernität waren die Art-Deco-Begeisterung der späten 20er Jahre und die anschließende Stromlinien-Moderne, deren aerodynamische Konturen, »Bullaugen«-Fenster und ausladende Seitenflügel monumentale Zeugen des technologieverherrlichenden Zeitalters waren.

Als herausragende Gebäude der Stromlinien-Moderne gelten das Pan Pacific Auditorium (nur die Fassade ist erhalten; 7600 Beverly Boulevard), das **May Co. Depart-**

ment Store (6067 Wilshire Boulevard) und die **Coca-Cola Abfüllanlage** (1334 S Central Avenue), die sich als Ozeandampfer ausgibt: mit Brücke, Luken und Bullaugen.

Als billiger Abklatsch von Art Deco und verwässerte Versionen des spanischen Neokolonialstils die Stadt überschwemmten, kam der einflußreiche Einzelgänger Frank Lloyd Wright nach LA und besann sich auf präkolumbianische Zeiten: Sein 1917 entstandenes **Hollyhock House** (4800 Hollywood Boulevard) war eine Verschmelzung aus California Bungalow und Aztekentempel. Das Projekt entsprach nicht dem Geschmack des Eigentümers, der daraufhin Haus und Grund (den heutigen Barnsdall Park) der Stadt schenkte. Wright subliminerte seinen Grundgedanken und stellte 1924 das **Ennis House** (2607 Glendower Avenue) fertig. Bei seinem eigenen Haus in West Hollywood (833 N Kings Road) realisierte Wrights Assistent, der Österreicher Rudolph Schindler, seine modernistischen Ideen: Betonplatten und ineinandergreifende Innen- und Außenräume. Ermuntert durch Schindler, folgte der Österreicher Richard Neutra seinem Landsmann nach Kalifornien. 1929 entstand Neutras **Lovell House** (4616 Dundee Drive), dessen hängende Balkone als Paradebeispiel für den International Style von LA galten.

Noch mehr neue Baustile: Zwischen 1945 und 1964 förderte das Case Study Program Experimente auf dem Bausektor und festigte LAs Ruf als Zentrum der innovativen Architektur. Mitte der 1970er Jahre kündeten die Glassilos des **Bonaventure Hotel** (404 S Figuera Street) einen neuen Entwicklungstrend in Downtown an. Jüngstes Architekturdenkmal der Stadt: Arata Isozakis Verbindungsglied zwischen östlicher und westlicher Kultur, der rote Sandsteinbau, der das **Museum of Contemporary Art** (250 S Grand Avenue) beherbergt.

Die Wolkenkratzer überraschen durch ihr Design.

Aus Besorgnis, das spanisch-mexikanische Erbe könne aus dem Baustil der Stadt verschwinden, begründete der Bibliothekar Charles Fletcher Lummis 1895 das erste Bauerhaltungsprogramm des Landes. Dadurch wurden die spanischen Missionen in der Umgebung von LA (San Fernando Rey im San Fernando Valley und die Mission San Gabriel Archangel im San Gabriel Valley) vor der Zerstörung bewahrt.

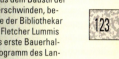

*Das Gene Autry
Western Heritage
Museum.*

Verzeichnis der Museen in und um LA

Aerospace Museum
Geöffnet: täglich 10–17 Uhr. Eintritt frei. (Siehe Seite 127)
Armand Hammer Museum of Art and Culture Center
Geöffnet: Di bis So 12–18 Uhr. Eintritt frei. (Siehe Seite 136)
Cabrillo Marine Museum
Geöffnet: Di bis Fr 12–17 Uhr; Sa und So 10–17 Uhr.
Eintritt frei. (Siehe Seite 134)
California State Museum of Science and Industry
Geöffnet: täglich 10–17 Uhr. Eintrtt frei. (Siehe Seite 127)
Gene Autry Western Heritage Museum
Geöffnet: Di bis So 10–17 Uhr. Eintritt frei.
(Siehe Seite 126)
Hollywood Wax Museum
Geöffnet: Fr und Sa 10–2 Uhr; So bis Do 10–24 Uhr.
Eintritt frei. (Siehe Seite 128)
Hollywood Studio Museum
Geöffnet: Di bis Fr 11–16 Uhr; Sa 10–16 Uhr. Eintritt frei.
(Siehe Seite 128)
Huntington Art Gallery
Geöffnet: Di bis Fr 13–16.30 Uhr, Sa und So
10.30–16.30 Uhr. Spenden erbeten. (Siehe Seite 155)
J. Paul Getty Museum
Geöffnet: Di bis So 10–17 Uhr. Eintritt frei.
(Siehe Seiten 154–55)
LA County Museum of Art
Geöffnet: Di bis Do 10–17 Uhr; Freitag 10–21 Uhr; Sa und
So 11–18 Uhr. Sa und So Eintritt frei. (Seiten 138–39)
Laguna Beach Museum of Art
Geöffnet: Di bis So 11–17 Uhr. Eintritt frei.
(Siehe Seite 157.)
Los Angeles Maritime Museum
Geöffnet: Di bis So 10–17 Uhr. Spenden erbeten.
(Siehe Seite 134)
Max Factor Museum
Geöffnet: Mo bis Sa 10–16 Uhr. Eintritt frei.
(Siehe Seite 128)
Museum of Contemporary Art 250 S Grand Avenue.
Geöffnet: Di bis So 11–17 Uhr; Do bis 20 Uhr. Eintritt frei.
Erstklassige zeitgenössische Kunst.
Museum of Natural History
Geöffnet: Di bis So 10–17 Uhr. Eintritt frei. (Siehe Seite 127)
Museum of Tolerance, 4786 W Pico Boulevard.
Geöffnet: Mo bis Do 10–17 Uhr, Fr 10–13 Uhr, So 11–17
Uhr. Eintritt frei. (Siehe Seite 137)
Newport Harbor Art Museum
Geöffnet: Di bis So 11–17 Uhr. Spenden erbeten.
(Siehe Seite 254)
Norton Simon Museum
Geöffnet: Di bis So 12–18 Uhr. Eintritt frei.
(Siehe Seite 155)
Pacific Asia Museum
Geöffnet: Mi bis So 12–17 Uhr. Spenden erbeten.
(Siehe Seite 159)
Richard M. Nixon Birthplace and Library
Geöffnet: Mo bis Sa 10–17 Uhr; So 11–17 Uhr.
Eintritt frei. (Siehe Seite 156)
Southwest Museum
Geöffnet: Di bis So 11–17 Uhr. Eintritt frei.
(Siehe Seite 158)

■ **Wenn es um Sport geht, wird die »work hard, play hard«-Mentalität der Los Angelinos um das »watch hard« ergänzt. Angestrengt-konzentriertes Zuschauen ist angesagt, wenn die Teams um Geld und Ehre kämpfen …** ■

Publikumslieblinge: In LA gibt es sieben Profiteams, jeweils zwei Mannschaften im American Football, Baseball und Basketball sowie eine Eishockeymannschaft.

Die zahlreichen College-Teams – die bekanntesten sind die Trojans (USC) und die Bruins (UCLA) – sollte man nicht als zweitrangig abtun. Viele »Student athletes« haben Sport-Stipendien und besuchen die Uni nur pro forma. Ihr wirkliches Ausbildungsziel ist eine Karriere als Profi-Sportler.

Eines der bedeutendsten Sportereignisse von Los Angeles ist denn auch das Football-Spiel zwischen den besten Studentenmannschaften des Westens und des Mittelwestens, das alljährlich am Neujahrstag im Rose Bowl Stadium (104 000 Plätze!) stattfindet.

Die wichtigsten Adressen sind im Telefonbuch aufgeführt. Schwer zu bekommen sind Tickets eigentlich nur für die bedeutenden Spiele sowie für alle der LA Lakers. Nähere Informationen unter den unten genannten Telefonnummern.

American Football: Die Football-Saison dauert von August bis Dezember. Die Profimannschaften der Stadt sind die LA Raiders (Heimatstadion: Memorial Coliseum beim Exposition Park; Tel.: (310) 322 5901) und die LA Rams (Heimatstadion: Anaheim Stadium in Anaheim; Tel.: (310) 937 6767).

Baseball: Von April bis Oktober spielen die LA Dodgers im Dodger Stadium am Rand des Elysian Parks (Tel.: (310) 224 1306), während ihre Kollegen vom Orange County, die California Angels, im Anaheim Stadium in Anaheim kämpfen (Tel.: (310) 937 7200).

Basketball: Die Eintrittskarten für die Spiele der LA Lakers sind meist schon verkauft, bevor die Saison (November bis April) überhaupt angefangen hat. Die sagenhaften Lakers treten im Great Western Forum in Inglewood an (Tel.: (310) 419 3100). Eine Alternative sind die LA Clippers, die in der Sports Arena, südlich vom Exposition Park spielen (Tel.: (213) 748 8000).

Eishockey: Die LA Kings, die einzige professionelle Eishockeymannschaft, schlagen zwischen November und März im Great Western Forum los (Tel.: (310) 419 3182).

Pferderennen: Kalifornier schätzen das Pferderennen. Wichtige Rennen finden im September und Oktober im LA County Fairgrounds in Pomona statt (Tel.: (714) 623 3111); von April bis Juli und November/Dezember im Hollywood Park in Inglewood (Tel.: (310) 419 1574); und Juli bis September bzw. Dezember bis April im Santa Anita Park in Arcadia (Tel.: (818) 574 7223).

1838 wurde in Los Angeles ein Gesetz verabschiedet, das verbot, Frauen ein Ständchen zu bringen – es sei denn, man hatte sich vorher eine Lizenz besorgt.

125

Die strammen Footballspieler der University of California.

Mit dem Auto

Der Griffith Park

Ausgangspunkt ist der Parkeingang an der Western Canyon Road. Von hier zum Ferndell.
Das **Ferndell** (Farnental) ist eine friedvolle Lichtung mit einer Quelle, wo man herrlich picknicken kann.

Zwei Meilen weiter biegen Sie rechts in den Observatory Drive ein und fahren zum Observatorium.
Das **Griffith Park Observatory** ist nicht durchgehend geöffnet. Astro-

Das Observatorium im Griffith Park.

nomisch Interessierte können nachts einen Blick durch das Teleskop werfen. Tagsüber werden Laser- und Starshows sowie simulierte Weltraumfahrten geboten.

Zurück vom Observatorium rechts eine Meilen weit in die Western Canyon Road.
Links liegt das **Bird Sanctuary**, rechts das Greek Theater.

Bei Vermont Avenue fahren Sie links auf die Commonwealth Canyon Road und folgen dann Vista Del Valle über sechs Meilen; weiter nach links in den Griffith Park Drive und dann rechts über den Zoo Drive zum Gene Autry Western Heritage Museum.
Das **Gene Autry Western Heritage Museum** hat sich um die Darstellung der Besiedelung des Westens der USA verdient gemacht. In der Nähe liegt der beliebte **LA Zoo**.

Zurück über den Zoo Drive und dann westwärts den Forest Lawn Drive entlang. Verlassen Sie den Park und kreuzen Sie über den Hollywood Freeway zum Mulholland Drive und Laurel Canyon Drive (siehe Seite 129).

Exposition Park

■ Diverse Open-air-Veranstaltungen, Pferde- und Kamelrennen haben hier stattgefunden, aber auch Wettkämpfe der Olympischen Spiele der Jahre 1932 und 1984. Heute ist der Exposition Park besonders für seine Museen und die Nähe zum Universitätsgelände der USC bekannt ... ■

Größenmäßig übertroffen nur vom Smithsonian Institute in Washington D.C., bemüht sich das **California State Museum of Science and Industry** um die Vermittlung von Grundlagenwissen in den Bereichen Physik und Chemie. Ideenreiche Experimente, die sich auf Knopfdruck in Bewegung setzen, sorgen dafür, daß Jung und Alt hier viele ebenso unterhaltsame wie lehrreiche Stunden verbringt.

Im Ahmanson Building des Museums gibt es unter anderem einen Erdbebensimulator, der so realistisch arbeitet, daß einem beinahe das Blut in den Adern gefriert. Sollte dies passiert sein, können Sie sich in der Hall of Health einem kurzen Gesundheits-Check unterziehen.

Absolutes Muß für Freunde der Luft- und Raumfahrt ist das **Aerospace Museum**, das zahlreiche interessante Modelle von Flugzeugen, Satelliten und Raumkapseln besitzt.

Die riesigen Hallen und Galerien des im Stil der Spanischen Renaissance errichteten **Museum of Natural History** enthalten eine ansehnliche Sammlung präkolumbianischer Artefakte, zahlreiche Fossilien und auch die Rekonstruktion eines Dinosaurierskelettes.

Auf keinen Fall versäumen dürfen Sie die Geschichtsabteilung des Museums. Anhand der Darstellungen der ersten Kalifonier, der ersten kalifornischen Siedler, des

Direkt neben dem Exposition Park liegt die *University of Southern California (USC)*. Das älteste Gebäude des Geländes (Widney Hall) datiert aus den 1880ern. Lassen Sie sich nicht von dem Kreuzgang und den boshaft grinsenden Wasserspeiern in der Mudd Hall of Philosophy täuschen, die den Anschein einer mittelalterlichen, europäischen Akademie erwecken sollen. Beachten Sie auch die *George Lucas Film School*, die nach einem ihrer Meisterschüler benannt ist – ein weiterer Absolvent ist Steven Spielberg.

127

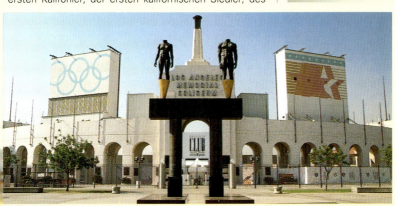

Das Coliseum Stadium im Exposition Park.

Goldrush von 1850 und der Entwicklung der Stadt Los Angeles können Sie die Lücken in Ihrem Geschichtsbewußtsein bezüglich der Entwicklung von Kalifornien füllen. Eine Sammlung wunderbarer Oldtimer erinnert daran, daß Los Angeles die erste Stadt war, die für modernen Verkehr gebaut wurde.

LOS ANGELES

►►► **Hollywood**

Ohne Hollywood wäre Los Angeles nicht LA. Seit acht Jahrzehnten ist Hollywood Schauplatz der glorreichsten Triumphe, der größten Mißerfolge, der häßlichsten Skandale und dekadentesten Extravaganzen der Stadt – kurz: Hollywood ist LA in Reinstform.

Die Anfänge: In die zweite Dekade unseres Jahrhunderts fallen die Anfänge dessen, wofür Hollywood heute steht: Damals kamen eine Reihe ehrgeiziger Filmemacher gen Westen, wo das milde Klima, weite natürliche Kulissen und die Abwesenheit jener strikten Patentrechte lockte, die an der Ostküste ihre Aktivitäten beeinträchtigt hatten. Innerhalb von weniger als zehn Jahren boomte Hollywood vor Regisseuren, Stars, Starlets und Opportunisten, und ganz Los Angeles geriet in den Bann der Filmindustrie, die in den 40er und 50er Jahren immer mächtiger wurde und mehr und mehr an Zugkraft gewann.

Zwielichtige Straßen: Heute freilich verbinden die »Angelenos« mit Hollywood nicht mehr die Filmindustrie (bis auf eines sind alle großen Studios weggezogen), sondern zwielichtige, billige Wohngegenden und Straßen, die man nach Einbruch der Dunkelheit besser meidet.

Hollywoods Grenzen sind schwer definierbar, aber der **Walk of Fame** gehört ganz sicher dazu: Nahezu 2000 sternförmige Messingplatten sind in den Bürgersteig des Hollywood Boulevard eingelassen, und jeden ziert der Name einer Berühmtheit aus dem Filmgeschäft. Erfaßt sind allerdings nur diejenigen, denen diese Ehre rund 3500 US-$ wert war.

Das 1927 von Sid Grauman gegründete **Chinese Theater** (6925 Hollywood Boulevard) zieht jedes Jahr mehr als zwei Millionen Besucher an, die zum größten Teil allerdings nicht der pseudo-orientalischen Architektur, sondern der Hand- und Fußabdrücke wegen kommen, die diverse Leinwandidole hier hinterlassen haben. Manche haben improvisiert: Suchen Sie nach Betty Gables Beinabdruck und dem Hufabdruck von Gene Autrys Pferd.

Fünf Jahre vorher hatte Grauman die Entdeckung von Tutanch-Amuns Grab mit dem Bau des **Egyptian Theater** gefeiert (6704 Hollywood Boulevard), einer Gipskopie des Tempels von Theben, die seinerzeit jedoch zu den bedeutendsten Kitsch-Exzessen Hollywoods zählte.

Eher aufgedonnert als kitschig wirkt das **Max Factor Museum** (1666 Highland Avenue), auf dem ehemaligen Fabrikgelände, wo jede Menge kosmetischer Kinkerlitzchen ausgestellt sind.

Berühmte Institutionen: Während Factor das Makeup lieferte, war Frederick's of Hollywood (6608 Hollywood Boulevard) für die hochmodischen BHs und Korsetts zuständig, die die berühmten Kurven unterstützten. Im Lingerie Museum des Geschäfts sind eine Vielzahl der Wäschestücke ausgestellt.

Das **Hollywood Wax Museum** (6767 Hollywood Boulevard) ist beliebt, bietet aber nichts Unerhörtes. Lohnender ist ein Besuch im **Hollywood Studio Museum** (2100 N Highland Avenue). Dort drehte Cecil B. de Mille 1913 den ersten Hollywoodfilm »The Squaw Man«. Auf der anderen Seite der Highland Avenue befindet sich die **Hol-**

Wenn man die Zahl der berühmten Schriftsteller betrachtet, die als Drehbuchautoren nach Hollywood kamen, so überrascht es, wie wenige von ihnen sich über Hollywood selbst geäußert haben. Eine rühmliche Ausnahme bildet Nathaniel West, dem 1935 mit »The Day of the Locust« (»Tag der Heuschrecke«) eine bissige Satire über die glanzvollsten Jahre von Hollywood glückte. Das Haus, in dem West diesen Klassiker schrieb, steht noch – genauso schäbig wie zu Lebzeiten des Autors – mitten in Hollywood, 1817 N Ivar Street.

Zeuge eines Goldenen Zeitalters.

lywood Bowl, wo im Sommer die Philharmoniker der Stadt spielen.

Cowboy-Schlangen: Südlich vom Hollywood Boulevard, Ecke Sunset Boulevard und Gower Street, haben in den frühen Jahren der Filmindustrie Möchtegern-Filmcowboys Schlange gestanden, um eine Statistenrolle in einem Western zu bekommen. Die moderne Gower Gulch Shopping Plaza mit ihrer als alte Westernstadt verkleideten Fassade ist das einzige, was noch an diese Zeiten erinnert. Im Hollywood Atheletic Club (6525 Sunset Boulevard) traf man früher John Wayne und Charlie Chaplin.

Das Ende: Auf dem schattigen Friedhof **Hollywood Memorial Cemetery** (6000 Santa Monica Boulevard) haben Tyrone Power, Douglas Fairbanks, Rodolfo Valentino und viele andere ihre letzte Ruhestätte gefunden. Direkt südlich davon liegen die Studios von Paramount, der letzten in Hollywood verbliebenen Filmgesellschaft. Wo der Sunset Boulevard West Hollywood kreuzt (die Gegend ist voll von Trendy-Nachtclubs, In-Restaurants und Zentrum der Schwulengemeinde von LA) wird er zum Sunset Strip, dessen gigantische »Vanity boards« Werbung für neue Filme, neue Platten und neue Gesichter machen.

Oberhalb von Hollywood: Laurel Canyon Boulevard und Mulholland Drive schlängeln sich durch die Hollywood Hills, wo sich im Laufe der Jahre zahllose Stars riesengroße luxuriöse Residenzen errichtet haben, von deren Veranden aus sie eine prachtvolle Aussicht über Los Angeles genießen, das sich zu ihren Füßen ausbreitet. Nur selten gelingt es, mehr als einen kurzen Seitenblick auf eine jener Villen zu werfen (entlang der Straße verkaufen Straßenhändler fotokopierte und meist überholte Lagepläne der Wohnsitze der Stars), aber zu den Glanzlichtern gehören Rodolfo Valentinos »Falcon Lair« (1436 Bella Drive), Harold Lloyds »Greenacres« (1740 Green Acres Place) und Errol Flynns »Mulholland House« (3100 Torreyson Place).

Das 1923 aufgestellte, 15 Meter hohe Hollywood-Schild war ursprünglich als Werbung für Immobilien am Beachwood Canyon (in den Hollywood Hills) gedacht. Damals lautete die mit Tausenden von Glühbirnen beleuchtete Aufschrift übrigens »Hollywoodland«. Heute ist der Schriftzug als dauerhaftestes Merkmal der Filmindustrie in aller Welt berühmt. 1923 stürzte sich die unglückliche Schauspielerin Peg Entwhistle von hier aus in den Tod, doch inzwischen kann man (sofern man nicht einen anstrengenden Fußmarsch in Kauf nehmen will) nicht näher als 100 Meter an die Unterseite der Riesenbuchstaben herankommen (Ende des Beachwood Drive).

Zu Fuß

Durch Long Beach

Ausgangspunkt ist die Promenade neben dem Long Beach Mural.
Mit zunehmender Beliebtheit des Badeorts wuchs die Bevölkerung von Long Beach im 19. Jahrhundert sprunghaft an. Mittlerweile ist Long Beach die fünftgrößte Stadt Kaliforniens. Das Wandgemälde **Long Beach Mural** stellt Long Beach in den 1930er Jahren dar. Es entstand zur Zeit der amerikanischen Depression.

Gehen Sie Richtung Süden zum Shoreline Park und dort links nach Shoreline Village.
Die Souvenirshops und gutbesuchten Restaurants von **Shoreline Village** liegen fast alle am Wasser.

Spazieren Sie durch den Shoreline Park und überqueren Sie die Queensway Bridge, dann links entlang Queens Highway zur Queen Mary.
Der luxuriöseste Ozeandampfer der 30er Jahre, die *Queen Mary*, beherbergt heute ein Museum und dient gleichzeitig als Hotel. Für Entgelt kann man das stattliche Schiff betreten und durch die restaurierten Aufenthaltsräume und Gästezimmer schlendern. Der Unterschied zwischen den ausladenden Räumlichkeiten der ersten Klasse und den beengten Verhältnissen der dritten Klasse, bzw. den Mannschaftsquartieren wird dem Besucher ins Auge stechen.

Zurück zur Promenade.

▶▶▶ Santa Monica

Seit 1875 fühlt Santa Monica sich als eine Art Seebad, denn hier ist die Luft sauberer, und die Temperaturen liegen unter denen des restlichen LA. Zudem gilt der Ort als Revier unkonventioneller Schriftsteller, Künstler und linksgerichteter Politiker. Aller Umweltverschmutzung zum Trotz gehört Santa Monicas ganzer Stolz dem breiten weißen Sandstrand, an dem sich Tausende Sonnenanbeter, Schwimmer und Jogger tummeln. Fast genauso alt wie die Stadt selbst ist der hölzene **Santa Monica Pier**, dessen junge Jahre in einer Reihe verblaßter Fotografien festgehalten sind. Hier stehen Imbißbuden und ein 70 Jahre altes Karussell – vielleicht haben Sie es mit Paul Newman in »Der Clou« gesehen – das immer noch funktioniert.

Ein Stück vom Strand entfernt, trifft man an der **Third Street Promenade** am Wochenende Straßenmusikanten und Maler, gesäumt wird die Straße von »trendy« Cafés. Im nahegelegenen **Santa Monica Heritage** (2612 Main Street), sind mehrere Räumen liebevoll in verschiedenen Stilrichtungen von 1890 bis 1930 eingerichtet.

▶▶▷ Venice

Wenn Ihnen nach einem geruhsamen Strandspaziergang ist, sind Sie in Venice völlig fehl am Platz. (Der Name stammt daher, daß man hier um die Jahrhundertwende erfolglos versuchte, Land aufzuschütten, um die Kanallandschaft Venedigs zu kopieren.) Der **Boardwalk** ist eine bunte Mischung aus Feuerschluckern, Entfesselungskünstlern, Tap-Dancers und Wahrsagern. Dazwischen drängen sich LAs verrückteste Sonnenhungrige, die sich teils auf Skateboards, teils auf Rollerskates und auf sogenannten Blade-Skates rasend schnell und auch rücksichtslos fortbewegen. Völlig unbeeindruckt von diesem bunten Treiben trainieren am **Muscle Beach** Muskelprotze ihren Bizeps. Bei Nacht ist Venice sehr gefährlich, und Sie sollten sich hier wirklich nur bei Tageslicht aufhalten.

Santa Monica bei Nacht.

Wenn Ihnen der Trubel am Strand zu bunt wird, können Sie die vielen Wandmalereien besuchen, die in Santa Monica und Venice das Ortsbild schmücken. Am Ocean Park Boulevard in Santa Monica findet man die *Whale Mural* und die fast 200 Meter lange *Unbridled,* die die Pferde des Pier-Karussells zeigt, die ihrem Besitzer ausgerissen sind. In Venice sollten Sie die Windward Avenue aufsuchen: Im dortigen Postamt befindet sich ein großes *Trompe-l'œil,* und an der Kreuzung mit dem Ocean Walk sehen Sie die »Rebirth of Venus«, eine witzige Parodie auf Botticellis Gemälde.

Einen herrlichen Blick über Santa Monica hat man von der Camera Obscura neben dem Senior Recreation Center aus; oder man folgt dem Weg durch den Pacific Palisades Park und klettert dort auf die Klippen.

■ **Heutzutage bevölkern nicht mehr Stars die Straßen von Hollywood, es sind die langhaarigen »Wanna-be«-Rockidole in Lederkleidung, die, mit Gitarren-Kästen und Demo-Bändern ausgerüstet, ihr Glück suchen ...** ■

Heimat des Rock: Als Sitz mehrerer großer Schallplattenfirmen ist LA Anziehungspunkt für ehrgeizige Rockmusiker aus allen Teilen der USA. Abend für Abend pulsiert die Stadt unter der Musik mehrerer hundert Bands, und was die Rockgeschichte angeht, spielt Los Angeles darin eine kaum geringere Rolle als einstmals in der Filmgeschichte. Der erste gebürtige Angeleno, der es zu Weltruhm brachte, war Richie Valens (eigentlich Richard Valenzuela), ein 17jähriger Hispanic aus East LA, dessen »La Bamba« 1958 die Hitparaden stürmte (tragischerweise kam Valens ein Jahr später bei einem Flugzeugabsturz ums Leben).

Heimat berühmter Gruppen: Der typische California-Sound stammt allerdings nicht aus Valens' ärmlichem East LA, sondern aus den Küstenorten der Metropole. Anfang der 60er Jahre begannen die Beach Boys, Jan & Dean und viele andere mit ihren Lobeshymnen auf den Lifestyle von sonnengebräunten Surfern und Kids mit auffrisierten Autos, und ihrer Darstellung verdankt LA sein bleibendes Image.

Heimat der Hippies: Auch später, als San Francisco unbestrittene Hauptstadt der Flower-power geworden war, traten in LA viele der einflußreichsten Musiker der psychedelischen Ära auf.
Einer davon (zu nennen wären hier auch spätere Solo-Stars wie Neil Young und Stephen Stills) war Buffalo Springfield, dessen erste Single »For What It's Worth« (1967) als Reaktion auf die Unruhen am Sunset Strip anzusehen ist (damals ging die Polizei mit Schlagstöcken auf die Hippies los, die zu Hunderten in die Stadt strömten und versuchten, den Sunset Strip und eine Reihe vornehmer Clubs zu besetzen).
Weitere bekannte Musikgruppen aus Los Angeles waren Iron Butterfly und Love, die größte Aufmerksamkeit jedoch erregten The Doors, was nicht zuletzt ihrem exzentrischen Leadsinger Jim Morrison zu verdanken ist. Morrison bezeichnete seine Texte als Dichtung, und seine Saufgelage machten in ganz LA Furore.
Während die Hippies den Sunset Strip überschwemmten, zogen sich viele Musiker zum Topanga Canyon zurück, einem nur wenige Autominuten von den Clubs und Studios entfernten, aber ruhigen, naturbelassenen Landstrich. Hier fanden nun nächtelange Partys und Jam Sessions statt, und eine einheimische Band, The Byrds, benutzte ein Bild des hiesigen Pferdestalls als Cover ihrer LP »Notorious Byrd Brothers«.

Heimat des Kommerz: Anfang der 70er Jahre war der Idealismus geschwunden, und die profitorientierte Musikindustrie hatte, nach anfänglichen Zweifeln, festgestellt,

Mike Love von den Beach Boys.

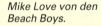

daß sich mit der Rock-Kultur ein Vermögen verdienen ließ.
Die Clubs der Stadt wurden von Publikumslieblingen dominiert, und der gefällige Sound der kommerziell erfolgreichsten Bands wie The Eagles, Fleetwood Mac oder
Jackson Browne beherrschte die Rockmusikszene in LA.

The Doors zu ihren besten Zeiten.

Heimat der Neuerungen: Als einige der kreativsten Köp-
fe der 60er in den Hollywood Hills immer behäbiger wur-
den, entstand Mitte der 70er Jahre eine kommerzielle
Lücke im Musikgeschäft, die sich die ersten Punk-Bands
zunutze machten: The Zeroes, The Plugz, The Dils und X
sind nur die bekanntesten Namen.
In einer Stadt, die immer mehr Wert auf Schein als auf
Sein gelegt hatte, überraschte es kaum, daß in den 80er
Jahren dann Glam-Metal-Groups und Ear-Cruncher wie
Poison und Mötley Crüe Erfolge feierten.

Heimat des Erfolgs: Die bemerkenswerteste Erfolgsstory
in den 80ern war jedoch die der Hard-Rock-Band Guns 'n'
Roses, die den Mythos vom Rockmusiker als Geächtetem
bis zur Neige auskosteten und damit zahllose Anhänger
gewannen. Weit weg von Hollywood wurde in den Bars von
East LA die Gruppe Los Lobos gegründet, die mit ihrer
Mischung aus *corridos* (mexikanischen Volksliedern) und
Rock 'n' Roll eine internationale Fangemeinde begeistert.
Die Rockgruppe bekennt sich zu ihrer Herkunft und trat 1987
in dem Film »La Bamba« als Richie Valens' Begleitband auf.
Der kraftvollste Sound der jüngsten Vergangenheit kommt
aus einem Gebiet, wo man am wenigsten damit gerechnet
hätte: In den Schwarzenghettos von South Central LA ist
die nun weltweit anerkannte Rap-Musik beheimatet. Bands
wie Ice-T und NWA verdienen inzwischen das große Geld.

Mit dem Auto

Küstenroute von Marina del Rey nach San Pedro

Siehe die Karte auf Seite 135.

Ausgangspunkt ist Fisherman's Village in Marina del Rey.
Eigner und Mannschaften der Privatyachten von **Marina del Rey** bevölkern die Seafood-Restaurans von **Fisherman's Village** bei dem größten künstlich angelegten Hafen der Welt.

Fahren Sie von Fisherman's Village eine Viertelmeile nach Vista del Mar, dann links und weiter Richtung Süden bis Manhattan Beach.
Die zahlreichen am Strand von **Manhattan Beach** gespannten Netze sind Anzeichen dafür, daß hier der Beach-Volleyball erfunden wurde. Zuweilen kann man die Profi-Mannschaften hier beim Training beobachten.

Weiter südwärts die Highland Avenue entlang bis Hermosa Beach, dort links in die Pier Avenue.
Hermosa Beach, Inbegriff des Strandlebens von LA, hat einen seiner Surfer mit einem Standbild geehrt, das am Ende der Pier Avenue steht.

Weiter südwärts die Highland Avenue bis Redondo Beach.
In der **Fisherman's Wharf** von **Redondo Beach** gibt es Souvenirshops, Gaststätten und Imbißbuden, an denen man frische Fischgerichte bekommt. Der angrenzende weiße Sandstrand **Redondo State Beach** erfreut sich bei den Surfern großer Beliebtheit.

Weiter südwärts, dann rechts in den Palos Verdes Drive West, rund um die Halbinsel Palos Verdes.
Die steil ansteigende **Halbinsel Palos Verdes** hat hübsche, aber nur über steile Fußwege erreichbare Strände.

Weiter Richtung Süden auf dem Palos Verdes Drive.
Linker Hand steht Lloyd Wrights 1946 errichtete **Wayfarer's Chapel**, ein Denkmal für den schwedischen Mystiker Emmanuel Swedenborg. Die Glaswände der Kapelle geben den Blick auf die Redwoods dieser Gegend frei.

Weiter bis zum Ende des Palos Verdes Drive South, dann rechts in Paseo Del Mar zum Point Fermin Park.
Der **Point Fermin Park** ist nicht nur Treffpunkt für Segelflieger, hier steht auch ein **Leuchtturm** aus dem 19. Jahrhundert.

Fahren Sie zum Ende des Paseo del Mar und dann rechts den Steven Wright Drive entlang zum Cabrillo Marine Museum.
Große Aquarien, prachtvolle Muschelsammlungen und sorgfältig zusammengestellte Schaukästen informieren im **Cabrillo Marine Museum** (*geöffnet:* Di bis Fr 17–17 Uhr; Sa und So 10–17 Uhr) über Meeresflora und -fauna.

Der 1909 errichtete Pier von Santa Monica gehört zu den schönsten Sehenswürdigkeiten dieser Küstenregion. Dagegen verdient der südlich davon gelegene, öde Betonstreifen von Manhattan Beach höchstens einen Preis für besondere Einfallslosigkeit. Der Pier von Hermosa Beach ist meist vollbesetzt mit geduldigen Anglern, während vom Redondo Sportfishing Pier auch größere Fischerboote ablegen. Den idyllischsten, malerischsten Pier von ganz Los Angeles und Umgebung findet man in Avalon auf Santa Catalina.

Links in die Pacific Avenue und weiter bis San Pedro.
Das ehemalige kleine Fischerdorf wuchs mit dem Hafen von Los Angeles. Die kleinen Gassen von **Old San Pedro** haben sich etwas von der ursprünglichen Atmosphäre bewahrt, während im **Los Angeles Maritime Museum** die Geschichte der Ortschaft und des Hafens dokumentiert ist. Das nahegelegene, überschätzte **Ports O'Call Village** besteht zum Großteil aus Souvenirshops und Restaurants.

LOS ANGELES

SANTA MONICA
VENICE

MARINA DEL REY

PLAYA DEL REY

Dockweiler State Beach

Manhattan State Beach

MANHATTAN BEACH

HERMOSA BEACH

Santa Monica Bay

King Harbor

REDONDO BEACH

Redondo State Beach

Malaga Cove

Flat Rock Point
Bluff Cove

Palos Verdes Point
Lunada Bay
Resort Point

Los Verdes Golf and Country Club

Point Vicente

Marineland Long Point

Abalone Cove

Portuguese Point

Whites Point

CULVER CITY

WINDSOR HILLS

CENTINELA   AVE

LA BREA   AVE

LOS ANGELES

Fisherman's Village

Loyola Marymount University

Los Angeles International Airport

Northrop University

The Forum   MANCHESTER AVENUE

INGLEWOOD

Hollywood Park Race Track

Wineries

LENNOX

Hawthorne Municipal Airport

HAWTHORNE

Chester Washington Golf Course

ATHENS

EL SEGUNDO

EL PORTO BEACH

LAWNDALE

Alondra Park

GARDENA

Dominguez Channel

ARTESIA BOULEVARD   REDONDO BEACH   FREEWAY

EL NIDO

TORRANCE

CLIFTON

LOMITA

Los Angeles Harbor General Hospital

CARSON

Torrance Municipal Airport

Lomita Railroad Museum

Palos Verdes Golf Club   WALTERIA

PALOS VERDES ESTATES

ROLLING HILLS ESTATES

South Coast Botanic Gardens

ROLLING HILLS

Rolling Hills Country Club

US Naval Res

Harbor Park

HARBOR CITY

Palos Verdes Hills

RANCHO PALOS VERDES

Wayfarer's Chapel

PORTUGUESE BEND

MIRALESTE

Peck Park

Los Angeles Maritime Museum

Friendship Regional Park

SAN PEDRO

Ports O' Call Village

Royal Palms State Beach

PASEO DEL MAR

Point Fermin Park & Lighthouse

Point Fermin

Cabrillo Marine Museum

0   2   4   6 km
0   1   2   3 Meilen

135

Vor den Kinos von Westwood, gelegentlich aber auch in anderen Teilen von LA, bietet man Ihnen vielleicht Tickets für einen »Sneak Preview« an – die kostenlose Vorstellung eines neuen Kinofilms. Angesprochen werden nur Leute, die der gesellschaftlichen Schicht anzugehören scheinen, die die Studios als Zielgruppe ausgesucht haben. Nach der Vorstellung erhalten Sie einen Fragebogen, auf dessen Auswertung die Marketingstrategie für den Film basiert.

▶▶▶ **Westwood**

Die schmalen Straßen von Westwood sind gesäumt von Buchhandlungen, T-Shirt- und Souvenirshops und gemütlich-legeren Restaurants, deren Kundschaft die Menschenmassen sind, die die Kinos dieser Gegend besuchen, in denen die neuesten Filme laufen. Kinofetischisten werden den Westwood Memorial Park besuchen wollen, wo Marilyn Monroe begraben liegt.

Obwohl Westwood zu den wenigen Plätzen von LA gehört, die für Fußgänger geplant sind, kommen viele Jugendliche allabendlich zum »Cruising« hierher: Sie fahren – sehen und gesehen werden ist das Motto – langsam und mit voll aufgedrehtem Autoradio durch den Ort. Den dichten Verkehr entlasten die kostenlosen Minibusse nur geringfügig.

Erst kürzlich eröffnet wurde das **Armand Hammer Museum of Art and Culture Center**, das die reiche Ernte der mehr als 50jährigen Sammlerleidenschaft des Ölmagnaten nun der Öffentlichkeit zugänglich macht. Die Hauptgalerie liest sich wie ein Who's Who der europäischen Künste; ein separater Ausstellungsraum ist dem *Codex Hammer*, einer Handschrift Leonardo da Vincis aus dem 15. Jahrhundert, gewidmet.

Westwood, ein »Dorf« in Los Angeles.

UCLA

Die »romanischen« Backsteingebäude rund um den zentralen Innenhof der University of California at Los Angeles (UCLA) bilden das Herz der ältesten und angesehensten akademischen Institution von Los Angeles. Die Gebäude der 1929 gegründeten Universität strahlen einen ganz eigenen Flair aus und bieten eine Abwechslung zu den sterilen Bürohochhäusern der unmittelbaren Umgebung. Auf dem Campus gibt es viel zu sehen. Damit Sie nicht umherirren, sollten Sie sich eine Karte vom Universitätsgelände besorgen (gibt es kostenlos an den Eingängen). Unbedingt besichtigen müssen Sie die großartige Treppe und die Rotunda der **Powell Library**, sehenswert sind auch die kulturgeschichtlichen Exponate des benachbarten **Fowler Museum of Cultural History**. Typisch amerikanische Kunst sieht man in der **Wright Art Gallery**, der danebenliegende **Franklin D. Murphy Sculpture Garden** bietet Überraschungen in allen Formen und Größen – und nicht zuletzt auch Werke von Rodin und Matisse. Akademisch weniger bewanderte Angelenos kommen vor allem der Bruins wegen, wie die Sportmannschaft der Universität heißt. Die Erfolge dieser Teams belegen die wändefüllenden Trophäen in der **Athletic Hall of Fame**. Besuchen Sie auch die Inverted Fountain, wo 10 000 unsichtbare Gallonen Brauchwasser wie ein reißender Gebirgsbach klingen.

Wilshire Boulevard

Der Wilshire Boulevard ist nach H. Gaylord Wilshire benannt, einem sozialistischen Großunternehmer, der in den 1880er Jahren eine Reihe von Bohnenfeldern kaufte und eine 16 Meilen lange Straße anlegen ließ, die heute von Downtown durch verschiedene ethnische Viertel und vorbei an Architekturdenkmälern und der größten Kunstsammlung der Stadt zur Küste führt.
Um die Jahrhundertwende stieß die Schaufel des ehemaligen Goldgräbers und zukünftigen Multimillionärs Edward L. Doheny auf Öl, und ein großer Teil des Wilshire Boulevards verschwand unter einem Wald von Bohrtürmen.

Royce Hall auf dem Campus der UCLA.

Südlich von der UCLA und dem Wilshire Boulevard versucht das Museum of Tolerance mit neuesten Techniken auf provozierende Weise bewußt zu machen, daß Bigotterie und Rassismus in der heutigen Zeit genauso gegenwärtig sind wie in der Vergangenheit. Das 50 Mio. US-$ teure Museum arbeitet eng mit dem Simon Wiesenthal Center zusammen. Die beiden Hauptausstellungen widmen sich dem Holocaust und der Rassendiskriminierung in den USA, unter anderem mit Informationen über die Aufstände in Los Angeles von 1992.

LOS ANGELES

Blumen, Sträucher und Bäume gedeihen in dieser smogverseuchten Stadt erstaunlich gut – aber sie werden auch besonders liebevoll gehegt und gepflegt. Um der Metropole für einige Zeit zu entfliehen, begeben sich am besten mit einem Lunchpaket in einen der folgenden Parks: Rose Garden im Exposition Park; Greystone Park (905 Loma Drive, Beverly Hills); Park der UCLA; South Coast Botanical Gardens (26300 Crenshaw Boulevard in Rancho Palos Verdes); Ferndell-Teil vom Griffith Park; Japanischer Garten des CSULB-Campus in Long Beach.

Miracle Mile: Die vielversprechenden Ölquellen waren bald erschöpft, aber in den 1920er und 1930er Jahren hielt ein dauerhafter Boom Einzug am Wilshire Boulevard: Entlang der sogenannten Miracle Mile entstanden die berühmten Art Deco-Kaufhäuser, die ersten Kaufhäuser in den Vorstädten von LA – und der erste Schritt zur Dezentralisierung der Stadt und zu ihrer Abhängigkeit vom Automobil.

Genau genommen erstreckt sich die Miracle Mile zwischen La Brea Avenue und Fairfax Avenue, das schönste Art Deco-Gebäude, das **Bullocks Wilshire Department Store**, befindet sich jedoch östlich davon (Nr. 3050). Die meisten anderen Häuser sind weniger würdevoll gealtert und jetzt von Schnellimbißstuben umgeben, die eine der ethnisch vielfältigsten Gemeinde der Stadt verköstigen. Am zahlreichsten vertreten sind Mexikaner, Filipinos und Koreaner.

Ein Vorbote der Miracle Mile ist das Ambassador Hotel (Nr. 3400), dessen Bau atemberaubende fünf Millionen Dollar verschlang, und das ein Areal von 9 Hektar umfaßte, als es 1921 eröffnet wurde. 1989 wurde es geschlossen und blickt jetzt in eine ungewisse Zukunft. Ein Ehrenplatz in der Geschichte von LA ist dem Ambassador jedenfalls sicher: In dem legendären Nachtclub Cocoanut Grove machten viele Stars von sich reden, und Senator Robert Kennedy wurde 1968 im Abassador ermordet.

Ein architektonisch weniger ansprechendes Bauwerk als das **Los Angeles County Museum of Art** (Nr. 5905) hätte man in dieser Gegend kaum hinstellen können. Immerhin birgt der riesige, strenge Bau aus den 1960ern wundervolle europäische Kunstwerke, die Arbeiten bekannter zeitgenössischer Amerikaner und zahllose herrliche Schätze aus dem asiatischen Raum.

Keineswegs verpassen sollten Sie den jüngsten Anbau des Museums, den Japanischen Pavillon, in dessen durchgestylter Beleuchtung die wunderbaren Gemälde aus der Edo-Periode voll zur Geltung kommen.

Gleich neben dem Kunstmuseum stehen, teilweise in den Teer versenkt, mehrere Fiberglas-Mastodons (eine Art Mammut). Sie gehören zum **George C. Page Museum** (Nr. 5801), das die Fossilien und Skelette vieler der Tiere kommentiert, die vor rund zwei Millionen Jahren in den **La Brea Tar Pits** den Tod fanden. Der Teer, den die Indianer einst zum Abdichten ihrer Wohnstätten verwandten, dringt heute noch an einigen Stellen an die Erdoberfläche. Im **Craft and Folk Art Museum** (Nr. 5814) finden stets interessante Wechselausstellungen folkloristischer Kunst statt. Das **St Elmo's Village Art Center**, in einer ungemütlichen Gegend südlich vom Wilshire Boulevard gelegen, ist ein ungewöhnliches Kunsterlebnis ganz besonderer Art: Allein die Tatsache, daß es dieser unterdrückten Gemeinde gelungen ist, das Kunstzentrum zu errichten und am Leben zu erhalten, ist Anlaß zum Feiern: Alljährlich im Mai findet das Festival of the Art of Survival statt, das Jahr um Jahr größer und aufwendiger wird.

Bevölkerung: Die Gegend rings um die Kreuzung Fairfax Avenue und Wilshire Boulevard gehört zu einer der größten jüdischen Wohngegenden der USA. Das **Martyr's Memorial and Museum**, im Jewish Community Building (Nr. 6505), besitzt ergreifende Dokumente, die die Erinne-

Mastodon-Statue im George C. Page Museum.

rung an die Schrecken der deutschen Konzentrationslager wachhalten, und erschütternde Gemälde von ehemaligen KZ-Häftlingen.

In der Nähe von Fairfax Avenue, gleich südlich vom Wilshire Boulevard, liegt **Farmer's Market**. Die Anfänge dieses »Marktes« fallen in die Zeit der amerikanischen Depression. Heute ist Farmer's Market eine kuriose Mischung aus Obst- und Gemüsegeschäften, schicken Souvenirläden und diversen Imbißbuden, die für jeden Geschmack einen leckeren Snack bereithalten.

Zeitgenössische LA-Kunst findet man im: LA Artcore (652 S Mateo Street); Los Angeles Contemporary Exhibitions (1804 Industrial Street); und Cirrus (542 S Alameda Street). Latino-Kunst gibt es bei: Palmetto Gallery (1370 Palmetto Avenue) und Galeria Nueva (912 E Third Street).

Shopping

Melrose Avenue.

Rund 30 000 Menschen drängeln täglich an den preiswerten Lebensmittelständen des überdachten Grand Central Market (317 S Broadway). Nachtschwärmer und Frühaufsteher (um 9 Uhr ist alles vorbei) sollten sich die duftende bunte Pracht des Flower Market (zwischen Seventh Street und Eighth Street) nicht entgehen lassen.

Riesenberge Obst und Gemüse von südkalifornischen Farmen werden am Produce Market abgeladen (an Eighth und Ninth Street Nähe Central Avenue).

Konsum steht hoch im Kurs. Bestimmte Orte wie Farmer's Market, Fisherman's Wharf und Ports O'Call Village locken viele Touristen an, bieten aber außer den gewöhnlichen Souvenirs relativ wenig. Jedenfalls gibt es lohnendere und bessere »Jagdgründe« – von Luxus-Malls bis hin zu Discountläden –, um die speziell auf LA zugeschnittene Kunst des Einkaufens kennenzulernen.

Für jeden etwas: Nur wenige Städte können etwas bieten, das sich mit den Einkaufszentren von LA vergleichen läßt: Die Shopping Malls dieser Metropole sind gigantische, klimatisierte Konsumtempel. Zwei der sehenswertesten sind das Beverly Hills Center (zwischen Beverly Boulevard und La Cienega Boulevard) mit schicken und edlen Shops, dessen Kundenkreis die wohlhabende Bevölkerung von West LA ist, und das Century City Shopping Center (10250 Santa Monica Boulevard), zu dem unter anderem eine hervorragende Buchhandlung – Brentano's – und The Market gehören, wo man ausgezeichnete ethnische Spezialitäten zu günstigen Preisen genießt. Zwei andere, kleinere Malls spiegeln die kontrastierenden ethnischen Gruppen wider: Japano-Amerikaner bilden die Hauptkundschaft in Little Tokyos Japanese Village Plaza Mall (Central Avenue zwischen First Street und Second Street), in der zahlreiche Geschäfte japanische Lebensmittel, Kleidung und Waren anbieten. Die Latinos aus East LA dagegen tätigen ihre Einkäufe im belebten El Mercado (3425 E First Street), wo Mariachi-Straßenmusikanten für Unterhaltung sorgen.

Hochwertige Warenhäuser: Überall in der Stadt findet man Filialen von I. Magnin, Nordstrom, Neiman-Marcus und Saks, die zuverlässig für elegante Mode und guten Geschmack bürgen. Die allerbesten und teuersten Geschäfte und die Filialen berühmter Modemacher liegen am Rodeo Drive in Beverly Hills, und im Rodeo Center (siehe Seite 118) können Sie das Limit Ihrer Kreditkarte mit Leichtigkeit voll ausschöpfen.

Billige Kleidung: Wesentlich preiswerter bekommen Sie qualitativ hochwertige Ware im Garnment District von Downtown (Zentrum ist die Los Angeles Street zwischen Seventh Street und Washington Boulevard). Viele lohnende Schnäppchen locken beispielsweise im Cooper Building (860 Los Angeles Street). Ein paar Meilen südlich davon liegt The Citadel (5675 E Telegraph Road), wo man gleichfalls namhafte Mode zu Großhandelspreisen bekommt. Second Hand-Kleidung mit interessanter Vergangenheit bietet das A Star is Worn (7303 Melrose Avenue). Hier liefern Film- und Fernsehstars ihre getragene Kleidung ab; der Erlös fließt wohltätigen Zwecken zu. Die Kleiderständer der zahlreichen Thrift stores der Stadt, wie zum Beispiel Goodwill Industries (342 San Fernando Road), offerieren gute Damenmode zu günstigen Preisen.

Accessoires: Wenn Sie von einem Hut mehr erwarten, als daß er nur die Sonne abhält, sollten sie bei Eliazabth Marcel's Hat Gallery (5632 Melrose Avenue) vorbeischauen, die Kreationen aus traditionellen Materialien verkauft. Wunderbare handgefertigte Handschuhe erhalten Sie bei Gloves by Hammer of Hollywood (7210 Melrose Avenue).

Die Reste des einst florierenden Schmuck-Districts der Stadt sind der beste Fundort für tragbare und bezahlbare Edelsteine: Suchen Sie im Vincent Jewellery Center (650 S Hill Street) oder im International Jewellery Center. Alternativen dazu bietet das Sculpture to Wear (8441 Melrose Avenue), das auf zeitgenössische Entwürfe spezialisiert ist.

Antiquitätensammler: Die Antique Guild (8800 Venice Boulevard) hat rund 40000 teilweise edle Stücke aus europäischen Herrenhäusern. Völlig Entgegengesetztes, nämlich Kitsch Americana, füllt die Vitrinen von Off the Wall (7325 Melrose Avenue). Kunstgewerbliche Gegenstände aus Mexiko und Artefakte antiker Kulturen aus dem Südwesten gibt es im Territory (6907 Melrose Avenue), und Rockmusik-Fans werden im Rock Store (6817 Melrose Avenue) sicher etwas finden.

Bücherwürmer: Es heißt, daß den Angelenos die Muße zum Lesen fehle. Wer immer diese These in Umlauf gebracht hat, kennt die riesigen Antiquariate dieser Stadt nicht. Larry Edmunds (6658 Hollywood Boulevard) ist führend auf dem Gebiet Film und Theater, obwohl der Collector's Bookstore (1708 Vine Street) rasch aufholt.

Viele Tage lang könnte man die Regale von Acres of Books (240 Long Beach Boulevard) durchstöbern, wo es Literatur, Romane und Sachbücher gibt. Seltene Architektur-und Kunstbände bekommt man bei Arcana Books on the Arts (1229 Thirs Street Promenade, Santa Monica).

Im Bodhi Tree Bookstore (8585 Melrose Avenue) sind die Regale vollgestopft mit Titeln über Esoterik, Heilkunde, Medizin, Psychologie, Religion und Philosophie.

Ein paar der lebensnotwendigen Kleinigkeiten, die in Beverly Hills zur absoluten Grundausstattung gehören.

141

Essen und Trinken

Internationaler Geschmack: Gastronomisch gesehen liegt LA an einer internationalen Kreuzung. Coffee shops, Delis und Burgerbuden sind hier genauso häufig zu finden wie überall in den Vereinigten Staaten (wenn auch zuweilen in ungewöhnlicher Gestalt wie zum Beispiel Gourmet-Hot-Dog-Stände und Diners im Stil der 1950er Jahre), aber insgesamt ist die amerikanische hier nur eine von zahlreichen ethnischen Küchen, innerhalb derer das Spektrum von billigen Verkaufsständen bis zu erstklassigen Restaurants reicht, in denen man ohne rechtzeitige Reservierung keinen Platz bekommt.

Angelenos und Touristen kommen hier gleichermaßen in den Genuß einer kulinarischen Auswahl, die nur wenige Städte bieten können. Und das Beste: Sie müssen nicht einmal reich sein, um sich verwöhnen zu lassen.

Selbst die berühmt bizarren Kreationen der Weltklasse-Küchenchefs finden (in preiswerten Nachahmungen) den Weg von den Gourmettempeln zu erschwinglichen Restaurants. Die Designer Pizza beispielsweise, die für ihren exotischen Gourmetbelag berühmt ist, wurde im exklusiven Spago's erfunden, findet sich heute aber auf der Speisekarte jeder kalifornischen Pizza-Bäckerei.

Das frische Obst und Gemüse von den Farmen des Bundesstaates erhöht den Vitamingehalt und Nährwert vieler Gerichte, und Salate (die neben den bekannten Zutaten häufig Erdbeeren, Orangenschnitze und Trauben enthalten) sind oft eine eigene Mahlzeit.

Mit dem Pazifik als Nachbarn, können die Seafood-Restaurants stets fangfrischen Fisch und Meeresfrüchte auf den Tisch bringen. Besonders beliebt sind Seeohr *(abalone)*, Thunfisch, Schwertfisch und Riesenkrabben.

Für Mahlzeiten in Los Angeles können Sie durchschnittlich mit etwa folgenden Preisen rechnen: Amerikanisches Frühstück 6–8 US-$; Lunch 8–10 US-$; Dinner 12–15 US-$. Trotz der günstigen Preise sind die Mahlzeiten meist sehr reichlich.

Mexikanisch: Mexikanisches Essen ist konkurrenzlos preiswert, sehr schmackhaft und hier wesentlich gesünder als die authentischen Gerichte in Mexiko.

Sämtliche mexikanischen Gerichte basieren auf Tortilla-Varianten. Tortillas sind gebackene oder gebratene Fladen aus Mais- oder Weizenmehl, in die andere Speisen eingerollt oder eingewickelt werden. Andere Hauptbestandteile sind Bohnenmus und gebratene dicke Bohnen, Reis, Chili, Rindfleisch und Käse. Fisch-Tacos und *Quesadilla* (käsegefüllte Tortilla) sind fleischlose Alternativen.

Große Schalen mit Tortilla-Chips und würzig angemachte Salate gibt es in den meisten mexikanischen Restaurants als kostenlose Vorspeise. Mit Käse überbackene Tortilla-Chips (Nachos) sind ein leckeres Nebengericht oder Snack. Auf den mexikanischen Speisekarten von LA steht auch Burrito (eine große Weizentortilla mit einer Füllung aus Rindfleisch, Käse, Chili und Bohnen). Es wurde in LA erfunden – und zwar primär für den Verzehr im Auto.

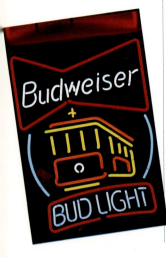

Orientalisch: Nicht so preiswert wie mexikanisches Essen, aber keineswegs überteuert sind die *Sushi*-Bars der japanischen Küche, die in den 1970er Jahren ihren ersten Boom erlebten. Japanische Restaurants findet man überall in der Stadt, die interessantesten liegen jedoch in Little Tokyo, wo Curry-Gerichte der letzte Schrei sind und immer *Sake* zum Essen serviert wird.

Die besten chinesischen Gerichte bekommt man erwartungsgemäß in Chinatown, und von Koreatown aus macht auch die koreanische Cuisine immer mehr von sich reden.

Die italienische Küche ist auch in LA sehr beliebt.

Europäisch und Nordafrikanisch: Die vielen Seeleute, die in San Pedro für immer an Land gegangen sind, haben eine reichhaltige Speisekarte mitgebracht. Die bekanntesten Gerichte stammen aus Griechenland, dem ehemaligen Jugoslawien, Marokko und Osteuropa.

Italienisch: Italienische Gerichte erfreuen sich großer Beliebtheit. Pasta und Pizza (die hier allerdings anders schmeckt als in Europa) bekommt man fast überall, und die Küchenchefs der besseren Restaurants lassen sich von den frischen Zutaten inspirieren, die hier ebenso wie in ihrem mediterranen Heimatland gedeihen.

Getränke: Wenn nicht gerade eine Trockenperiode herrscht, wird man Ihnen, sobald Sie im Lokal Platz genommen haben, ein Glas Eiswasser servieren, und es gibt nur wenige Coffee Shops, in denen man Ihre Kaffeetasse nicht immer wieder bis zum Rand nachfüllt *(regular* ist normaler, *de-caff* koffeinfreier Kaffee). Tee wird normalerweise nur als (gesüßter) Eistee angeboten, heiß gibt es in der Regel nur Kräuter- (herbal) und Früchtetees.
Fast alle Restaurants besitzen eine Lizenz zum Ausschank von Alkohol. Einige mexikanische Lokale sind hauptsächlich für ihre starken Margaritas bekannt – die sehr häufig mit Fruchtgeschmack angereichert werden. (Das Originalrezept besteht aus Tequila, Schaumwein und Limonensaft, besonders lecker ist der Salzrand).
Eine Liste mit empfehlenswerten Restaurants in LA finden Sie ab Seite 274.

Ausgehen

Das ultimative Drive-in ... das Hard Rock Café.

Sie könnten Monate damit verbringen, das nächtliche Los Angeles zu erkunden, und trotzdem hätten Sie nur einen geringen Bruchteil dessen gesehen, was diese Metropole an Nachtleben zu bieten hat. Die aktuellsten Termine finden Sie in der Wochenzeitung *LA Weekly*.

Bars: Die verrauchten Bars, die in vielen US-Städten vorherrschen, sind in LA selten. Wer eine solche Atmosphäre mag, sollte Barney's Beanery, 8447 Santa Monica Boulevard (Tel.: (213) 654 2287) aufsuchen, wo es Billardtische und viele importierte Biersorten gibt; das Boheme-Publikum labt sich bei avantgardistischer Musik an Bier und sonstigem Getränk in Al's Bar, 305 S. Hewitt Street (Tel.: (213) 687 3552).

Hotelbars: Eher typisch für LA sind die vornehmen Cocktailbars in den Hotels der Stadt. Zu den besten zählen: Grand Avenue Bar im Biltmore Hotel, 506 S Grand Avenue (Tel.: (213) 624 1011) mit Marmorsäulen und Mies van der Rohe-Stühlen; die sich drehende Bonavista Lounge im Westin Bonaventura Hotel, 404 S Figuera Street (Tel.: (213) 624 1000). Die berühmteste (und teuerste) dürfte die Polo Lounge des Beverly Hills Hotels sein, 9641 Sunset Boulevard (Tel.: (213) 226 2751).

Jazz, Rock und Rythm & Blues: Hier die wichtigsten der zahllosen Lokale mit Live-Auftritten:
In The Troubador, 9081 Santa Monica Boulevard (Tel.: (310) 276 6168), traten früher Folksänger auf, heute sind es Rockmusiker. Das Roxy, 9009 Sunset Boulevard (Tel.: (310) 276 2222) stellt hoffnungsvolle junge Bands vor. Gazzari's, 9039 Sunset Boulevard (Tel.: (310) 273 6606) ist ein typischer LA Hardrock-Club.
Marvelle's Blues Club, 1432 Fourth Street, Santa Monica (Tel.: (310) 395 1675) präsentieren Blues- und R&B-Größen in einer nachgemachten Chicago-Blues-Bar. Ähnliche Musik, aber von bekannteren Namen und in einem vornehmeren (Art Deco-) Ambiente, präsentiert der Cinegrill Ballroom im Hollywood Roosevelt Hotel, 7000 Hollywood Boulevard (Tel.: (213) 466 7000).
Berühmte Jazzclubs mit Kennern im Publikum und eigentlich immer guten Shows sind: At My Place, 1026 Wilshire Boulevard, Santa Monica (Tel.: (213) 451 8596); Nucleus

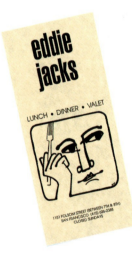

eddie jacks

LUNCH • DINNER • VALET

1151 FOLSOM STREET (BETWEEN 7TH & 8TH)
SAN FRANCISCO (415) 495-2305
CLOSED SUNDAYS

Nuance, 7276 Melrose Avenue (Tel.: (213) 939 8666); und Birdland West, 105 W Braodway, Long Beach (Tel.: (310) 436 9341).

Cabaret, Comedy und Magie: Das Angebot ist in LA riesengroß. In The Comedy Store, 8433 Sunset Boulevard (Tel.: (213) 656 6225) treten erfahrene Komiker auf; Das Improvisation, 8162 Melrose Avenue (Tel.: (213) 651 2582), stellt junge Talente vor; und Café Largo, 432 N Fairfax Avenue (Tel.: (213) 852 1073), präsentiert an manchen Abend Komiker, an anderen darstellende Künstler, und an wieder anderen finden Dichterlesungen statt.
Zauberkünstler fesseln ihr Publikum im Magic Castle, 7001 Franklin Avenue (Tel.: (213) 851 3314), einem Gebäude, das ganz und gar der Magie verschrieben ist: Die Zauberei ist nicht auf das Bühnengeschehen beschränkt. Das Castle ist eigentlich nur Mitgliedern zugänglich, aber der Rezeptionist Ihres Hotels sollte Ihnen Zugang verschaffen können.

Theater, Tanz und Musik: Wenn Sie einfach nur tanzen wollen, empfiehlt sich das Coconut Teuszer, 8117 Sunset Boulevard (Tel.: (213) 654 4773). Im Miami Spice, 13515 Washington Boulevard, Venice (Tel.: (310) 306 7978), locken heiße Salsa-Rhythmen, während Reggae-Liebhaber im Kingston 12, 814 Santa Monica Boulevard (Tel.: (310) 451 4423) auf ihre Kosten kommen.
Klassische Musik bietet das Music Center, 135 N Grand Avenue. Im dortigen Dorothy Chandler Pavilion treten auf: Joffrey Ballet (Tel.: (213) 486 8677), Los Angeles Master Chorale (Tel.: (213) 972 7200), Los Angeles Opera (Tel.: (213) 972 7211), Los Angeles Philharmonic (Tel.: (213) 972 7211). Im Sommer spielen die Philharmoniker auch in der Hollywood Bowl, 2301 N Highland Avenue (Tel.: (213) 850 2000).
Darüber hinaus finden im Music Center Theatervorführungen statt: Im Mark Taper Forum (Tel.: (213) 972 7372) zeitgenössische Stücke, im Ahmanson Theater (Tel.: (213) 972 7337) Broadway-Erfolge.
Eines der beliebtesten Theater von LA ist das Tamara, 2035 N Highland Avenue (Tel.: (213) 851 9999), wo das Publikum zunächst mit den Schauspielern zusammen zu Abend ißt und anschließend der Handlung (einer spannenden Kriminalgeschichte) durch diverse Räume einer italienischen Villa folgt.

145

Etliche »coffee bars« bereicherten in den letzten Jahren das Nachtleben von LA. Wie ihr Name schon zeigt, gibt es dort vor allem Kaffee, und zwar in allen möglichen Varianten (alle mit oder ohne Koffein). Die Bandbreite reicht von der gestylten Bar, wie das Highland Grounds, 742 N Highland Boulevard, West Hollywood (Tel.: (213) 466 1507) bis zum verrückten In-Treff wie das The Bourgeoisie Pig, 4931 Franklin Avenue, Hollywood (Tel.: (213) 962 6366).

Nightlife am Sunset Boulevard.

Unterkunft

Sei es eine schicke Luxussuite, ein schlichtes Motelzimmer oder einfach ein billiges Bett im Schlafsaal einer Jugendherberge – in LA herrscht kein Mangel an Unterkünften.

Im voraus buchen: Wo immer Sie wohnen und wieviel Geld Sie ausgeben möchten, es lohnt sich in jedem Fall, so früh wie möglich zu buchen. Viele Hotels haben gebührenfreie Telefonnummern (sie beginnen mit 800) – innerhalb der USA können Sie also telefonisch ein Zimmer reservieren, ohne Telefongebühren zahlen zu müssen.

Wenn Sie nicht reserviert haben, ist Ihnen eines der Informationsbüros, die auf Seite 149 aufgeführt sind, bei der Suche nach einer Unterkunft behilflich. In diesen Büros biegen sich die Regale unter der Last von Hotel-, Motel- und Herbergsbroschüren, in denen manchmal ermäßigte Preise angeboten werden.

Ohne Auto ist es fast unmöglich, in LA etwas zu unternehmen, die Lage Ihrer Unterkunft ist daher nebensächlich. Achten Sie aber darauf, daß die Freeways der Stadt von Ihrem Hotel aus leicht zu erreichen sind. Sind Sie ohne Auto in LA, sollten Sie in verschiedenen Gegenden der Stadt Unterkünfte buchen, um lange Busfahrten zu vermeiden. Was die Preise anbelangt, macht die Lage der Unterkunft einen Unterschied. Denken Sie außerdem dar-

Das Bonaventure Hotel von LA.

an, daß man nach Einbruch der Dunkelheit die meisten Viertel von LA zu Fuß meiden sollte.

Für jeden Geldbeutel etwas: In Downtown ist von billigen Absteigen bis zu Nobelhotels alles geboten. Zwi-

Das Hotel Beverly Wilshire.

Jugendherbergen, die wesentlich billiger als Hotels und Motels sind, gibt es in Hollywood, San Pedro und Santa Monica. In den zahlreichen Herbergen für Rucksackreisende in und um Venice Beach muß man für eine Übernachtung in kleinen Schlafsälen zwischen 12 und 15 US-$ bezahlen.

schen diesen beiden Extremen bieten viele Hotels (45–70 US-$) in restaurierten Gebäuden einen guten Ausgangspunkt für die Erkundung dieser Gegend – eines der wenigen Viertel von LA, das bei Tag zum Spazierengehen einlädt.

Richtung Westen, mitten in Hollywood, wo die Hauptüberbleibsel der goldenen Jahre der Filmindustrie zu finden sind, befindet sich in der Nähe des Hollywood Boulevard etwa ein Dutzend komfortabler Hotels (70–95 US-$). Südlich davon säumen zahlreiche Motels (50–85 US-$) unterschiedlicher Qualität den Sunset Boulevard.

Je weiter man sich westlich nach West Hollywood, Beverly Hills und Westwood bewegt, umso höher werden Standard und Preise. Hier finden Sie die Luxushotels, in denen die Stars der Unterhaltungsindustrie abschalten. Die Preise beginnen bei etwa 130 US-$ und steigen in astronomische Höhen. In dieser vornehmen Gegend kann man mancherorts nachts durch die Straßen bummeln.

An der Küste: In Santa Monica stehen schäbige Hotels mit gutem Service (um die 60 US-$) neben protzigen Ferienanlagen (120 US-$ und aufwärts). Richtung Süden, durch das Venice Beach und weiter ins ruhigere Manhattan Beach, Hermosa Beach und Redondo Beach, gibt es ein breites Spektrum an Hotels und Motels der mittleren Preisklasse (50–80 US-$). Geld sparen Sie, wenn Sie in Richtung Landesinneres nach einer Unterkunft suchen.

Um die Halbinsel Palos Verdes: In San Pedro sind verschiedene Hotelketten vertreten sowie gute Motels (jeweils ab 80 beziehungsweise 50 US-$).

Eine Ankunft spät am Abend oder ein Abflug zu früher Morgenstunde sind die einzigen Gründe, die für die teuren Hotels am Flughafen sprechen. Viele Hotels in anderen Gegenden bieten einen kostenlosen Flughafen-Transfer. Außerdem gibt es zahlreiche Flughafenbusse.

Auf Seite 273 beginnt eine Liste mit empfehlenswerten Unterkünften in LA.

Es überrascht nicht, daß es innerhalb der Stadtgrenzen von LA keine Campingplätze gibt. Zu den gemütlichsten Unterkünften gehören einige Frühstückspensionen, die über das ganze Stadtgebiet verstreut liegen (75–150 US-$). Um in diesen meist viktorianischen Häusern mit nur wenigen Zimmern ein Bett zu ergattern, brauchen Sie aber entweder eine gute Portion Glück oder Sie müssen bereits ein halbes Jahr vorher gebucht haben.

Praktische Hinweise

Der Los Angeles International Airport.

148

Im Frühling 1992 gipfelten die sozialen und wirtschaftlichen Spannungen, die in LA schon lange offensichtlich waren, in Unruhen und Gewalt. Nach ein paar Tagen kehrte zwar wieder Ruhe in der Stadt ein, aber die tiefsitzenden Probleme müssen erst noch gelöst werden. Wie in jeder anderen größeren Stadt in den USA, sollte man als Besucher die üblichen Vorsichtsmaßnahmen treffen.

Ankunft mit dem Flugzeug: Alle internationalen Flüge und die meisten Inlandsflüge landen auf dem Los Angeles International Airport (LAX (Tel.: (310) 646 5252)), etwa 15 Meilen (24 Kilometer) südwestlich der Innenstadt von LA und eine Meile (1,6 Kilometer) östlich der Küste. Der Flughafen ist eine große und effiziente Anlage, nur die Abfertigung durch die Grenzbeamten kann manchmal lange dauern.

Um vom Flughafen in andere Stadtgebiete zu gelangen, nehmen Sie am besten einen der vielen privaten Pendelbusse. Diese Busse holen die Passagiere an der Ankunftshalle ab und bringen sie zu fast jeder Adresse in LA. Der Fahrpreis hängt von der Länge Ihrer Strecke ab, meist beträgt er zwischen zehn und 20 US-$. Die Stadtbusse (siehe unten) sind zwar billiger, aber das Busnetz von LA verwirrt jeden Neuankömmling. Wer mit dem Taxi in die Stadt fahren will, muß mit mehr als 30 US-$ rechnen.

Fluggesellschaften: Alle größeren Transatlantik-Fluggesellschaften verfügen über mehrere Büros in Los Angeles, im folgenden die Telefonnummern: American Airlines (800) 433 7300; British Airways (800) 247 9297; Continental (800) 525 0280; Delta (213) 386 5510; Northwest (800) 225 2525; TWA (800) 221 2000; United (800) 241 6522; Virgin 800-862-8621.

Ankunft mit dem Bus oder Zug: Alle Fernreisebusse nach LA halten in Downtown (der Innenstadt) in 716 E Seventh Street, Tel.: (213) 620 1200. Manche Busunternehmen fahren auch nach Hollywood, 1409 Vine Street, Tel.: (213) 466 6381, und nach Santa Monica, 1433 Fifth Street, Tel.: (310)394 5433.

Der Hauptbahnhof von LA ist die Union Station, 800 N Alameda Street in Downtown, Tel.: (213) 624-0171.

Geldwechsel: Außer am Flughafen, kann man fremde Währung nur noch in der Bank of America, 555 S Flower Street, Downtown, Tel.: (213) 228 2721, umtauschen.

Unternehmungen: Wie bereits erwähnt, kommt man in LA am leichtesten mit dem Auto herum. Das Busnetz ist jedoch sehr umfangreich, und Taxis sieht man häufig.

Autovermietungen: Wenn Sie bereits vor Ihrer Ankunft ein Auto gemietet haben, so können Sie es am Flughafen abholen. Gehen Sie einfach zum Schalter der jeweiligen Autovermietung. Sie können aber auch nach Ihrer Ankunft ein Auto mieten, am Flughafen oder anderswo in LA. Rufen Sie eine der zahlreichen Autovermietungen an: Alamo (800) 327 -9633, Avis (800) 331 1212, Budget (213) 649 7500 oder Hertz (800) 654 3131.

Stadtbusse: Entgegen der öffentlichen Meinung verfügt LA über das größte Busnetz in den Vereinigten Staaten. Aber aufgrund der immensen Größe der Stadt kann die Fahrt mit dem Bus ausgesprochen zeitraubend sein.
Die meisten Busse werden vom MTA betrieben (Auskunft unter Tel.: (213) 626 4455). Der Pauschalpreis für eine Fahrt ist beim Einsteigen zu zahlen.
Entlang der Hauptstraßen verkehren die Busse ungefähr alle zehn Minuten (nachts nicht so häufig). Wichtige Linien sind: 1 (den Hollywood Boulevard entlang); 2 (den Sunset Boulevard entlang); 4 (den Santa Monica Boulevard entlang); 11 (die Melrose Avenue entlang); und 20, 21 und 22 (die Wilshire Avenue entlang).
Taxis: Die Taxis von LA berechnen eine Gebühr für das Halten und dann einen festen Preis pro Meile. Rufen Sie lieber ein Taxiunternehmen an als eines auf der Straße zu ergattern: Checker Cab, Tel.: (213) 221 2355, und LA Taxi, Tel.: (213) 627 7000 sind zwei der größeren Unternehmen, weitere Firmen finden Sie im Telefonbuch.

Nützliche Telefonnummern: Zahnarzt: (310) 620 1728; Arzt: (213) 483 6122; Notdienst: 911; Zeitansage: (213) 853 1212; Reisehilfe: (213) 686 0950; Wetterbericht: (213) 554 1212.

Besucherinformation: Die größte Quelle für Touristeninformation in der Stadt ist das Visitor Information Center, 685 S Figueroa Street, Downtown; Tel.: (213) 689 8822.
Folgende Büros sind zwar kleiner, aber genauso hilfreich: Beverly Hills Visitors Bureau, 239 S Beverly Drive, Beverly Hills, Tel.: (310) 271 8174; das Janes House, 6541 Hollywood Boulevard, Hollywood, Tel.: (213) 461 4213; Visitor Information Kiosk, 1400 Ocean Avenue, Santa Monica, Tel.: (310) 393 7593; Long Beach Visitor and Convention Council, World Trade Center, STE 300, Long Beach, Tel.: (310) 436 3645; und die San Pedro Chamber of Commerce (Handelskammer), 390 W Seventh Street, San Pedro, Tel.: (310) 832 7272.

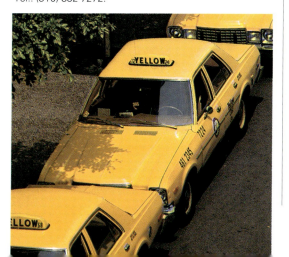

149

LOS ANGELES: UMGEBUNG

Fünfzig Jahre rasches Wachstum: Während der letzten fünfzig Jahre dehnte sich Los Angeles in einem unglaublichen Tempo über Hügel, Täler und an der Küste entlang aus. Es vereinnahmte sich ganze Gemeinden und verwandelte ehemaliges Ackerland in eintönige Vorstadtgebiete. Doch ein paar ältere Städte bewahrten sich ihren Charakter. Außerdem gibt es in der Umgebung von LA einige der besten Kunstsammlungen von ganz Kalifornien. Hier wurde die Idee des Disneyland geboren, die Gestalter von Vergnügungsparks in der ganzen Welt inspirierte. Die Küste dieser Gegend bietet sowohl breite Sandstrände als auch turmhohe Felsenklippen.

Direkt am Meer, im Norden von LA, übte Malibu jahrelang eine magische Anziehung auf Besucher aus, die einen Blick auf die reichen und schönen Gesichter Kaliforniens werfen wollten. Mehr ins Auge stechen jedoch die von Surfern dominierten Strände und, etwas weiter im Landesinneren, die zerfurchten Canyons, die abgeschiedenen Dörfern Schutz und dem Wanderer endlose Wildnis bieten. Im Süden besteht die Küstenlinie des Orange County aus zahllosen Buchten und Meeresarmen. Die hier liegenden, charakteristischen Gemeinden stehen in starkem Kontrast zum Landesinneren des Orange County, wo eine Vorstadt sich kaum von der anderen unterscheidet. Die meisten Besucher kommen nur auf dem Weg nach Disneyland durch diese langweilige Gegend.

Auf der anderen Seite der Hügel an der nördlichen Stadtgrenze von LA, im San Gabriel und San Fernando Valley, ist die Bevölkerungsdichte sehr hoch. Die Talbewohner, die in alten Siedlungen wie Pasadena leben, haben am meisten Glück. In dieser Gegend gibt es auch einige bedeutende historische Stätten.

Die Schönheit Malibus:
ein Strand am Pacific Coast Highway.

DIE UMGEBUNG VON LOS ANGELES

151

DIE UMGEBUNG VON LOS ANGELES

Zentrum der Schönen und Reichen: Malibu.

Zwischen März und August, in Nächten, die auf eine Flut folgen, kommen kleine Fische an Land, um in nur drei Stunden zu laichen und die Eier im Sand zu vergraben. Bekannt ist dieses »Rennen« als das Grunion Run. Wenn der Strand von diesen Fischen – der einzigen Art, die an Land laicht – nur so wimmelt, zieht dieser Anblick ganze Menschenmassen an. Zu beobachten ist dieses Phänomen fast an jedem Strand um LA, jedoch nur in Kalifornien und sonst nirgends auf der Welt.

Malibu

Vielen der reichsten und schicksten Leute von LA – und der ganzen Welt – gehört ein teures Haus in Malibu, nördlich von Santa Monica. Was beeindruckt, sind jedoch die atemberaubenden Berge von Malibu, die verschlungenen Canyons und die einladenden Strände.

Vor einem Jahrhundert kaufte ein Siedler namens Frederick H. Rindge die mexikanische Ranch, die damals Malibu umfaßte. Als LA expandierte, kämpfte Rindge (und später seine Witwe Mary) mit allen Mitteln dagegen, daß der Staat eine Straße durch ihr Land baute. Schließlich verloren sie aber den Prozeß und kurz darauf ihr ganzes Vermögen beim Börsenkrach der Wall Street.

Die Malibu Beach Colony: In den 20er Jahren machte eine abgeschiedene Enklave am Strand, in der Hollywoodstars wie Clara Bow, Barbara Stanwyck und Gloria Swanson lebten, Malibu zu einer begehrten Adresse. Selbst heute noch achten Malibus Rockmusiker, TV-Größen und Sportstars darauf, daß die Öffentlichkeit keinen Zugang zu den Stränden in der Nähe ihrer Häuser hat (auch wenn dies illegal ist!).

Nähert man sich Malibu vom Süden, kommt man als erstes durch Pacific Palisades, wo der **Will Rogers State Park** das ehemalige Anwesen des »Cowboy-Philosophen« verwaltet. Der Schauspieler Will Rogers amüsierte die Amerikaner mit seinen hausgemachten Weisheiten in den 20er und 30er Jahren. Wild-West-Kunstwerke findet man in dem Zuhause des Humoristen stapelweise.

Anderthalb Kilometer weiter nördlich bringt die **Self-Realisation Fellowship** (Gemeinschaft für Selbstverwirklichung), die 1950 von einem indischen Mystiker gegründet wurde, zum Ausdruck, daß alle großen Weltreligionen gültig sind. In der Anlage der Gemeinschaft, die um einen See gebaut wurde, herrscht eine heitere und meditative Atmosphäre, und die Nachbildung einer holländischen Windmühle birgt eine kleine, gemütliche Kapelle.

Um mystische Themen geht es auch im benachbarten **Topanga Canyon**. Seit sich hier in den 60er Jahren eine Hippie-Kolonie ansiedelte, ist er ein Stützpunkt für alle, die auf dem Weg nach innen sind und sich für alternative Lebensstile interessieren.

Gesundheit und Natur: Momentan durchdringen die Schwingungen der New-Age-Bewegung (siehe Seite 17) die vegetarischen Restaurants, die Kunsthandwerksgeschäfte und baufälligen Buchläden. Ungezähmte Natur ist ein weiterer Aspekt des Topanga Canyon. Ein Netz von Wanderwegen bedeckt die Hänge des 3600 Hektar großen **Topanga State Park**, von denen man eine atemberaubende Aussicht auf das Meer, die Berge und LA hat. Einige Kilometer weiter nördlich liegt der **Malibu Creek State Park**, der von der 20th-Century Fox einst als Schauplatz für den Film MASH gewählt wurde. Wilde Blumen schmücken hier im Frühling die bunten Wiesen.

Die Stadt Malibu ist nicht besonders aufregend. Seit in den 50er Jahren am Surfrider Beach billige Strandpartyfilme gedreht wurden, sind es die Strände der Stadt, die die Massen anziehen.

Seit 90 Jahren kann man vom 210 Meter hohen **Malibu Pier** die Surfer am Surfrider Beach beobachten, der heute den Namen Malibu Lagoon State Beach trägt. Am Pier (erbaut von Frederick Rindge) steht auch das **Adamson House**, das bis zum Jahre 1964 von einem Mitglied der Rindge-Familie bewohnt wurde. Eine Besichtigung des Hauses, dessen spanischer Kolonialstil durch die bunten »Malibu-Keramikfliesen« unterstrichen wird, und des benachbarten Museums gibt einen Einblick in Malibus Vergangenheit.

Die Strände Las Tunas und Corral sind für ihre hervorragenden Tauchmöglichkeiten bekannt, während Paradise Cove sich besonders zum Strandgutsammeln eignet. Die Picknicktische und Imbißstände am Zuma Beach ziehen jedes Wochenende Tausende von Menschen aus dem San Fernando Valley an, und der **Leo Carrillo State Beach** wird vom Sequit Point in zwei Teile geteilt, einem Felsen, durch den die Wellen einen großen Tunnel gegraben haben.

Licht auf der silbern schimmernden Brandung.

Surfen, Schwimmen und Sonnenbaden sind nicht die einzigen Aktivitäten, denen an den Stränden von LA und Umgebung nachgegangen wird. Von Malibu im Norden bis nach San Clemente im Süden bieten sich vielfältige Gelegenheiten zum Schnorcheln und Tauchen. Unterwasserhöhlen wollen erforscht werden, in üppigen Seetangfeldern tummeln sich bunte Fische, und auf dem Meeresgrund um die Insel Santa Catalina liegen viele Wracks. Überall wo man tauchen kann, wird auch Taucherausrüstung verliehen.

153

■ **Das prunkvollste der drei außergewöhnlichen Kunstmuseen in und um LA ist das
J. Paul Getty Museum of Art. Es ist hoch über
der Santa Monica Bay in der exakten Nachbildung der Villa dei Papiri untergebracht,
einer italienischen Villa, die beim Ausbruch
des Vesuv vor 2000 Jahren unter den Lava-
massen begraben wurde ...** ■

Nach 1995 sollen nur die
antiken Ausstellungsstücke
in der Villa bleiben, der
Rest des Getty Museums
wird in ein Gebäude ver-
legt, das von dem Architekten Richard Meier auf
einem Hügel in West Los
Angeles errichtet wird.

Das J. Paul Getty Museum of Art.

Kunstschatz: Getty, der umstrittene, reiche Ölbaron,
eröffnete das Museum 1974, um eine bereits umfangrei-
che Kunstsammlung zu präsentieren. Seine größte Leiden-
schaft waren die griechischen und römischen Statuen. Zu
den Besonderheiten gehören der »Herakles« aus dem
2. Jahrhundert und der »Siegreiche Athlet« aus dem 3. bis
4. Jahrhundert. Beeindruckend sind auch zwei kleine
Exponate aus dem Jahre 2500 v. Chr.: eine zypriotische
Frauenfigur und ein kykladischer Harfenspieler.
Ist die Zeit knapp (was angesichts dieser riesigen Ausstellung kein Wunder wäre), sollten Sie die vielen Gemälde
zugunsten der Räume übergehen, in denen Werke fran-
zösischer ornamentaler Kunst ausgestellt sind. Hier finden Sie eine bemerkenswerte Anzahl fein gearbeiteter
Möbel, Keramiken, Silbergegenstände und Teppiche aus
den frühen Jahren der Regentschaft Ludwig XIV. bis zum
Ende der Herrschaft Napoleons.

Ein faszinierendes Spektrum: Illuminierte Handschrif-
ten aus dem Mittelalter sind erst seit kurzem Bestandteil
des Museums. Diese wundervollen, bunten Werke
schmückten religiöse und weltliche Texte. Einige der
Zeichnungen sind ebenfalls außergewöhnlich: Die Radie-
rung einer nackten Frau, die als Cleopatra posiert, von
Rembrandt und der bizzare »Hirschkäfer« von Albrecht
Dürer stechen besonders ins Auge.
Beeindruckende Bilder von Nadar, Man Ray und August
Sander umfaßt die Fotosammlung. Die ältesten Fotos
stammen aus den 40er Jahren des 19. Jahrhunderts.

Das Norton Simon Museum: Die Gemälde des Norton Simon Museum in Pasadena übertreffen diejenigen des Getty Museum. Von den Alten Meistern sind hier Rubens, Rembrandt, Raphael und Breughel vertreten, Werke von Cézanne, Renoir und Van Gogh werden in reich gefüllten impressionistischen und post-impressionistischen Galerien gezeigt. Zu der Degas-Kollektion gehört auch eine kleine Skulptur von Tänzerinnen, und das 20. Jahrhundert wird von Werken der Künstler Picasso, Matisse und der deutschen Expressionisten repräsentiert.

Herausgefordert werden die großen Namen (und Werke) Europas von den hervorragenden asiatischen Sammlungen, die 2000 Jahre buddhistischer Kunst und hinduistischer Bildhauerei aus Nordindien sowie südindische, himalayische und südostasiatische Kunstwerke umfassen.

Die Huntington Art Gallery: Nachdem man solche asiatischen Schätze in einer Vorstadt von LA bewundern durfte, überrascht es nicht mehr so sehr, wenn man einige Kilometer weiter östlich in der Huntington-Kunstgalerie hervorragende englische Porträts aus dem 18. und wunderbare Landschaftsbilder aus dem 19. Jahrhundert entdeckt. Im ehemaligen Heim des Eisenbahnmagnaten Henry E. Huntington, können Sie in den schön ausgestatteten Galerieräumen Werke von Hogarth, Turner und Constable bewundern sowie folgende preisgekrönte Gemälde: Gainsboroughs »Blue Boy«, Sir Thomas Lawrences »Pinkie« und Reynolds' »Mrs Siddons as the Tragic Muse«.

In den anderen Abteilungen sind Bilder aus der Renaissance und französische Skulpturen aus dem 18. Jahrhundert untergebracht. In der angrenzenden Virginia Steele Scott Gallery wird amerikanische Kunst aus der Kolonialzeit bis zur Gegenwart gezeigt. Eine Sektion ist dem Architekturbüro Greene & Greene gewidmet.

Seltene Bücher und Manuskripte: Ebenfalls auf dem Huntington-Anwesen, nämlich in der Huntington Library, sind zwei Millionen Manuskripte und 300 000 seltene Bücher untergebracht – unter anderem ein Manuskript von Chaucers »Canterbury Tales« (15. Jahrhundert) und einige frühe Ausgaben von Shakespeares Werken.

Im J. Paul Getty Museum of Art, dem reichsten Museum der Welt.

Wem nach so vielen Gemälden und Büchern auf dem Huntington-Anwesen der Kopf brummt, der kann sich bei einem Bummel durch die gepflegten Huntington Botanical Gardens erholen.

Balboa Beach.

Orange County

Am besten besichtigt man Orange County – einfache Ein-
kaufsstraßen, identische Häuser –, indem man sich an seiner Küste entlang bewegt. Das Landesinnere ist nur für
diejenigen interessant, die auf dem Weg nach Disneyland
oder in einen anderen Park sind.

Einen Umweg lohnt jedoch der **Richard Nixon Birthplace
and Library** (Nixons Geburtsort und Nixon-Bücherei) in
Yorba Linda, wo die außergewöhnliche Karriere des
37. amerikanischen Präsidenten, der hier auch begraben
ist, überschwenglich (und völlig unkritisch) erzählt wird.

Die erste Küstenstadt, Huntington Beach, ist seit den
20er Jahren ein Surfer-Stützpunkt. Abends gehen selbst
die überzeugtesten Wasserratten an Land und grillen am
Strand. Betuchte Yachteigentümer lassen im benachbarten **Newport Beach** die Champagnerkelche klingen, und
nur die fünf Kilometer lange **Halbinsel Balboa** bietet
jedem Besucher erschwingliches Amüsement.

Ein feiner Sandstrand säumt die Halbinsel, an deren südlichem Ende der Balboa Pavilion aus Holz steht, eine noble
Tanzhalle aus dem Jahre 1905, in der heute Andenkenläden und Spielhallen untergebracht sind. Vom nahe gelegenen Naturhafen gehen Vergnügungsfahrten durch den
Hafen aus (siehe Seite 151), und eine kurze Bootsfahrt
wird mit Balboa-Fähre angeboten, die die Strecke zwischen der Halbinsel und Balboa Isle seit 1909 befährt. Auf
der künstlichen Insel, auf die man fast hinüberspringen
kann, steht eine Luxusvilla neben der anderen.

Abseits vom Strand dreht sich alles um die Verkaufsstellen
für exklusive Mode des Einkaufszentrums Fashion Island
sowie um das **Newport Harbor Art Museum** (Kunstmuseum von Newport Harbor), das wegen seiner Ausstellung
zeitgenössischer südkalifornischer Kunst bekannt ist.

Südlich von Newport Beach trifft man im **Crystal Cove
State Park** auf einen erfrischend wilden und leeren
Strand. Die Wanderwege durch den Park im Landesinneren führen in die San-Joaquin-Hügel, wo einst die Rinder
der Mission San Juan Capistrano grasten.

Feine Sandstrände, Felsvorsprünge und abgeschiedene
Meeresarme machen Laguna Beach zur attraktivsten

Küste im Orange County. Die landschaftliche Schönheit verwandelte die Stadt auch in eine Künstlerkolonie mit sehr liberalem Ruf, was von den Nachbarstädten im Orange County nicht behauptet werden kann.

Galerien und Handwerksläden säumen die Straßen von Laguna Beach. Im **Laguna Beach Museum of Art** werden die besten Werke der einheimischen Künstler gezeigt, und im Juli und August strömen Tausende zum Kunstfestival Pageant of the Masters (siehe Seite 158). Südlich von Laguna Beach erhebt sich die Landspitze **Dana Point** über das Meer. Sie wurde nach Henry Dana benannt, der in seinem Klassiker aus dem Jahre 1840 »Two Years Before the Mast« beschrieb, wie Rindsleder über die Klippen geworfen wurde, um unten auf Boote verladen zu werden. An der Südspitze des Orange County liegt die Ferienstadt **San Clemente**. Hier saß der in Ungnade gefallene Ex-Präsident Nixon die Jahre nach seinem Amtsrücktritt auf einem Anwesen mit Blick auf den Ozean ab.

Die **Mission San Juan Capistrano** wurde 1806 fertiggestellt. Ihre Kapelle, die **Serra Chapel**, ist angeblich das älteste Gebäude Kaliforniens. Eine Nachbildung der ursprünglichen Großen Steinkirche, die von Erdbeben zerstört wurde, steht im Norden am El Camino Real, hier feiert die katholische Gemeinde ihre Messen. Folgen Sie nun dem El Camino Real hinunter Richtung Süden, und biegen Sie rechts in die Verdugo Street ab, um das **Capistrano Depot** mit seinen spanischen Bögen und dekorativen Fliesen zu besichtigen, das auch heute noch der Hauptbahnhof ist. Im **O'Neill Museum**, in der Los Rios Street ganz in der Nähe, wird gezeigt, wo im angrenzenden Los Rios Historic District die Lehmziegelbauten aus dem 19. Jahrhundert liegen.

Seit der spanischen Kolonialzeit nisten in der Mission San Juan Capistrano Schwalben, und die Legende besagt, daß sie jedes Jahr am 19. März, dem Josephstag, in die Mission zurückkehren. Doch die Schwalben kommen den ganzen Frühling über an, denn viele verschiedene Faktoren beeinflussen ihren Zeitplan. Dennoch strömen die Besucher am 19. März in Massen auf die Fiestas de la Golondrinia, ein Willkommensfest, das mit oder ohne Schwalben stattfindet. Das Abschiedsfest im Oktober, Adios de las Golondrinias, wenn die Schwalben gen Süden ziehen, ist etwas kleiner.

157

Die Mission San Juan Capristrano.

Das Tournament of Roses (Rosenturnier) am Neujahrstag in Pasadena leitet die Spiele zwischen den Meistern der College-Fußball-Ligen des Westens und des Mittleren Westens im Rose-Bowl-Stadion ein. Ab Mitte Juli werden auf dem sechswöchigen Festival of the Arts und dem Pageant of the Masters in Laguna Beach berühmte Gemälde nachgestellt. Auf dem Sawdust Festival gibt es Kunsthandwerk zu bestaunen und zu erwerben. Versteckt in den Santa-Monica-Bergen finden sechs Wochen lang mittelalterliche Veranstaltungen statt, die mit der Renaissance Pleasure Fair in Agoura Hills Mitte April beginnen.

San Gabriel Valley

In den 20er Jahren war das San Gabriel Valley ein grünes Tal mit Walnuß-, Orangen- und Zitronenhainen und kleinen Siedlungen, in die sich die Angelenos aus gesundheitlichen Gründen aufmachten. Heute gehören die Talgemeinden zum Vorstadtgebiet und leiden im Sommer an dem berüchtigten LA-Smog, der oft so giftig ist, daß Gesundheitsmaßnahmen befolgt werden müssen.

Der beste Ausgangspunkt für die Besichtigung des San Gabriel Valley ist **Pasadena**, von hier erreicht man auch leicht das Gamble House, das Norton Simon Museum, die Huntington Art Gallery und einen Abschnitt des Colorado Boulevards.

Einige Kilometer weiter südlich entstand die erste feste Siedlung im Tal um die **Mission San Gabriel Arcangel** (537 West Mission Drive, San Gabriel), die 1771 gegründet wurde. Innerhalb der anderthalb Meter dicken Mauern ist der ursprüngliche Altar noch erhalten. Leider wurde die Mission wegen Erdbebenschäden geschlossen, nur noch die Gartenanlagen und die restaurierte Küche sind für das Publikum geöffnet.

An die grüne Vergangenheit des Tales erinnert das **LA Arboretum** (301 N Baldwin Avenue, Arcadia): Auf den über 50 Hektar einer ehemaligen mexikanischen Ranch gedeihen mehr als 30 000 exotische Pflanzen aus verschiedenen Kontinenten. Die **Descanso Gardens** (1481 Descanso Drive, La Canada) bieten, abgesehen von weiteren Pflanzen, ein orientalisches Teehaus, das mit Erfrischungen aufwartet.

Nicht versäumen sollten Sie einen Besuch des **Southwest Museums** (gleich neben dem Pasadena Freeway in 234 Museum Drive, Highland Park), die verwirklichte Idee von Charles Lummis, der früh anfing, LAs architektonisches Erbe zu dokumentieren (siehe Seite 122–23). Neben der Nachbildung eines Lehmziegelbaus aus den 50er Jahren des 19. Jahrhunderts, der für das mexikanische Kalifornien typisch ist, behandelt das Museum verschiedene amerikanische Kulturen.

San Gabriel Mountains, von Pasadena aus gesehen.

Map:

Rose Bowl Stadium · Brookside Park · Gamble House · COLORADO FREEWAY · Pacific Asia Museum · Rathaus · PASADENA · SIERRA MADRE BLVD · 210 · Santa Anita Park Race Track · COLORADO BLVD · 210 · Carmelita Gdns & Norton Simon Art Mus · Civic Auditorium · Kidspace · EAST PASADENA · LA State & County Arboretum · Arcadia Country Park · ARROYO BLVD · LA LOMA RD · CALIFORNIA BLVD · CHAPMAN WOODS · ARROYO PKWY · Huntington Library, Art Gallery and Botanical Gardens · FIGUEROA ST · YORK BLVD · PASADENA FREEWAY · El Molino Viejo · HUNTINGTON DRIVE · SAN MARINO · SAN GABRIEL BLVD · ROSEMEAD BLVD · BALDWIN AVE · ARCADIA · HIGHLAND PARK · 210 · Southwest Museum · Arroyo Seco Park · Casa de Adobe · SOUTH PASADENA · Mission San Gabriel Arcangel · LAS TUNAS DRIVE · SAN GABRIEL · 0 1 2 km · 0 1 Meile

Mit dem Auto

Das San Gabriel Valley

Beginnen Sie im Southwest Museum in Highland Park. Folgen Sie dem Pasadena Freeway Richtung Norden, und fahren Sie auf den Arroyo Boulevard ab, von hier nach Norden zum Rose-Bowl-Stadion. Seit 1923 findet im **Rose-Bowl-Stadion** jedes Jahr an Neujahr das Rose-Bowl-Fußballspiel statt.

Den Rosemont Boulevard entlang folgen Sie den Schildern zum Gamble House. Das **Gamble House** ist ein Glanzbeispiel der Architekturbewegung California Arts & Crafts.
Fahren Sie auf der Prospekt Street eine halbe Meile (0,8 km) nach Süden, und biegen Sie dann links auf den Colorado Boulevard ab. Nach sechs Meilen (10 km) sind Sie am Santa Anita Racetrack. Der **Santa Anita Racetrack** ist eine berühmte Pferderennbahn und die Geburtsstätte des Fotofinish.

Nach einem kurzen Stück zurück biegen Sie nach Süden auf den Rosemead Boulevard ab. Drei Meilen fahren Sie nach Westen auf den Las Tunas Drive und folgen den Schildern zur Mission San Gabriel Arcangel. Einst war sie die einzige feste Siedlung im Tal, heute ist die umfassend restaurierte Mission **San Gabriel Arcangel** von Vororten umgeben.

Zu Fuß

Pasadena

Beginnen Sie in der öffentlichen Bibliothek 285E Walnut Street.
Die im Renaissance-Stil erbaute Bücherei wurde 1927 fertiggestellt.

Gehen Sie die Garfield Avenue Richtung Süden hinunter bis zum Rathaus.
Der Hof des Rathauses im spanischen Barock umgibt einen Garten mit Brunnen, und eine Treppe führt auf die Kuppel hinauf.

Folgen Sie der Garfield Avenue, gehen Sie dann nach rechts auf den Colorado Boulevard und überqueren Sie die Raymond Avenue auf Ihrem Weg in die Altstadt.

In Pasadenas Altstadt sind noch viele restaurierte Geschäftsfassaden vom Anfang dieses Jahrhunderts erhalten.

Gehen Sie den Colorado Boulevard bis zum Norton Simon Museum (siehe Seite 155) entlang. Kehren Sie dann wieder bis zur Los Robles Avenue zurück und biegen Sie nach links zum Pacific Asia Museum ab. Das in der Nachbildung eines chinesischen Palastes untergebrachte **Pacific Asia Museum** zeigt Kunstwerke aus dem Fernen Osten.

Folgen Sie der Los Robles Avenue bis zur Walnut Street. Wenn Sie nach links abbiegen, kommen Sie zur Bücherei zurück.

Disney & Co.

■ Es spricht für den Kontrastreichtum von LA, daß es in seiner Umgebung nicht nur drei Kunstkollektionen von Weltklasse (siehe Seiten 154–55) gibt, sondern auch drei unglaublich beliebte Vergnügungsparks, von denen Disneyland mit Abstand der größte und beste ist ... ■

Die Vergnügungsparks in Kalifornien sind der Traum vieler Kinder.

Ein viergängiges Bankett in einem Pseudo-Schloß aus dem 11. Jahrhundert mit Schwertkämpfen und Ritterturnier sind ein angemessener Abschluß für einen Tag, den man in einem Märchenpark verbracht hat. Am besten reservieren Sie sich im Medieval Times (7662 Beach Boulevard, Buena Park, Tel.: (800) 899 6600) einen Tisch.

Disneyland: Mehr als 300 Millionen Menschen haben Disneyland (1313 South Harbor Boulevard, Anaheim) besucht, seit es 1955 eröffnet wurde. Sei es nun die Begrüßung durch Mickymaus persönlich oder ein Flug durch den Weltraum, in Disneyland kann man auf modernste und brillianteste Art vor der Wirklichkeit flüchten.

So außergewöhnlich Disneyland auch sein mag, sein Animator Walt Disney mußte kämpfen, um seine Geschäftspartner von der Machbarkeit des Parks zu überzeugen. Er beschrieb ihn als »einen Platz, an dem die Menschen Glück und Wissen finden können«. Disney triumphierte, als eine Million Menschen den Park in den ersten Wochen besuchten, und Disneyland seine Schulden von neun Millionen US-Dollar innerhalb eines Jahres zurückzahlen konnte.

Der Dschungel von Touristenhotels und Restaurants um den Park sind Beweis genug, daß Disneyland nie verlassen daliegt. Wählen Sie den Besuchstag sorgsam aus, das erspart Ihnen stundenlanges Schlangestehen. Kommen Sie möglichst an einem Tag mitten in der Woche zwischen Mitte September und Mitte Juni.

Gehen Sie zuerst nach **Tomorrowland**. Treten Sie hier in einer Rakete in die Umlaufbahn des Saturn ein, wagen Sie sich auf der Submarine Voyage in die Unterwasserwelt, sehen Sie, wie ein 3D Michael Jackson einen Planeten rettet, und schnallen Sie sich an, bevor Sie mit Star Tours durch den Weltraum reisen.

Viele der frühen Disneyfiguren tauchen in dem weniger aufregenden **Fantasyland** auf. Zu den Fahrten gehören hier Schneewittchens schreckliche Abenteuer, Peter Pans Flug und Pinocchios gewagte Reise.

Im **Frontierland**, über dem der Pioniergeist der frühen Amerikaner schwebt, entkommen Sie im Zug der Big Thunder Mountain Railroad nur knapp dem Tod. Nebenan, unter den schmiedeeisernen Balkonen des New Orleans Square, wüten die Piraten der Karibik, und im Haunted Mansion (Geisterhaus) kitzeln Sie die Spinnenweben.

Knotts Berry Farm: Kleiner und weit weniger professionell als Disneyland präsentiert sich die Knotts Berry Farm (8039 Beach Boulevard, Buena Park). Die ehemalige Goldgräberstadt aus dem Jahre 1848 wurde während der Weltwirtschaftskrise von dem Farmer John Knott in einen Vergnügungspark verwandelt, um die Gäste zu unterhalten, die wegen den 65-Cent-Abendessen seiner Frau kamen. Die Geisterstadt gibt es immer noch, obwohl seit Knotts Zeiten Millionen Dollar in den Park gepumpt worden sind. Erst kürzlich wurde das teure und beeindruckende **Königreich der Dinosaurier** fertiggestellt, in dem Sie in die Zeit zurückversetzt werden, als auf der Erde noch Kreaturen wandelten, die den hiesigen elektronischen Robotern ähnelten. Etwas weiter, im **Camp Snoopy**, kommt bei Jugendlichen erst gar keine Langeweile auf: Sie fühlen sich in Gesellschaft der Peanuts-Figuren sichtlich wohl.

Six Flags Magic Mountain: Dieser Vergnügungspark (26101 Magic Mountain Parkway, Valencia) ist fast ausschließlich dem Ziel gewidmet, Menschen zu Tode zu erschrecken. Eine riesige Achterbahnanlage sowie andere Attraktionen liegen auf 80 Hektar Hügelland und Waldgebiet verteilt.

Auf der Knotts Berry Farm steht die Welt kopf.

Der Colossus im Six-Flags-Park soll die schnellste und größe Achterbahn aus Holz sein, die je gebaut wurde. Aus einer Höhe von 33 Metern geht es hinunter, doch das ist nur der Anfang dieser aufregenden Bahn, die gute zwei Kilometer lang in die Höhe fährt, bevor sie die Schwerkraft in die Tiefe brausen läßt. Doch die Revolution steht dem Colossus in nichts nach. Auf und ab geht es auf ihren stählernen Schienen, bevor sie ihre erblaßten Passagiere rund um einen Looping befördert. In der Achterbahn mit dem treffenden Namen Shock Wave (Schockwelle) stehen Sie bei der Fahrt um unzählige Kurven.

▶▶▶ Santa Catalina

Der schönste Tagesausflug in die Umgebung von LA beginnt mit einer einstündigen Überfahrt nach Santa Catalina, einer Insel, die 26 Meilen (42 Kilometer) vor der Küste des Orange County liegt. Auf der Insel liegt die einzige Stadt (Avalon, Einwohnerzahl: 2000) in ganz Kalifornien, in der niemand mit dem Auto fährt.

Geschichte: Viertausend Jahre lebten hier die Gabrieleño-Indianer, bis Anfang des 19. Jahrhunderts weiße Pelzjäger auf die Insel kamen und der Stamm auf das Festland umgesiedelt wurde. Catalina wurde zu einem Treffpunkt für Schmuggler und Piraten bis William Wrigley jr. (aus der Wrigley-Kaugummi-Dynastie) die Insel 1911 kaufte. Er entdeckte eine Lücke in der Gesetzgebung des Bundesstaates und eröffnete in Avalon ein Spielkasino.
Die Jugendstil-Einrichtung des Kasinos, das heute als der **Avalon Ballroom** bekannt ist, wurde restauriert und erstrahlt in neuem Glanz. Nach seiner Besichtigung können Sie sich im angrenzenden **Catalina Museum** über die Geschichte der Insel informieren.
Außer dem Kasino und dem Museum verfügt Avalon auch über einen Pier, einen kleinen Sandstrand und seltsame Bauten in Hülle und Fülle. Von hier aus können Sie Ausflüge mit dem Glasbodenboot unternehmen oder die Inselbewohner bestaunen, wenn sie in ihren elektrisch betriebenen Karren vorüberfahren (um Luftverschmutzung zu vermeiden, wurden Autos so gut wie abgeschafft).

Außerhalb von Avalon: Um den Rest der Insel zu erkunden, müssen Sie sich in das unberührte Inselinnere aufmachen. Die einzige Straße – eigentlich nur ein schmaler

Mehrere Boote segeln täglich von Santa Catalina nach San Pedro, Long Beach sowie (im Sommer) Newport Beach und Redondo Beach. Die Hin- und Rückfahrt kostet zwischen 25 und 30 US-$. Es verkehren Fähren der Unternehmen Catalina Cruises, Tel.: (714) 675 5777, Catalina Express, Tel.: (800) 995 4FUN und Catalina Passenger Service, Tel.: (714) 673 5245. Auf der Insel können Sie Avalon mit dem Fahrrad oder einem elektrisch betriebenen Wagen erkunden, die an Ständen in der Crescent Avenue vermietet werden. Wer das Landesinnere allein erforschen möchte, benötigt eine Erlaubnis vom Visitor Information Center gegenüber vom Pier.

Santa Catalina.

Weg – führt zum Flughafen der Insel, vorbei am **Orizaba**, der höchsten Erhebung von Catalina mit einer märchenhaften Aussicht auf das Meer, und vorbei an Hängen, auf denen Büffel und Antilopen grasen.

William Wrigley jr. steckte etwas von dem Profit, den er mit dem Kasino machte, in die Santa Catalina Conservancy, eine Organisation zur Erhaltung der Insel, die viele Arten der einzigartigen Flora und Fauna unter Schutz stellte. Dazu gehören auch verschiedene Wildblumen, die in den **Wrigley Botanical Gardens** (1400 Avalon Canyon Road) zu bewundern sind.

Das ehemalige Wohnhaus der Wrigleys (am Wrigley Terrace Drive), die Sommerresidenz der Familie, ist heute ein Gasthaus. Auch das frühere Haus im Pueblo-Stil von Zane Grey (199 Chimes Tower Road) ist ein Hotel. Der Western-Autor kam für die Verfilmung seines Buches »The Vanishing American« nach Catalina und verliebte sich so in die Insel, daß er sie nie mehr verließ.

San Fernando Valley

Die vollendete Schlafstadt der vollendeten Metropole: 1,8 Millionen Menschen leben auf den 177 Quadratmeilen des San Fernando Valleys, einer weiten Fläche mit lauter ähnlichen Bungalows. Die Talbewohner tätigen ihre Einkäufe in Zentren, durch die sie von den legendären Valley Girls gehetzt werden, die dem Lexikon des LA-Straßenjargons saftige Ausdrücke wie »gag me with a spoon« (knebel mich mit einem Löffel) hinzugefügt haben.

Wie das San Gabriel Valley im Osten begann auch im San Fernando Valley die Besiedlung durch die Weißen mit einer spanischen Mission. Später, unter der Herrschaft der Mexikaner, wurde es in riesige Ländereien aufgeteilt.

Ausdehnung: Erst nachdem 1913 Wasser über den Owens-Aquädukt floß und das San Fernando Valley an die Verwaltung von LA angeschlossen wurde, dehnte sich die Stadt richtig aus. Filmgesellschaften kamen auf der Flucht vor Hollywood, die Schwerindustrie folgte, und der Bau der Freeways machte das Tal zur idealen Schlafstadt von LA.

Sehenswürdigkeiten: Die meisten Touristen besichtigen die Film- und TV-Studios in North Hollywood und Burbank (siehe Kasten) und den Glendale's Forest Lawn Cemetery (siehe Seite 165) oder bewundern die Achterbahnen im Vergnügungspark Six Flags Magic Mountain (siehe Seiten 161–62). Auf den ersten Blick würde man es nicht vermuten, aber im San Fernando Valley wird einiges unternommen, um auch die Vergangenheit lebendig zu erhalten.

Der Brennpunkt des Tallebens um die Jahrhundertwende war die **Mission San Fernando Rey** (15151 San Fernando Mission Boulevard), deren Kirche, Glockenturm und Kloster vollständig wiederaufgebaut wurden. Viele der ursprünglichen Werkstätten und Lagerräume wurden wieder eingerichtet, um den Besuchern einen Einblick in den Ablauf des Missionslebens zu vermitteln.

Im Brand Park, gegenüber von der Mission, werden Pflanzen und Sträucher von anderen kalifornischen Missionen angebaut. Einige Straßen weiter, organisiert die San Fernando Historical Society immer wieder Ausstellungen im **Andres Pico Adobe** (10940 Sepulveda Boulevard), einem Lehmziegelbau, der 1834 von Indianern erbaut wurde.

Die spektakulärste Filmtour im San Fernando Valley, die Universal Studios Tour, Tel.: (818) 508 9600, bietet ihren Besuchern eine Schießerei in einem Western-Saloon sowie die Teilung der Wassermassen des Roten Meeres. Über aktuellste Technik in der Filmproduktion erfahren Sie mehr auf der Warner Brothers Studios VIP Tour, Tel.: (818) 954 1744, besucht werden die Räume mit der modernsten Ton- und Filmschneidetechnik.

Mit seinen 800 Metern Länge ist das Wandgemälde *Tujunga Wash* das längste Kunstwerk dieser Art in der Welt, und es wird immer länger. Es erzählt die Geschichte Kaliforniens und läßt auch die dunklen Episoden des Staates nicht aus. Sie finden das Wandgemälde, ein Gemeinschaftsprojekt, das vom Venice Arts Center geleitet wird, am Coldwater Canyon Boulevard, zwischen dem Burbank Boulevard und der Oxnard Street.

Encino: Weitere geschichtliche Anziehungspunkte finden Sie in Encino, einem grünen Reichenviertel im Westen des Tales. Im Los Encinos State Historic Park gedeihen Eukalyptusbäume, und die natürliche Quelle des Parks löschte schon 1769 den Durst einer Gruppe von spanischen Entdeckern. 1849 wurde hier der Osa Adobe mit seinen neun Zimmern erbaut. Einen überraschenden Anblick im Park bietet ein Kalksteingebäude in französischem Stil.

Calabasas: In der Wildweststadt Calabasas, die in der Vergangenheit als Postkutschenstation von Bedeutung war, gibt es zwei etwas ältere Häuser: Als Miguel Leonis, ein Schmuggler, der auf den Beruf des Schaffarmers umsattelte, auf den Lehmziegelbau Leonis Adobe (23537 Calabasas Road) einen zweiten Stock baute, imitierte er den Monterey-Stil, der in den 40er Jahren des 19. Jahrhunderts in Mode war. Im Plummer House aus dem Jahre 1879, das heute den Eingang zum Leonis Adobe bildet, werden Sie über die Zeit informiert, in der es im Tal viele Ranches gab.

Am nördlichen Ende des Tales gehörten das Wohnhaus und der Grund des heutigen William S Hart County Park (24151 San Fernando Road) einem Filmcowboy aus der Stummfilmzeit, der für alle folgenden Westernhelden Modell stand. Vollgestopft mit Wildwestmöbeln und Erinnerungsstücken an Harts Schauspielerkarriere, steht das Haus im Zentrum eines 105 Hektar großen Parks, in dem friedliche Bisons weiden.

Forest Lawn

■ Zum Forest Lawn Cemetery gehören verschiedene Friedhöfe in ganz LA, aber der berühmteste von ihnen – der auch Evelyn Waugh in ihrer satirischen Erzählung »The Loved One« inspirierte – bedeckt eine 120 Hektar große Fläche am Rande des San Fernando Valleys (1712 S Glendale Avenue, Glendale) ... ■

Ein einzigartiges Konzept: Im 1917 gegründeten Forest Lawn sollten Kunst und Landschaftsarchitektur miteinander verschmelzen, um die Lebenden zu erbauen und die Toten in Erinnerung zu halten. Zu diesem Zweck wurde der Friedhof mit fast 1000 klassischen Statuen versehen – unter ihnen auch Nachbildungen von Michelangelos bekanntesten Werken –, einer riesigen Nachbildung von Leonardo da Vincis »Das Letzte Abendmahl« und einem fast 50 Quadratmeter großen Mosaik, auf dem die Unterzeichnung der amerikanischen Unabhängigkeitserklärung dargestellt wird.
Die wenigen Originale im Forest Lawn sind genauso großartig. In der **Hall of the Crucification-Resurrection** sehen Sie das wahrscheinlich größte religiöse Kunstwerk auf Segeltuch, die 60 auf 14 Meter große »Kreuzigung« von Jan Styka. Daneben finden Sie die nur etwas kleinere »Auferstehung« von Robert Clark. In

Statuen im Forest Lawn.

den Kirchen des Friedhofs – genaueste Nachbildungen englischer und schottischer Kirchen aus dem 10. und 14. Jahrhundert – finden inzwischen Beerdigungszeremonien – und Hochzeiten – statt.

Letzte Ruhestätte der Reichen und Berühmten: Der Ruf der Friedhofsanlage selbst stellt die vielen Filmstars, die hier für alle Ewigkeit ruhen, fast in den Schatten. Die Gräber von Clark Gable, Carole Lombard, Jean Harlow und W. C. Fields finden Sie im **Great Mausoleum**, während Clara Bow, Chico Marx, Alan Ladd und Nat King Cole im **Freedom Mausoleum** zur letzten Ruhe gebettet wurden.
Die zweite große Friedhofsanlage des Forest Lawn liegt in den Hollywood Hills am Rand des Griffith Park (6300 Forest Lawn Drive), wo zwischen weiteren Kopien europäischer Skulpturen Buster Keaton, Stan Laurel, George Raft und Liberace begraben liegen.

165

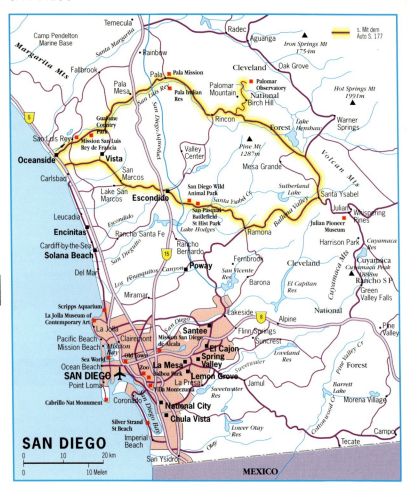

Reichtum, Komfort und Sonnenschein: San Diego ist ein fast idealer Ferienort. Es verfügt zwar nicht über die Romantik San Franciscos und den Glamour von Los Angeles, doch dafür hat es nicht mit Smog oder sozialen Problemen zu kämpfen wie seine beiden nördlichen Rivalen. Und niemand, der hier lebt – ob er sich nun am Strand in der Sonne aalt oder im internationalen Bankengeschäft der Stadt ein Vermögen verdient –, würde Kaliforniens zweitgrößte Stadt gegen eine andere tauschen.

1542 landete Juan Cabrillo, der erste Europäer, der Fuß auf kalifornischen Boden setzte, in Point Loma, einer zerklüfteten Halbinsel um die San Diego Bay. Doch erst mit dem Bau der ersten kalifornischen Mission im Jahre 1769 begann die Besiedelung San Diegos dort, wo sich heute die Altstadt befindet, nämlich sechs Meilen (10 Kilometer) nordwestlich von Downtown (der Innenstadt).

Downtown: Die Innenstadt entstand erst ein paar Jahrzehnte nach der Gründung der USA und wurde zum Zentrum einer klassischen amerikanischen Grenzstadt. Von großem Vorteil war für San Diego die Panama-Kalifornien-

Ausstellung im Jahre 1915. Sie brachte der Stadt internationales Prestige und machte Balboa Park zu einem nationalen Schaufenster für spanische Architektur und Landschaftsarchitektur.

Ein weiterer wirtschaftlicher Aufschwung ereignete sich in den 40er Jahren, als San Diego zum Stützpunkt der Pazifikflotte der US-Marine wurde. Flugzeugträger und Fregatten wurden ein alltäglicher Anblick, und die Gegenwart des Militärs verstärkte den konservativen Ruf der Stadt.

Heute versteht es San Diego, für sich zu sorgen. Restaurierungsprogramme erhielten viele historische Gebiete intakt, zahlreiche Parks und Wasserwege wurden als Erholungsgebiete ausgewiesen, und die Investition von 165 Millionen US-$ in ein atemberaubendes neues Kongreßzentrum verdeutlicht San Diegos Absicht, zu den besucherfreundlichsten Städten der Nation gehören zu wollen.

Die Umgebung von San Diego: Die stark bevölkerten Vororte an der Küste unterscheiden sich stark von den verschlafenen Provinzstädten, die im kargen Landesinneren verstreut liegen.

San Diego liegt außerdem an der Schwelle zu Mexiko: Das städtische Transportsystem führt bis an die Grenze, und Tijuana, auf der anderen Seite, ist leicht zu besichtigen.

Eine Straße in San Diego.

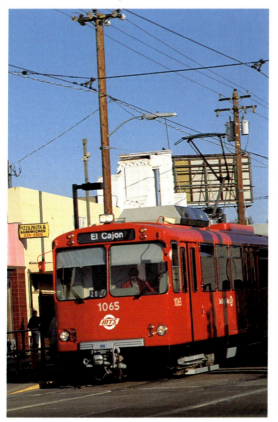

SAN DIEGO

167

Musiker im Balboa Park.

An jedem ersten Dienstag des Monats ist der Eintritt zu fast allen Museen im Balboa Park frei, an anderen Tagen müssen Sie zwischen null bis fünf US-$ zahlen. Mit dem »Balboa-Paß« werden Sie an einem beliebigen Tag in alle vier Museen eingelassen. Die meisten Museen sind montags geschlossen.

Das Globe Theater im Balboa Park, eine ungefähre Nachbildung des Londoner Originals aus dem 15. Jahrhundert, ist eines der drei Theater, die den Simon Edison Complex for the Performing Arts (Simon-Edison-Komplex für Darstellende Künste) bilden. Im Globe Theater finden 500 Menschen Platz. Unter der Telefonnummer (619) 239 2255 erfahren Sie, was auf dem Spielplan steht.

▶▶▶ **Balboa Park**

Anfang des 19. Jahrhunderts pachtete ein einheimischer Botaniker einen Abschnitt an der Nordgrenze des damaligen San Diego. Anstatt Pacht zu zahlen, pflanzte er Bäume und gründete somit das, was 1911 offiziell zum Balboa Park ernannt wurde: 400 Hektar tropische Landschaft nur eine Meile von Downtown entfernt. Hier wurden anläßlich der Panama-Kalifornien-Ausstellung im Jahre 1915 und der Internationalen Kalifornien-Pazifik-Ausstellung Gebäude im spanischen Barock errichtet. Sie sind der Hauptblickfang des Parks, der außerdem eine der größten Ansammlungen von Museen in den USA aufzuweisen hat.

Im nördlichen Teil des Parks findet man das **San Diego Museum of Art**: Die alten Meister Europas, Buddhas im Lotossitz, glitzernde Juwelen aus dem Orient und grelle Exemplare der American Pop Art füllen die großen Räume. Die kleinere **Timkin Gallery** spezialisiert sich auf außergewöhnliche russische Ikonen. Ganz in der Nähe veranstaltet die **Art Institute Gallery** (Galerie des Kunstinstituts) einfache Ausstellungen von einheimischen Künstlern, und die zeitweise stattfindenden Ausstellungen des **Museum of Photographic Arts** (Museum für Fotokunst) sind selten langweilig.

Abgesehen von Kunstmuseen bietet das **Museum of Natural History** (Museum für Naturgeschichte) Unterhaltung und Information. Im **Reuben H Fleet Space Theater and Science Center** werden IMAX-Filme auf eine riesige Leinwand projiziert: So werden die Filmshows – von Weltraumfahrten bis zu Bergbesteigungen – zu einem atemberaubend realistischen Erlebnis.

Das **Museum of Man** (Museum des Menschen) behandelt die Geschichte der ursprünglichen amerikanischen Kulturen des Südwestens der USA. Der Gesamteindruck des Museums ist nicht sehr überzeugend. Das **Museum of San Diego History** dagegen dokumentiert auf interessante Weise die Gründung und das Wachstum der Stadt. Im Zentrum des Balboa Park beherbergt der Freiluft-Pavillon **Spreckels Organ Pavilion** die größte Orgel der Welt, und jedes Häuschen des **House of Pacific Relations** (Haus der Beziehungen mit Ländern am Pazifik) stellt ein paar Kleinigkeiten aus verschiedenen fremden Ländern aus. Im südlichen Abschnitt des Parks (den man zu Fuß oder mit einem kostenlosen Bus erreicht) erzählt das **Aerospace Museum** (Zentrum der Geschichte der Luft- und Raumfahrt) von den Anfängen der Fliegerei sowie der Eroberung des Weltraums. Nebenan behandelt das **Automative Museum** die Geschichte des Transports über Land.

▶▶▷ **Coronado**

Sie erreichen Coronado entweder über die kurvige Coronado Bridge (Coronado-Brücke) von Downtown aus oder mit der Fähre vom San Diego Harbour, dem Hafen. Diese Gemeinde entstand um das **Hotel Del Coronado** herum, ein Gewirr viktorianischer Türmchen, das für kränkliche Reiche aus dem Osten der USA gebaut wurde.

Das Hotel, in dem sich 1920 Edward VIII. und Mrs. Simpson trafen, verwöhnt seine Gäste seit den 80er Jahren des vorigen Jahrhunderts. Im kleinen Museum des Hotels wird der berühmtesten Gäste gedacht. Sie werden auch an den Film »Manche mögen's heiß« erinnert werden, in dem in den 50er Jahren Marilyn Monroe, Jack Lemmon und Tony Curtis über das Hotelgelände tollten.

Außer dem Hotel gibt es in Coronado wenig zu sehen, doch der Trackless Trolley findet genug, um eine 20minütige Tour zu füllen. Der Bus fährt von der Anlegestelle der Fähre ab und hält auch am Hotel.

Feste werden in San Diego viele gefeiert, aber die folgenden sind am schönsten: die mexikanische Feier des Cinco de Mayo (5. Mai) in der Altstadt; das Cabrillo Festival, das in Point Loma stattfindet, eine Nachstellung der Landung der ersten Europäer in Kalifornien (Ende September); die Michelob Street Scene, ein Open-Air-Rockfestival im Gaslamp Quarter (September); und das Over-The-Line-Softball-Turnier, das jeden Juli an den Stränden der Stadt von tausend Teams ausgetragen wird. In der Umgebung von San Diego ist die Del Mar Fair, ein dreiwöchiges Volksfest wie in alten Zeiten (ab Mitte Juni), das Hauptereignis.

Das Hotel Del Coronado.

■ **Wenige kalifornische Städte gingen beim Schutz und bei der Restaurierung ihres architektonischen Erbes so sorgfältig und erfolgreich vor. Seien es die gedrungenen Lehmbauten der ersten Siedler oder die stromlinienförmigen Büroblocks des heutigen San Diego, die Gebäude der Stadt beeindrucken nur selten durch ihre Individualität, gemeinsam ermöglichen sie jedoch einen Einblick in die Entwicklung der Stadt …** ■

Old Town: Viele gedrungene, aber recht komfortable Lehmziegelbauten stehen in der Old Town (Altstadt). Ihre dicken Lehmziegelmauern schützten die Räume im Sommer vor Hitze, und Strohteppiche bedecken den unebenen Boden. Einige schöne Häuser sind dank der Verlegung der Stadt in die Gegend der heutigen Downtown Anfang des 19. Jahrhunderts erhalten geblieben.

Tijuana liegt nur 23 Meilen (37 km) von San Diego entfernt. Ein Besuch der Stadt gibt Ihnen einen Geschmack vom Leben südlich der Grenze. Zoll- oder Einwanderungsbestimmungen sind nicht zu beachten, wer jedoch ein Visum für die Einreise in die USA benötigt, muß die üblichen Formalitäten erledigen (siehe Seite 256).

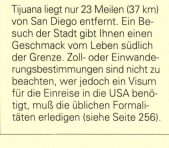

Die Expo: Wenn San Diego ursprünglich auch um eine spanische Mission herum entstand, so besann sich die Stadt erst 1915 ihrer Wurzeln. Dann nämlich wurden anläßlich der Panama-Kalifornien-Ausstellung im Balboa Park sechs Gebäude im spanischen Barock errichtet. Eigentlich hatte man beabsichtigt, nur einige der Bauten stehen zu lassen, doch der Erfolg der Exposition und die Beliebtheit der Gebäude bei den Stadtbewohnern konnte unmöglich ignoriert werden. Aus- und Wiederaufbauarbeiten begannen, und zwanzig Jahre später wurde eine zweite Ausstellung veranstaltet, die diesmal das Auftauchen der Stadt aus der Wirtschaftskrise signalisierte. Das weiträumige, spanisch-maurische Santa Fe Railway Depot am Broadway in Downtown wurde ebenfalls für die Ausstellung im Jahre 1915 entworfen und bietet Zugfahrern nach wie vor einen erfreulichen Anblick. Seit kurzer Zeit jedoch wird der Bahnhof überschattet vom American Plaza, einem Gebäudekomplex, der Büros und Geschäfte beherbergt, und von der neuen Rolle der Stadt als Zentrum der Hochfinanz kündet.

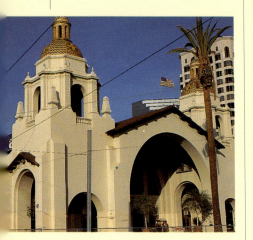

Das Santa Fe Railroad Depot ein schönes Beispiel spanisch-maurischer Architektur.

Das Gaslamp Quarter: In Downtown erinnern die Ziegelhäuser aus der Zeit um die Jahrhundertwende an die Jahre des wirtschaftlichen Aufschwungs. Die Eigentümer dieser Handelsbauten steckten ihren erworbenen Reichtum in malerische Häuser, von denen viele nördlich, im Hillcrest-Viertel, zu bewundern sind.

Promenade in Mission Beach.

▶▶▶ Downtown

Im **Gaslamp Quarter** in San Diegos Downtown, das leicht zu Fuß zu erkunden ist, wimmelt es nur so von Bankern, Bettlern, Anwohnern, Touristen und Imbißverkäufern. Zum »Gaslampenviertel« gehören 16 kurze Straßenzüge südlich des Broadway zwischen der 4th und 6th Avenue. Muster aus rotem Ziegel und andere romanische Stilelemente schmücken viele der Bauten, die zwischen den 60er Jahren des vorigen und den 20er Jahren dieses Jahrhunderts errichtet wurden. Beginnen Sie Ihren Spaziergang am William Heath Davis House (410 Island Avenue), einem einfachen Holzhaus aus dem Jahre 1850, von dem auch samstags um 11 Uhr die geführten Stadtrundgänge ausgehen.

▶▶ Mission Bay

Wo einst zwischen Downtown und Mission Beach Marschland war, liegen heute die Lagunen und Strände des Mission Bay Parks, der Wassersportenthusiasten viele Möglichkeiten bietet. Mission Bay ist auch die Heimat der **Sea World** (Meereswelt), die wegen ihrer Dressuren von intelligenten Lebewesen für das Amüsement der Menschen auch Zielscheibe zahlreicher Kritiken ist. Doch Sea World betont, daß die Grundlagenforschungen und Aufzuchtprogramme der Meeresfauna nachhaltig zu gute kommen.

▶▶▶ Mission Valley

Ab dem Jahre 1769 thronte Kaliforniens erste spanische Mission auf der Hügelspitze, von der aus man den Blick auf das Gebiet frei hatte, wo San Diego seine Anfänge hatte und heute die Old Town (Altstadt) steht. Fünf Jahre später wurde die Mission sechs Meilen (10 Kilometer) weiter nach Norden verlegt, und die Old Town (siehe Seite 172) verschwand fast vom Erdboden, als das neue San Diego (die heutige Downtown) gegründet wurde.

Die restaurierten Gebäude der Old Town sind einen Bummel durch das Viertel wert, wenn es hinsichtlich der Atmosphäre auch nur wenige mit der wieder aufgebauten alten **San Diego Mission** (10818 San Diego Mission Road) aufnehmen können. Das Missionsgebäude erfüllt immer

Im späten 19. Jahrhundert war San Diego eher für seine Saloons und Freudenhäuser berühmt als für seine Kultur. Um dies zu ändern, taten sich einige reiche Siedler zusammen und bauten ein unwiderstehlich schönes Haus, die Villa Montezuma (1925 K Street), um den bekannten britischen Ästheten und Unterhaltungskünstler Jesse Shepard in die junge Stadt zu locken. Shepards Wirkung auf die Gemeinde sowie sein Faible für Bleiverglasungen und Spiritualismus sind auf den Besichtigungstouren durch den liebevoll restaurierten Lehmziegelbau erkennbar.

SAN DIEGO

Die Old Town erreichen Sie auch mit dem Old Town Trolley, einem Bus, der die Altstadt mit Balboa Park, Coronado und Downtown verbindet. Auf dieser zweistündigen Rundfahrt werden Sie vom Fahrer mit amüsanten Geschichten unterhalten. Die Fahrkarten sind für mehrere Fahrten am selben Tag gültig (Auskunft erhalten Sie unter Tel.: (619) 298 8687).

noch einen spirituellen Zweck, ist aber inzwischen auch Teil der riesigen Stadtlandschaft im Mission Valley. Das Missionsmuseum ist recht umfangreich.

▶▶▶ Old Town

In der ersten dauerhaften Siedlung San Diegos lebte hauptsächlich das Personal des *presidio* (des Militärforts, das die Mission schützte) am Fuße des Hügels neben der Mission. Innerhalb des Old Town State Historic Park wurden mehrere der ältesten Gebäude San Diegos restauriert, und in weiteren Bauten wird die Erinnerung an vergangene Zeiten bewahrt.

Die Lehmziegelbauten vom Anfang des 19. Jahrhunderts sind die interessantesten Gebäude. Das größte von ihnen, ist die **Casa de Estudillo.** Sie gehörte José Estudillo, dem ersten Befehlshaber des presidio. Nach Estudillos Tod lebten hier sein Sohn, dessen Frau und ihre zwölf Kinder.

José Estudillos Schwiegersohn, Juan Bandini, war eine weitere Persönlichkeit in der frühen Geschichte San Diegos. Er machte sein Heim, die Casa de Bandini, zu einem bekannten Treffpunkt. Als Bandini harte Zeiten trafen, wurde das Haus verkauft und in ein Hotel verwandelt. Heute ist es ein nettes mexikanisches Restaurant.

San Diego kam 1846 unter die US-Herrschaft. An diese Ära erinnern verschiedene Gebäude: die Mason Street School; die Western-Ausstellungsstücke in den Seeley Stables (Seeley-Ställen); das Gewerkschaftsgebäude, in dem 1868 die erste Ausgabe der immer noch wichtigsten Zeitung der Stadt gesetzt wurde; das Whaley House Museum (gleich außerhalb des Parks in 2482 San Diego Avenue),

Rast im Bazaar del Mundo, der schicken Version eines mexikanischen Straßenbazars.

der erste Ziegelbau San Diegos, der mit den für einen reichen Siedler der 50er Jahre des 19. Jahrhunderts typischen Einrichtungsgegenständen ausgestattet ist.

Auf einer Seite des Parks zieht sich am Rand der Bazaar del Mundo hin, die Imitation eines mexikanischen Straßenbazars, dessen gefliester Hof von Restaurants und Kunsthandwerksläden umgeben ist.

▶▶▶ Presidio Park

In einer getreuen Nachbildung der ursprünglichen Mission, und ganz in der Nähe ihrer ursprünglichen Lage auf der Spitze des Presidio Parks, bietet das Junipero Serra Museum einen bescheidenen Einblick ins spanische Missionsleben in Kalifornien. Der krasse Kontrast zwischen den alten Fotos und einem Blick aus dem Fenster macht das unglaubliche Wachstum der Stadt in den letzten Jahren deutlich: friedliche Orangenhaine, die in nur wenigen Jahrzehnten zu ständig verstopften Freeways wurden.

▶▶▶ Point Loma

Reiche Wohnviertel, Marinestützpunkte, dichte Wälder und Küstenklippen charakterisieren die zehn Meilen (16 km) lange Halbinsel Point Loma, welche die San Diego Bay vom Pazifik trennt.

Am südlichsten Punkt von Point Loma markiert das einfache **Cabrillo National Monument** die Stelle, an der Juan Cabrillo, ein portugiesischer Abenteurer, im September 1542 als erster Europäer kalifornischen Boden betrat.

Der Blick über die Bucht zur Skyline von San Diego ist Grund genug, hierher zu kommen. Außerdem gibt es einen Leuchtturm aus dem 19. Jahrhundert zu besichtigen.

▶▶▶ San Diego Harbour

Am San Diego Harbour (Hafen von San Diego) legen viele Fähren und Segelboote ab. Das schönste der drei Schiffe, die im **Maritime Museum** (Meeresmuseum) vertäut liegen, ist die *Star of India*, ein voll ausgerüstetes Drei-Master-Schiff, das die sieben Weltmeere ab 1863 besegelte.

Die nahegelegenen Piers sind die Ablegestellen für Hafenrundfahrten, Walbeobachtungsausflüge und für die Fähre nach Coronado (siehe Seite 169). Wer festen Boden unter seinen Füssen bevorzugt, folgt einfach dem Embarcadero, der sich um die Bucht herum, an Joggern, Roller-Skatern und Drachenfliegern vorbei, zu den Souvenirläden in Seaport schlängelt. Falls Sie noch nicht müde sind, können Sie den Weg noch bis zum Gaslamp District gehen.

▶▶▶ San Diego Zoo

Im Norden des Balboa Park begann man den San Diego Zoo 1915 mit den Tieren, die von der Panama-Kalifornien-Ausstellung übriggeblieben waren. Spezialisiert hat sich der Zoo auf die Schaffung verschiedenster Lebensräume – von tiefen Canyons bis zu tropischem Regenwald. Wo immer es möglich ist, werden Gräben und andere natürliche Begrenzungen Gitterstäben vorgezogen.

Zu den 4000 Zoobewohnern, die sich auf gut 50 Hektar üppig bewachsenem Grund tummeln, gehören die größte Koalagemeinde der USA, einige Galapagos-Schildkröten (wie die Koalas eine vom Aussterben bedrohte Tierart) und verschiedene Affenarten. Im Children's Zoo (Kinderzoo) leben viele kleine Tiere, die die Kinder streicheln können.

Der Zoo von San Diego.

Wann immer es der Zeitplan zuläßt, werden ein oder mehrere Schiffe der US-Marine am Ende des Broadway Pier vertäut, wo sie dann von der Öffentlichkeit besichtigt werden können. Ganz in der Nähe legen Fähren und Vergnügungsboote, wie z. B. die San-Diego-Bay-Fähre (auch Coronado-Fähre genannt), nach Coronado ab. Es werden auch Buchtrundfahrten und Tagesausflüge in die mexikanische Küstenstadt Ensenada angeboten.

Sand und Meer

■ **San Diego ist für Wasserratten und Sonnenanbeter genau das Richtige. Ob Sie nun surfen, schwimmen, sonnenbaden oder völlig entblößt am Strand liegen wollen, irgendwo an der 70 Meilen (110 km) langen Küste finden Sie bestimmt das ideale Plätzchen dazu ...** ■

174

In einer Stadt, die fast ganz vom Meer umgeben ist, nimmt es nicht wunder, daß Wassersport der große Renner ist. Dem Segelsport frönt vor allem die Schickeria, aber das Surfen schlägt die meisten Wasserratten in seinen Bann. Versuchen Sie Ihr Glück! Für etwa 18 US-$ pro Tag kann man in einem der vielen Läden am Ocean Beach und Mission Beach ein Brett mieten. Wer aus sich selbst keinen Narren machen möchte, schaut den Meistern dieser Kunst am Tourmaline Surfing Park und am Windansea Beach in La Jolla zu.

Imperial Beach: Der abgelegene Imperial Beach an San Diegos südlichstem Ende ist nicht zuletzt wegen der Angst vor mexikanischem Abwasser so ruhig. Am Nordrand der Stadt trifft man jedoch auf den vielversprechenderen Silver Strand Beach, der die San Diego Bay vom Pazifik trennt.

Silver Strand State Beach: Teile des Silver Strand sind ein ideales Revier für Strandgutsammler. Seinen Name verdankt er den Millionen kleiner, silberner Muscheln, die auf ihn gewaschen werden. Andere, mit Picknicktischen und Grillplätzen ausgestattete Abschnitte des Strandes füllen sich an Wochenenden mit Familien.

Ocean Beach: Auf der anderen Seite der Bucht kennzeichnen steil abfallende Klippen die Küste der Halbinsel Point Loma. Eine beachtenswerte Ausnahme ist jedoch der Ocean Beach, ein Treffpunkt von Surfern und Schauplatz vieler Strandparties, wenn auch nicht mehr in dem Ausmaß wie vor ein paar Jahren. Der Dog Beach (Hundestrand) an der nördlichen Spitze ist für freilaufende Hunde und ihre Herrchen und Frauchen reserviert. So etwas gibt es nur in Kalifornien!

Mission Beach: Verlassen Sie San Diego nicht, ohne Mission Beach gesehen zu haben, das klassische Beispiel eines südkalifornischen Strandes. Abseits vom Strand begann sich 1991 ein nostalgisches Karussell wieder zu drehen, und schicke Geschäfte und das Fitneßzentrum von Belmont Park traten an die Stelle eines heruntergekommenen Vergnügungsparks. Die neuen Errungenschaften brachten zwar mehr Familien nach Mission Beach, haben aber wenig dazu beigetragen, die hedonistische Einstellung der Jugend anzuknacksen.

Pacific Beach: Genau nördlich von Mission Beach liegt der ruhigere und vornehmere Pacific Beach. Nichtsdesto-

Mission Beach – ein klassischer kalifornischer Strand.

Blaues Meer, weißer Sand ... das ist Mission Bay.

trotz befinden sich hier die Bars und Diskotheken, die bei den Feiernden von Mission Beach nach Einbruch der Dunkelheit besonders beliebt sind. Der Pacific Beach läßt auch den Übergang vom eigentlichen San Diego ins Reichenviertel La Jolla nicht gar so abrupt erscheinen. Der dortige Tourmaline Surfing Park und der Windansea Beach sind bei guten Surfern wohlbekannt. Im kristallklaren Wasser der La Jolla Cove verbergen sich ein Meerespark sowie mehrere mit Schnorcheln erforschbare Höhlen.

Ist Ihr Ziel eine nahtlose Bräune, so sollten Sie sich zum Black's Beach ein paar Kilometer nördlich von La Jolla aufmachen, wo nackt Volleyball gespielt wird (obwohl Nacktheit 1971 gesetzlich verboten wurde). Vielleicht drücken die Behörden beide Augen zu, weil der Strand durch 300 Meter hohe Sandsteinklippen vor neugierigen Augen geschützt und nur über einen gefährlichen Fußpfad zugänglich ist.

Stars am Strand: Viele Menschen am Del Mar Beach verbringen ihre Zeit damit, Stars aus Film, Sport und Fernsehen auszumachen, obwohl die oft lieber an ihrem Swimmingpool als am Strand die Sonne genießen. Ein paar Kilometer weiter nördlich ist der Solana Beach etwas weniger elitär, was auch für den Moonlight State Beach zwischen Leucadia und Encinitas gilt. Hier beginnt ein von Surfern belagerter Strand, der sich über zehn Meilen (16 Kilometer) bis nach Carlsbad zieht und an die Songs der Beach Boys erinnert. Auch in den Bars und Lokalen um den Strand herrscht noch eine Atmosphäre wie in den 60er Jahren.

Der Marinestützpunkt Camp Pendleton: An der Grenze zum San Diego County kommt dann mit dem Marinestützpunkt Camp Pendleton der totale Kontrast: Abgesehen von einem Atomkraftwerk verschandeln hier keine Gebäude die Landschaft, und drei makellose Strände verfügen über die beste Surfbrandung in den ganzen USA.

Von Mitte Dezember bis März schwimmen die Grauwale vom Eismeer nach Süden in die warmen Gewässer vor der Baja California. Mit etwas Glück sehen Sie von der Aussichtsplattform in der Nähe des Cabrillo National Monument auf Point Loma oder von Whale Point in La Jolla aus einen Wal. Wer gern aus der Nähe einen Blick auf die Wale werfen möchte, nimmt an einer Bootsfahrt teil.

Die Umgebung San Diegos

▶▶▶ Carlsbad

In Carlsbad, einer der besonderen Küstengemeinden im Hinterland von San Diego, läßt es sich gut bummeln. Zu den Touristenläden in der Innenstadt gehört auch das **Alt Karlsbad Hanse**, durch dessen Tür man ein kleines Museum betritt, das an den Glücksfall erinnert, der der Stadt Ende des 19. Jahrhunderts zu Reichtum verhalf. Damals nämlich wurde eine natürliche Quelle für ihre gesundheitsfördernden Eigenschaften bekannt.

▶▶▶ Chula Vista

Aufgrund seiner Lage in einer Bucht konnte sich Chula Vista innerhalb des Einzugsgebietes von San Diego eine eigene Identität verschaffen. Seine Spazierwege durch den Hafen vorbei an Yachten und Fischerbooten sind traumhaft, und das **Nature Interpretive Center** gibt eine solide Einführung in die Ökologie der Sumpfzonen Kaliforniens. Einige der 130 Vogelarten, die hier beheimatet sind, können vom Aussichtsturm aus beobachtet werden.

▶▶▶ Cuyamaca

Auf dem Weg in die benachbarte Anza-Borrego-Wüste wird Cuyamaca und der 10 000 Hektar umfassende **Cuyamaca Rancho State Park** von Touristen oft vernachlässigt. Durch die verschiedenen Landschaften des Parks – von Eichen- und Kiefernwäldern bis zu von Bergflüssen durchzogenen Hochlandwiesen – führen kilometerweise Wanderwege, die besonders Wanderer und Camper anziehen. An Campingplätzen herrscht auch kein Mangel. In der Nähe des Informationszentrums befindet sich ein kleines Museum, das an den tapferen Widerstand der Indianer weißen Siedlern gegenüber erinnert, die im 19. Jahrhundert die Baumbestände dieser Gegend plündern wollten.

Indianermuseum in Cuyamaca.

Auf den riesigen Klippen, die La Jolla von Del Mar trennen, erstreckt sich das 400 Hektar große Torrey Pines State Preserve, mit einem der zwei Bestände an Torrey-Kiefern, die es auf der Welt noch gibt. Aufgrund des salzhaltigen Bodens wachsen die Kiefern hier nur drei Meter in hundert Jahren, und die Winde formen sie zu eigenartig gedrungenen Bäumen, die eine Wanderung zu einem unvergeßlichen Erlebnis machen.

▶▶▶ Del Mar

Der Schauspieler Bing Crosby und der Sänger Pat O'Brien verhalfen dem Ferienort Del Mar in den 30er Jahren zu neuem Glanz: Sie investierten in die dortige Pferderennbahn, die bald zu einem architektonischen Meisterwerk wurde und den Ruf der Stadt als Aufenthaltsort der Hollywood-Stars festigte. Die eigentlichen Anziehungspunkte der Stadt sind heute der Strand sowie die Geschäfte und Restaurants in der 15th Street.

Mit dem Auto

**Highway-76
und Highway-78**

(Siehe Landkarte auf Seite 166.)
*Verlassen Sie Oceanside auf dem High-
way-76; fahren Sie fünf Meilen (8 km)
nach San Luis Rey.*
Links sehen Sie die **Mission San Luis
Rey**. Sie ist die größte der kalifornischen Missionen (siehe Seite 180)
und wurde 1798 gegründet.

Fahren Sie drei Meilen (5 km) weiter.
Das **Guajome Adobe** rechter Hand
war einst das Zentrum der Rancho Guajome (siehe Kasten auf dieser Seite).
Heute befindet sich der Lehmziegelbau mitten im **Guajome County Park**.

*Fahren Sie auf dem Highway-76 weiter
und in das Pala-Indianerreservat hinein.*
Die **Pala Mission** auf der linken Seite
wurde 1816 gegründet. Heute dient
sie religiösen und schulischen
Zwecken. Das Innere der Kapelle ist
mit Wandgemälden der Pala-Indianer
geschmückt (siehe Seite 180).

*Fahren Sie 24 Meilen (38 km) weiter und
biegen Sie dann links auf die Road S6
zum Palomar-Observatorium ab.*
Seit den 40er Jahren werden mit
dem Fünf-Meter-Teleskop des **Palo-
mar-Observatoriums** Galaxien am
Rande des uns bekannten Universums fotografiert. Das Museum
wartet mit Fotos sowie erklärenden
Hinweisen auf, und das mächtige
Teleskop kann von der Besucher-
galerie aus bestaunt werden.

*Kehren Sie auf den Highway-76 zurück
und legen Sie die 30 Meilen (48 km) bis
zur Kreuzung mit dem Highway-78 in
Santa Ysabel zurück.*
Kurz vor der Kreuzung sehen Sie links
die kleine **Mission Santa Ysabel** mit
einem Ein-Zimmer-Museum und
einem indianischen Friedhof.

*Fahren Sie auf dem Highway-78 32 Meilen
(51 km) nach Westen, vorbei an Ramona
und dem San Diego Wild Animal Park
nach Escondido.*
Escondido ist inbesondere als Wohnort des Entertainers Lawrence Welk
bekannt, dessen Museum und Ferien-

Nachdem Mexiko von Spanien
unabhängig geworden war, wurden spanisch-mexikanischen
Siedlern, den sogenannten *Californios*, große Ländereien der
Missionen zugestanden, die sie
bestellen durften. Eines dieser
größeren Güter, die Rancho Guajome, dessen Zentrum das Guajome
jome Adobe mit seinen 20 Zimmern war, gehört heute zu den
schönsten Beispielen der damaligen Architektur. Den acht Meilen
(13 km) von Oceanside entfernten Lehmziegelbau lernt man am
besten auf einer Besichtigungs-
tour kennen (Auskunft erhalten
Sie unter Tel.: (619) 565 3600.)

anlage mit Golfplätzen den Nordrand der Stadt einnehmen.

*Fahren Sie auf dem Highway-78
24 Meilen (38 km) nach Carlsbad.*
Der von Surfern nur so wimmelnde
Strand in **Carlsbad** ist typisch für
die Küstenstädte um San Diego.
Doch Carlsbads Vergangenheit als
Kurort macht die Stadt geschicht-
lich interessant (siehe Seite 176).

Das Palomar-Observatorium.

Der Weinkeller Bernardo in der Nähe von Escondido.

▶▶▶ Escondido

Der ruhige und komfortable Wohnort Escondido ist das Zuhause des Entertainers Lawrence Welk. Das Lawrence-Welk-Dorf, zu dem auch ein Abendlokal und ein Welks Karriere gewidmetes Museum gehören, steht am Stadtrand. Ganz in der Nähe bieten die empfehlenswerten Weinkeller Bernardo und Ferrara Gratis-Weinproben und Besichtigungstouren an. Eine weitaus größere Attraktion bildet jedoch der riesige **San Diego Wild Animal Park** (Wildpark), sechs Meilen (10 Kilometer) östlich von Escondido.

▶▶▶ Julian

Nach seiner Gründung durch Goldgräber in den 60er Jahren des 19. Jahrhunderts wurde Julian schnell zu einer der größten Städte im San Diego County. Momentan zählt das Städtchen nur 500 Seelen, die an Wochenenden zahlenmäßig bei weitem von den herbeiströmenden Besuchern übertroffen werden, die wiederum Julians Lage in den dicht bewaldeten Berghügeln genießen wollen. Viele Bewohner San Diegos kommen auch im Winter nach Julian, um Schnee zu sehen. Das **Pioneer Museum** hinterläßt bei vielen einen starken Eindruck von der rauhen Vergangenheit der Stadt.

In der **Julian Cider Mill**, rechts von der Main Street, sehen Sie, wie Äpfel in Apfelmost verwandelt werden und wie Erdnußbutter hergestellt wird. Kosten Sie den Honig aus eigener Imkerei! Auf der anderen Seite der Main Street und B Street steht das **Julian Hotel**, das 1899 von befreiten Sklaven gegründet wurde. Heute stehen die hübsch möblierten Zimmer jedoch nur noch zur Besichtigung offen. Zurück auf der Main Street biegen Sie rechts ab. An der C Street führen Wegweiser zum **Eagle and High Peaks Mine Museum** (Goldgräbermuseum), in dem die letzten Gerätschaften des Goldabbaus gelagert werden. Ein früherer Minenschacht läßt die Besucher erahnen, wie das Leben eines Grubenarbeiter wohl ausgesehen hat.

Das vergleichsweise kühle Klima und der fruchtbare Boden der Ausläufer der Berge, die das San Diego County von den Wüsten im Landesinneren trennen, ermöglichen den Anbau von Äpfeln, Pfirsichen, Birnen und anderem Obst, das es sonst selten gibt. Überall in der Nähe von Julian finden Sie Stände mit Obst und Marmelade am Straßenrand. Im Oktober feiert die Stadt das Festival der Apfelernte, das einen Monat dauert.

FOCUS   *La Jolla*

■ **Die Bewohner von San Diego sind bekannt für ihre dicken Bankkonten, wer aber viel Geld hat, kauft sich kein Haus in der Stadt, sondern in La Jolla (La Hoja ausgesprochen), einer Gemeinde, die sich auf einem Hügel im Norden von San Diego über den Pazifik erhebt ... ■**

Schick und nicht-konformistisch: Seine Paradestraßen Prospect Street und Girard Avenue, die von Kunstgalerien, Boutiquen und schicken In-Lokalen gesäumt sind, zeugen von La Jollas Ansprüchen. Doch in La Jolla ist auch ein starker Widerstand gegen jeglichen Konformismus spürbar, der aus den Ateliers und Wohnungen der Künstler und Schriftsteller strömt und auf seine Nähe zum Campus der Universität Kalifornien zurückzuführen ist. Die Stadt, deren Name sowohl »das Juwel« (aus dem Spanischen) als auch »Höhle« (nach einer indianischen Legende) bedeutet, verfügt auch über eine malerische Küste, ein schönes Museum der modernen Kunst und fantastische schmiedeeiserne Bänke, auf denen sie eine Verschnaufpause einlegen können.

Moderne Kunst: Bewundern Sie die Küste vom Scripps Park aus, einem kleinen, von Palmen flankierten grünen Fleckchen über der La-Jolla-Bucht, und werfen Sie dann einen Blick ins **Museum of Contemporary Art** (Museum zeitgenössischer Kunst), das sich auf Werke kalifornischer Minimal- und Pop-Art-Künstler spezialisiert hat. Ein Großteil des Museums selbst ist auch ein modernes Kunstwerk, entworfen von dem berühmten Architekten Irving Gill aus San Diego. Doch ursprünglich war das Gebäude eine Villa aus dem Jahre 1915, das Ellen Browning Scripps gehörte, der reichen Schwester eines Verlegers.

Meeresforschung: Am meisten Dank gebührt Frau Scripps dafür, daß sie La Jolla größtenteils von der durch Landerschließung herbeigeführten Zerstörung bewahrte. Insbesondere das Torrey Pines State Preserve (siehe Seite 176) wurde von einem solchen Schicksal verschont. Außerdem wurde

mit ihrem Geld das **Scripps Oceanographic Institute and Stephen Birch Aquarium-Museum** finanziert, in dem Nachbildungen von Lebensräumen im Meer die Geheimnisse der Tiefe etwas lüften. Frau Scripps investierte auch in das **Salk Institute**, ein sehr gut ausgerüstetes biologisches Forschungszentrum, das in einem gewaltigen Betonbau über dem Meer untergebracht ist.

Volkskunst: Eine weitere Sehenswürdigkeit in La Jolla ist das **Mengei International Museum of World Art** (Internationales Mengei-Museum für Volkskunst aus der ganzen Welt).

Eine Skulptur auf dem Campus der Universität.

Eine der exklusivsten Gemeinden Südkaliforniens liegt fünf Meilen (8 Kilometer) auf der Road S8 von Solana Beach entfernt im Landesinneren. Hier kauften die Filmstars Douglas Fairbanks und Mary Pickford in den 20er Jahren eine Ranch. Schon bald tummelten sich in der ganzen Gegend Millionäre. Bäume schützen heute viele traumhaft schöne Villen vor neugierigen Augen, doch jeder kann um das schicke Hotel der Stadt, das Rancho Santa Fe Inn, herumspazieren – in der Hoffnung, daß etwas von dem Glanz auf ihn abfärbt.

▶▶▶ Oceanside

Die Stadt verfügt über einen bescheidenen Strand, und auf dem Pier aus Holz steht ein Fischer neben dem anderen. Doch der Großteil von Oceanside wird von den Marinesoldaten aus dem benachbarten Stützpunkt Camp Pendleton beherrscht, dem Haupttrainingslager der US-Armee für Amphibienlandungen. Da sie für militärische Zwecke genutzt werden, wurden 50 500 Hektar Land entlang der Küste nördlich von Oceanside nicht erschlossen. Aber auch die Surfer haben eine Schwäche für die Brandung des Meeres hier, und im Landing Vehicle Track Museum (Museum für Schwimmkampfwagen) im Marinestützpunkt erfahren Sie mehr über die Tricks der Amphibienlandung, als Sie sich je vorstellen konnten.

▶▶▶ Pala

Die kleine Stadtgemeinde Pala befindet sich gleich außerhalb des Pala-Indianerreservates und verfügt über die einzige Mission in Kalifornien, die den Indianern auch heute noch religiösen und schulischen Zwecken dient.

Die 1816 als eine Zweigstelle der Mission San Luis Rey erbaute **Pala-Mission** (deren offizieller Name Mission Assistencia de San Antonio de Pala lautet) verkam besonders in der Zeit, als der Cupeño-Stamm 1903 zur Umsiedelung in diese Gegend gezwungen wurde. Manche Teile des Gebäudes wurden restauriert, und die Innenwände der Kapelle sind mit faszinierenden Fresken bedeckt. Der holprige Pflasterboden und die alten Balken geben der Mission einen rustikalen Touch, der auch auf dem indianischen Friedhof mit seinen handgemachten Holzkreuzen spürbar ist.

Die Mission San Luis Rey de Franca wird seit 1893 von Franziskanermönchen bewohnt.

▶▶ San Luis Rey

Einst wurde sie als die »schönste, symmetrischste und gefestigtste Mission Kaliforniens« beschrieben: Die **Mission San Luis Rey de Franca** war Anfang des 19. Jahrhunderts für 3000 Indianer zuständig und bietet auch heute noch einen stattlichen Anblick. Sie erhebt sich über die anonyme Stadtlandschaft, die sich über die fünf Meilen (8 km) zwischen Oceanside und der Mission hinzieht.

Zwar ist nur die Kirche aus dem Jahre 1807 noch original, aber die Mission wurde von den Franziskanermönchen, die hier seit 1893 leben, in einem guten Zustand erhalten. Das Museum gibt einen Einblick ins Missionsleben des 19. Jahrhunderts, außerdem werden hier viele Werke aus der Zeit des Gründers, Padre Fermin de Lasuen, gezeigt. Mitte Juli findet auf dem Missionsgelände eine Fiesta statt, deren Höhepunkt die Segnung der Tiere ist.

▶▷▷ Santa Ysabel

Die meisten Menschen haben bei einem Besuch von Santa Ysabel, einem Ort mit ein paar Hundert Einwohnern um die Kreuzung des Highway-78 und Highway-79, gerade genug Zeit, um in **Dudley's Bakery** Brot zu kaufen. Unter den noch warmen Laiben haben Sie die Qual der Wahl: *Jalopeño*-, Zwiebel-, Kartoffel-, irisches Braun- und deutsches Schwarzbrot werden angeboten.

Eine kurze Fahrt auf dem Highway-79 führt zu der geschichtlich bedeutsamen **Mission Santa Ysabel**, die 1818 als eine Zweigstelle der San Diego Mission gegründet wurde. Die kleine Kirche geht auf das Jahr 1924 zurück und ist weniger interessant als das Ein-Zimmer-Museum der Mission, das mit Fotos und Objekten vollgestopft ist. Ein Text erklärt, warum es in der Mission keine Glocken gibt. Lassen Sie ein paar Dollar in der Spendenkasse zurück, und vergessen Sie nicht, das Licht auszuschalten, wenn Sie gehen.

Im November wird der indianische Friedhof der Mission in ein Lichtermeer verwandelt. Traditionell wird zu dieser Zeit auf jedem Grab eine Kerze angezündet.

Von Mai bis September sind die Hänge von Encinitas, auf halber Strecke zwischen Del Mar und Carlsbad, von einem bunten Blumenteppich bedeckt. Er zeugt von der Bedeutung der Stadt als Zentrum des Blumenanbaus. Lassen Sie sich in den Quail Botanical Gardens (230 Quail Gardens Drive) von den Farben und Düften betören.

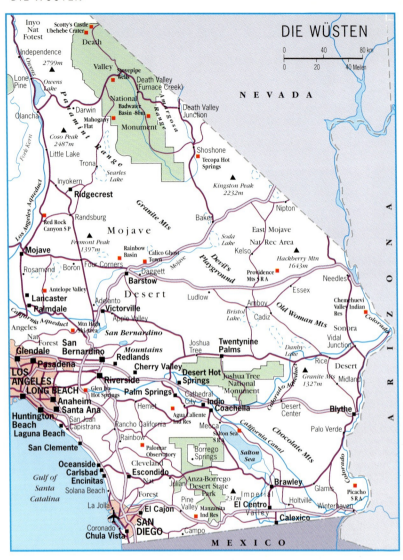

DIE WÜSTEN

| 0 | 40 | 80 km |
| 0 | 20 | 40 Meilen |

NEVADA

ARIZONA

MEXICO

Bizarre Wüstenlandschaft: Die drei Wüsten in Süd- und Ostkalifornien sind nicht im entferntesten jenes nackte Ödland, auf das viele Besucher gefaßt sind, sondern bieten oft einen atemberaubenden Anblick.

Flora und Fauna: In diesen klimatisch extremen, aber ökologisch empfindlichen Regionen wimmelt es nur so von exotischen Pflanzen und Tieren. Die Landschaften gestalten sich oft monoton, aber manchmal auch besonders eindrucksvoll: Zwischen gewellten Sanddünen, verwitterten Felsen und verkrüppelten Bäumen liegen von Palmen übersäte Oasen verstreut. Begrenzt wird das Wüstengebiet von Gebirgszügen mit verschneiten Gipfeln.

Aufgrund ihrer hohen Lage wachsen in der nördlichsten Wüste nur Büsche und Sträucher. Daher ist das Great

Basin (Große Becken), das von Nevada ins Owens Valley reicht, die uninteressanteste der drei Wüsten. Südlich davon verspricht die Mojave-Wüste mehr: Das dortige Death Valley (Todestal) ist einer der bemerkenswertesten Orte auf der Welt, und das Joshua Tree National Monument (Joshua-Baum-Nationalmonument) ist zwar nicht ganz so spektakulär, aber genauso beeindruckend.

Südlich der San-Jacinto-Berge gedeiht in der Colorado-Wüste wegen der milden Winter eine große Vielfalt an Wüstenpflanzen. Am augenfälligsten ist sie in der Anza-Borrego-Wüste, einer geschichtsträchtigen Gegend, was die Pionierzeit anbelangt.

Geisterstädte: Verlassene Städte und Goldminen, die besonders in der Mojave-Wüste zahlreich vorhanden sind, zeugen von der Tatsache, daß das Leben in der Wüste nie einfach war (Selbst heute noch sind Reisen durch die Wüste riskant, siehe die Hinweise auf Seiten 194–95.) Die amerikanischen Ureinwohner bevölkerten diese rauhe Gegend jedoch schon vor Tausenden von Jahren. Sie hinterließen zahlreiche Werke ihrer Kultur, von denen die Felsenzeichnungen, die auch Petroglyphen genannt werden, die beeindruckendsten sind.

Während große Städte wie Riverside auf dem fruchtbaren Land am westlichen Rand der Wüsten entstanden, entwickelten sich andere Dörfer um die vielen heißen Quellen zu Kurorten. Und in den Oasenstädten im Coachella Valley, z. B. in Palm Springs, leben die oberen Zehntausend.

Die Anza-Borrego-Wüste.

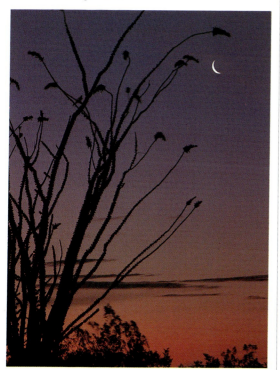

DIE WÜSTEN

183

DIE WÜSTEN

Farben in der Wildnis: die Anza-Borrego-Wüste.

Der einbeinige Thomas Long »Pegleg« Smith reiste Mitte des 19. Jahrhunderts durch die Anza-Borrego-Wüste, wo er einige schwarze Steine aufhob, die sich später als fast reines Gold entpuppten. Pegleg führte die Geschichte seiner Entdeckung immer mehr aus, bis ihm angeblich eine ganze Goldmine gehörte. Jedes Jahr im April gedenkt man anläßlich des Pegleg Liars Competition (Pegleg-Lügenwettbewerbs) seiner Geschichten. Der Wettbewerb wird bei dem Steinhaufen neben der Road 22 abgehalten, der als Pegleg's Monument bekannt ist.

▶▶▶ **Anza-Borrego Desert**

Diese Wüste wurde nach Juan Bautista de Anza benannt, dem Spanier, der 1774 die erste Durchquerung dieses Ödlandes unternahm, sowie nach den Dickhornschafen (spanisch: borrego), die hier einst zahlreich weideten. Die 240 000 Hektar große Anza-Borrego Desert besteht aus sonnenverbranntem Tiefland sowie engen Canyons und ist der größte Staatspark in den ganzen Vereinigten Staaten.

Als einzige Unterkunftsstätte (abgesehen von einfachen Campingplätzen) ist die von Bergen umgebene Oasenstadt **Borrego Springs** der Ausgangspunkt für Touren durch die Anza-Borrego-Wüste. Auch hier steigen die sommerlichen Temperaturen nicht selten über 38 °C.

Das Besucherzentrum des Parks im **Palm Canyon**, das zwei Meilen (3 Kilometer) westlich von Borrego Springs in den Bergen liegt, verfügt über Landkarten, gibt Auskunft und organisiert Ausstellungen über die Geschichte, die Geologie und das Klima dieser kargen Gegend.

Sandsteinformationen, die über Millionen Jahre hinweg von der Erosion gebildet wurden, gibt es im ganzen Park, aber die eindrucksvollste Aussicht haben Sie von **Font's Point** aus, abseits der Road S22. Von hier überblickt man die ausgetrockneten Bachläufe und steilen Schluchten der Borrego Badlands, eines Massivs ohne jegliche Vegetation. Durch den Süden des Parks schlugen Goldsucher in den 40er Jahren des 19. Jahrhunderts die einzige schneefreie Straße nach Kalifornien. Diese Strecke legte auch das Mormon Battalion zurück, als es auf dem Weg zu dem Ort war, wo es später Salt Lake City gründete. Die Kutschen der Butterfield-Overland-Mail-Gesellschaft beförderten auf dieser Straße sowohl Passagiere als auch Post in die jungen Städte Los Angeles und San Diego. Vom Box Canyon Monument auf der Road S2 führt ein Pfad zu einem Aussichtsplatz über die alte Straße.

Erblickt man das nackte Land, würde man es nicht vermuten, aber die Ökologie der Wüste ist sehr empfindlich. Im März und Mai blühen wilde Blumen auf den Hängen der Anza-Borrego Desert, und Zehntausende von Kaliforniern strömen herbei, um sich von den Farben und süßen Düften betören zu lassen.

Im Gegensatz dazu rasen frustrierte Rallyefahrer im Erholungsgebiet **Ocotillo Wells** am Ostrand des Parks mit ihren Fahrzeugen (siehe Seite 185) über die Dünen und durch ausgetrocknete Flußbetten.

▶▶▶ **Barstow**

Die meisten Besucher von Barstow sind glücksspielbegeisterte Buspassagiere auf dem Weg nach Las Vegas oder Menschen aus LA, die in der **Factory Merchants' Outlet Plaza** von Barstow Sonderangebote an Designerkleidung und -waren ergattern möchten. Erbaulicher ist ein Besuch des **California Desert Information Center** (831 Barstow Road (Tel.: (619) 256 8313), das über die Ökologie der Wüste informiert.

▶▶▶ **Big Bear Lake**

Hoch in den San-Bernardino-Bergen liegt der elf Kilometer lange Big Bear Lake. Dieser See, der 1883 durch einen Damm entstand, ist im Sommer ein Zentrum für Wassersportler, Pferdenarren und Jäger. Im Winter wird hier Ski gefahren.

▶▶▶ Blythe

Die kleine Stadt Blythe an der Grenze zu Arizona mausert sich zu einem Wüstenkurort. Momentan beschränkt sich das Interesse der meisten Besucher jedoch auf die riesigen Felsenzeichnungen, die im Colorado-River-Indianerreservat im Nordosten der Stadt entdeckt wurden.

▶▶▶ Calico

Seit 1968 enthüllen archäologische Ausgrabungen in der Nähe von Calico mehr und mehr Teile einer »Werkzeugfabrik«, die angeblich 200 000 Jahre alt sein soll. Wenn das Alter der Funde bewiesen werden kann, ist Calico sowohl der am längsten von Menschen besiedelte Ort in den USA als auch eine Fundstätte, die alle Theorien über die ersten amerikanischen Ureinwohner umwirft. Der Ausgrabungsort kann besichtigt werden, das Visitor's Center hält jedoch mehr Informationen bereit. Die Stadt Calico, die aufgrund ihrer Silber- und Boraxminen vor einem Jahrhundert in voller Blüte stand, entpuppt sich heute als eine unechte Nachbildung einer Goldgräberstadt.

▶▶▶ Cathedral City

Cathedral City versucht das »City« von seinem Ortsnamen abzulegen, damit es die übliche, aber nicht schmeichelhafte Abkürzung »Cat City« (Katzenstadt) nicht mehr zu hören bekommt. Im Vergleich zu Palm Springs sind hier die Lebensmittel- und Hotelpreise wesentlich niedriger.

In Calico wird die Vergangenheit wiederbelebt.

Nicht jeder besucht die Wüste, um ihre empfindliche Ökologie zu bewundern. Manche Menschen gefällt es, in »Off Road Vehicles« (Strandbuggies oder Allradjeeps) über die Dünen zu brechen. Im Winter verschwindet die bizarre Landschaft an jedem Wochenende hinter Sandwolken, und die Stille wird vom Lärm der Motoren gestört. Zu den beliebtesten der gekennzeichneten Gebiete gehört Glamis am Highway-78, ungefähr 70 Meilen (113 km) östlich der Anza-Borrego-Wüste. Wer am Schutz der Wüste interessiert ist, sollte solche Veranstaltungen meiden.

185

DIE WÜSTEN

▶▶▶ **Cherry Valley**

Unerwartet findet man im von Apfelbäumen übersäten
Cherry Valley (Kirschtal), in der Nähe von San Bernardino,
eine Sammlung von Möbeln sowie europäischen und
asiatischen Kunstwerken aus dem 17. bis 19. Jahrhundert, die im **Edward-Dean Museum of Decorative Arts**
(9401 Oak Glen Road) besichtigt werden kann.

▶▶▶ **Daggett**

In Daggett, im Osten von Barstow, stehen Hunderte von
Spiegeln auf dem Boden. Diese Heliostate des **Solar One
Power Plant** (Sonnenkraftwerk) produzieren Energie. Im
Besucherzentrum wird der Energiegewinnungsprozeß
erklärt. Das **Stone Hotel** der Stadt beherbergt seit 1875
Reisende auf dem Weg durch die Wüste.

▶▶▶ **Darwin**

Darwin ist eine von mehreren kurzlebigen Silbersucher-
städten, die heute nur noch Ruinen sind. Sie finden die
meisten dieser Orte an der Kreuzung des Highway-395
mit dem Highway-190 am Eingang zum Death Valley.

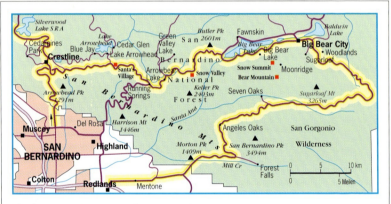

Mit dem Auto   »Am Rande der Welt«

*Fahren Sie von San Bernardino auf der
Road 18 Richtung Norden nach Crestline,
dann zehn Meilen (16 km) auf der Road 138
lang zum staatlichen Erholungsgebiet
Silverwood Lake.*
Picknicken, Wandern, Schwimmen
sind hier die Hauptattraktionen.

*Kehren Sie auf die Road 18 zurück, und
fahren Sie 15 Meilen (24 km) weit nach
Osten zum Lake Arrowhead.*
Hier verbringen die betuchten Los
Angelenos ihre Freizeit in Luxusvillen.

*Fahren Sie drei Meilen (5 km) auf der Road
18 Richtung Osten nach Santa's Village.*

Santa's Village ist ein herunterge-
kommener, aber unterhaltsamer
Vergnügungspark für Kinder.

*Fahren Sie 30 Meilen (48 km) auf der
Road 18 zum Big Bear Lake.*
Die Bewohner von LA, für die ein
Aufenthalt am Lake Arrowhead zu
teuer ist, fahren an diesen See
(siehe Seite 184).

*Folgen Sie der Road 18 zwölf Meilen
(19 km) Richtung Osten, und fahren Sie
in Big Bear City auf die Road 38, die sich
über 15 Meilen (24 km) nach Redlands
(siehe Seiten 192-193) hinunterschlängelt.*

Tal des Todes

■ Eine unglaubliche Landschaft aus Sanddünen, Vulkankratern, Salzebenen und bunten Bergwällen – das ist Death Valley, das
»Tal des Todes«, einer der heißesten Plätze
der Erde. Aber es ist auch ein Ort, dem ein
irreführender Name verliehen wurde ... ■

Im Tal des Todes: Die anscheinend
ungastliche Umwelt in Death Valley
beheimatet eine vielfältige Flora und
Fauna. Seit 5000 v. Chr. ist dieses
Gebiet von Menschen besiedelt,
damals nahm ein See den Großteil
des Tals ein. In den 80er Jahren des
vorigen Jahrhunderts, als die ersten
Weißen hierherkamen, um Borax
abzubauen, lebten hier die Shoshone-
Indianer. Auf einer Autofahrt erblicken
Sie Sehenswürdigkeiten, die Ihnen
jahrelang im Gedächtnis bleiben werden. Das ganze Death Valley kann
man jedoch nur auf einer längeren
Trekkingexpedition kennenlernen,
die, wie selbst kurze Wanderungen,
sehr gut vorbereitet werden muß
(siehe Seiten 194–95).

Sehenswürdigkeiten: An ausgeschilderten Besichtigungsorten auf
dem neun Meilen (14 Kilometer) langen **Artist's Drive** sehen Sie die verschiedenen Farben der Felswände im
Tal, die auf die Anteile von Oxyden,
Kupfer und Muskovit im Gestein
zurückzuführen sind. Im Norden führt
eine Abbiegung zum **Golden Canyon**, der seinen Namen den metal-

Das karge, aber schöne Death Valley.

Da der Millionär Albert Johnson
aus Chicago nach dem Zusam-
menbruch der Wall Street knapp
bei Kasse war, mußte er bis
zu seinem Tode im Jahre 1948
in seiner nicht fertiggestellten
spanisch-maurischen Villa am
Nordrand des Death Valley
leben. Heute steht der Pracht-
bau zur Besichtigung offen.

lisch schimmernden Farbtönen bei
Sonnenaufgang und -untergang verdankt. Auf der Nordseite der Road
198, östlich der **Stovepipe Wells**, bilden Sanddünen einen 14 Quadratmeilen (36 km²) großen, gelben Tep-
pich. Die Schlammzone von **Zabriskie
Point** (zu erreichen auf der Road 190),
die im Zeitraum von vor zwei bis zwölf
Millionen Jahren entstand, ist für ihre
fast hypnotische Wirkung bekannt.
Von **Dante's View** aus überblicken
Sie das ganze Tal und haben die Sicht
auf einen der höchsten und der niedrigsten Orte in den USA frei: Badwa-
ter, 86 Meter unter dem Meeres-
spiegel, und 60 Meilen (97 km) davon
entfernt, der 4418 Meter hohe
Mount Whitney.

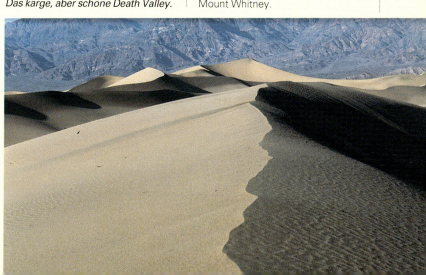

DIE WÜSTEN

188

▶▶▶ Desert Hot Springs

In Desert Hot Springs, einem Kurort in der Nähe von Palm Springs, beherbergt das **Cabot's Old Indian Pueblo Museum** eine Sammlung von Relikten aus der Pionierzeit sowie indianischen Kunstwerken. Ein 20 Tonnen schweres, aus einem Mammutbaum geschnitztes Monument steht in der ehemaligen Behausung von Cabot Yerka, einem der ersten Siedler in dieser Gegend.

▶▶▶ Indio

Seit 1921 wird in Indio jedes Jahr im Februar das National Date Festival (Dattelfest) gefeiert. Bei diesem Anlaß finden auch Strauß- und Kamelrennen statt. Das **Coachella Valley Museum und Kulturzentrum** ist in einem Gebäude untergebracht, das nur wenig jünger als das Dattelfest ist. Hier gibt es Exponate aus 70 Jahren Stadtleben zu sehen.

▶▶ Joshua Tree National Monument

Die Hoch- und Tiefwüste treffen im 850 Quadratmeilen (2200 qkm) umfassenden Joshua Tree National Monument aufeinander. Der Name stammt von einer Yuccaart, die bis zu 15 Meter hoch wird. Als das Mormon Battalion in den 40er Jahren des vorigen Jahrhunderts hier vorbeizog, tauften sie die Bäume Joshua Trees. Sie hielten damals die Zweige für die erhobenen Arme des Propheten Joseph, der ihnen den Weg Richtung Westen wies.

Das eigenartige Aussehen der Bäume und die riesigen Quarzfelsen in ihrer Nähe verleihen dem östlichen Teil des Denkmals (den westlichen Abschnitt überläßt man am besten erfahrenen Wüstenabenteurern) eine unheimliche Atmosphäre.

Etwas nüchterner muten die Formen der Granithänge an, die von Bergsteigern geschätzt werden. Viele Wanderwege schlängeln sich durch die wilde Landschaft, doch es gibt auch genügend mit dem Auto zu sehen. Unternehmen Sie jedoch keinen Ausflug, ohne vorher Landkarten und Ratschläge im Besucherzentrum von Oasis, südlich von Twentynine Palms, abgeholt zu haben (Auch in den Besucherzentren von Cottonwood und Blackrock Canyon werden Sie mit Karten und Auskunft versorgt).

Innerhalb des National Monument ist **Key's View** ein absolutes Muß: Von diesem Aussichtspunkt haben Sie einen Panoramablick über die ganze Gegend, an einem klaren Tag sehen Sie sogar bis nach Palm Springs.

Eine beschilderte Seitenstraße, neun Meilen (14 Kilometer) südlich vom Besucherzentrum in Oasis, verläuft zum **Cholla Cactus Garden**, wo ein Fußweg an verschiedenen Pflanzen vorbeiführt, sowie an Tieren, die sich hervorragend an das Leben in der Wüste angepaßt haben.

Das Joshua Tree National Monument.

Die Geology Tour Road: Die »Geologie-Tour-Straße« führt durch ein einzigartiges Gebiet. In einer Gratis-Broschüre des Besucherzentrums wird erklärt, wie diese atemberaubende Landschaft entstand.

Von den 80er Jahren des vorigen bis zu den 40er Jahren dieses Jahrhunderts florierten hier die Goldminen. Die Lost Horse Mine soll angeblich täglich Gold im Wert von 3000 US-$ produziert haben. Um sie zu besichtigen, müssen Sie eine 2,5-Kilometer-Wanderung auf sich nehmen. Zur Desert Queen Ranch dagegen gelangen Sie nur auf einer Tour, die von einem Ranger geführt wird.

189

Palm Springs, eine »Wüstenstadt« mit üppig grünen Flächen und jedem erdenklichen Komfort.

▶▶▶ **Palm Springs**

Die bekannteste und bei weitem hübscheste von sechs benachbarten Städten an der Interstate-10 im Coachella Valley ist Palm Springs. Hierher kommen jährlich zwei Millionen Besucher, und viele von ihnen werden vom Ruf der Stadt als berühmtester Ferienort des Landes angezogen. Aufgrund der gesundheitsfördernden Eigenschaften seiner Mineralquellen wollte man Palm Springs bereits in den 90er Jahren des 19. Jahrhunderts als Kurort vermarkten, doch erst als die Schauspieler Charlie Farrel und Ralph Bellamy 1931 den Palm Springs Racket Club gründeten, ging es richtig los. Die beiden Stars lockten ihre berühmten Freunde aus Hollywood – Humphrey Bogart, Clark Gable und Marlene Dietrich, um nur einige zu nennen – mit dem Versprechen auf Erholung nach Palm Springs.
Die Ankunft weiterer Stars aus dem Showbusiness trug dazu bei, daß man die Stadt immer mehr mit der amerikanischen High Society in Verbindung brachte. Später kamen auch Politiker nach Palm Springs, unter anderem der ehemalige US-Präsident Gerald Ford, nach dessen Frau Betty die bekannteste Entgiftungsklinik der Nation benannt ist.
Überraschenderweise ist Palm Springs trotz seiner anspruchsvollen Aufmachung ein kleines Nest mit nur 30 000 Einwohnern. Straßenkriminalität ist an diesem freundlichen Ort fast ein Fremdwort.

Die bei den Einheimischen als das »einsame Dreieck« bekannte östliche Mojave-Wüste liegt zum Großteil zwischen der Interstate-15, der Interstate-40 und dem Colorado River. Besonders sehenswert sind die Mitchell Caverns (Höhlen) im staatlichen Erholungsgebiet Providence Mountains, etwa 80 Meilen (130 km) östlich von Barstow. Die Höhlen wurden 500 Jahre lang von amerikanischen Eingeborenen benutzt.

DIE WÜSTEN

Fahren Sie vom Zentrum von Palm Springs fünf Meilen (8 Kilometer) am South Palm Canyon Drive entlang, und Sie erreichen eine gebührenpflichtige Straße, die in die Indian Canyons führt, das einstige Gebiet der Cahuilla-Indianer. Am leichtesten ist der Palm Canyon zu erforschen, der auf einer Strecke von sieben Meilen (11 Kilometer) von Palmen gesäumt ist. Ihr üppiges Grün steht in starkem Kontrast zu den kahlen Wänden des Canyons. Hinter dem Parkplatz kann der Palm Canyon weiter zu Fuß oder hoch zu Roß erkundet werden.

Wer in Palm Springs in die Aerial Tramway steigt, wird mit fantastischen Ausblicken auf die Berglandschaft belohnt.

Eigenartiges Terrain: Palm Springs ist voller Kuriositäten. Dutzende von Golfplätzen werden jede Woche mit Millionen Liter wiederaufbereitetem Wasser gegossen; Palmen bedecken den oberen Teil der Straßenbeleuchtung, damit ihr Scheinwerferlicht nicht den Blick in den Nachthimmel stört; und die größten Landbesitzer der Stadt, die Agua-Caliente-Indianer, verpachten an Geschäftsleute für 99 Jahre Land. Seine Freizeit verbringt man in Palm Springs am liebsten beim Sonnenbad am Swimmingpool, beim Shopping in den Einkaufszentren und beim Essen in den Restaurants. Im **Botanischen Garten** (1701 S Palm Canyon Drive) finden Sie verschiedene Kakteenarten sowie andere atemberaubende Wüstenpflanzen. Ebenso empfehlenswert ist ein Besuch des **Desert Museum** (Wüstenmuseum, 101 Museum Drive), dessen acht Hektar große Fläche mit Skulpturen übersät ist. Im Museumsgebäude wird Kunst zum Thema Wüste gezeigt und naturgeschichtliche und anthropologische Ausstellungen. Im Winter bietet das angrenzende Annenberg Theater ein umfangreiches Veranstaltungsprogramm.

Auf den Spuren der Vergangenheit von Palm Springs können Sie im **Village Green Heritage Center** (221 S Palm Canyon Drive) wandeln. Hier ist der Luftziegelbau McCallum aus dem Jahre 1884 und das Haus von Cornelia White aus dem Jahre 1893 zu besichtigen. Unterhaltsamer ist es, im wiederaufgebauten Ruddy's General Store (Ruddys Kramerladen) in Waren aus den 30er Jahren herumzukramen. Wenn die Hitze unerträglich wird, können Sie mit der **Aerial Tramway** 1830 Höhenmeter in kühlere Gefilde zurücklegen. Auf dem Weg zum **San Jacinto State Park** verwandelt sich die Wüstenlandschaft in eine alpine Szenerie. Selbst wenn Sie nicht vorhaben, die 50 Meilen (80 Kilometer) Wander- und Reitwege zu benutzen, die im Winter zu Langlaufloipen werden, lohnen allein die herrlichen Ausblicke.

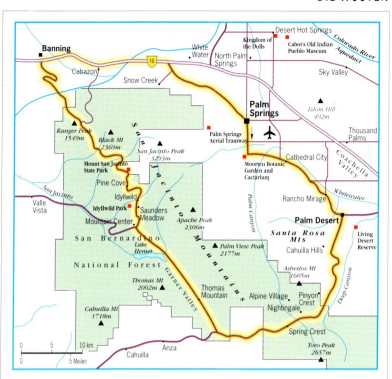

Mit dem Auto

Die Umgebung von Palm Springs

Fahren Sie von Palm Springs auf der Road 111 Richtung Süden nach Rancho Mirage.
Viele der Reichen, die angeblich in Palm Springs wohnen, leben in Wirklichkeit zwischen den Golfplätzen von **Rancho Mirage**. Nach Bob Hope und Frank Sinatra beispielsweise wurden hier Straßen benannt.

Fahren Sie weiter nach Palm Desert.
Die ganz reichen Bewohner der Wüstenstädte tätigen ihre Einkäufe in den teuren Geschäften am **El Paseo** in Palm Desert. Etwas billiger ist ein Aufenthalt im 360 Hektar großen **Living Desert Reserve**, wo ein Spaziergang einige Geheimnisse der Wüstenökologie lüftet.

In Palm Desert fahren Sie auf die Road 74 und folgen ihr 54 Meilen (87 km) in die San Jacinto Mountains. An der Kreuzung mit der Road 243 biegen Sie nach rechts ab und fahren bis nach Idyllwild.

Der von hohen Kiefern umgebene Ferienort **Idyllwild** ist auch für seine Musik- und Kunstschule bekannt.

Folgen Sie der Road 234 21 Meilen bis zur Interstate-10. Fahren Sie auf dieser Straße zwölf Meilen (19 km) weiter, bevor Sie auf die Road 111 nach Palm Springs abbiegen.

Die ersten Samen von Dattelpalmen brachten die Spanier Ende des 18. Jahrhunderts nach Nordamerika. Doch erst in diesem Jahrhundert entwickelte das amerikanische Landwirtschaftsministerium eine Dattelpalmenart, die dem Leben in der kalifornischen Wüste angepaßt ist. Das »fruchtbarste« Gebiet ist die Gegend um Indio, wo auf 1600 Hektar Grund jährlich Datteln im Wert von 30 Millionen US-$ produziert werden.

DIE WÜSTEN

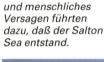   **Rainbow Basin**

Im Herzen des Rainbow Basin (Regenbogenbeckens), 15 Meilen (24 Kilometer) westlich von Barstow, befindet sich eine tiefe Schlucht mit bunten Streifen an den Wänden, die durch die Ablagerungsschichten entstanden sind. Die Felswände sind auch voller Fossilien prähistorischer Lebewesen, die einst in dieser Seelandschaft beheimatet waren.

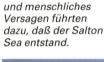   **Randsburg**

In den 90er Jahren des 19. Jahrhunderts – als der Goldrausch die Bevölkerung der Stadt auf 3000 Einwohner hochschnellen ließ und die Stadt eine Bahnstation der Santa Fe Railroad (Eisenbahn) wurde –, wurden in Randsburg viele Gebäude errichtet, die gut erhalten sind. Das **Desert Museum** (Wüstenmuseum, 161 Butte Avenue) ist mit Überbleibseln aus der Goldgräberzeit gefüllt.

Schlechtes Wetter und menschliches Versagen führten dazu, daß der Salton Sea entstand.

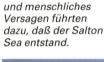   **Redlands**

Seinen Namen verdankt Redlands (Rotland) der Farbe seines Bodens. Seit in den 80er Jahren des 19. Jahrhunderts Wasser vom Big Bear Lake hierher geleitet wird, werden in Redlands auch mit viel Erfolg Zitrusfrüchte angebaut. Damals war die Stadt auch bei reichen Bewohnern der Ostküste der USA beliebt, die hier den Winter verbrachten. Sie bauten die Häuser mit den vielen Giebeln und Türmchen, die heute noch an der Olive Street zu bewundern sind. Das schloßartige **Kimberly Crest** (1325 Prospect Street), das auch besichtigt werden kann, stellt sie jedoch alle in den Schatten. Das Auditorium Redlands Bowl im Smiley Park im Stadtzentrum ist in ganz Kalifornien für sein sommerliches Ballett- und Opernprogramm bekannt. Das **Lincoln Shrine Memorial** ganz in der Nähe ist ausschließlich Präsident Abraham Lincoln und seiner Rolle im Bürgerkrieg gewidmet. Am Stadtrand von Redlands können Sie sich im San Bernardino County Museum (2025 Orange Tree Lane) einen Überblick über die Erschließung dieser Gegend verschaffen. Das Leben Anfang des 19. Jahrhunderts wird Ihnen jedoch im Zwei-Zimmer-Museum in der restaurierten **San Bernardino Assistencia** (26930 Barton Road), einer Zweigstelle der Mission San Gabriel Arcangel, nähergebracht.

▶▶▶ Ridgecrest

In Ridgecrest ist nur das **Mutarango Museum** von Interesse. Es verfügt über eine kleine faszinierende Sammlung von Eingeborenen-Kunst aus der östlichen Mojave-Wüste sowie eine Ausstellung über die indianischen Felszeichnungen, die im Gebiet um den China Lake entdeckt wurden.

▶▶ Riverside

Die kalifornische Orange, die Navelorange, wurde in den 70er Jahren des letzten Jahrhunderts in Riverside geboren. In der darauffolgenden Blütezeit der Stadt wurde das **Mission Inn** (3649 Seventh Street) errichtet, ein Luxusbau im spanischen Stil. Es gibt regelmäßig Führungen durch das restaurierte Gasthaus.

Heute ist Riverside sowohl eine Industriestadt als auch ein Landwirtschaftszentrum, an seine Vergangenheit erinnern im **Municipal Museum** (Stadtmuseum, 3720 Orange Street) zahlreiche Exponate. Ganz in der Nähe, im **California Museum of Photography**, werden hervorragende Wanderausstellungen gezeigt.

Im Osten der Stadt kümmert sich die hiesige Zweigstelle der Universität Kalifornien um den fast 16 Hektar großen **Botanischen Garten**, der sich auf Pflanzen der Trockenzonen spezialisiert hat, die im Winter blühen. Zu bestaunen gibt es außerdem haufenweise Kakteen.

Wilde Kakteen bedecken einen Großteil des **Mount Rubidoux** im Westen von Riverside. Der Gipfel des 400 Meter hohen Berges erreicht man auf einer kurvigen Straße. Neben dem Gipfelkreuz Serra Cross, von dem man eine atemberaubende Aussicht hat, wird seit 1909 jedes Jahr an Ostern eine Messe gefeiert.

▶▶▶ Salton Sea

Einer der größten Binnenseen der Welt, der Salton Sea, ist das Ergebnis eines technischen Fehlers, kombiniert mit einem strengen Winter. 1905 überschwemmte der Colorado River die Kanäle, und die Wassermassen strömten in Richtung Imperial Valley, wo sie ein ausgetrocknetes Seebett im Osten der Anza-Borrego-Wüste füllten.

Als das Wasser des riesigen, aber seichten Sees salzhaltig wurde, ließen die Behörden Meeresfische aussetzen. Angler und inzwischen auch Wassersportler ließen nicht lange auf sich warten und bevölkern heute die Häfen und Campingplätze des Erholungsgebietes am Ostufer des Salton Sea. Vogelbeobachter kommen hierher, einen Blick auf Reiher und seltenere geflügelte Lebewesen zu erhaschen, die im Salton Sea Wildlife Refuge am Südufer häufig zu Gast sind.

▶▶▶ Twentynine Palms

Auf ihrem Weg zum nahegelegenen Joshua Tree National Monument (siehe Seite 188) übersehen viele Touristen das Städtchen Twentynine Palms (Neunundzwanzig Palmen). Wer hier eine Pause einlegt, dem steht das Historical Society Museum (Museum der historischen Gesellschaft, 6136 Adobe Road) offen, in dem die Anfänge und das Wachstum dieser kleinen Wüstensiedlung dokumentiert werden.

Siebzig Golfplätze verhalfen Palm Springs und seinen benachbarten Wüstenstädten zu dem Titel »Golfhauptstadt Amerikas«. Hier tummeln sich berühmte Namen – seien es nun Golfer, Showmaster oder Ex-Präsidenten. Viele Golfplätze sind nur für Mitglieder oder sehr teuer, aber die städtischen Plätze (aufgelistet im Telefonbuch) stehen jedem offen und sind billig. Interessant ist, daß neue Golfplätze nur auf einem Fliesenfundament angelegt werden dürfen. Nachdem man die Grünflächen mit Wasser besprengt hat, wird es gesammelt und später wiederverwendet.

In den Wüstenregionen Kaliforniens liegen heiße Quellen verstreut, deren mineralreiches Wasser durch die Erdkruste heraufblubbert. Gelegenheiten, die gesundheitsfördernden Eigenschaften der Quellen zu testen, bieten sich genügend: z. B. in mit Sauna ausgestatteten Kurorten wie Murrieta Hot Springs, etwa 25 Meilen (40 Kilometer) südlich von Riverside, oder in den eintrittsfreien Mineralbädern im Tecopa Hot Springs County Park, nahe der Road 127, östlich von Death Valley.

■ Im Vergleich mit anderen Wüsten sind die drei kalifornischen Wüsten jung. Sie entstanden vor einer bis fünf Millionen Jahren, als regenschwangere Wolken die Sierra-Nevada-Berge nicht überqueren konnten. Manche der in diesen abwechslungsreichen Wüsten lebenden Tier- und Pflanzenarten sind einzigartig, und alle haben sich den Lebensbedingungen in der Wüste auf verschiedene Weise angepaßt ... ■

Wüstenflora: Der Kaktus ist das offensichtlichste Beispiel der Wüstensukkulenten, einer Pflanzenfamilie, deren Mitglieder in ihrem flachen, aber ausgedehnten Wurzelsystem Wasser sammeln, wann immer es zur Verfügung steht. Manche Nicht-Sukkulenten »schlafen« einfach, wenn kein Wasser vorhanden ist, andere können die Größe ihrer Blätter so reduzieren, daß auch der Wasserverbrauch geringer wird. Neben den Joshua-Bäumen des Joshua Tree National Monument locken die Wildblumen im Frühling die meisten Besucher in die Wüsten. Die Samen dieser Blumen gehen nur auf, wenn eine bestimmte Menge an Regen gefallen ist, die den Pflanzen das Überleben sichert.

Wüstenfauna: Die Tiere der Wüste sind nicht weniger erfinderisch. Der Taschenspringer trinkt nie, sondern erzeugt nach dem Verzehr von trockenen Samen in seinem Körper Wasser. Außerdem ist er in der Lage, beim Ausatmen Feuchtigkeit zu kondensieren. Eine rotgefleckte Krötenart kann ihren eigenen Urin absorbieren, und bestimmte Wüsteninsekten verfallen bei ungünstigen Lebensbedingungen in einen scheintodartigen Zustand.

Abgesehen von den kaltblütigen Reptilien, wie z. B. den Eidechsen, die vom Sonnenlicht in den Schatten huschen, um ihre Körpertemperatur zu regulieren, und einer Vielzahl von Vogelarten, vom Truthahngeier bis zum Eichelhäher, sind die meisten Wüstenbewohner nachtaktiv, das heißt sie schlafen tagsüber unter Felsen oder Pflanzen.

Am häufigsten bekommt man in der Wüste gestreifte Erdhörnchen und die großen Wüstenschildkröten beim Genuß frischen Grases und wilder Blumen im Frühling zu Gesicht. Mit etwas Glück erblicken Sie durch Ihr Fernglas eines der seltener zu sehenden Dickhornschafe.

Reisetips für die Wüste: Wer sich sorgfältig vorbereitet, erlebt die Wüste als angenehm und sicher und rettet sich unter Umständen sogar das Leben.

Vernünftig ist eine Reise durch die Wüste nur von November bis April, wenn die Tagestemperaturen erträglich sind. Die Nächte können jedoch eiskalt ausfallen. Im Sommer sind Einrichtungen für Touristen, z. B. die wichtigen Besucherzentren, mit großer Wahrscheinlichkeit geschlossen.

Mit dem Auto durch die Wüste: Ihr Fahrzeug muß in einem perfekten Zustand sein. Nehmen Sie rund 20 Liter Kühlwasser sowie einen Kanister mit derselben Menge Benzin mit, denn in der Wüste ist der Kraftstoffverbrauch höher.

Antilopen werden Sie im Antelope Valley keine erblicken – wenn Sie aber zwischen März und Mai hierherkommen, können Sie in ein Blütenmeer aus orangenen und weinroten Wildblumen eintauchen, das sich über die Hänge am Westrand der Mojave-Wüste hinzieht. Im Antelope Valley California Poppy Reserve widmet man sich auf einer 800 Hektar großen Fläche ausschließlich dem Anbau der Wappenblume Kaliforniens, dem kalifornischen Mohn. In einem speziell dafür errichteten Besucherzentrum erfahren Sie alle Einzelheiten über diese Blume.

194

Verlassen Sie in der Wüste niemals die gekennzeichneten Straßen, sonst beschädigen Sie die Natur. Wer abgelegene Seitenstraßen befahren möchte, sollte einen Parkranger oder die zuständige Stelle über seine Pläne informieren. Bleiben Sie bei Ihrem Wagen, wenn Sie eine Panne haben. Warten Sie, bis ein anderes Auto vorbeikommt, und signalisieren Sie, daß Sie Hilfe brauchen. Es kann sein, daß Sie lange warten müssen, nehmen Sie daher genügend zu essen und vor allem genügend zu trinken (mindestens fünf Liter Wasser pro Person und Tag) mit.
Nicht vergessen sollten Sie außerdem einen Erste-Hilfe-Kasten, eine Taschenlampe und Zündhölzer.

Wanderungen durch die Wüste: Viele Wander- und Fußwege kann man leicht in ein paar Stunden zurücklegen, Sie sollten aber keinesfalls ohne eine genaue Karte und genügend Wasser losziehen.
Selbst auf einer kurzen Wanderung ist es wichtig, daß Sie immer wieder trinken, auch wenn Sie keinen Durst haben. Gehen Sie im Schatten, wo immer es möglich ist, und ruhen Sie bei den ersten Schwindelanzeichen aus.
Tragen Sie lockere, helle Kleidung, eine dunkle Sonnenbrille sowie einen breitkrempigen Hut, und tragen Sie reichlich Sonnenschutzcreme auf. Ziehen Sie Turnschuhe mit Socken oder Wanderschuhe an, tragen Sie auf keinen Fall Sandalen und gehen Sie nicht barfuß.
Achten Sie darauf, wohin Sie greifen oder treten, und seien Sie vorsichtig, wenn Sie Felsen zur Seite rollen. Mit diesen Vorsichtsmaßnahmen vermeiden Sie den tödlichen Kontakt mit Spinnen wie der Schwarzen Witwe, Skorpionen und Klapperschlangen sowie den weniger gefährlichen Taranteln und Tausendfüßlern.
Sie sollten jedoch wissen, was zu tun ist, wenn Sie von einem Lebewesen der Wüste gebissen werden. Auskunft erhalten Sie diesbezüglich in jedem Besucherzentrum oder Rangerbüro.

Im Kalifornien vor der Jahrhundertwende war der Goldabbau zwar faszinierend, aber nicht so lukrativ wie der Abbau von Borax, das bei der Glasherstellung Verwendung findet. Reiche Boraxlager wurden damals in Death Valley (siehe Seite 187) entdeckt. Doch es stellte sich heraus, daß es viel einfacher war, das Mineral aus dem Boden als aus Death Valley heraus zu bekommen. Zwanzig Maultiere brauchten zehn Tage, um ihre Ladung zum nächsten Bahnhof zu ziehen. Heute wird der Großteil des weltweit abgebauten Borax um Boron gefördert, etwa 80 Meilen (129 Kilometer) westlich von Death Valley.

195

Cholla Cactus Garden, Joshua Tree National Monument.

SIERRA NEVADA

Vielleicht haben Sie bei Ihrer Ankunft in der Sierra Nevada von Geologie keine Ahnung. Wenn Sie sie wieder verlassen, wissen Sie aber sicher einiges mehr über die Kräfte der Erde und wie sie Kalifornien geformt haben.

Auf einer Fläche von 450 Meilen (724 Kilometer) Länge und 80 Meilen (129 km) Breite wölben sich riesige Granithügel, erheben sich Gipfel und erstrecken sich Grate. Die Sierra-Nevada-Berge, die der Gegend ihren Namen gaben, trennen das fruchtbare Central Valley Kaliforniens von den Wüsten im Osten.

Heißer Stoff: Wenn die kolossalen Gipfel auch ein Gefühl der Dauerhaftigkeit vermitteln, so ist die Sierra Nevada doch eine der geologisch unbeständigsten Regionen Nordamerikas. Die heißen Quellen in diesem Gebiet sind die gutartigsten Manifestationen aller Spannungen tief im Erdinneren.

Aus historischer Sicht war die Sierra Nevada eines der größten Hindernisse für potentielle Siedler. Selbst heute noch müssen Besucher genau planen, wie – und wann – sie dieses Gebiet besichtigen wollen.

Kommt man von Westen, so fühlt man sich verleitet, schnurstracks auf die Nationalparks – den weltbekannten Yosemite, und die weniger besuchten, aber ebenso lohnenden Parks Sequoia und Kings Canyon – zuzufahren, ohne sich groß anzustrengen, weiter nach Osten vorzustoßen.

Höhepunkte des Ostens: Im Osten bildet das Owens Valley mit seinen Steilwänden einen atemberaubenden Korridor, der die verschiedenen geologischen Phänomene der Sierra Nevada miteinander verbindet. Außerdem führt dieses schmale Tal an die Ufer schimmernder Bergseen, unter anderem zum fantastischen Lake Tahoe am nördlichen Ende der Region.

Zweifellos üben die Naturwunder der Sierra Nevada eine größere Anziehungskraft aus als ihre Städte, von denen einige an die Pionierzeit erinnern. Bodie z. B. ist eine richtige Geisterstadt aus der Zeit des Goldrauschs. Die meisten der nicht allzu großen Siedlungen sind darauf ausgerichtet, die Bedürfnisse der Wanderer und Bergsteiger zu befriedigen, die das Herzblut der einheimischen Wirtschaft sind.

Im Winter sind die Bergstraßen geschlossen, und die Wanderwege sind nicht zugänglich, so daß die magischen Eislandschaften der Sierra Nevada unerreichbar sind. Die meisten Besucher sind in dieser Jahreszeit Skifahrer, die den Lake Tahoe und Mammoth Lakes zu den geschäftigsten Wintersportzentren des Landes machen.

Wintertransportmittel in Mammoth Lakes.

SIERRA NEVADA

SIERRA NEVADA

Bei Forschungen in den 50er Jahren fand Professor Edmund Shulman von der Universität Arizona heraus, daß die älteste der *bristlecone pines* 4600 Jahre alt sei. Daraufhin wurde viel Wind um die Entdeckung der ältesten lebenden Organismen auf der Welt gemacht. Doch schon 1980 stellte ein Botaniker fest, daß es ein Exemplar des Wüstenstrauches *Creosote* auf 11 500 Jahre gebracht hatte.

▶▶▶ Bass Lake

In den von Kiefern bedeckten Hügeln an der westlichen Zufahrtsstraße zum Yosemite National Park (siehe Seite 208–09) liegt der riesige Bass Lake, eines der größten Erholungsgebiete Kaliforniens. Rennboote und Wasserskiläufer flitzen auf der Oberfläche des Sees dahin, die Barsche *(bass)*, denen der See seinen Namen verdankt, locken die Angler an, und zahlreiche Pfade in der Umgebung führen zu ruhigen Plätzchen, wo man sich von den Menschenmassen erholen kann.

▶▶▶ Big Pine

Wie fast alle Städte im Owens Valley hat Big Pine nicht viel mehr als Lebensmittel, Unterkünfte und den Zugang zu einer atemberaubenden Naturlandschaft zu bieten. Über der Stadt zieht der Palisades Glacier – die südlichste Eisdecke Nordamerikas – erfahrene Gletscherbergsteiger an. Wer sich nicht gerne in solche Gefahren begibt, sollte sich im **Ancient Bristlecone Pine Forest**, zwölf Meilen (19 Kilometer) östlich der Stadt (erreichbar auf der State Road 168), mit den ältesten Kiefern der Welt vertraut machen. Im Besucherzentrum im **Schulman Grove** erfahren Sie alle Einzelheiten über die eigenartigen, krummen, 4000 Jahre alten *bristlecone pines,* die diese außergewöhnliche Landschaft beherrschen. Die Bäume wachsen nur etwa zwei

Alabama Hills in der Nähe von Bishop.

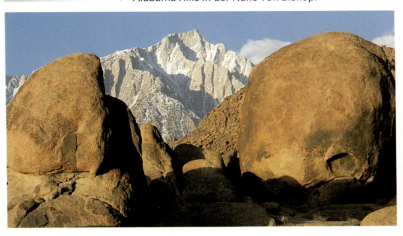

Nachdem Sie über die Bodie Road, abseits des Highway-395, 20 Meilen (32 km) südöstlich von Bridgeport, gefahren sind, kommen Sie zur Geisterstadt Bodie. Vor einem Jahrhundert lebten fast 10 000 Menschen in der Goldgräberstadt. Abgesehen von der Gewerkschaftshalle, in der ein Museum untergebracht ist, sind die Häuser zu baufällig zum Besichtigen.

Zentimeter im Jahr und machen einen eher toten Eindruck. Der interessanteste Teil des Parks liegt elf Meilen (18 km) weiter und 300 Meter höher im **Patriarch Grove**. Hier verleihen vereinzelte *bristlecones* dem unbeugsamen Terrain eine eigenartige Schönheit. Dieses Gebiet wurde von der NASA zum Testen ihres Mondfahrzeugs ausgewählt.

▶▶▶ Bishop

Eingezwängt zwischen den Motels, Restaurants und Expeditionsausstattern von Bishop, 15 Meilen (24 km) nördlich von Big Pine, bietet das **Paiute Shoshone Indian Cultural Center and Museum** (2300 W Line Street) eine willkommene Gelegenheit, etwas über den Lebensstil und die Handwerkskunst der ursprünglichen Talbewohner zu erfahren.

■ **Die Sierra Nevada ist wie maßgeschnei-dert für alle, die sich für Abenteuersport begeistern. Wie auch sonst in Kalifornien ist Kanufahren und Wildwasser-Rafting überall möglich, wo es die Bedingungen zulassen. In einem Gebiet, das seinem Ruf als Kaliforniens verrückteste Gegend für jede Art von Sport in jeder Hinsicht gerecht wird, stehen aber natürlich auch Skifahren, Bergsteigen und Mountainbiking auf dem Programm ... ■**

Skifahren: Eine Schneedecke von November bis Mai macht es möglich, daß man in der Sierra Nevada wunderbar alpin skilaufen kann. Doch die hohen Kosten und die langen Warteschlangen an den Skilifts führten dazu, daß der Skilanglauf immer beliebter wurde. Von den verschiedenen Forstämtern werden gratis zu befahrene Loipen betrieben.
Als Veranstaltungsort der Winterolympiade im Jahre 1960, verfügt der Lake Tahoe über Dutzende von Skiorten, von denen sich die meisten für fortgeschrittene und erfahrene Skifahrer eignen. Jeder, der Angst vor einem Sturz hat, ist im für Anfänger idealen Tahoe Donner, Tel.: (916) 587 9424, besser aufgehoben.

Weiter südlich: Um Mammoth Lakes herrscht nicht weniger Betrieb. Hier konzentrieren sich die Aktivitäten im enormen Mammoth Mountain Resort, Tel.: (619) 934 2442. Langläufern steht ein riesiges Netz an Loipen zur Auswahl, das vom Tamarack Cross-Country Ski Center verwaltet wird.
Im Yosemite National Park gelten die sanften Hänge des Badger Pass Ski Resort, Tel.: (209) 372 1330) als ideal für Anfänger. Von der Yosemite Cross-country Ski School, Tel.: (209) 372 1244, werden auch Dreitages-Langlauftouren mit Führung nach Glacier Point veranstaltet.

Bergsteigen: Für die Eroberung der steilen, fast senkrechten Felswände, die in der Sierra Nevada häufig vorkommen, mußte sich die Bergsteigerzunft völlig neue Techniken einfallen lassen. In den Bergsteigerschulen dieser Gegend werden diese Kenntnisse weitergegeben, außerdem können Anfänger hier die Grundlagen der Felswand- und Gletscherbesteigung erlernen.
Die wichtigsten Schulen sind die Yosemite Mountaineering School, Tel.: (209) 372 1244, und die Palisades School of Mountaineering, Tel.: (619) 873 5037, von September bis Mai, (209) 372 1335 von Juni bis August.

Mountain Biking: Aufregend ist es auch, die Hochs und Tiefs der Sierra Nevada mit dem Mountain Bike zu erforschen, vorausgesetzt, Sie haben eine gute Kondition. Viele Sportgeschäfte im Owens Valley und um den Lake Tahoe verleihen die Räder gegen eine Gebühr von rund 15 US-$ täglich. Der **Mammoth Mountain Bike Park** (Tel.: (614) 934 0101) benutzt im Sommer einige Skipisten bei den Mammoth Lakes.

Eine ungewöhnliche Art, die Schönheit der Sierra Nevada zu genießen, ist auf dem Rücken eines Maultiers oder Lamas. Während Sie von dem Tier getragen werden, erklärt Ihnen der Führer (meist ein qualifizierter Naturkundiger) die Besonderheiten der Umgebung. Viele Unternehmen, die überall in dieser Gegend Werbung machen, beginnen ihre Touren dort, wo die Hauptwege anfangen. Auskunft erhalten Sie von der Eastern Sierra High Packers Association, die über die Handelskammer von Bishop (Tel.: 619-873-8405) arbeitet.

▶▶▶ Bridgeport

Heute erinnert nur noch wenig an die Boomjahre der Stadt, als Bridgeport der Sitz der County-Regierung war und durch die Goldfunde im nahegelegenen Bodie reich wurde. Von dieser Zeit zeugt nur noch das Landgericht aus dem Jahre 1880. Wer sich von der ruhmreichen Vergangenheit überzeugen möchte, besucht das Mono County Museum, das im ehemaligen Schulhaus der Stadt untergebracht ist und Kunstwerke aus der »guten alten Zeit« ausstellt.

▶▶▶ Grover Hot Springs

Den heißen Quellen, die in einer wunderbaren Berglandschaft im Grover Hot Springs State Park aus der Erde herausblubbern, wird seit der Pionierzeit eine große Heilwirkung für alle möglichen Leiden zugeschrieben. Heutzutage empfinden geplagte Wanderer das mineralreiche Quellwasser als Segen, wenn sie ihre schmerzenden Glieder in einem der zwei Schwimmbecken des Parks baden.

▶▶▶ Independence

Außer Unterkünften und Restaurants hat Independence, 28 Meilen (45 Kilometer) südlich von Big Pine, das hervorragende **Eastern California Museum** (155 Grant Street) zu bieten, das die Geologie, die Geschichte und die Ökologie der Region behandelt. Das Museum verfügt über eine Kunsthandwerksammlung der Paiute- und Shoshone-Indianer sowie über eine anregende Ausstellung über das Manzanar Camp südlich der Stadt, wo nach Kriegsausbruch zwischen den USA und Japan 1941 10 000 Amerikaner japanischer Abstammung interniert wurden.
Einige ältere Gebäude der Stadt wurden abgebaut und auf dem Grund des Museums als Pionierdorf wieder errichtet. Das ehemalige Zuhause von Mary Austin (erfragen Sie den Weg im Museum) steht noch an seinem alten Platz. Die Schriftstellerin zog 1896 nach Independence und beschrieb das Leben im Owens Valley sehr anregend in dem Essayband »This Land of Little Rain«, der 1903 erschien.

In einer schaurigen Geschichte wird von der Donner-Party erzählt, einem Wagenzug von 89 Männern, Frauen und Kindern auf dem Weg nach Kalifornien. Mehrere Fehlentscheidungen ihres Anführers hatten zur Folge, daß die Gruppe vom Schnee überrascht wurde und den Winter des Jahres 1846 ohne Proviant auf dem Paß – gleich im Westen von Truckee – verbringen mußte, der heute den Namen Donner Pass trägt. Einige der 47 Überlebenden wurden sogar zu Kannibalen, um nicht zu verhungern.

Ein Blick über die Wiese nach Grover Hot Springs.

Mit dem Auto

Die Nationalparks Sequoia und Kings Canyon

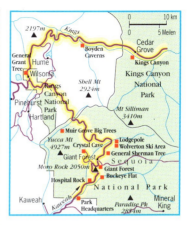

Die Redwoods (Bäume mit rotem Holz) an der kalifornischen Küste sind vielleicht höher, sind die riesigen Mammutbäume – die nur an den Westhängen der Sierra Nevada vorkommen – die größten Organismen der Welt. Der Umfang des größten Baumes, des General Sherman Tree im Sequoia National Park, beträgt 31 Meter. Die größten Mammutbäume (Sequoien) sind über 3000 Jahre alt. Ihre Langlebigkeit haben sie hauptsächlich ihrer feuerfesten Rinde zu verdanken.

Fahren Sie auf dem Highway-198 in den Sequoia National Park.
Der **Sequoia National Park** ist die Heimat von Tausenden riesiger Mammutbäume.

Fahren Sie auf dem Highway-198, dem General's Highway, weiter zum Giant Forest Village, und biegen Sie rechts auf die Crescent Meadow Road ab.
Diese Straße führt an berühmten Bäumen, z. B. dem **Auto Log**, vorbei. Fußwege führen in Wäldchen und zu anderen Bäumen, z. B. dem **General Sherman Tree**.

Biegen Sie von der Crescent Meadow Road zum Moro Rock ab.
Vom **Moro-Felsen** haben Sie eine fantastische Aussicht.

Kehren Sie auf den General's Highway zurück und fahren Sie weiter nach Grant Grove.
Im Besucherzentrum von **Grant Grove** erhalten Sie eine ausgezeichnete Einführung in die Biologie der wundersamen Mammutbäume.

Fahren Sie von Grant Grove auf den Kings Canyon Highway und dann weiter Richtung Cedar Grove.
Als ein Teil des **Kings Canyon National Park** windet sich der Highway durch den atemberaubenden Kings Canyon.

Biegen Sie vom Kings Canyon Highway nach Boyden Caverns ab, die, kurz bevor man am Boden des Canyons ankommt, ausgeschildert sind.
Bewundern Sie die Stalagmiten und Stalagtiten in den **Boyden-Höhlen**.

Fahren Sie den Kings Canyon Highway weiter nach Zumwalt Meadow.
Ein Wanderweg führt auf einer Hängebrücke über den Kings River und windet sich dann hinauf nach **Zumwalt Meadow** und darum herum.

Nach Zumwalt Meadow führen Wanderwege in das Hinterland des Kings Canyon.

Ein riesiger Mammutbaum.

Geologie

■ **Kalifornien liegt auf einem extrem span-
nungsgeladenen Teil der Erdkruste. Erdbeben sind ein fast alltägliches Phänomen,
wenn die meisten auch so schwach ausfallen, daß sie keinen Anlaß zu Besorgnis geben. Aber auch die Sierra-Nevada-Berge, die
man auf den ersten Blick für eine sehr solide
geographische Region halten würde, werden
heute noch von den Kräften der Natur
geformt ...** ■

Die Entstehung der Sierra Nevada: Vor ungefähr 200
Millionen Jahren schob sich die Pazifikplatte unter die nord-
amerikanische Kontinentalplatte. Als ein unglaublicher
Druck in der Erdkruste dazu führte, daß sich der Meeres-
boden bewegte, tauchte das heutige Kalifornien aus dem
Ozean auf. Im Anschluß daran bildeten sich auch die ersten
Umrisse der späteren Sierra-Nevada-Berge.

Im Zeitraum von vor 250 bis vor 80 Millionen Jahren war
genügend Oberflächengestein abgetragen worden, damit
das heiße Magma in der Erdkruste nach oben drücken konnte – der Druck von oben war ja geringer geworden. Dieses
Magma brach in Form von Vulkanen durch die Erdoberfläche oder kühlte unter der Erdoberfläche ab und bildete
dort riesige Granitgesteinskörper, sogenannte Batholithen.

Auf seinem Weg nach oben verband sich der geschmol-
zene Fels mit Mineralien in flüssiger Form. Aus diesem
Grund ist Kalifornien mit so vielen Gold-, Silber- und anderen Erzlagern gesegnet.

Der darauffolgende Prozeß der Exfoliation (Auffaltung),
die Ausdehnung der Felsen an der Oberfläche aufgrund
der Hitze im Untergrund, führte dazu, daß die äußeren
Schichten des Granitgesteins abbrachen und schließlich
jene nackten Kuppeln bildeten, die für die Sierra-Nevada-
Berge so typisch sind. Klassische Beispiele dafür sind El
Capitan und Half Dome im Yosemite Valley.

Vor etwa 70 Millionen Jahren führte die Entstehung des
Küstengebirges dazu, daß die Sierras Richtung Westen
kippten. Dieser Prozeß verstärkte die erodierende Wirkung der Flüsse der Sierras, die weiterhin tiefe Täler in die
Berglandschaft gruben.

Die Mountain Biker fahren
in einem halsbrecherischen
Tempo das unwegsame
Terrain hinunter, auf dem
Sie und ihre Räder anläß-
lich des Silver Canyon Ultimate Kamikaze Downhill
Mountain Bike Race
(Mountain-Bike-Abfahrts-
rennen) bis aufs äußerste
gefordert werden. Das Rennen wird jedes Jahr im Juli
im Silver Canyon der White
Mountains abgehalten.

Während drei verschiedener Perioden, von denen die letzte vor ungefähr 30 000 Jahren war, führten die fallenden Temperaturen auf der ganzen Erde dazu, daß sich in den Sierras Gletscher bildeten. Die wandernden Eisdecken trugen das schwächere Gestein ab und ließen dünne Türme und mit Zinnen versehene Grate zurück. Außerdem machten die Eisplatten das harte Oberflächengestein weicher und wuschen die Felsschüsseln aus, die sich später mit kristallklarem Wasser füllten und zu Bergseen wurden.

Die U-Form des Yosemite Valley (von Flüssen gebildete Täler haben eine V-Form) rührt von den Bewegungen der Eismassen her, während der Lake Tahoe der größte Gletschersee des Landes ist. In der Nähe von Mammoth Lakes gibt es viele kleinere Gletscherseen.

Die heutige Sierra Nevada: Die Ost- und die Westseite der Sierra Nevada sehen heute ganz anders aus. Im Westen erheben sich die bewaldeten Ausläufer, die aus altem Gestein bestehen, kontinuierlich über das weite, flache Central Valley. Im Osten fallen die Berge jedoch steil ab und verhelfen dem schmalen Owens Valley so zu einer atemberaubenden Felswand. Eine 640 Kilometer lange Linie entlang des Talbodens des Owens Valley wird von vielen Experten als die geologisch aktivste Zone in den USA betrachtet.

1872 zerstörte hier eines der stärksten Erdbeben in Nordamerika (geschätzte Stärke 8,3 auf der Richterskala) die Stadt Lone Pine und machte die Grate der Umgebung von einem Augenblick zum anderen um vier Meter höher. Die Folgen gewaltsamer Erdbewegungen – zum Teil bizarr und zum Teil schön – stechen überall ins Auge: z. B. die erkalteten Lavasäulen im Devil's Postpile Monument oder die zahlreichen heißen Quellen im Tal.

Interessanterweise bestehen die White Mountains im Gegensatz zur jungen Sierra aus uraltem Gestein. Außerdem wachsen hier die ältesten Vertreter des Pflanzenreichs, die *bristlecone pines*.

Während ganz unten die Geysire blubbern, schiebt sich der Palisades Glacier weiter durch die Canyons über Big Pine. Dieser Gletscher macht die Gegensätze dieser Region deutlich und erinnert daran, daß der Entstehungsprozeß der Sierra Nevada noch lange nicht abgeschlossen ist.

Die klaren Bergseen der Sierras entstanden, als Gletscher sich in die Felsen gruben.

Der 4418 Meter hohe Mount Whitney, ist der höchste Punkt auf dem Festland der USA. Wenn man am Ende der Whitney Portal Road, die von Lone Pine kommt, den anstrengenden, 16 Kilometer langen Weg hinaufsteigt, erreicht man seinen Gipfel. Ist dieser Pfad schneefrei – was nur ein paar Wochen im Sommer der Fall ist –, verstopfen Hunderte von Besuchern den Parkplatz am Weganfang, bevor sie den Aufstieg beginnen.

Amerikanische Eingeborene gravierten bunte Figuren, sogenannte Petroglyphen, in viele Felswände Kaliforniens. Ganz in der Nähe von Laws führt der 50 Meilen (80 km) lange Petroglyph Loop Trip (Rundweg) zu sechs Stellen, an denen einige dieser eigenartigen Kunstwerke zu sehen sind.

▶▶▶ Laws

In der Pionierzeit, als die landwirtschaftlichen Erzeugnisse des Owens Valley in die Minengebiete befördert werden mußten, war es für jede kleine Siedlung ein Segen, eine Haltestelle der Eisenbahn zu sein. Einer dieser Orte war Laws, sechs Meilen (10 Kilometer) von Bishop entfernt. Ein Teil der Stadt wurde wieder so hergerichtet, wie er in den 80er Jahren des 19. Jahrhunderts aussah, und zum **Laws Railway Museum and State Historic Site** (Eisenbahnmuseum und historische Stätte) ernannt. Der Bahnhof und verschiedene andere ältere Gebäude der Stadt wurden hervorragend restauriert. Vielleicht begleiten Sie geschichtsbegeisterte, Anekdoten erzählende Einheimische in historischen Kostümen auf Ihrer Tour.

▶▶▶ Mono Lake

Der Mono Lake (2743 Meter ü. d. M.) ist fast eine Million Jahre alt. Blickt man über den 21 Kilometer breiten Salzwassersee, der oft als Kaliforniens Totes Meer bezeichnet wird, fallen sogleich die bizarren **Kalktufformationen** an seiner Südseite ins Auge. Diese Kalksäulen entstanden durch die Wechselwirkung von Frischwasserquellen mit den Laugensalzen des Sees.

Die Kalktufformationen existieren schon seit Jahrtausenden, kamen aber erst an die Oberfläche, als der Seespiegel aufgrund der Trockenlegung seiner Zuflüsse zurückging. Das Wasser der Zuflüsse wird für die Versorgung für Los Angeles benötigt (siehe Kastentext Seite 206).

Bizarre Kalktufformationen spiegeln sich im Wasser des Mono Lake.

Der fallende Wasserspiegel hat auch das anfällige Ökosystem aus dem Gleichgewicht gebracht, dessen Grundpfeiler der Mono Lake ist. Eine Folge des Eingriffs in das System war, daß Niget Island im Zentrum des Sees zu einer Halbinsel wurde. Hungrige Kojoten konnten nun ungehindert den ehemals sicheren Nistplatz der California-Möwen plündern, an dem 90 Prozent ihrer Population nisten. Neben dem Highway 395 nördlich von Lee Vining, liegt das **Mono Basin Scenic Aerea Visitor Centre** (Besucherzentrum), in dem Sie erfahren, wie der See entstanden ist und welchen Gefahren er ausgesetzt ist.

Lake Tahoe

■ **Der von dichten Wäldern und schneebedeckten Gipfeln umgebene Lake Tahoe verfügt über genug Wasser, um ganz Kalifornien zu überfluten. Für die Kalifornier ist der See ein Ort, an dem man am Wochenende segelt, Ski fährt oder um Geld spielt (das östliche Drittel des Sees liegt in Nevada, wo Glücksspiele, im Gegensatz zu Kalifornien, legal sind) ...** ■

Massentourismus: Angesichts des Massentourismus ist die Natur von Motels, Fast-Food-Restaurants und Skilifts bedroht. In South Lake Tahoe z. B. erstreckt sich über acht Meilen (13 Kilometer) eine Hotellandschaft neben dem Highway-50, der nach Stateline in Nevada führt, wo ein Kasino neben dem anderen steht.

Eine Seefahrt, die ist lustig ... In South Lake Tahoe werden Kreuzfahrten angeboten, und das **Lake Tahoe Historical Society Museum** (Historisches Museum, 3058 Highway-50) vermittelt seinen Besuchern die Hintergründe über die Entstehung des Sees. Der hübscheste Abschnitt des Lake Tahoe ist seine südwestliche Ecke, wo die steilen, von Koniferen bedeckten Hänge des **Emerald Bay State Park** (an der State Road 89) zu einem Wasserlauf hinunterreichen. Von hier führt ein anderthalb Kilometer langer Weg nach **Vikingsholm**, der Nachbildung einer skandinavischen Burg aus dem 9. Jahrhundert. Der schwedische Architekt hatte in den 20er Jahren die Aufgabe, eine 38-Zimmer-Villa zu schaffen, ohne einen einzigen Baum zu fällen. Ein anderer Weg führt zum Wasserfall **Eagle Falls**.

30 Meilen (48 Kilometer) weiter nördlich kommen Sie im **Sugar Pine Point State Park** an wunderbare Sandstrände und zur **Erhmann-Villa**, dem Besucherzentrum. Ähnliche Anwesen werden in den **Tallac Historic Site**, in der Nähe des Fallen Leaf Lake, renoviert. Im Norden des Lake Tahoe erschien mit dem Bau der transkontinentalen Eisenbahn Mitte des 19. Jahrhunderts **Truckee** auf der Landkarte. Die Bahn verband Sacramento, das 80 Meilen (129 Kilometer) westlich von Truckee liegt, mit dem Rest der Welt. Die Schwierigkeiten, die Reisende in dieser Gegend vor dem Bau der Eisenbahn hatten, zeigt das **Emigrant Trail Museum** im Donner Memorial State Park, ein paar Kilometer westlich von Truckee auf der Interstate-80.

Die *Tahoe Queen*, Tel.: (800) 23 TAHOE, verkehrt als Fähre und bietet bei Nachtfahrten Dinner . Auf der *MS Dixie,* Tel.: (702) 588 3508) können Sie eine Besichtigungsrundfahrt von Zephyr Cove bis zur Emerald Bay unternehmen.

The map shows the Mammoth Lakes area with labels: Inyo Craters, Highway 395, San Joaquin, Dry Creek, MAMMOTH SCENIC LOOP, Inyo National Forest, 2671m, 2431m, Minaret Summit 2756m, Mammoth Lakes Visitor Centre, Casa Diablo Hot Springs, Minaret Falls, Mammoth Mountain Ski Area, LAKE MARY ROAD, **Mammoth Lakes**, Pumice Flat, Mammoth Creek, Devils Postpile National Monument, Mammoth Mt 3369m, Mammoth Cross Country Ski Center, Old Mammoth, Sierra Meadows Ski Touring Center, Sotcher L., Reds Meadow Hot Springs, Twin Lakes, **Mammoth Lake Mary**, Mill City, Horseshoe Lake, Sherwin Lakes, Laurel Creek, McCloud Lake, Lake Mary, San Joaquin, Rainbow Falls, John Muir Wilderness, Lake George, **Lakes**, TJ Lake

Scale: 0 — 2 — 4 km / 0 — 1 — 2 Meilen

Mit dem Auto

Mammoth Lakes

Verlassen Sie den Highway-395 zwischen Lee Vining und Bishop, und fahren Sie auf der State Road 203 weiter bis nach Mammoth Lakes.
Mit 4000 Einwohnern und Unterkünften für 40 000 Besucher ist **Mammoth Lakes** eines der beliebtesten Skigebiete der USA.

Fahren Sie auf der State Road 203 bis zum US Forest Service Visitor Center (Besucherzentrum).
Über die Geologie von Mammoth Lakes werden Sie in diesem **Besucherzentrum** genau informiert.

Folgen Sie der State Road 203, bis Sie nach acht Meilen (13 km) das Minaret Vista Picnic Area erreichen.
Gipfel und Grate erheben sich über dem **Picknickgebiet Minaret Vista**, während weiter unten der San Joaquin River durch einen Canyon fließt.

Folgen Sie der State Road 203, bis Sie nach 14 Meilen (23 km) zum Devils Postpile Monument kommen.
Die sechseckigen Basaltsäulen im **Devils Postpile Monument** entstanden, als erkaltete Lavaströme von Gletschern in diese Form geschliffen wurden.

Fahren Sie auf der State Road 203 zurück, und biegen Sie nach 17 Meilen (27 km)

Der Owens-Valley-Aquädukt wurde 1913 fertiggestellt, um Wasser aus dem Owens Valley in die wachsende Metropole Los Angeles zu leiten. Trotz des Schadens, den die Anlage im Tal anrichtete, wurde der Aquädukt 1941 bis zum Mono Lake verlängert, und 1970 wurde sogar ein zweiter Aquädukt gebaut.

rechts auf die Lake Mary Road ab. Folgen Sie ihr sechs Meilen (10 km) bis zur Lake Mary Loop Road.
Diese Straße führt um den **Lake Mary** herum, den größten Gletschersee dieser Gegend.

Kehren Sie auf die State Road 203 zurück, und biegen Sie links ab. Nach einer Meile (1,6 km) fahren Sie nach rechts auf den Mammoth Scenic Loop.
Der **Mammoth Scenic Loop** wurde 1970 als Evakuierungsstraße für den Fall eines stärkeren Erdbebens erbaut und führt an Bodenerhebungen vulkanischen Ursprungs, z. B. den **Inyo-Kratern**, vorbei.

Folgen Sie dem Mammoth Scenic Loop, bis Sie acht Meilen (13 km) nördlich der Kreuzung mit der State Road 203 auf den Highway-395 treffen.

Wege und Seen

■ Hervorragend angelegte und in gutem Zustand gehaltene kurze Spazierwege machen einige der unvergeßlichsten Landschaften der Sierra leicht erreichbar – selbst für Leute, für die das Verlassen ihres Autos bereits eine größere Expedition bedeutet. Die besten der leichteren Wege führen durch das Yosemite Valley (beschrieben auf Seiten 208–09) und um die riesigen Mammutbäume im Sequoia National Park. Längere Wanderwege zweigen oft von einfachen Spazierwegen ab und machen längere und anstrengendere Ausflüge ins wilde Hinterland der Sierra möglich … ■

Zu Fuß unterwegs: Wer einen entlegenen Wanderweg begehen will, ist oft Stunden oder sogar Tage unterwegs. Solche Wege stoßen oft auf längere Routen, wie zum Beispiel den 250 Meilen (400 Kilometer) langen John Muir Trail zwischen Mount Whitney und dem Yosemite Valley, das seinerseits wieder ein Teil des Pacific Crest Trail zwischen Mexiko und Kanada ist.

Der Yosemite National Park bietet noch viele weitere Wanderwege, die allerdings ein gewisses Maß an Fitneß und Entschlossenheit voraussetzen. Der Mühe wert ist die acht Meilen (13 Kilometer) lange Strecke vom Campingplatz Holiday Isles zum Gipfel des Half Dome. Dieser Weg ist so steil, daß man die Hilfe der Stahlseile auf dem glatten Granitgestein in Anspruch nehmen muß.

Viele Wege gehen auch strahlenförmig von den Yosemite's Tuolumne Meadows aus. Der High Sierra Loop Trail beispielsweise schlängelt sich um Wasserfälle, Wiesen und steile Flußtäler herum. In Abständen von acht Meilen (13 Kilometer) findet man sechs gut ausgestattete Hütten (Übernachtungen unbedingt im voraus buchen).

Die High Sierras: Nachdem Sie die Mammutbäume im Sequoia National Park besichtigt haben, fahren Sie die Straße durch den abgelegenen südlichen Abschnitt des Parks entlang. Nach 100 Meilen (160 Kilometer) erreichen Sie Mineral King, ein sehr stilles

Tal auf 2286 Metern Höhe. Einige der schönsten Plätze der High Sierras – friedliche, von Tannen gesäumte und von Gipfeln umgebene Bergseen – sind auf oft steilen Wegen von Mineral King aus zu erreichen. Der kühne Wanderer wagt sich hier auf den 50 Meilen (80 Kilometer) langen High Sierra Trail, von dem aus man einzigartige Blicke auf das Hochland hat und der in den John Muir Trail übergeht.

Durch die Sierra Nevada.

■ **Beim Anblick der von Wasserfällen gekrön-
ten Granitfelsen und von Seen unterbrochenen
Bergwiesen erwacht auch der erschöpfteste
Reisende zu neuem Leben. Diese traumhafte
Landschaft macht den Yosemite National Park
zu einem der schönsten Plätze der Erde ...** ■

208

Seien Sie nicht enttäuscht,
wenn Sie den Wasserfällen
in der Sierra Nevada gegen-
überstehen. Die meiste Zeit
des Jahres haben sie mehr
Ähnlichkeit mit tropfenden
Wasserhähnen als mit
schäumenden Kaskaden.
Nur im Frühling, wenn die
Fälle vom Schmelzwasser
gespeist werden, bieten
sie den Anblick, den man
sich erwartet.

*El Capitan, ein riesiger
Monolith aus Granit.*

Reisezeit: Der Nationalpark kann das ganze Jahr über
besucht werden. Wer jedoch im Frühling oder Herbst
anreist, entkommt den winterlichen Schneefällen und
dem Massentourismus im Sommer. Wer das atembe-
rau-bende Yosemite Valley verpaßt hat, hat den Yosemite
National Park nicht gesehen. Doch das Tal ist nur ein sieben Meilen (11 Kilometer) langer Abschnitt des 1000 Quadratmeilen (2500 km²) umfassenden Parks. Erkunden Sie
auch andere interessante Teile, wie zum Beispiel Tuolumne Meadows auf der Ostseite oder Wawona und das
Mariposa Grove im Süden des Tales.
Einfache Fußwege verschaffen dem Besucher zu den
Naturschönheiten Zugang, und ein Netz von Wanderwegen
erstreckt sich über viele der unerschlossenen Abschnitte
des Nationalparks.

Yosemite Valley: Seit es die ersten Fremden Mitte des
19. Jahrhunderts betraten, hat das Yosemite Valley, eine
von der Natur kunstvoll gestaltete Landschaft, jeden Besucher mit Ehrfurcht erfüllt. Nachdem das Tal von Gletschern gegraben worden war, bedeckte ein See seinen
Boden. Der See verschlammte und wurde zur heutigen
üppigen Wiesenlandschaft, die mit Tannen bestückt und
von enormen Granitgipfeln umgeben ist.

Der 2695 Meter hohe **Half Dome** (Halbe Kuppel), dessen fehlende Hälfte unter den Eisfeldern zusammenkrachte, zeigt die unglaublichen Naturkräfte, die das Yosemite Valley formten. Eine gute Aussicht auf den Half Dome und über das ganze Tal haben Sie vom **Glacier Point** aus, einem 975 Meter hohen Berg auf der Südseite des Tales, der entweder über eine kurvige Straße oder einen steilen, vier Meilen (6 Kilometer) langen Fußweg zu erreichen ist. Besuchen Sie Glacier Point möglichst bei Sonnenuntergang, wenn der Half Dome in einem kräftigen Orange erglüht, oder nachts, wenn der Mond das Tal in sein sanftes Licht taucht und Millionen Sterne über den Gipfeln der Sierra Nevada funkeln.

Vom Glacier Point aus bekommen Sie auch eine Ahnung vom unglaublichen Umfang des **El Capitan** am westlichen Ende des Tales. Der größte Granitmonolith der Welt ist dreimal höher als das Empire State Building in New York.

Am Fuße des El Capitan trifft man häufig auf Besucher, die versuchen, die mit bloßem Auge kaum erkennbaren Bergsteiger mit dem Fernglas auszumachen.

Erforschen Sie die Spazierwege, die zu den Wasserfällen führen, wie zum Beispiel dem **Lower Yosemite Fall** (den eindrucksvolleren **Upper Yosemite Fall** erreichen Sie nach einer Wanderung drei Meilen (5 Kilometer) den Berg hinauf) und den **Bridaveil Falls**, gegenüber des El Capitan. Wer einen Tag Zeit hat, kann die Wanderung zum **Vernal Fall** und **Nevada Fall** auf sich nehmen, die über den Mist Trail erreichbar sind, auf dem man vom Sprühregen ganz durchnäßt wird.

Im Yosemite Village auf dem Talboden finden Sie Geschäfte und das **Indian Culture Museum**, das die Kultur der Miwok- und Paiute-Indianer dokumentiert.

Ganz in der Nähe hat sich der Stein- und Betonbau des **Ahwahnee Hotel**, der elegantesten Unterkunftsstätte im Park, seit seiner Errichtung im Jahre 1927 hervorragend in die Umgebung eingefügt.

Tuolumne Meadows: Ganz in der Nähe des Osteingangs zum Park, aber besser erreichbar auf der **Tioga Road** von Westen her, bildet das kräftige Grün der Tuolumne (ausgesprochen Twa-LUM-Nei) Meadows einen starken Kontrast zu den kahlen Granitfelsen außen herum.

In erster Linie ist Tuolumne Meadows der Ausgangspunkt für abgehärtete Wanderer und erfahrene Bergsteiger, aber hier ist auch der ruhigste Abschnitt des ganzen Parks.

Wawona und das Mariposa Grove: Nach den Menschenmassen und starken visuellen Eindrücken im Yosemite Valley bietet das von dichten Wäldern umgebene und von Flüssen begrenzte Wawona einen ruhigen und idyllischen Anblick. Das weiße **Wawona Hotel**, das 1879 für die Unterbringung von Postkutschenreisenden erbaut wurde, verstärkt nur noch den ländlichen Zauber des Städtchens.

In der Nähe des Hotels erinnert das **Pioneer Yosemite History Center** mit Exponaten und restaurierten Gebäuden an die ersten weißen Siedler der Region. Einer von ihnen war Glen Clerk, der angeblich das **Mariposa Grove** entdeckte, den dichtesten der drei Mammutbaumbestände im Park. Wenn Sie den Sequoia National Park (siehe Seite 201) nicht besuchen, sollten Sie diese faszinierenden Bäume auf einer der geführten Tramtouren besichtigen.

Der gebürtige Schotte John Muir kam 1868 in San Francisco an und wollte angeblich »irgendwohin, wo es wild ist.« Nur von einem Maultier begleitet, verbrachte Muir viele Sommer damit, die Sierra Nevada zu erforschen. Seine Reiseberichte sowie sein unermüdlicher Einsatz dafür, daß das Yosemite-Gebiet unter Naturschutz gestellt würde, führten schließlich zur Bildung des immer noch einflußreichen Sierra Club und 1890 zur Gründung des Yosemite National Park (auf Seite 81 erfahren Sie mehr über John Muir).

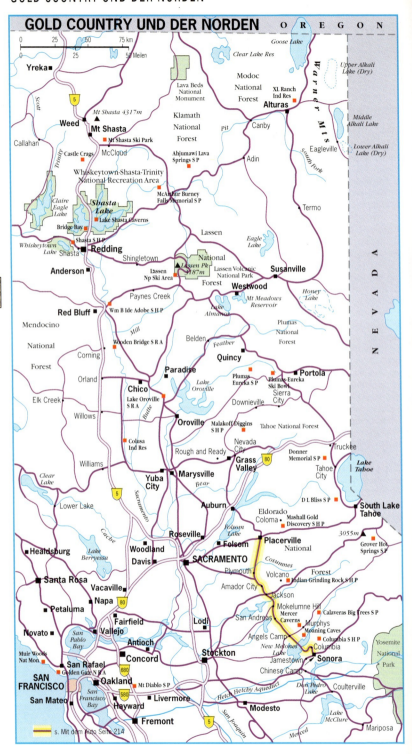

GOLD COUNTRY UND DER NORDEN

OREGON

NEVADA

0 25 50 75 km
0 25 50 Meilen

Yreka

Goose Lake

Clear Lake Res

Warner Mts

Upper Alkali Lake (Dry)

Modoc

National

Forest

Lava Beds National Monument

XL Ranch Ind Res

Alturas

Middle Alkali Lake

Mt Shasta 4317m

Weed

Mt Shasta

Klamath

National

Forest

Canby

Pit

Eagleville

Lower Alkali Lake (Dry)

Mt Shasta Ski Park

Callahan

McCloud

Castle Crags

Ahjumawi Lava Springs S P

Adin

South Fork

Trinity

Whiskeytown-Shasta-Trinity National Recreation Area

Termo

Claire Eagle Lake

Shasta Lake

McArthur Burney Falls Memorial S P

Lassen

Eagle Lake

Lake Shasta Caverns

Bridge Bay

Whiskeytown Lake

Shasta S H P

Shasta

Redding

Shingletown

National

Lassen Pk 3187m

Lassen Volcanic National Park

Susanville

NEVADA

Anderson

Lassen Np Ski Area

Forest

Westwood

Honey Lake

Paynes Creek

Mt Meadows Reservoir

Red Bluff

Wm B Ide Adobe S H P

Lake Almanor

Mendocino

Mill

Plumas

National

Forest

National

Wooden Bridge S R A

Belden

Feather

Forest

Corning

Quincy

Orland

Paradise

Plumas-Eureka S P

Portola

Plumas-Eureka Ski Bowl

Elk Creek

Chico

Lake Oroville

Sierra City

Lake Oroville S R A

Downieville

Willows

Butte

Oroville

Malakoff Diggins S H P

Tahoe National Forest

Colusa Ind Res

Rough and Ready

Nevada City

Truckee

Williams

Marysville

Grass Valley

Donner Memorial S P

Lake Tahoe

Clear Lake

Yuba City

Bear

Tahoe City

Lower Lake

Sacramento

Auburn

D L Bliss S P

South Lake Tahoe

Eldorado Coloma

Mashall Gold Discovery S H P

3055m

Roseville

Folsom Lake

Placerville

Grover Hot Springs S P

Healdsburg

Lake Berryessa

Woodland

Folsom

National

Davis

Costumes

Forest

Santa Rosa

Vacaville

SACRAMENTO

Plymouth

Volcano

Indian Grinding Rock S H P

Petaluma

Napa

Amador City

Jackson

Novato

Fairfield

Lodi

Mokelumne Hill

Calaveras Big Trees S P

Cache

Vallejo

San Andreas

Mercer Caverns

Murphys

San Pablo Bay

Antioch

Angels Camp

Moaning Caves

Muir Woods Nat Mon

Concord

Columbia S H P

New Melones Lake

Columbia

Yosemite National Park

San Rafael

Mt Diablo S P

Stockton

Jamestown

Sonora

Golden Gate N R A

Oakland

San Francisco Bay

Chinese Camp

SAN FRANCISCO

Hayward

Livermore

Hetch Hetchy Aqueduct

Don Pedro Lake

Coulterville

San Mateo

Fremont

Modesto

Lake McClure

Mariposa

San Joaquin

Merced

s. Mit dem Auto Seite 214

Hoffnungsfroher Goldsucher bei der Arbeit.

1848: Die Goldfunde jenes Jahres veränderten Kalifornien für immer. Zum ersten Mal in seiner Geschichte (und es sollte nicht das letzte Mal sein) versprach allein sein Name plötzlichen und unermeßlichen Reichtum. Zu diesem Zeitpunkt gab es keine leicht zugänglichen Verbindungswege mit dem Rest des Landes. Damals wie heute waren die Berge der Sierra Nevada, deren Hänge das Gold bargen, das die Flüsse hinunter ins Tiefland schwemmten, eine gewaltige natürliche Grenze. Daher kam der erste größere Einwanderungsstrom erst 1849 an: die sogenannten Neunundvierziger. Drei Jahre später hatten sich bereits 100 000 Menschen in den notdürftig erbauten Städten des Gold Country (Goldlandes) niedergelassen.

Ein Vermögen machten während des Goldrausches die Händler und Ladenbesitzer und weniger die hoffnungsvollen Goldsucher. Viele von ihnen landeten als Arbeiter in den Minen der Gesellschaften, die die Industrie beherrschten, nachdem in den Flüssen kein Gold mehr zu finden war.

Mit dem Eintreffen der Minenmaschinen auf dem Seeweg begann für Hafenstädte wie San Francisco und Sacramento eine Blütezeit. Sacramento, das 1854 zur kalifornischen Hauptstadt erklärt wurde, ist die einzige Stadt im Gold Country, die heute noch relativ groß ist. Sie verlor ihr Prestige, als einflußreiche Persönlichkeiten in die Küstenstädte abwanderten, doch heute macht sie das Beste aus ihrer Geschichte und legt langsam jenes Image ab, das sie einem Heer von Bürokraten zu verdanken hatte.

Östlich von Sacramento: Die State Road 49 verbindet viele Städte im Gold Country miteinander, die nördlich des Yosemite, entlang der Westhänge der Sierra-Nevada-Berge, auf einem 200 Meilen langen Streifen, dem Mother Lode, liegen. Der ganze Stolz dieser Siedlungen sind die gut erhaltenen Gebäude aus dem 19. Jahrhundert, die zusammen mit den allgewärtigen Goldminenmuseen an die Tage des Goldrausches erinnern. Der Nachteil für den Besucher ist, daß eine Stadt der anderen gleicht.

Kaliforniens Far North (Hoher Norden), den die Klamath-Berge von der North Coast (Nordküste) trennen und der auf der Interstate-5 vom Gold Country aus zu erreichen ist, bietet mehr Abwechslung. Seine Städte sind unbedeutend, aber seine Landschaft ist traumhaft: Bergwälder, Canyons und Wildwasser, eigenartige Lavaformationen im Lava Beds National Monument und blubbernde Schlammlöcher sowie heiße Quellen und heiße Gase, die im Lassen National Park aus der Erde hervorströmen.

Gold Country

212

Auf seiner Tour durch den Westen der USA kam Mark Twain auch nach Angel City. In »Roughing It«, das 1872 veröffentlicht wurde, erzählt er von seiner Reise. Bret Harte war bereits als Journalist berühmt, als er in der Gegend um Angels Camp einen Lehrerposten annahm. In dieser Zeit verfaßte er ironische, manchmal etwas wunderliche Geschichten über das Leben der Menschen im Gold Country. Sein erstes Buch, »The Luck of the Roaring Camp«, wurde 1868 veröffentlicht.

In der Old Town von Auburn ist die Eleganz des 19. Jahrhunderts noch deutlich spürbar.

►►► Amador City

Offiziell ist Amador City zwar die kleinste Stadt Kaliforniens, dafür aber bildschön. Sie zieht sich mit ihren wenigen Cafés, Frühstückspensionen sowie Kunst- und Antiquitätenläden nur einen Straßenzug breit die State Road 49 entlang.

►►► Angels Camp

Zwischen 1886 und 1910 wurde in den Minen von Angels Camp (benannt nach den Gebrüdern Angel, die hier 1848 einen Laden eröffneten) Gold im Wert von 19 Millionen US-$ gefördert, doch nicht das edle Metall verhalf der Stadt zu Berühmtheit, sondern ausgerechnet Frösche. Anläßlich des Jumping Frogs Jamboree, bei dem Frösche im Hochsprung gegeneinander antreten und um einen Preis von 1000 US-$ kämpfen, strömen seit 1928 Zehntausende von Zuschauern nach Angels Camp.

Es wird erzählt, daß der Schriftsteller Mark Twain in den 60er Jahren des letzten Jahrhunderts in der Bar des Hotel Angels (1287 Main Street) saß, als er von Minenarbeitern die Geschichte über die Springfrösche hörte, die seine erste veröffentlichte Erzählung inspirierte. Auch der Autor Bret Harte lebte in dieser Gegend. Mehr über die beiden Schriftsteller erfahren Sie im linken Kastentext.

Abgesehen von den Fröschen, wartet Angels Camp nur noch mit einigen Souvenirläden auf.

►►► Auburn

30 Meilen (48 km) auf der Interstate-80 von Sacramento entfernt, liegt Auburn, das auf dem besten Wege dazu ist, die beliebteste Schlafstadt der kalifornischen Hauptstadt zu werden. Fährt man vom modernen Teil der Stadt hinunter in die freundliche **Old Town** (Altstadt), bekommt man viele restaurierte Gebäude aus der Mitte des 19. Jahrhunderts zu sehen sowie das älteste kalifornische Postamt, ein neo-klassizistisches Gerichtsgebäude und ein kleines Chinatown, das mit seinen Restaurants und Antiquitätenläden um die Gunst der Touristen wirbt.

Das sehr empfehlenswerte Gold Country Museum (1273 High Street) dokumentiert Auburns Vergangenheit anhand einer Sammlung von Werkzeugen für den Goldabbau, daneben Werke der Indianer und faszinierende Stücke aus den ersten Tagen der chinesischen Gemeinde.

Neben dem Museums befindet sich das **Bernhard Museum**, ein mehrere Gebäude aus dem 19. Jahrhundert umfassender Komplex, in dem das Leben im viktorianischen Zeitalter nachgestellt wird. Hier finden Sie ein Haus, das im Stil der Zeit eingerichtet ist, eine Werkstatt, in der ein Schmied arbeitet, sowie eine ehemalige Weinkellerei, in der heute eine Kunstgalerie untergebracht ist.

►►► Calavaras Big Trees State Park

Heutzutage sind die Mammutbäume (Sequoien), die im Calavaras Big Trees State Park wachsen, weit weniger berühmt als ihre Artgenossen in den Nationalparks der Sierra Nevada. Doch sie waren die ersten Sequoien, die entdeckt wurden. 1852 fand sie ein Siedler, der auf Bärenjagd war. Zunächst nahm man sogar an, daß sie die einzigen Mammutbäume auf der ganzen Welt seien.

Die Presse berichtete ausführlich über die Größe der Bäume (in Bezug auf den Umfang sind die Sequoien die größten lebenden Organismen der Erde). Es folgte ein »Baum-

Der Calavaras Big Trees State Park.

rausch«, der Touristen und Naturwissenschaftler aus der ganzen Welt nach Kalifornien lockte. Das **Besucherzentrum Big Trees** vermittelt Grundkenntnisse über die Bäume, die in zwei Abschnitten des Parks wachsen. Um das North Grove führt ein eine Meile (1,6 Kilometer) langer Weg. Neun Meilen (14 Kilometer) weiter südlich gedeihen im weniger besuchten South Grove mehr als tausend Mammutbäume in stimmungsvoller Abgeschiedenheit.

▶▶▶ Chinese Camp

1851 war von den 250 000 Minenarbeitern in Kalifornien jeder zehnte ein Chinese. 5000 Chinesen lebten in Chinese Camp, neun Meilen (14 Kilometer) südlich von Jamestown, an der Kreuzung der State Road 49 mit der State Road 120. Nur wenige Chinesen wurden als Minenarbeiter reich, viele halfen später beim Bau der Eisenbahn, bevor sie sich nach Chinatown in San Francisco zurückzogen. Außer verfallenden Ziegel- und Lehmhäusern ist von Chinese Camp nichts übriggeblieben. Nur ein Fremdenverkehrsbüro hält die Stellung und sichern Chinese Camp seinen Platz auf der Landkarte.

Zur Zeit des Goldabbaus hatten die Chinesen mehr als jede andere Volksgruppe unter der rassistischen Einstellung aller anderen zu leiden. Die Bewohner einer nicht-chinesischen Siedlung waren sehr enttäuscht, als 1856 im Chinese Camp bei einer Schlacht zwischen zwei chinesischen Gruppen nur vier Menschen starben.

Mit dem Auto

**State Road 49:
von Jamestown nach Placerville**

Siehe Landkarte auf Seite 210.

Beginnen Sie im Railtown 1897 State Historic Park von Jamestown.
Im **Railtown 1897 State Historic Park** der Stadt werden Motoren, Ausstattung und Waggons der 1897 gegründeten Sierra Railway Company aufbewahrt.

Fahren Sie von Jamestown drei Meilen (5 km) auf der State Road 49 Richtung Osten, bis Sie Sonora erreichen.
Dank der Eisenbahn und seiner gut erhaltenen historischen Gebäude steht **Sonora**, eine der reichsten Städte während des Goldrausches, immer noch in voller Blüte und ist daher unbedingt einen Besuch wert.

Fahren Sie drei Meilen (5 km) auf der State Road 49 bis zum Columbia State Historic Park.
Der außergewöhnliche **Columbia State Historic Park** verschafft dem Besucher einen faszinierenden

Im Columbia State Historic Park.

Eindruck vom Leben in einer Goldgräberstadt (siehe Seite 215).

Folgen Sie der State Road 49 19 Meilen (31 km) bis nach Angels Camp.
Angels Camp ist die einzige Goldgräberstadt, die für ihre Frösche bekannter ist als für ihre alten Häuser. Mark Twain widmete ihnen seine erste Erzählung, und jedes Jahr im Mai wird das Jumping Frogs Jamboree veranstaltet
(siehe Seite 212).

Folgen Sie der State Road 49 elf Meilen (18 km) bis nach San Andreas.
In **San Andreas** wurde 1883 der legendäre Bandit Black Bart (siehe Kasten Seite 223) im Landgericht verurteilt, einem restaurierten Bau, das heute das **County Historical Museum and Archives** beherbergt.

Folgen Sie der State Road 49 16 Meilen (26 km) bis nach Jackson.
Als Kreisstadt des winzigen Amador County wartet Jackson mit dem **Amador County Museum** auf, in dem anhand von Modellen verschiedene Goldschürftechniken sehr lebendig dargestellt werden.

Fahren Sie 14 Meilen (23 km) auf der State Road 49, vorbei an Amador City (beschrieben auf Seite 212), bis kurz vor Plymouth.
Außerhalb von Plymouth befindet sich das **Sobon Estate**, ein Anwesen, das früher D'Agostini Winery hieß. Die älteste Weinkellerei Kaliforniens wurde 1856 in einen Berghang geschlagen und steht für Proben ihrer trockenen und Dessertweine offen.

Folgen sie der State Road 49 zwanzig Meilen (32 km) bis nach Placerville.
In Placerville, das einst als Hangtown bekannt war, können die hell erleuchteten, aber feuchten Stollen der **Gold Bug Mine** besichtigt werden. Das **El Dorado County Museum** lagert Werkzeuge und Bergwerksmaschinen.

▶▶▷ Columbia

1854 wurde abgestimmt, ob Sacramento oder Columbia Hauptstadt von Kalifornien werden sollte; mit nur zwei Stimmen Mehrheit gewann Sacramento. In der Folge machte, nach der Schließung der Goldminen, auch Columbia dicht. Die zwölf verbliebenen Straßenzüge bilden heute den **Columbia State Historic Park**.
Zu den 50 Holzgebäuden, die im Park erhalten blieben, gehören ein Saloon, ein Hotel, die Schule und sogar eine Zahnarztpraxis.

Eine Kutsche als Teil des Stadtbilds von Columbia.

▶▷▷ Coulterville

Coulterville sollte schon allein wegen der umfangreichen Dokumentation der Zeit des Goldabbaus, in die Sie im **North Mariposa County History Center** eintauchen können, auf Ihrem Programm stehen. Spazieren Sie auch die Main Street entlang, und bewundern Sie die Lehmziegelbauten aus den 50er Jahren des letzten Jahrhunderts, wie zum Beispiel das Jeffrey Hotel und den Sun Sun Wo Co Store, ein Überbleibsel des Chinesenviertels der Stadt.

▶▷▷ Downieville

Downieville rühmt sich seines zweifelhaften Rufes, die einzige Goldgräberstadt Kaliforniens zu sein, in der eine Frau gehängt wurde. Hier werden auch die Galgen der Stadt gepflegt. Das Sierra County Museum in der Main Street, früher ein chinesischer Laden und eine Opiumhöhle, stellt Fotos aus.

▶▷▷ Folsom

Mehr als ein Viertel der 23 000 Bewohner von Folsom sitzen hinter den Gittern, die Johnny Cash in seinem Folsom Prison Blues (Gefängnis-Blues) verewigt hat. So berühmt ist das Gefängnis der Stadt, daß es sogar über ein eigenes Museum verfügt, das dem Verbrechen gewidmet ist. Konventionellere historische Exponate sind im Folsom Museum zu sehen.

Die Bürger von Downieville, die sich Ende der 80er Jahre zusammentaten, um die Restaurierung der historischsten Wahrzeichen der Stadt – der Galgen – zu finanzieren, nannten sich »Freunde der Galgen«.

Techniken des Goldabbaus

■ Das romantische Bild des einsamen Goldsuchers, der an einem Fluß steht und geduldig mit einer Pfanne den Schlamm aussiebt, in der Hoffnung, glitzernde gelbe Körnchen zu finden, entspricht nicht ganz der Realität der Goldsuche in Kalifornien. Die Wahrheit sah ganz anders aus: umgeleitete und ausgebaggerte Flüsse, in einzelne Felsbrocken gesprengte Berghänge und riesige Maschinen, die nachts ganze Städte wachhielten, während sie Quarz zu Pulver machten. Dieselbe Technologie, die Kalifornien reich machte, fügte der Sierra Narben zu, die nun – ein Jahrhundert, nachdem der Schaden verursacht wurde – gerade erst zu heilen beginnen ... ■

Ist das der Preis für das Goldfieber?

Abbau vor Ort: Das Goldwaschen war die einfachste Form des Goldabbaus vor Ort. Der Goldwäscher schöpfte eine Pfanne Kies aus dem Flußbett und entfernte vorsichtig das leichtere Material um das schwerere Gold auf dem Boden der Pfanne zu sammeln. Das meiste Gold, das auf diese Art gewonnen wurde, bestand aus kleinen Körnchen, die den Spitznamen »color« (Farbe) trugen.

Eine verbesserte Art des Abbaus begann mit dem Gebrauch des »Rüttlers«, einem langen Kasten, in den einer der Goldwäscher Geröll aus dem Flußbett schaufelte, während ein anderer den Apparat schüttelte. Dabei blieb – mit einigem Glück – das Gold in den Rillen am Boden hängen, während der Schlamm hinausbefördert wurde.

Eine weitere Verbesserung war der »Lange Tom«, ein hölzerner Trog von etwa vier Metern Länge, der von drei Goldwäschern bedient wurde. Einer schaufelte, einer rührte, und der dritte leitete einen Wasserstrahl in den Trog. Der Inhalt wurde durch einen »Riffelkasten« hinausgespült, in dem das Gold hängenblieb.

Später wurde die Produktivität mit umfangreichen Schleusensystemen gesteigert, aber um 1850 wurde angenommen, daß die Flüsse all ihr Gold hergegeben hätten, und man wendete sich dem goldhaltigen Gestein der Sierras zu.

Hydraulischer Abbau: Seit den Anfängen um 1850 bestand der hydraulische Abbau im Entfernen des Oberflächengesteins ganzer Berghänge mit Hilfe von Hochdruck-Wasserstrahlgeräten. Es wurden tonnenschwere, umgebaute Feuerwehrspritzen und Düsen verwendet, um die Goldadern freizulegen.

Diese Methode war sehr produktiv, sie war jedoch auch sehr umweltbelastend. Der hydraulische Abbau verwüstete die Landschaft, zerstörte den Lebensraum der Tiere und verstopfte die Flüsse mit so viel Schlamm und Kies, daß das Ackerland des Staates gefährdet war. Deshalb wurde der hydraulische Abbau 1884 verboten.

Quarzabbau: Ungefähr zeitgleich mit dem Beginn des hydraulischen Abbaus wurde entdeckt, daß es auch in Quarzadern eingebettetes Gold gab. Der Ausdruck »Mutterader« wurde im ganzen Goldgebiet benutzt, doch er führte zu der falschen Annahme, daß es um eine einzige große Goldader ging, die sich durch das ganze Gebiet zog.

Unter Einsatz von Dynamit, das 1860 erfunden wurde, sprengte man große Löcher in die Berghänge, und die ersten unterirdischen Minen wurden angelegt. Sie zogen sich oft kilometerweit unter der Erdoberfläche hin.

Die Goldsucher stiegen in die Tiefen hinab und bearbeiteten die Quarzadern mit Spitzhacken und Schaufeln. Die herausgelösten Quarzblöcke wurden in von Maultieren gezogenen Wagen an die Oberfläche befördert. Auch zum Drehen der *arrastra*, einer schwerfälligen Maschine mexikanischen Ursprungs, die an einen riesigen Mörser erinnert, wurden Maultiere eingesetzt.

Die Entwicklung von tonnenschweren Stampfmaschinen beschleunigte das Zerkleinern der Quarzbrocken enorm. Sie hämmerten Tag und Nacht, und ihr Lärm drang bis in die Städte der Umgebung. Aus dem pulverisierten Quarz gewann man das Gold mit Hilfe eines chemischen Prozesses. Dann wurde es geschmolzen und in Formen gegossen, um Goldbarren herzustellen.

Baggerabbau: Um 1890 begann man, mit Baggern die Flußbetten auszuheben, in denen die ersten Goldwäscher gearbeitet hatten. Die Tonnen überflüssigen Materials, die bei diesem Prozeß übrigblieben, wurden ganz einfach an jedem verfügbaren Ort abgeladen. Dabei wurde oft die Vegetation zugeschüttet und Flüsse aus ihrem Lauf gebracht. Unter strengen Kontrollen wird auch heutzutage noch Baggerabbau betrieben.

Einige Leute glauben, die Mutterader enthalte noch viel Gold. Selbst heutzutage haben der Baggerabbau und das Goldwaschen immer noch viele ernsthafte Anhänger. Aber mit den Pfannen, die an einigen Orten den Touristen ausgehändigt werden, kann man nichts fördern außer Rückenschmerzen.

217

Der Reichtum, der durch das Gold entstand,
verhalf den Gebäuden von Grass Valley zu ihrer Eleganz.

▶▶▶ Grass Valley

Die größte und ergiebigste Goldmine Kaliforniens machte Grass Valley Ende des 19. Jahrhunderts zu einer der reichsten Orte. Die Gebäude, ein Schacht und viele Maschinen, die erst 1956 stillgelegt wurden, können im **Empire Mine State Historic Park** an der State Road 174, eine Meile östlich der Stadt, bewundert werden.

Nach der Stillegung der Mine ist Grass Valley so erhalten geblieben, wie es durch Landwirtschaft und Holzhandel geprägt wurde. Es gibt hier viele Gebäude aus dem 19. Jahrhundert. In den Restaurants werden zum Andenken an die vielen Siedler aus Cornwall englische Gerichte serviert.

Eine ungewöhnliche Einwohnerin war Lola Montez, lebenslustige europäische Tänzerin und ehemalige Geliebte des bayerischen Königs (siehe Kastentext auf dieser Seite). In einer Nachbildung ihres Wohnhauses (248 Mill Street) sind das Touristenbüro sowie Erinnerungsstücke aus ihrem Leben untergebracht.

Im **Grass Valley Museum** an der Kreuzung von Church und Chapel Street, dem alten Schulhaus aus dem Jahr 1865, gibt es viele historische Stücke zu bewundern. Im **North Star Mining Museum** (an der Kreuzung der State Roads 20 und 49) werden Abbautechniken gezeigt.

▶▶▶ Indian Grinding Rock State Park

Generationen von Miwok-Indianern, die Nüsse zu Mehl zermahlten, haben über 1000 *chaw'se* (Mörsergefäße) hinterlassen, eingedrückt in einen großen Kalksteinfelsen zwischen Amador City und Volcano. Hier gibt es auch Hunderte von in den Fels gemeißelten Schriftzeichen zu sehen. Neueren Ursprungs sind das nachgebaute Miwok-Dorf und ein Museum, das den Gebrauch der chaw'se beschreibt und einen Überblick über die zehn Indianerstämme dieses Gebiets gibt.

Nachdem sie sich ihren Weg durch die USA getanzt und alle mit ihrem »Spinnentanz« begeistert hatte, ließ sich die Irin Lola Montez in Grass Valley nieder. Extravagant und betörend, verwirrte Lola die Goldsucher – nicht jedoch Lotta Crabtree, ein sechsjähriges Mädchen, das später die bestverdienendste Entertainerin der USA werden sollte. An sie gab Lola ihr tänzerisches Können weiter. Nachdem ihr Ehemann ihren zahmen Bären erschossen hatte, verließ Lola Grass Valley, wurde religiös und hielt in den nächsten Jahren Vorträge in Australien und Europa, bevor sie 1861 mit 42 Jahren ohne einen Pfennig in New York starb.

▶▶▶ Malakoff Diggins State Historic Park

Sechzehn Meilen (26 Kilometer) von Nevada City entfernt ist durch den hydraulischen Abbau eine große Kluft in einem Berghang entstanden. Sie hat sich inzwischen zu einer ruhigen Landschaft mit Wiesen und Canyons entwickelt, die von Rentieren, Kojoten und Eichhörnchen bevölkert wird. Einige restaurierte Gebäude erinnern noch an die Goldgräber, aber es ist die außergewöhnliche Fähigkeit der Natur zur Regeneration, die in diesem über 1200 Hektar großen Park beeindruckt.

▶▶▶ Mariposa

Viele Besucher, die durch Mariposa fahren, sind weniger am Gold Country interessiert als vielmehr am Yosemite National Park, der nur dreißig Meilen (48 Kilometer) östlich liegt. Wenn Sie dazugehören, dann halten Sie wenigstens an, um das **Mariposa County History Center** (Ecke Twelfth und Jessie Street) zu besichtigen. Es enthält eine interessante Sammlung, die viel über das Leben während der Zeit des Goldrauschs diente. Hier ist unter anderem auch eine Goldsucherhütte sowie ein elegantes Damenzimmer zu bewundern.

Die Gesetzlosigkeit der alten Tage ist weniger durch das große **Mariposa County Courthouse** (5808 Bullion Street) dokumentiert, das 1854 fertiggestellt wurde und lange Zeit als Gerichtsstätte diente. Besser läßt sie sich im **Old Mariposa Jail**, dem erbarmungslos wirkenden Gefängnis, erkennen, das bis 1960 in Gebrauch war.

Zwei Meilen (3 Kilometer) südlich von Mariposa gibt es im **California State Mining and Mineral Museum** (Bergbau- und Mineralienmuseum) Beweise, daß in dieser Region die aufregendsten Funde des ganzen Gold Country gemacht wurden. Hier kann man Diamanten und Goldklumpen bewundern.

▶▶▶ Marshall Gold Discovery State Historic Park

Am 24. Januar 1848 fand James Marshall, während er eine Sägemühle für den Landbesitzer John Sutter baute, zufällig Gold am Rande des American River in der Siedlung Coloma. Innerhalb eines Jahres machten sich 10 000 Menschen mit Spitzhacken und Schaufeln in der Umgebung zu schaffen. Viele verschwanden wieder, als an anderen Orten ertragreichere Goldadern entdeckt wurden. Sie überließen Coloma dem Verfall und den enttäuschten Marshall dem Tod in seiner Hütte, die immer noch steht.

Unter anderem gibt es im Park auch ein Modell von Sutters Mühle und ein Museum, das die Folgen von Marshalls Fund dokumentiert.

▶▶▶ Murphys

Dieser Ort, benannt nach den zwei irischen Brüdern, die ihn 1848 gründeten, besteht fast nur aus der Hauptstraße, an der seit 1856 das **Murphys Hotel** steht. Hier übernachteten Größen wie der spätere amerikanische Präsident Ulysses S. Grant. Die Kuriositäten im **Oldtimer's Museum** beweisen die Abneigung der Goldgräber, Dinge wegzuwerfen.

Nördlich von Murphys, abzweigend von der Sheep Ranch Road, wird eine Tour mit Führung durch die **Mercer's Caverns** (Mercers-Höhlen) angeboten, in denen man bizarre Kalksteinformationen bewundern kann. Auf dem **Weingut Stevenot** gibt es kostenlose Weinproben.

219

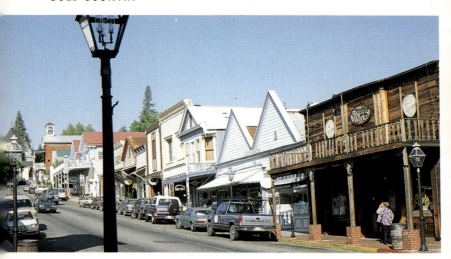

Nevada City, einst die drittgrößte Stadt Kaliforniens.

▶▶▶ Nevada City

Nevada City profitierte mehr von der Goldsuche als die meisten Gemeinden des Gold Country. Noch heute zieht es Vorteile aus der Vergangenheit, deren Spuren überall in den schmalen Straßen zu finden sind.

Das seit 1850 bestehende **National Hotel** (211 Broad Street) läßt die Vergangenheit wieder aufleben. Mehr über die Gründung der Stadt erfährt man im **Nevada County Historical Society Museum** (auch Firehouse Museum), das in der großen und schlanken Fire Station, 214 Main Street, untergebracht ist. Das Museum besitzt interessante Ausstellungsstücke indianischen Kunsthandwerks und gibt einen Überblick über die Donner Party (siehe Seite 200). Mehr historische Daten findet man im **Miner's Foundry and Cultural Center** (325 Spring Street), einer ehemaligen Metallgießerei, in der jetzt viktorianisches Kunsthandwerk gezeigt wird.

Nur zwei Gebäude in der ganzen Stadt weisen keine viktorianischen Stilmerkmale auf: das **Courthouse** (Gerichtsgebäude) in der Church Street im Jugendstil und die **City Hall**, das Rathaus aus dem Jahr 1937 (317 Broad Street).

▶▶ Plumas Eureka State Park

Umgeben von Granitfelsen und bewachsenen Berghängen, liegt der Plumas Eureka State Park über den langen Stollen, die der Sierra Buttes Mining Company gehörten. Das Büro und ein Museum sind in der ehemaligen Schlafbaracke der Goldsucher untergebracht.

▶▶▶ Rough and Ready

In alkoholisierter Kühnheit und aus Protest gegen eine Steuer für Goldsucher traten die Bürger von Rough and Ready (Rauh und Bereit) 1850 aus den Vereinigten Staaten aus (und zwei Monate später wieder ein). Heutzutage lohnt es sich aber nicht, auf dem Weg zur **Bridgeport Covered Bridge**, die 1862 erbaut wurde und mit einer Länge von 71 Metern den Yuba River überspannt, hier anzuhalten, auch wenn sie die längste Brücke dieser Art in den USA ist.

Im März und April ist es Zeit für die Floßfahrten auf dem American und Tuolumne River. In den meisten Orten des Gold Country gibt es Firmen, die Floßfahrten unter fachkundiger Anleitung anbieten, von Anfängertouren bis zu lebensgefährlichen Ausflügen nur für Experten. Vermittelt werden diese Touren von OARS in Angels Camp (Tel.: (209) 736 4677), Sierra Mac River Trips in Sonora (Tel.: (800) 4522580) und Zephyr River Expeditions in Columbia, Tel.: (209) 532 6249).

Sacramento

■ Heute scheint es seltsam, daß Sacramento die Hauptstadt Kaliforniens ist, doch 1854 war es das Tor zu den Goldminen, durch das Menschen, Maschinen und Geld strömten. Als die ersten Vermögen in Kalifornien gemacht wurden, kamen hier die Großen Vier zu Ansehen und schufen eine Basis, von der aus sie die Zukunft des Staates gestalteten ... ■

Gebäude: Das State Capitol am Ende der Capitol Mall, das 1874 fertiggestellt wurde, ist nicht nur ein eindrucksvolles Beispiel des neoklassizistischen Stils, der jahrzehntelang die Bauwerke in den USA prägte, sondern mit seinen Kosten von 2,5 Millionen US-$ auch ein bleibendes Zeugnis des unglaublichen Reichtums Kaliforniens während des Goldrausches. Im Innern können Sie bei den kostenlosen Führungen zahlreiche restaurierte Büros bewundern und die Gesetzgebung des Staates in Aktion erleben.

Das älteste Gebäude Sacramentos ist **Sutter's Fort** (2701 L Street), das der gebürtige Deutsche John Sutter 1839 für seinen beträchtlichen Landbesitz errichtete. Einige wiederhergestellte Werkstätten befinden sich auf dem Grundstück des Forts, aber auch das **California State Indian Museum**, das eifrig dabei ist, die Geschichte der 104 Indianerstämme mit Hilfe von kunsthandwerklichen und zeremoniellen Gegenständen zu dokumentieren.

Am Ufer des Sacramento River verbindet der hölzerne Fußweg in der **Old Town** (Altstadt) einige gut erhaltene Gebäude aus dem 19. Jahrhundert. Die Geschichte wird auch in mehreren ausgezeichneten kleinen Museen authentisch dargestellt.

Museen: In der Altstadt gibt es das **California State Railroad Museum** (111 I Street) mit seinen alten Lokomotiven und anschaulichen Darstellungen der entscheidenden Rolle der Eisenbahn in der Entwicklung Kaliforniens. Das **Sacramento History Center** (101 I Street) behandelt das Wachstum der Stadt und ihrer Umgebung.

Die Großen Vier – Charles Crocker, Mark Hopkins, Collis P. Huntington und Leland Stanford – waren Geschäftsleute aus Sacramento, die um 1850 die Pläne des Maschinisten Theodore Judah finanzierten: eine transkontinentale Eisenbahnstrecke als Verbindung zwischen Kalifornien und den restlichen US-Staaten. Daraus entstand die Southern Pacific Railroad Company, die später ein Monopol auf alle Verkehrsverbindungen besaß und die »Großen Vier« zu den einflußreichsten Persönlichkeiten in der Geschichte des Staates machte.

Gleich außerhalb der Altstadt finden Sie das **Crocker Art Museum** (216 O Street) mit seinen eleganten Fluren und geschwungenen Treppen, das angeblich das erste Kunstmuseum des amerikanischen Westens war.

Der Sacramento River.

Map of Sacramento showing: Muir Park, Grant Park, Stanford Park, Court House, Blue Diamond Almond Plaza, County Administration, PO, City Hall, Governor's Mansion, California State Railroad Museum, Sacramento History Center, Central Pacific Railroad Station, Old Sacramento, Eagle Theater, Marshall Park, Memorial Auditorium, California Vietnam Veterans Memorial, Sutter's Fort & State Indian Museum, Capitol Park, State Library, State Capitol, Capitol Avenue, Stanford House, Tower Bridge, Crocker Art Museum, Roosevelt Park, Fremont Park, Winn Park, South Side Park, Towe Ford Museum, Pioneer Memorial Bridge, Miller Park, Highway 50, Broadway, Bus 80, Sacramento River, Interstate Highway 5.

222

Zu Fuß

Sacramento

Gehen Sie vom State Capitol (S. 221) östlich die Capitol Avenue hinunter und dann links in die 28th Street zum Sutter's Fort.
Sutter's Fort ist das älteste Gebäude Sacramentos (siehe Seite 221).

Nun gehen Sie die K Street in westlicher Richtung und biegen rechts in die 16th Street zum Governor's Mansion ein.
Im **Haus des Gouverneurs** (1526 H Street), erbaut 1877, ist nun ein Museum untergebracht.

Weiter geht's Richtung Westen entlang der I Street Richtung Old Town.
Die **Altstadt** mit ihren Gebäuden und Museen wird auf Seite 221 beschrieben.

Schlendern Sie durch die Altstadt zum Towe Ford Museum.
Im **Towe Ford Museum** (2200 Front Street) sehen Sie Ford-Modelle ab Baujahr 1903.

Verlassen Sie die Altstadt und gehen Sie durch die O Street zum Crocker Art Museum.
Näheres zum eleganten **Crocker-Kunstmuseum**, 216 O Street, auf Seite 221.

John Sutter lebte in der Schweiz, bis er bankrott ging. 1839 ging der gebürtige Deutsche ins damals noch mexikanische Kalifornien und erwarb aufgrund der politischen Situation günstig 20 000 Hektar Land im Einzugsgebiet der Flüsse Sacramento und American River. Was das Geschäft seines Lebens hätte werden können, erwies sich als sein Untergang. Als man 1848 auf seinem Land Gold entdeckte, wurden seine Arbeiter über Nacht zu Goldsuchern und überließen den Besitz ihres Arbeitgebers dem Verfall. 1852 war Sutter wieder bankrott, und starb knapp 30 Jahre später als armer Mann.

Gehen Sie die P Street in östlicher Richtung entlang, und biegen Sie links in die Eighth Street zum Stanford House ein.
An der Ecke N Street befindet sich das **Stanford House** (vor kurzem restauriert), erbaut 1871 von Stanford, einem der Großen Vier (siehe oben).

Gehen Sie die N Street Richtung Osten zurück zum State Capitol.

▶▶▶ Sierra City

Erinnerungen an die Welt der Minenarbeiter werden bei einem Besuch im **Sierra Historical Park** von Sierra City heraufbeschworen, der in den Sierra-Hügeln liegt, umgeben von hoch aufragenden Granitfelsen. Außer den rekonstruierten Häusern der Goldsucher gibt es eine Ausstellung über John Pelton. Er veränderte den Bergbau mit der Erfindung des Pelton-Rads, das dazu diente, die riesigen Stampfmaschinen mit Wasserstrahlen anzutreiben.

In Sonora herrscht eine gelassene Atmosphäre.

▶▶ Sonora

Die mexikanischen Minenarbeiter, die Sonora gründeten, wurden von nordamerikanischen Siedlern vertrieben, bevor die Stadt während des Goldrauschs zu Reichtum gelangte. Später wurde sie dank der Eisenbahn zum Handelszentrum. Heute ist Sonora wegen seiner Ruhe begehrt.
Der alte Teil Sonoras ist sehr gut erhalten. In der Washington Street lebten im 19. Jahrhundert die Größen der Stadt. Hier befindet sich auch die rot-weiße **St.-James-Episkopalkirche** aus dem Jahr 1859.
Eine Informationsbroschüre über die historischen Häuser erhält man im ehemaligen Gefängnis (188 W Bradford Avenue). Hier befindet sich das Touristenbüro und das **Tuolumne County Museum**, dessen Ausstellungsobjekte zur Stadtgeschichte, zusammen mit Gemälden des »Old West«, die früheren Gefängniszellen füllen.

▶▶▶ Volcano

Nach Volcano gelangen Sie auf einer gewundenen Nebenstraße, die von der State Road 88 abzweigt. Volcano verdankt seinen Namen der kraterähnlichen Landschaft seiner Umgebung. Früher hatte es 5000 Einwohner und war für sein wildes Nachtleben bekannt. Jetzt leben hier nur noch einige hundert Menschen. Deutlichste Erinnerung an bessere Zeiten ist das 1864 errichtete **St. George Hotel**.

Maskiert und mit gezogener Flinte erleichterte Black Bart (Charles Bolton) zwischen 1875 und 1883 insgesamt 28 Wells Fargo-Postkutschen um ihr Gold. Den Opfern seiner Überfälle hinterließ er oft selbstverfaßte Gedichte. Schließlich wurde er wegen eines verlorenen Taschentuchs überführt und in San Andreas verurteilt. Er saß fünf Jahre im Gefängnis San Quentin ab. Nach seiner Entlassung tauchte er unter, und man hörte Gerüchte, daß er eine Rente von Wells Fargo bezog mit der Auflage, keine Überfälle mehr auf ihre Postkutschen zu unternehmen.

Bumpass Hell im Lassen Volcanic National Park.

▶▶▶ Lassen Volcanic National Park

Eine Periode gelegentlicher Ausbrüche hatte 1915 ihren Höhepunkt, als der Lassen Peak, Kaliforniens einziger aktiver Vulkan, eine sieben Meilen (11 Kilometer) hohe Staubwolke nebst tonnenschweren Felsblöcken in die Luft schleuderte und die Landschaft der Umgebung mehr als sechs Meter hoch mit Schlamm bedeckte.

Lassen Peak, der wohl so bald nicht wieder tätig werden wird, befindet sich im Lassen National Park, 50 Meilen (80 Kilometer) östlich von Redding. Er ist der höchste, aber keinesfalls der einzige vulkanische Berg in diesem geologisch sehr aktiven Gebiet.

Entlang der State Road 89, die 30 Meilen (48 Kilometer) durch den Park führt, sind die interessantesten Punkte mit numerierten Tafeln markiert. Näheres dazu ist in der Broschüre beschrieben, die an der Einfahrt des Parks erhältlich ist.

Ein von der Straße abzweigender Wanderweg führt nach **Bumpass Hell**, dem größten hydrothermischen Gebiet des Parks, einem Hexenkessel, in dem Gase aus Ritzen im Lavagestein dringen, heiße Quellen brodeln und Schlammgruben blubbern.

Das gleiche Phänomen, doch weniger beeindruckend, findet sich an verschiedenen anderen Stellen im Park, aber wenn Sie erst einmal den Geruch des Schwefelgases, der an faule Eier erinnert, voll und ganz genossen haben, dann wenden Sie sich vielleicht lieber den sanften Wiesen des Parks zu, die übersät sind mit der sommerlichen Fülle der Wildblumen. Hier gibt es auch äsendes Rotwild, und die zahlreichen Seen laden zu einer Pause ein. Es ist sehr beeindruckend, wenn sich die nahegelegenen Berggipfel auf ihrer ruhigen Oberfläche spiegeln.

Weitere schöne Seiten der Natur entdecken Sie in **Devastated Area**, dem Verwüsteten Gebiet, das beim Vulkanausbruch von 1915 seiner gesamten Vegetation beraubt wurde. Jetzt tragen junge Bäume dazu bei, die Landschaft zu regenerieren.

Die Wanderwege durch den Park und zum Lassen Peak sind auf Seite 226 beschrieben.

▶▶▶ Lava Beds National Monument

Nur wenige Besucher statten dem Lavabett-Nationalmonument einen Besuch ab, das sich in der nordöstlichsten Ecke des Staates befindet. Was Sie dort erwartet, ist ein unheimliches, oft nebeliges Plateau, übersät mit Vulkankratern, Aschekegeln und Lavaröhren, die vor über 1000 Jahren durch abkühlende Magmaströme entstanden.

Viele der Lavaröhren liegen ungefähr einen Meter unter der Erdoberfläche wie zylindrische Höhlen, die Sie erforschen können, nachdem Sie sich beim Besucherzentrum an der State Road 139 am südlichen Eingang des Monuments ein paar Taschenlampen ausgeliehen haben.

Nahe dem Besucherzentrum gibt es Ausstellungen in der beleuchteten **Mushpot-Höhle**, die zum Verständnis der geologischen Besonderheiten der Region beitragen. Auch einige unbeleuchtete Höhlen liegen auf dem drei Meilen (5 km) langen **Cave Loop** (Höhlen-Rundweg). Falls Ihnen die Dunkelheit der Höhlen unheimlich ist, fragen Sie nach den Führungen, die täglich außer Mittwoch angeboten werden.

Die einzige Straße durch die öde Landschaft des Naturdenkmals führt zu vielen weiteren Höhlen, die aber nur für

1872 leisteten einige Modoc-Indianer Widerstand gegen ihre zwangsweise Umsiedlung. Sie zogen sich zurück in das Land ihrer Vorfahren (das heutige Lava Beds National Monument) und nutzten die vulkanischen Formationen des Gebiets als natürliche Verteidigungslinie. Der fünfmonatige Krieg konnte erst mit einem zweitägigen Artillerieangriff beendet werden, der die Modocs aus ihrer Stellung vertrieb. Häuptling Kentipoos, bei den Weißen als Captain Jack bekannt, wurde mit drei anderen Modoc-Führern vor ein Militärgericht gestellt und hingerichtet.

erfahrene Forscher zugänglich sind und nur mit einem Paß, ausgestellt im Besucherzentrum, betreten werden dürfen. Weiter gelangt man auf der Straße in das Gebiet, das als »Captain Jacks Stützpunkt« bekannt ist. Benannt wurde es nach einem Modoc-Häuptling, der hier mit 52 Stammesgenossen in den Jahren 1872/73 fünf Monate lang die Stellung gegen tausend US-Soldaten hielt, indem er die natürliche Deckung der Landschaft optimal ausnutzte (siehe Kastentext auf Seite 224).

Redding

Bei all den Naturwundern der Umgebung ist es nicht erstaunlich, daß viele Leute Redding nur wegen der zahlreichen Schnellrestaurants und Motels besuchen. Geistige Bedürfnisse werden jedoch im Naturkundemuseum Carter House (48 Quartz Hill Road) berücksichtigt. Hier gibt es Einblicke in die Flora und Fauna des Far North. Im Museum of Art and History (56 Quartz Hill Road), dem Museum und Kunstzentrum, werden wechselnde Kunstausstellungen sowie historische Ausstellungen mit Gegenständen aus der ganzen Region gezeigt, einschließlich einer umfangreichen Sammlung zur Korbflechterei der Ureinwohner.

Unter Druck stehende Gase schießen
bei Bumpass Hell durch Spalten im Lavagestein.

Das wechselhafte Wetter im Lassen National Park bereitet Besuchern oft größere Sorgen als ein eventueller Vulkanausbruch. Die Temperaturen sind oft sehr niedrig, und nur die Monate Juli und August sind garantiert schneefrei. Wenn Sie einen Besuch planen, informieren Sie sich lieber vorher bei der Zentrale des Parks, Tel.: (916) 595 4444.

225

Wanderwege

■ Nur ein neurotischer Stadtmensch könnte unbeeindruckt an der Landschaft des Nordens vorbeifahren ohne den Wunsch zu haben, auszusteigen und dieses Paradies näher zu erkunden. Der Lassen National Park und auch die Whiskeytown-Shasta-Trinity National Recreation Area bieten meilenweite Wanderwege. Man muß nicht Indiana Jones sein, um diesen Wegen zu folgen ... ■

Den Mount Shasta kann man nur auf steilen Pfaden erklimmen, die in Ski Bowl und Horse Camp beginnen. Man muß in der Morgendämmerung aufbrechen, um vor Einbruch der Nacht wieder zurück zu sein. Der majestätische Gipfel ist Schauplatz vieler geheimnisvoller Geschichten.

Lassen Peak: Der beste Ort für einen Überblick über den Lassen National Park ist zweifellos der Lassen Peak mit seinen 3200 Metern Höhe. Er ist über einen 2,5 Meilen (4 Kilometer) langen Wanderweg zu erreichen, der bei der Markierung 22 an der State Road 89 beginnt. Es gibt einen separaten Weg für den Abstieg, so daß die Höhenunterschiede relativ leicht gemeistert werden können, aber Sie sollten fünf Stunden einplanen.

Andere Wanderwege: Der Lassen Peak ist für viele Wanderer ein beliebtes Ausflugsziel. Wenn Sie eine ebenso aufregende Aussicht und dafür weniger Leute bevorzugen, dann versuchen Sie es doch mit dem **Brokeoff Mountain**, dem zweithöchsten Gipfel des Nationalparks, den Sie von der Markierung 2 aus, an der State Road 89, erreichen.
In den östlichen Abschnitt des Parks gelangen Sie über die State Road 44. Von hier können Sie mehrtägige Ausflüge ins Hinterland unternehmen, das jedoch auch im Sommer oft schneebedeckt ist.

Die besten Wege: Erste Wahl unter den kürzeren Wanderwegen dieses Gebiets ist der **Cinder Cone Nature Trial**, der in Butte Lake beginnt – ein Pfad mit losem Geröll, auf dem man sich leicht die Knöchel verstauchen kann. Man gelangt auf ihm zu den Fantastic Lavabeds (Fantastischen Lavabetten) und Painted Dunes (Farbigen Dünen), die ihren Namen zu Recht tragen. Es sind Lavaformationen in vielen Farbschattierungen, die um 1850 entstanden.
Der größte Teil des **Whiskeytown-Shasta-Trinity-Erholungsgebiets** (siehe Seite 227) kann besser mit dem Boot als zu Fuß erkundet werden. Zu empfehlen sind aber der Hirz-Bay-Weg und der Samwell-Cave-Weg, beide in der Nähe des Lake Shasta. Der mit ewigem Schnee bedeckte, 4300 Meter hohe Mount Shasta, 30 Meilen (48 Kilometer) nördlich des Shasta-Sees gelegen, ist bei vielen Wanderern beliebt. Man sollte ihn allerdings nicht unterschätzen, denn er ist für seine Lawinen, Steinschläge und ständigen Wetterwechsel berüchtigt.

Für abenteuerlustige Wanderer: Empfehlenswert für längere, einsame Wanderungen ist das Seengebiet Clair Engle (auch Trinity genannt) sowie die **Salmon-Trinity-Alps Primitive Area** mit 400 Meilen (640 Kilometer) Wanderwegen durch Wälder, Wiesen und Canyons, gesäumt von Wasserfällen und eisbedeckten Gipfeln. Aufpassen, das Wetter ist hier unberechenbar und das Versorgungsnetz spärlich (Informationen unter Tel.: (916) 623 2121).

► ► ► **Shasta**

Ende des 19. Jahrhunderts blühte Shasta durch die nahen Goldminen auf. Überbleibsel der alten Gebäude finden Sie im **Shasta State Historical Park** an der State Route 299, sechs Meilen (10 Kilometer) westlich von Redding.

► ► ► **Whiskeytown-Shasta-Trinity National Recreation Area**

Dieses Erholungsgebiet umfaßt über 100 000 Hektar Land, das in drei Gebiete unterteilt ist. In der Mitte liegt ein Stausee, auf dem man segeln, windsurfen und Wasserski laufen kann (Genehmigung erforderlich, Ausrüstung kann gemietet werden). Der **Shasta-Staudamm**, auf der State Road 155, abzweigend von der Interstate-5, zu erreichen, ist der zweitgrößte Staudamm in den USA. Er leitet drei Flüsse zur Bewässerung des Farmlands im Central Valley um. Im Besucherzentrum wird ein Film über den Bau des Staudamms gezeigt. Wenn Sie den See auf der Interstate-5 überqueren, gelangen Sie über die **Pit-River-Brücke**, die weltweit größte Doppeldeckerbrücke, über die eine Eisenbahn und die Autobahn führt.

Ein Besuch am Lake Shasta läßt sich gut zu einem Tagesausflug ausdehnen, indem man noch die **Lake Shasta Caverns** (Lake-Shasta-Höhlen) besucht. Führungen zu den Höhlen beginnen mit einer Bootsfahrt von O'Brien am östlichen Ufer des Sees und bieten Gelegenheit zur Betrachtung von Stalaktiten und Stalagmiten.

Nahe dem Lake Clair Engle, im westlichen Zipfel des Erholungsgebiets, liegt **Weaverville** mit seinen vielen Gebäuden aus dem 19. Jahrhundert, die an die Tage der Goldsuche erinnern. Während der 50er Jahre des 19. Jahrhunderts bestand die Hälfte der Bevölkerung aus Chinesen, von denen einige den Bau des **Joss House** veranlaßten, eines taoistischen Tempels mit 300 Jahre alten Wandteppichen, Ornamenten und einem Altar. Er ist jetzt das Kernstück des **Joss House State Historical Park**, durch das halbstündliche Führungen stattfinden.

Teil des Erholungsgebietes Whiskeytown-Shasta-Trinity ist der Lake Trinity, der vom Trinity River gespeist wird. Er wird jetzt offiziell Clair-Engle-See genannt – nach dem Senator, der den Bau des Staudamms überwachte. Doch auf Landkarten findet sich oft noch der Name Trinity, und besonders von denjenigen Anwohnern, deren einstiger Landbesitz jetzt unter den Fluten des Stausees ruht, wird lieber der alte Name verwendet.

Der Gipfel des Mount Shasta.

DIE NORDKÜSTE

0   20   40 km
0   10   20 Meilen

N

Crescent
City

Klamath

Redwood
National Park

Orick

Trinidad

Hoopa Valley
Ind Res

Hoopa

Arcata

Humboldt
Bay N W R

Eureka

Fortuna

Ferndale

Cape
Mendocino

Grizzly Creek
Redwoods S P

Humboldt
Redwoods
S P

Honeydew

Avenue of the
Giants

Weott

King Pk
1246m

Miranda

Garberville

Richardson
Grove S P

Standish-
Hickey S R A

Round Valley
Ind Res

**Fort
Bragg**

Noyo

Jug Handle

Russian Gulch S P

Willits

Mendocino

Albion

Ukiah

Manchester

Manchester
St Beach

Clear
Lake

Point
Arena

Lakeport

Hopland

Gualala

Cloverdale

Geyserville

Healdsburg

Plantation

Fort Ross S H P

Goat Rock

Armstrong Redwoods
S P

Jenner

**Santa
Rosa**

Bodega Bay

Petaluma

Pt Reyes
Nat Seashore

Novato

Drakes Bay

Bolinas

Muir Woods Nat Mon

Mt Tamalpais S P

Golden Gate Nat Rec Area

SAN FRANCISCO

228

Welten entfernt: Die Nordküste Kaliforniens liegt zwischen San Francisco und Oregon. An die reichen Städte, die überfüllten Strände und den ständigen Sonnenschein des kalifornischen Südens erinnert hier nichts mehr. Diese Region, die von einer bizarren Mischung aus einfachen Holzfällern, Marihuanapflanzern, Zurück-zur-Natur-Künstlern und radikalen Ökologen bewohnt wird, ist waldbedeckt und fast ständig feucht.

Trotz ihrer beträchtlichen Größe war die Nordküste immer eine dünn besiedelte und schwer zugängliche Ecke Kaliforniens. Selbst heutzutage gibt es hier nur wenige brauchbare Straßen. Der an der Küste entlangführende Highway-1 ist landschaftlich reizvoll, doch auf halber Strecke führt er landeinwärts zum Highway-101, der die Siedlungen des Binnenlandes mit den nördlichsten Küstenstädten verbindet, bevor er nach Oregon weiterführt.

Klima: Die sommerlichen Temperaturen an der Nordküste sind beachtlich, aber regelmäßig bildet sich Nebel, so daß es nie richtig heiß wird. Im Winter ist dieses Gebiet eines der feuchtesten in den ganzen USA. Braungebrannt kehren Sie also von hier nicht zurück, denn auch die Strände bestehen oft nur aus schmalen Sandstreifen, die von zerklüfteten Felsen gesäumt werden. Doch ist es gerade das Klima, das für das Wachstum der riesigen Redwood-Wälder sorgt. Diese Bäume, die als die höchsten der Erde gelten, wachsen nur hier.

Innerhalb der Reichweite von San Francisco gibt es im Muir Woods National Monument, das zum Erholungsgebiet Golden Gate gehört, und in Point Reyes National Seashore Redwood-Gebiete. Weiter im Norden, im Humboldt State Park oder im Redwood National Park, werden Sie auch auf diese eigenartigen Bäume stoßen – ihre schlanken Stämme erheben sich oft über 90 Meter.

Selbst ohne die Redwoods wäre die Nordküste noch sehr gut mit natürlichen Attraktionen ausgestattet. Nach fast jeder Kurve auf der 200 Meilen (320 Kilometer) langen Küstenstrecke gibt es etwas Neues zu sehen, ob es nun von den Wellen geformte Felsbögen sind, vom Sturm verwitterte Klippen, sich aalende Seehunde oder (zur richtigen Jahreszeit) vorbeiziehende Wale.

Der Gull Rock an der Pazifikküste.

Mendocino, eine kleine Stadt an der Nordküste.

Stadtleben: Die Städte der Nordküste sind klein und weit voneinander entfernt, sie bilden einen ruhigen Gegenpol zur wilden Landschaft. Die meisten von ihnen schossen Mitte des 19. Jahrhunderts aus dem Boden, denn ihre geschützten Buchten waren ideale Landestellen für Menschen und Maschinen auf dem Weg ins Goldland. Später entwickelten sich die Orte zu geschäftigen Holzhäfen und wurden zum wirtschaftlichen Rückgrat des Gebiets.

Einige Gemeinden wie Fort Bragg, in der Mitte der Nordküste gelegen, werden noch immer von der Holzfällerindustrie bestimmt, obwohl der Druck der Umweltschützer einen Umdenkungsprozeß in der Holzindustrie eingeleitet hat. Leider sind große Teile der Wälder an der Nordküste völlig abgeholzt. Auch die Fischerei und die Landwirtschaft kämpfen aufgrund des veränderten Umweltbewußtseins gegen ihren Niedergang.

Alternative Industrie: In den frühen 1970ern entdeckten einige Landbesitzer in den Bauerndörfern eine alternative Einnahmequelle: den Marihuanaanbau. Der Anbau entwickelte sich schnell zum gewinnbringenden Geschäft. Besonders die Gegend um Garberville tat sich hier hervor, was ihr den Spitznamen »Emerald Triangle« (Smaragddreieck) einbrachte. Mitte der 80er Jahre wurde der Anbau im großen Stil von der US-Regierung unterbunden.

Zunehmend sieht man auch im Tourismus eine finanzielle Zukunft der Nordküste. Die Vertreter wirtschaftlicher Interessen und die Umweltschützer geraten deshalb immer öfter aneinander. Dieser Kampf rivalisierender Interessengruppen äußert sich am deutlichsten in Mendocino, einer hübschen Stadt mit vielen guterhaltenen Häusern aus der Mitte des 19. Jahrhunderts und einer künstlerischen Atmosphäre. Die Stadt versucht, ihren Charakter gegen eine Unzahl von Geschenkläden und Hotels zu behaupten.

Im Zentrum der größeren Gemeinden wie Arcata und Eureka drängen sich die guterhaltenen viktorianischen Wohnhäuser, und sie bilden eine solide Ausgangsbasis, von der aus man die natürlichen Schönheiten der Nordküste entdecken kann. Die schrulligste historische Sehenswürdigkeit im Umkreis von vielen Kilometern ist der Restbestand einer russischen Pelzjäger-Niederlassung aus dem 19. Jahrhundert in Fort Ross.

Eine weitere Besonderheit der Nordküste ist der Andreasgraben, eine Linie geologischer Instabilität, die für viele der größten kalifornischen Erdbeben verantwortlich ist.

DIE NORDKÜSTE

Wenn Sie wissen wollen, ob sich die Eßgewohnheiten der Holzfäller – bekannt für ihren riesigen Appetit und die Vorliebe für rohes Fleisch – verändert haben, dann statten Sie doch dem Samos Cookhouse auf der Halbinsel Samos einen Besuch ab, das seit den 80er Jahren des 19. Jahrhunderts Holzfäller verköstigt. Ein Museum dokumentiert die kulinarische Vergangenheit des Hauses, in dessen Hauptteil werden immer noch reichliche Mahlzeiten in rustikaler Atmosphäre angeboten.

▶▶▶ Arcata

Die ehemalige Versorgungsbasis für die Minen ist heute eine Brutstätte radikaler Politik und ökologischer Aktivitäten. 1860 gelangte Arcata zu trauriger Berühmtheit, weil es den bald darauf bekannten Schriftsteller Bret Harte aus der Stadt verwies, denn er hatte über ein Massaker an Indianern berichtet.

Viktorianische Häuser und ein hübscher Marktplatz prägen den Charakter Arcatas, und die kleine Stadt quillt über von Studenten der einzigen Universität an der Nordküste. Lohnenswerte Natursehenswürdigkeiten: Der **Historic Logging Trail** (Historischer Holzfällerpfad) im Gemeindewald von Arcata zeigt den Einfluß der Holzindustrie, und die Anwesen rund um die **Arcata Bay** (Arcata-Bucht) sind zu Wildreservaten und Vogelschutzgebieten geworden. Azaleen, Rhododendren und Wildblumen blühen das ganze Jahr über und sorgen dafür, daß das zwölf Hektar große **Azalea State Reserve** (Staatliches Azaleenreservat) stets mit seiner Farbenpracht lockt.

▶▶▶ Bodega Bay

Geeignet als erste Station an der Nordküste, wenn Sie vom Wine Country kommen, und als Basis zum Erforschen des Sonoma State Beach (siehe Seite 241). Von den Klippen und Sandstränden der Bodega Bay sehen Sie die Schiffe der im Niedergang begriffenen Fischereiflotte, deren mit karierten Hemden bekleidete Besatzung nicht übermäßig glücklich ist über die Geschenkläden und Boutiquen, die sich in ihrem Dorf ausbreiten.

Die vielen Möwen in Bodega Bay können Ihnen auf die Nerven gehen, und es wird nicht besser, wenn Sie erfahren, daß hier und in der nahegelegenen Stadt Bodega Alfred Hitchcock 1963 seinen Film »Die Vögel« drehte.

▶▶▶ Bolinas

Südlich vom Point Reyes National Seashore (Point Reyes-Nationalküste) liegt Bolinas. Seine Bewohner mögen es

Eine Spezialität der Küste: gegrillte Austern.

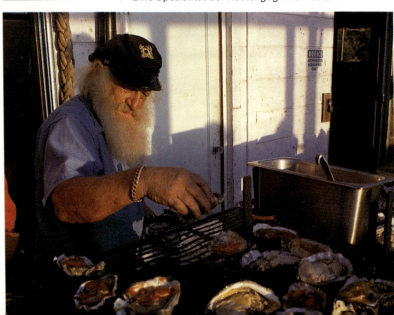

so sehr, daß sie angeblich Verkehrszeichen entfernen, die den Verkehr durch ihren Ort leiten. Bolinas ist für Besucher ziemlich uninteressant. Mehr Beachtung verdienen die Vögel, die sich an der **Bolinas Lagoon** auf Fische stürzen, und die vielen verschiedenen Meerestiere, die in den Gezeitentümpeln des **Duxbury Reef** zu finden sind.

▶▶ Eureka

Die reiche viktorianische Architektur macht das industrialisierte Eureka, größte Stadt der Nordküste, zu einem eindrucksvollen Anschauungsobjekt des Lebens in Kalifornien zur Jahrhundertwende. Bestes Stilbeispiel ist das **Carson Mansion** (143 M Street), das mit seinen farbigen Fensterrahmen und Türmchen 1885 von einem Architekten gebaut wurde, der nicht wußte, wann man besser aufhört.

Holzverarbeitung anderer Art findet man im **Romano Gabriel Sculpture Garden** (325 Second Street). Diese bunte Sammlung zeigt Menschen, Pflanzen und Symbole, die aus alten Transportkisten gesägt wurden. Entweder ist es epische Volkskunst oder einfach unmöglich – egal, man sollte es nicht versäumen.

Altstadt: Die Bars und Absteigen, die am Hafen Eurekas angesiedelt waren, sind modernen Galerien, Boutiquen und Speiselokalen gewichen. Diese befinden sich in frisch renovierten Häusern, die unter dem Begriff **Old Town** (Altstadt) zusammengefaßt sind. Die Geschäfte und Restaurants sind zwar etwas überteuert, aber ein gemütlicher Spaziergang lohnt sich auf jeden Fall.

Ganz in der Nähe (240 E Street) befindet sich das **Clarke Memorial Museum**, in dem es unzählige Ausstellungsstücke aus der Pionierzeit gibt, unter anderem Korbwaren der Stämme des Nordwestens.

Das Fort Humboldt wurde 1853 errichtet, um Indianer anzugreifen. Im Fort Humboldt State Historic Park (3431 Fort Avenue) ist nur noch die Krankenstation von den 14 Gebäuden des Forts übrig, und hier findet man – was kaum erstaunlich ist – Historisches über das Holzfällen anstatt über Völkermord.

▶▶ Ferndale

Fast jeder der etwa tausend Einwohner Ferndales, 20 Meilen (32 Kilometer) südlich Eurekas, wohnt in einem viktorianischen Haus voll antiquarischer Gegenstände. Die wenigen Stilmöbel, die sich nicht in täglichem Gebrauch befinden, sind im **Ferndale Museum** (515 Shaw Avenue) untergebracht. Diese Ausstellung ist die Krönung der wundersamen Stadt, in der die Zeit stehengeblieben ist.

▶▶ Fort Bragg

In Fort Bragg gibt es kein Fort, sondern Sägemühlen und Lagerplätze, die nicht gerade zur Schönheit dieser von einem harten Arbeitsleben geprägten Stadt beitragen. Das Guest House Museum (Gästehausmuseum) an der Main Street präsentiert Fakten über die Holzindustrie, doch es ist ratsamer, einen Bummel auf den zwei Meilen (3 Kilometer) langen Wegen zu unternehmen, die durch die sechs Hektar großen Mendocino Botanical Gardens (18220 N Highway-1) führen, wo zerklüftete Klippen mit einer lebendigen Blütenpracht locken.

Eurekas überladene Architektur.

Das unruhige Wasser der Nordküste reizt nicht sehr zu Bootsfahrten. Ausnahme ist die geschützte Humboldt Bay bei Eureka, auf der man einen 75-Minuten-Törn mit Sprecher an Bord einer Fähre verbringen kann. Abfahrt ist am C-Street-Hafen (Näheres unter Tel.: (707) 445 1910). Zur fünfstündigen Stadtführung von Image Tour in Eureka gehört eine Bootsfahrt (Informationen bei der Chamber of Commerce (Handelskammer), Tel.: (800) 356 6381).

Die Redwoods

■ **Die hohen, schlanken Redwoods-Bäume (*Sequoia sempervirens*), die nur an dem schmalen Küstenstreifen zwischen Big Sur (im nördlichen Teil der zentralen Küste Kaliforniens) und dem zentralen Oregon zu finden sind, sollten nicht mit den etwas niedrigeren und viel stämmigeren Mammutbäumen oder Sequoien (*Sequoia gigantea*) verwechselt werden, die an den Westhängen der Sierra-Nevada-Berge wachsen ... ■**

Zwischen Fort Bragg und Willis befährt der Skunk Train (Stinktierzug), der seinen Namen wegen des Gestanks seiner Dieselmaschine erhielt, eine landschaftlich reizvolle Strecke von 40 Meilen (64 Kilometer). Er überquert mehrmals den Noyo River und braust auf Talbrücken über Redwoodwälder. Statt Holz besteht die Ladung jetzt aus Touristen. Der Zug hält manchmal außerplanmäßig, um die Niederlassungen auf seiner Strecke mit Post und Vorräten zu beliefern. Der Skunk Train verkehrt im Sommer zweimal täglich, im Winter täglich.

232

Die höchsten Bäume der Welt: Die Redwoods gibt es schon seit ungefähr 60 Millionen Jahren. Als die Dinosaurier auf der Erde weilten, bedeckten sie weite Teile des nordamerikanischen und des europäischen Kontinents. Während sich weltweit die Klimaverhältnisse änderten, zogen sich die Redwoods an die Westküste der USA zurück, wo ihnen die Regenfälle und der Nebel sehr zusagten.

Sie sind die höchsten Bäume der Welt und werden oft so groß, wie ein amerikanisches Football-Feld lang ist: Die größten Exemplare messen an die 112 Meter. Doch ihr Lebensalter von bis zu 2600 Jahren ist nicht so hoch wie das der Mammutbäume, die bis zu 3400 Jahre alt werden können. Wegen der Holzindustrie sind aber die meisten Bäume, die Sie an der Nordküste sehen, noch im Kindesalter.

Genau wie die Mammutbäume (Sequoien) nehmen die Redwoods der Küste das Regenwasser durch ihre flachen Wurzelsysteme auf. Diese Wurzeln geben ihnen allerdings bei starkem Wind kaum Stabilität, deshalb bevorzugen sie Gebiete, die vor den Meeresstürmen geschützt sind und stehen dicht aneinander.

Mit ihrer hitzebeständigen Rinde haben beide Arten der Sequoia bei Waldbränden leichtes Spiel. Die geflügelten Samen lassen sie auf den freigewordenen Waldboden fallen, wo das Sonnenlicht die keimenden Sequoien erreicht. Die Sequoien vermehren sich durch Samen oder mittels eines Klonvorgangs. Aus Baumstümpfen, Wurzeln oder abgefallenen Ästen wachsen wieder neue Bäume.

Der Skunk Train transportiert heute fast nur Touristen.

Das »Ernten« der Redwoods: Das dunkle, dampfende Innere der Redwoodwälder wurde lange Zeit kaum betreten. Die amerikanischen Ureinwohner sahen solche Orte als Heimat der Geister an. Dies änderte sich mit den ersten Siedlern. Um 1830 entstanden erste Sägemühlen, doch erst durch den Goldrausch wurden die Holzfäller zu Holzbaronen. Der Bergbau und die schnell wachsende Bevölkerung brauchten viel Holz für den Tunnelbau, für Dämme, Schleusen, Zäune und für die Häuser der neuen Goldrauschstädte. Die feuerbeständige Eigenschaft des Redwoodholzes machte es wertvoll, und schon 1870 waren die besten Redwoods des Staates der Axt zum Opfer gefallen.

Ohne jeden Gedanken an Wiederaufforstung setzte sich das kommerzielle Holzfällen die nächsten 40 Jahren fort, meist unter Verwendung der sehr zerstörerischen Radikalmethode, bei der ganze Hügel oder Wasserscheiden völlig abgeholzt wurden, so daß nur noch eine öde, mit Baumstümpfen übersäte Landschaft übrigblieb, in der alle überlebenden Pflanzen der Erosion zum Opfer fielen und die gesamte Tierwelt vernichtet war.

Die Rettung der Bäume: Als die Holzindustrie Vermögen einbrachte und vielen Kaliforniern Arbeit gab – besonders entlang der Nordküste – fanden andere Meinungen kaum Gehör. Doch 1918 wurde die Save-the-Redwoods League

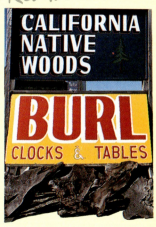

Holz wurde mit den ersten Siedlern zum großen Geschäft.

(Rettet-die-Redwoods-Liga) gegründet, die gemeinsam mit dem Sierra-Club die Aufmerksamkeit auf die Gefahr für Kaliforniens Wälder lenkte. In den 30er Jahren verstärkte das Civilian Conservation Corps die Schutzmaßnahmen gegen Waldbrände und Baumkrankheiten und ebnete den Weg für die Entstehung von 18 Nationalparks (einschließlich des Klamath National Forest, dem Klamath-Nationalwald an der Nordküste). Dieser Status brachte die Waldgebiete unter die Kontrolle der amerikanischen Forstkommission, die für eingeschränkte Abschlagquoten sorgte.

Erst kürzlich haben die Argumente der Umweltschützer in Bezug auf das fortwährende radikale Roden, das nicht nur die Umwelt, sondern irgendwann auch die Holzindustrie vernichtet, bei den lokalen Geschäftsleuten Gehör gefunden. Die sich selbst erhaltende Holzernte setzt sich langsam durch. Dabei wird pro Jahr nur noch die Menge Holz geschlagen, die auch nachwachsen kann.

Die vielen Kategorien der Naturgebiete und geschichtlichen Stätten in Kalifornien verwirren, doch sie sind klar abgegrenzt: National Forests (Nationalwälder), National Parks (Nationalparks) und National Monuments (Nationalmonumente) unterstehen dem Bund in Washington DC. State Parks (Staatsparks), State Recreational Areas (staatliche Erholungsgebiete) und das einzige State Historical Monument (staatliches Geschichtsdenkmal) San Simeon sind dem kalifornischen State Department of Parks and Recreation (Ministerium für Parks und Erholung) in Sacramento zugeordnet.

DIE NORDKÜSTE

Im Gegensatz zu den später folgenden Siedlern pflegten die in Fort Ross lebenden Russen freundschaftliche Beziehungen zu den einheimischen Pomo-Indianern, die bei der Abreise der Russen sogar eine Trauerzeremonie abhielten.

Ausgehungerten Fleischliebhabern mit einer Vorliebe für Exotisches wird beim bloßen Lesen einer Speisekarte der Nordküste das Wasser im Munde zusammenlaufen. Besonders ganz oben im Norden werden in den Restaurants Delikatessen wie Elchsteak, Bär vom Rost, Wildbär und Antilopenwürstchen angeboten. Wer dagegen Fischgerichte bevorzugt, kann sich an Salmon Jerky, einem traditionellen Gericht der indianischen Ureinwohner aus getrocknetem, geräuchertem Lachs, gütlich tun.

▶▶▶ Fort Ross

Bei seiner Gründung 1812 war Fort Ross ein Zentrum russischer Kolonisten, die sich hier niederließen, um Weizen zur Unterstützung ihrer Landsleute in Alaska anzubauen und Seeotter wegen ihrer Pelze zu jagen. Die meisten Gebäude wurden nach dem Wegzug der Russen 1841 zerstört, aber viele, auch die orthodoxe Kapelle, sind, sorgfältig wiederaufgebaut und mit Originalmöbeln versehen, im **Fort Ross State Historical Park** am Highway-1, 20 Meilen (32 Kilometer) nördlich der Bodega-Bucht, zu bewundern.

▶▶▶ Garberville

Marihuanaraucher, die San Francisco verließen, um die Schönheit des Landlebens zu genießen, gingen nach Garberville und begannen, die verbotene Pflanze selbst zu züchten. Mit wachsender Beliebtheit der Droge wurden die Pioniere aus Garberville zu wichtigen Händlern. Sie kauften große Landstücke und installierten ausgeklügelte Sicherheitssysteme zum Schutz ihrer Ernten.
Das Marihuanageld war bis Mitter der 80er Jahre ein wichtiger Wirtschaftsfaktor der kleinen Stadt. Die meisten Besucher kommen im Juli, wenn bekannte Reggaemusiker aus Jamaika auf dem River Rock Festival auftreten.

▶▶▶ Golden Gate National Recreation Area (GGNRA)

Dieses Nationalerholungsgebiet reicht von San Francisco über die Golden-Gate-Brücke zum südlichsten Teil der Nordküste bis dicht an den Stinson-Strand (siehe Seite 242) und die Port-Reyes-Nationalküste (siehe Seite 241).
Viele Wanderwege durchziehen den am Meer gelegenen Teil des GGNRA, und man hat ungewöhnliche Aussichten auf San Francisco und die Golden-Gate-Brücke, während man die unberührten, mit Gestrüpp bewachsenen Hügel und Granitfelsen durchwandert, die tief unten von den Ozeanwellen bearbeitet werden.
Ein 800 Meter langer Weg führt durch einen 1877 von Hand in den Felsen gehauenen Tunnel nach Point Bonita. Gute Nerven erfordert die Hängebrücke auf dem Pfad zum **Point Bonita Lighthouse**, dem Leuchtturm, der an sich weniger beeindruckend ist als die schöne Aussicht der Umgebung, obwohl er zu den ältesten Leuchttürmen der Westküste gehört. Sie können auch **Rodeo Beach**, dem Rodeo-Strand, einen Besuch abstatten, diesem unglaublich schmalen Sandstreifen zwischen dem Ozean und einer mit reichhaltigem Tierleben gesegneten Lagune. Über dem Rodeo Beach kümmert sich das **California Marine Mammal Center** (Kalifornisches Meeressäugetier-Zentrum) um verletzte Seehunde und Seelöwen und informiert die Öffentlichkeit mit Ausstellungen über den Lebensraum an der Küste.

▶▶▶ Green Gulch Farm und Zen Center

Vom Muir Beach (siehe Seite 240) führt ein Pfad zur Green Gulch Farm und dem Zen-Zentrum, die Anfang der 70er Jahre gegründet wurden, um Buddhismus und Meditation zu fördern. Der dazugehörige Bauernhof beliefert einige der besten Restaurants der Stadt. Stimmen Sie sich in einer der kostenlosen öffentlichen Meditationen ein, die jeden Sonntagmorgen stattfinden (Tel.: (415) 383 3134).

Gualala

Angeblich wurde Gualala, eine schläfrige Holzfällerstadt, nach einer spanischen Version der altnordischen Sage Valhalla benannt. Interessant sind das 1903 errichtete Gualala Hotel und einige Galerien mit Arbeiten von Künstlern aus der Gegend Mendocinos. Jedes Jahr im August findet in Gualala das Redwood Festival, ein Künstlerfest, statt.

Gleich südlich liegt der **Gualala Regional Park** mit seinen Redwoods und Stränden sowie dem Wanderweg zum **Del Mar Landing**, dem Del-Mar-Anleger. Dieses abgelegene Küstenreservat mit seinen vielen Seehunden ist genau das Richtige für abenteuerlustige Wanderer.

Zwiebeltürme und Klatschmohn bei Gualala.

Der fünf Meilen (8 km) lange Stufenweg im Jug Handle State Park, fünf Meilen (8 km) südlich von Fort Bragg, führt zu den geologisch interessanten fünf Steinterrassen, die von Plattenverschiebungen geformt und durch wellenförmige Auffaltung freigelegt wurden. Obwohl nur 30 Meter zwischen den einzelnen Terrassen liegen, ist jede 100 000 Jahre älter als die benachbarte und von völlig anderer Vegetation bedeckt. Ganz oben finden Sie die verkrüppelten Zypressen und Pinien des Mendocino Pygmy Forest, dem Pygmäenwald.

Auf dem Weg landeinwärts in Richtung Hoopa Valley werden Sie in Willow Creek auf eine angeblich lebensgroße Statue von Big Foot (Großer Fuß) stoßen, diesem behaarten, affenähnlichen Wesen, das in den kaum zugänglichen Gebieten des nordamerikanischen Hinterlandes leben soll. Berichte über Big Foot gibt es in fast jedem amerikanischen Staat (das Wesen war schon den Ureinwohnern unter dem Namen »Sasquatch« bekannt), doch die meisten Geschichten stammen aus dieser Gegend Kaliforniens. Hier wurde auch 1958 der Name »Big Foot« geprägt, nachdem Gipsabdrücke der unerklärlichen, 41 Zentimeter langen Fußspuren gemacht worden waren.

▶▶▶ Hoopa Valley

Das fast 38 000 Hektar große Hoopa Valley-Indianerreservat ist das größte Reservat Kaliforniens, aber wie alle Reservate nichts anderes als eine bedrückende Erinnerung an all die Ungerechtigkeiten, die den Einheimischen von weißen Siedlern angetan wurden. Das **Hoopa Tribal Museum** (Hoopa-Stammesmuseum) zeigt Kunsthandwerkliches der Hupa- und Yaruk-Stämme, doch viele Leute fahren die 60 Meilen (96 Kilometer) weite Strecke von der Küste nur hierher, um an den Bingospielen am Freitag- und Samstagabend teilzunehmen. Bingo-Spiele mit hohen Einsätzen sind nur in Indianerreservaten erlaubt.

▶▶▶ Humboldt Redwoods State Park

Im Humboldt Redwoods State Park windet sich die **Avenue of the Giants**, die Straße der Riesen, durch den 20 Millionen Jahre alten Wald mit den größten Bäumen der Welt. Auf den Parkplätzen und kurzen Wanderwegen ist der Mensch nur ein unbedeutendes Pünktchen am Fuß dieser über 90 Meter hohen grünen Riesen.

Im Frühling ist der Eel River an der Straße der Riesen ein reißender Strom, der die Wildwasser-Floßfahrer und Kanufahrer anzieht, doch im Sommer kann man in dem ruhigen, smaragdgrünen Fluß gut schwimmen. Seine Sandbänke eignen sich hervorragend zum Picknicken.

Wanderwege und ehemalige Holzfällerstraßen führen tief in den Park hinein – vom mit Redwoods bewachsenen Tal bis zu den tannenbestandenen Hügeln, auf denen rustikale Hütten und Campingplätze für Übernachtungen zur Verfügung stehen.

Die Straße der Riesen, die sich auf 33 Meilen (53 Kilometer) durch den Humboldt Redwoods State Park windet.

Mit dem Auto

The Lost Coast (verlorene Küste)

Fahren Sie vom Rockefeller-Waldgebiet im Humboldt Redwoods State Park (siehe Seite 236) westwärts die Bull Creek Flats Road entlang zur Mattole Road. Nach zwölf Meilen (19 km) sind Sie in Honeydew.
In dieser kleinen Gemeinde, deren Zentrum die Tankstelle mit Gemischtwarenladen ist, gibt es die stärksten Regenfälle der ganzen USA – über 500 Zentimeter jährlich.

Von Honeydew fahren Sie weiter auf der Mattole Road und sind nach acht Meilen (13 km) in Petrolia.
In einem mit Eukalyptusbäumen bewachsenen Tal liegt Petrolia. Hier wurde um 1860 eine der ersten Ölquellen Kaliforniens entdeckt. Der erwartete wirtschaftliche Aufschwung fand wegen der

Abgelegenheit dieses Gebiets nicht statt.

Von Petrolia fahren Sie auf der holprigen Lighthouse Road zum Punta Gorda-Küstenstreifen.
Eine Jeepspur führt zu dem nicht mehr benutzten Leuchtturm.

Nun zurück zur Mattole Road und weiter nordwärts. Nach sechs Meilen (10 km) erreichen Sie das Kap Mendocino.
Mit seinen von schwarzem Sand bedeckten Stränden ist **Kap Mendocino** der westlichste Punkt des Festlands. Seinen Namen soll es im 16. Jahrhundert von spanischen Seefahrern, einem spanischen Vizekönig zu Ehren, erhalten haben.

Fahren Sie über das Kap Mendocino weiter auf der Mattole Road. Nach 16 Meilen (26 km) sind Sie in Ferndale.
Ein makellos erhaltenes viktorianisches Dorf, dessen erste Siedler schwedische Milchviehzüchter waren. Jetzt ist es mit 1000 Einwohnern die größte Niederlassung an der Lost Coast; nähere Beschreibung auf Seite 231.

Von Ferndale fahren Sie weitere vier Meilen auf der Mattole Road und gelangen auf den Highway-101, 10 Meilen (16 km) südlich von Eureka.

237

▶▶   **Die Lost Coast (verlorene Küste)**
In der einsamen Landschaft der Lost Coast, einem 30 Meilen (48 Kilometer) langen Abschnitt der Nordküste südlich von Eureka mit dichten Wäldern, steilen Klippen und winzigen Stränden im Schatten des Kings-Mountain-Gebirgszugs, sind Schwarzbären und Seeadler häufiger anzutreffen als Menschen.
Die Lost Coast lernen Sie kennen, wenn Sie die Briceland Thorne Road nehmen, die vom Highway-101 in der Nähe von Redway abzweigt. Diese Straße führt nach **Shelter Cove**, einer kleinen Gemeinde, die am Fuß hoher Granitklippen nahe des Strandes liegt. Dabei kommen Sie zuerst durch den **Sinkyone Wilderness State Park** mit seinen vielen Elchen, der nach dem Sinkyone-Stamm benannt wurde. Dieses Volk soll die Lost Coast seit 6000 v. Chr.

Beschauliches Leben in Mendocino.

bewohnt haben – einer Zeit, als Nahrung aus Meer und Wäldern im Überfluß dieses Gebiet zu dem bevölkerungsreichsten Nordamerikas machte.

►►► Manchester State Beach

Der staatliche Manchester Beach, der sich südlich des Mendocino State Parks einige Meilen am Highway-1 langzieht, ist ein Muß für Strandgutsammler und Wanderer – und für eiserne Camper, denen es nichts ausmacht, eine Nacht vom Wind durchgeblasen zu werden oder an einem völlig im Nebel versunkenen Strand aufzuwachen.

►►► Mendocino

In Mendocino gibt es eine Fülle guterhaltener Häuser aus dem 19. Jahrhundert. Wegen seines Rufs, die hübscheste Stadt der Nordküste zu sein, sind die tausend Einwohner den Touristen, die in die Gasthäuser und Andenkenläden strömen, zahlenmäßig manchmal unterlegen.

Abseits der Massen ist Mendocino angenehm zu erkunden. Als in den 50er Jahren die Holzindustrie abflaute, zog die unwiderstehliche Schönheit der Stadt eine Gruppe Künstler aus San Francisco an, deren Einfluß am deutlichsten in den zahlreichen Galerien und den Kunstförderungsprogrammen des **Mendocino Art Center** (Mendocino-Kunstzentrum, 45200 Little Lake Road), zu spüren ist. Das **Kelley House Museum** (45007 Albion Street) stellt Dokumente der ältesten Bauten der Stadt aus. Dazu gehören die presbyterianische Kirche im gotischen Stil aus dem Jahr 1868 (44831 Main Street) und die älteste Residenz Mendocinos, das Ford House von 1854 (Main Street), das jetzt als Besucherzentrum des **Mendocino Headlands State Park,** vier Meilen (6 Kilometer) weiter südlich, dient. Im Park führt ein drei Meilen (5 Kilometer) langer Pfad über die Klippen zu einem kleinen Strand.

Wenn Kalifornier sagen, daß sie bei einem 2,3 durchschlafen, ein 3,6 kaum bemerken, aber genau wissen, wie sie sich bei einem 8,9 verhalten müssen, dann reden sie von der Richter-Skala, mit der die Stärke der Erdbeben gemessen wird. Doch kaum bekannt ist der Mann, der die Richter-Skala 1935 einführte: Charles F. Richter, damals 35jähriger Professor der Seismologie am California Institute of Technology in Pasadena.

Der Andreasgraben

■ **Das stärkste und verheerendste Erdbeben, das jemals kalifornischen Boden erschütterte, das Beben von San Francisco im Jahre 1906, wurde vom 960 Kilometer langen Andreasgraben verursacht, der längsten von Hunderten geologischer Verwerfungen in Kalifornien. Der Graben verläuft viele Meilen entlang der Nordküste ...** ■

Das große Beben: Eigentlich war das Erdbeben von 1906 an der Nordküste stärker als in San Francisco, doch in dieser wenig entwickelten Region bestanden die Auswirkungen fast nur in umgestürzten Viehzäunen und leicht lädierten Straßen. Diese Schäden sind längst behoben, aber wenn man weiß, wo man suchen soll – und was man suchen soll – dann ist die Erdbebenlinie klar zu erkennen. In Point Reyes, das in den wenigen Sekunden des Bebens ungefähr 4,80 Meter nordwärts befördert wurde, verläuft der National Seashores' Earthquake Trail (Erdbeben-Pfad der Nationalküste) ein Stück an der geologischen Linie entlang, und Tafeln kennzeichnen einige der Auswirkungen.

Die Lage des Grabens: Von Point Reyes verläuft die Linie an der Tamales-Bucht entlang weiter zur Bodega-Bucht, wo sie zwischen Bodega Head und dem Festland durchführt. Obwohl sie fast völlig von Sanddünen bedeckt ist, erkennt man sie an Ablagerungen aus zertrümmerten Felsen der verschiedensten Sorten. Der Graben läuft jenseits von Bodega Head unter dem Ozean und taucht südlich von Fort Ross wieder auf. Hier wurden viele russische Gebäude bei dem Beben von 1906 zerstört. Folgen Sie der Fort Ross Road einige Meilen landeinwärts und achten Sie auf vorhandene Furchen in den Hügeln, weitere Spuren des Erdbebens von 1906.

Während der Graben weiter ins Landesinnere führt, zieht er eine gerade Rinne durch die Landschaft, die viele Flüsse aus ihrem Lauf gebracht hat – auch den Gualala River, der einige Kilometer an der Küste entlang fließt, statt direkt ins Meer.

In der Nähe von Point Arena verschwindet der Graben wieder unter dem Ozean. Bis vor kurzem hielten Experten die Spalten in den Klippen weiter nördlich an der Lost Coast für einen Beweis, daß er nahe der Küstenlinie verläuft. Eine neuere Hypothese geht davon aus, daß dies nur ein Ableger ist und daß der Hauptgraben sich einige Kilometer vor der Küste unter dem Pazifik Richtung Westen wendet.

So kann ein Erdbeben wüten.

DIE NORDKÜSTE

Der Mount Tamalpais über dem Mill Valley.

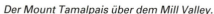

▶▶▶ Mill Valley

Am Osthang des Mount Tamalpais liegt Mill Valley. Es besitzt viel ländlichen Charme, obwohl es noch im Einzugsbereich San Franciscos liegt, und zieht gutsituierte, liberale Leute aus der Großstadt an. In Mill Valley gibt es erstaunlich viele Cafés, und jeden Herbst finden Filmfestspiele statt; Schwerpunkt: unabhängige Produktionen.

▶▶▶ Mount Tamalpais State Park

Eine Ringstraße führt bis fast auf den Gipfel des Mount Tamalpais. Sie können sich den faszinierenden Ausblick auf San Francisco und landeinwärts bis zu den Sierra-Nevada-Bergen aber auch verdienen, indem Sie den Gipfel auf einer Tageswanderung erklimmen, die im Mount Tamalpais State Park beginnt. Bei gutem Wetter finden im **Mountain Theater**, dem Bergtheater, Konzerte und andere Veranstaltungen statt. Hier können über 3000 Besucher die Freiluftaufführungen vor der wunderschönen Naturkulisse genießen.

▶▶▷ Muir Woods National Monument

Wenn die Bewohner San Franciscos aus ihrem Betondschungel ausbrechen wollen, dann fahren sie die 17 Meilen (27 Kilometer) zum Muir Wood National Monument, wo sechs Meilen (10 Kilometer) Wanderwege durch einen dunklen, kühlen Redwoodhain führen. Es sind nicht gerade die größten Redwood-Exemplare der Nordküste, aber mit ihren über 76 Metern doch recht stattlich. Man kann auch zum **Muir Beach** wandern, dem schmalen, halbkreisförmigen Strand, und sich dort zu den Anglern und Vogelbeobachtern gesellen.

▶▶▶ Point Arena

Zwischen Bodega Bay und Fort Bragg liegt das **Point Arena Lighthouse**, der Leuchtturm aus dem Jahr 1908, mit einem Museum, in dem es Einzelheiten über die vielen Schiffe zu sehen gibt, die an dieser wilden, zerklüfteten Küste Schiffbruch erlitten haben.

▶▶▶ Point Reyes National Seashore

Die 100 Meilen (160 Kilometer) lange Point-Reyes-Natio-
nalküste besteht aus Granitklippen, Stränden, Dünen und
Sümpfen und reicht ins Landesinnere. Der geologische
Hintergrund dieses Gebiets, das durch seismologische
Aktivitäten entstand und diesen immer noch ausgesetzt
ist, wird im **Besucherzentrum** neben dem Highway-1 und
auf dem **Earthquake Trail** (Erdbebenpfad) erklärt.
Die Wanderwege sind für Vogelliebhaber und Strandläu-
fer gedacht. Einer führt nach **Kule Loklo**, einem wiederaufgebauten Indianerdorf. Wenn es zum Wandern zu
stürmisch ist, dann fahren Sie zum **Point Reyes Lighthouse**, dem Leuchtturm am westlichen Ende der Küste.

▶▶▶ Richardson Grove State Park

Gleich südlich von Garberville liegt der Richardson Grove
State Park, der Staatspark mit seinen üppigen Redwood-
hainen und den vielen ins Hinterland führenden Wanderwegen. Wenn die sommerlichen Temperaturen die sonst
kühlen Haine erwärmen, wird der Park zu einem beliebten
und natürlich auch überfüllten Campingplatz.
In der Nähe befindet sich Piercy, nur ein Punkt auf der
Landkarte, aber einen Abstecher vom Highway-1 wert.
Hier gibt es das World Famous Tree House, das »weltbe-
rühmte Baumhaus«, zu sehen, das aus einem Raum besteht, der in 15 Metern Höhe auf einem Redwood-Baum
gebaut ist. Der Confusion Hill (Berg der Verwirrungen) ist
eine Sammlung optischer Täuschungen.

▶▶▶ Sonoma Coast State Beach

Zwischen Bodega Bay und dem Dorf Jenner am Russian
River breitet sich der Sonoma Coast State Beach mit seinen 13 Meilen (21 Kilometer) langen, geschützten Stränden aus. Sie liegen zwischen Felsen, die teilweise zu Säulen und Bögen geformt sind.
Wanderwege führen vom Highway-1 an die Strände, und
es gibt Verbindungspfade durch das ganze Gebiet. Überall
ist die Landschaft wunderschön, obwohl jeder Strand seine eigenen Liebhaber hat: Fischer bevorzugen den **Portuguese Beach**, Strandgutsammler sind am liebsten am

Bei Nordkaliforniern ist San
Anselmo für seine Antiquitätenläden bekannt. Es liegt
nördlich des Mount Tamal-
pais, nahe dem San Francisco Theological Seminary,
dem Theologenseminar,
das seit über 100 Jahren
presbyterianische Geistli-
che ausbildet.

*Wellen brechen sich
am nördlichen Ende
der Sonoma Coast.*

DIE NORDKÜSTE

Viele Orte an der kalifornischen Küste eignen sich hervorragend, um die Grauwale zu beobachten, die fast 10 000 Kilometer vom Eismeer bei Alaska, in dem es Nahrung im Überfluß gibt, bis in die wärmere kalifornische Bucht ziehen, um dort ihre Jungen zu gebären. Den bis zu 40 Tonnen schweren Walen wird nachgesagt, daß sie ihren Weg anhand der spezifischen Merkmale der Küste finden. Sie sind von Dezember bis Juli zu beobachten, am häufigsten erblickt man sie allerdings im März.

Shell Beach (Muschelstrand), wo es nach jeder Flut eine reiche Ausbeute gibt, und in Rock Point mit seinen Picknicktischen haben Sie einen hübschen Hintergrund für Ihre Picknicks.

▶▶▶ Stinson Beach

Der Stinson Beach ist der beliebteste Strand der Nordküste. Groß und einladend liegt er am Fuße des Mount Tamalpais, also nicht weit von San Francisco entfernt, und zieht daher eine Menge frustrierte Leute aus der Großstadt an. Hier gibt es keine starken Strömungen, die das Schwimmen an der Nordküste oft lebensgefährlich machen. Viele wagen sich aber nur mit Taucheranzügen ins kalte Wasser. Vom Strand aus können Sie auch zum Mount-Tamalpais State Park oder zum Muir Wood National Monument wandern. Drei Meilen (5 Kilometer) weiter nördlich werden die bewaldeten Canyons der Audubon Canyon Ranch von Vogelbeobachtern heimgesucht, vor allem von März bis Juli, wenn die Blaureiher ihre Nester in den Redwoods bauen. Die Besuchszeiten sind unbeschränkt.

▶▶▶ Willits

Wenn Sie den Skunk Train (Stinktierzug) von Fort Bragg aus nehmen (siehe Kastentext auf Seite 232), kommen Sie nach 40 Meilen (64 Kilometer) in Willits an. Diese kleine, ländliche Gemeinde wendet ihre Energie hauptsächlich für Rodeos auf. Außer dem Angebot an traditionellen Speisen gibt es noch eine Ausstellung indianischer Korbwaren und Gegenstände aus der Pionierzeit, beides im Mendocino County Museum (400 E Commercial Street).

Maschinen im Mendocino County Museum.

Redwood National Park

■ Falls Sie bis dahin des Anblicks der Redwood-Bäume noch nicht überdrüssig sind, bietet Ihnen der Redwood National Park, der sich in der nordwestlichen Ecke Kaliforniens auf über 40 000 Hektar ausdehnt und vier Staatsparks umfaßt, die Möglichkeit, sich mit den hohen Bäumen und der sie umgebenden Flora und Fauna zu befassen, aber auch die über 40 Meilen (64 Kilometer) lange und ungebändigte Küste zu erforschen … ■

Weit abseits der Massen: der Smith River im Jedediah Smith State Park.

Machen Sie eine Wanderung: Dutzende kleiner Wege zweigen vom Highway-101 ab, der durch den Park führt. Längere Wege verbinden die vier Staatsparks, die den größten Teil des Nationalparks bilden.
Die südliche Einfahrt befindet sich in der Nähe von Orick, wo das **Redwood-Besucherzentrum** Orientierungskarten und ökologische Informationen anbietet. Dort liegt auch der **Tall Trees Grove**, der Hain der Hohen Bäume. Hier stehen drei der höchsten Bäume der Welt. Spitzenreiter ist der Howard-Libby-Redwood mit 112 Metern Höhe.

Die inneren Bereiche des Parks:
Zwischen Redwoods und Ozean breitet sich der **Prairie Creek State Park** mit seinem Grasland aus. Zahlreiche Wanderwege führen zu Gezeitentümpeln und Buchten. Die Inlandgebiete des Parks sind wegen der winterlichen Regenfälle so üppig und

Der Jedediah Smith State Park und natürlich auch der Smith River, der durch ihn fließt, sind nach Jedediah Strong Smith benannt, einem in New York geborenen Pelzjäger, der 1826 an der kalifornischen Grenze zur Legende wurde, weil er als erster Nicht-Indianer die Sierra-Nevada-Berge überquert hatte.

fruchtbar. Landschaftlich schön ist der Fern Canyon, eine moosbedeckte Lichtung, die von fast 20 Meter hohen Farnpflanzen umgeben ist. In dem Park gibt es viele Elche. Einige werden Sie auf den Wiesen am Highway-101 grasen sehen, und weitere können von den zur Küste führenden Wegen aus beobachtet werden. Im Norden des Nationalparks gibt es im Sommer oft Nebel, besonders im **Del Norte State Park**, wo die Redwoodhaine bis fast ans Meer reichen. Sobald sich der Nebel auflöst, entdecken Sie die Hauptattraktionen des Gebiets: Gezeitentümpel, Buchten und einsame Strände. Zu weit landeinwärts, um vom Nebel betroffen zu werden, liegt der **Jedediah Smith State Park**. Er ist der am wenigsten besuchte Teil des Nationalparks, doch mit der angenehmste. Nehmen Sie die Howland Hill Route, einen ehemaligen Postkutschenweg, und halten Sie am Stout Grove, um den enormen Umfang des Stout Tree, des Starken Baumes, zu bewundern. Lachsfischer und Kanufahrer erreichen diesen Park über den Smith River, an dem es viele ruhige Abschnitte gibt, die zum Schwimmen und zum Genießen der ländlichen Stille einladen.

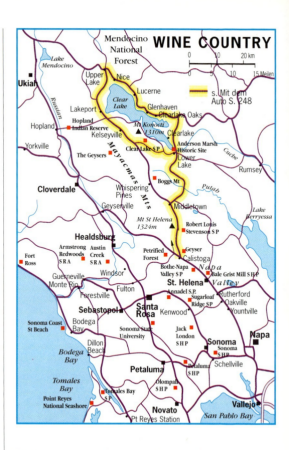

Weingüter: Sie sind in Kalifornien überall zu finden, doch nur im Wine Country (Weinland), das 48 Meilen (77 Kilometer) nördlich von San Francisco beginnt und drei getrennte Täler umfaßt, ist die Rebe die absolute Attraktion. Heiße Sommer, feuchte Winter, fruchtbarer vulkanischer Boden, dem längst erloschenen Mount Helena zu verdanken, und nicht zuletzt die Werbung locken Horden von Touristen ins Wine Country, dessen Weingüter von voll technisierten Weinbergen bis zu, seit dem letzten Jahrhundert im Familienbesitz befindlichen, Kleinbetrieben reichen. Die meisten Weingüter bieten Besichtigungen und Weinproben an und sind geübt darin, völlige Laien zu Kennern der edelsten Weinsorten Kaliforniens zu machen.

Kalifornischer Wein: Die ersten Weine Kaliforniens wurden von spanischen Missionaren angebaut, doch ein fortschrittlicher Ungar namens Agoston Haraszthy begann, erlesene europäische Rebenverschnitte einzuführen. Der gute Ertrag der Rebsorten aus dem Mittelmeergebiet lockte von 1880 an viele europäische Winzer ins Wine Country. Jahrzehnte des geduldigen Verfeinerns wurden Anfang der 70er Jahre belohnt, als die kalifornischen Weine in die Liste der weltbesten Weine aufgenommen wurden. Jeder – von der Coca-Cola-Gesellschaft bis zu Moët Chandon – begann, Geld im Wine Country anzulegen, und es kam zu einem unerwarteten Touristenboom.

Calistoga ist für seine Heilquellen bekannt, besitzt aber auch einige beachtliche Weingüter. In einem im französischen Stil erbauten Schloß produziert Château Montelena (1429 Tubbs Lane; Tel.: (707) 942 5105) einen preisgekrönten Chardonnay. Von dort schaut man auf den Jade-See mit den chinesischen Gärten, die für Picknicks gemietet werden können. Die Champagnerhersteller Schramsberg Vineyards (Schramsberg Road; Tel.: (707) 942 4558) wurden 1880 in Robert Louis Stevensons Buch »The Silverado Squatters« verewigt. Die Weintour in den Sterling Vineyards (111 Dunaweal Lane; Tel.: (707) 942 5151) beginnt mit einer Seilbahnfahrt.

Unter den 200 Weingütern des Napa Valley im östlichen Teil des Wine Country befinden sich die größten und angesehensten Weinproduzenten der USA. Drei Millionen Besucher bahnen sich jedes Jahr den Weg durch das Tal, und ihre Autos verstopfen im Sommer jedes Wochenende die Hauptstraße, die State Road 29, die von der blühenden Stadt Napa in den historischen Kurort Calistoga führt.

Ausweichmöglichkeiten: Eine Alternative zum überfüllten Napa-Tal bietet das Sonoma Valley gleich westlich, wo Apfelbäume reihenweise neben dem Wein auf sanft abfallenden Hängen wachsen und Landstraßen, an einigen der ältesten und besten Weingüter Kaliforniens vorbei, zu ländlichen Orten wie dem geschichtsträchtigen Sonoma führen.
An der Küstenseite des Wine Country liegt das Russian River Valley, in dem es auch einige kleinere Weingüter gibt. Abgesehen davon sind die Sandbänke und die Redwoodhaine am Russian River auch ohne Weinkonsum sehr einladend, und die größte Gemeinde, Guerneville, ist als lebendiger Urlaubsort bekannt.

Château Souverain in Geyserville ist eines der vielen Weingüter, die Weinproben anbieten.

Das Tor zum Genuß edler Weine: Château Souverain.

Calistoga siehe Kastentext Seite 244.

▶▶▶ **Geyserville**

Die Türme auf einem kleinen Hügel außerhalb Geyservilles, die an traditionelle Darröfen für Hopfen erinnern, gehören zum **Château Souverain** (400 Souverain Road; Tel.: (707) 433-8281), dessen Ruhm sich auf das ganze Dorf auswirkt. Die Kalifornier kommen hierher, um den Chardonnay und den Cabarnet-Sauvignon zu probieren, aber auch für ein Gourmetmahl in dem weithin bekannten Speiselokal des Châteaus. Das J.-Pedroncelli-Weingut (1220 Canyon Road; Tel.: (707) 857 3531) bietet hingegen seit 1904 eine gute Auswahl preiswerter Weine an.

▶▶▶ **Guerneville**

Der lebendigste Urlaubsort des Wine Country ist Guerneville (sprich: Gurnville) mit seinem rustikalen Charme, den zunehmend angebotenen Kanu- und Kajakfahrten auf dem Russian River und den bis in die frühen Morgenstunden geöffneten Bars und Diskotheken. Viele Homosexuelle aus San Francisco verbringen hier ihre Wochenenden. Vom Stadtrand aus führen Wanderwege in die dunklen, dampfenden Haine des **Armstrong Redwood State Reserve** und weiter über die ausgedehnten Wiesen des **Austin Creek State Reserve**.

Wer eine Vorliebe für Sekt hat, sollte die **Korbel-Champagnerkellereien** (13250 River Road; Tel.: (707) 887 2294) besuchen, die seit 1862 den perlenden Wein sowie ausgezeichneten Weinbrand produzieren.

▶▶▶ **Healdsburg**

Auch in Healdsburg mit seinen zahlreichen viktorianischen Häusern und dem schönen, von Bäumen gesäumten Marktplatz gibt es ein Dutzend Weinkellereien. Wenn Sie keinen Wein mehr probieren mögen, können Sie zur Abwechslung auch mal etwas über ihn lesen, und zwar in der Sonoma County Wine Library, der Weinbibliothek (Ecke Center und Piper Street), in der es mehr als 3000 Bücher zu diesem Thema gibt, oder Sie nutzen die Gelegenheit, sich im **Healdsburg Museum** (221 Matheson Street) weiterzubilden.

Der Bohemian Club, gegründet 1872 als soziale Einrichtung für Zeitungsleute aus San Francisco, zu dessen frühen Mitgliedern auch Schriftsteller wie Jack London und Ambrose Bierce gehörten, ist wegen seiner Bohemian-Woche im Juli bekannt. Dann treffen sich erfolgreiche (und ausschließlich männliche) Bankleute, Industrielle, Kongreßabgeordnete, Diplomaten und sogar ehemalige US-Präsidenten im Bohemian Grove, dem von Sicherheitszäunen umgebenen Redwoodhain im Russian River Valley bei Monte Rio, um sieben verruchte Tage zu verbringen.

Heilquellen

■ In Flaschen abgefüllt, gibt es das sprudelnde Quellwasser aus Calistoga in ganz Kalifornien zu kaufen, sehr zum Ruhm dieser Stadt im Napa Valley. Bekannt ist es für seinen hohen Mineralgehalt, der seit dem Jahre 1859, als der millionenschwere Mormone Sam Brannan hier ein Kurzentrum gründete, von Gesundheitsaposteln hochgelobt wird … ■

Ein Sprung in Wasser: Die billigste Art, herauszufinden, ob all das Gerede stimmt, ist ein Bad in den Calistoga Hot Springs Spa, den heißen Mineralquellen (1006 Washington Avenue) oder in der Golden Heaven Spa, der »Goldenen Himmelsquelle« (1713 Lake Street). Eine gründliche Sitzung kostet 30–40 US-$ (und nochmal 20–30 US-$ für die Massage) und besteht aus einem Bad in vulkanischem Schlamm, dem gründlichen Einweichen im heißen Mineral-Whirlpool, einer Ruhephase, die Sie in Laken gewickelt verbringen, und schließlich einer Massage, um ein Gefühl des Wohlbehagens herbeizuführen. Anbieter dieser Entspannung sind zum Beispiel Nance's Hot Springs (1614 Lincoln Avenue) und Indian Springs (1712 Lincoln Avenue), ganz in der Nähe von Sam Brannans Kurhaus. Andere Quellen in Calistoga bieten wundersame Behandlungsmethoden unter Verwendung von Kräutern, Eukalyptusdämpfen und Enzymbädern japanischen Stils an. Zu ihnen gehört die International Spa (1300 Washington Street), die Sie mit New-Age-Musik und künstlerischen Raumdekorationen verwöhnt.

Sam Brannan: Der Gründer Calistogas kam 1846 mit einer Bootsladung gleichgesinnter Mormonen aus New York in San Francisco an. Sie suchten Ackerland und religiöse Toleranz. Bestürzt erfuhren sie, daß Kalifornien gerade vor ihrer Ankunft den USA beigetreten war. Der 26jährige Brannan wurde Herausgeber der ersten Zeitung San Franciscos und gehörte bald zu den reichsten und schillerndsten Personen des Staats. Seine hohen Investitionen in Calistoga rentierten sich jedoch nicht, und er verbrachte seine letzten Lebensjahre mittellos

Fünf Meilen (8 km) westlich von Calistoga liegt der Petrified Forest, der Versteinerte Wald (4100 Petrified Forest Road). Er entstand aus einem Redwoodhain, der bei einem Ausbruch des Mount Helena entwurzelt und in Stein verwandelt wurde.

und der Trunksucht verfallen in Escondido bei San Diego, wo er 1889 starb.

Old-Faithful-Geysir: Eine Meile (1,6 Kilometer) nördlich von Calistoga (1299 Tubbs Lane) schickt der Old-Faithful-Geysir, der »Alte Treue«, alle 30 bis 50 Minuten unter hohem Druck einen fast 20 Meter hohen Strahl kochendheißen Wassers hoch.

Der Geysir Old Faithful bei Calistoga.

Mit dem Auto

vom Calistoga zum Clear Lake und zurück

Siehe Karte Seite 244.

Fahren Sie von Calistoga aus auf der State Road 29 zehn Meilen (16 km) nach Norden zum Robert Louis Stevenson State Park.
Bei Silverado, einem ehemaligen Bergbaulager, verbrachten der Autor Robert Louis Stevenson und seine Ehefrau im Jahre 1880 ihre Flitterwochen. Hier befindet sich jetzt der **Robert Louis Stevenson State Park**. Ein Pfad führt auf den Gipfel des Mount Helena.

Fahren Sie sieben Meilen (11 km) auf der State Road 29 nach Norden bis Middletown.
Middletown liegt auf halber Strecke der früheren Calistoga-Lakeport-Postkutschenroute. Östlich der Stadt befindet sich in der Butts Canyon Road die **Guenoc-Weinkellerei**.

Nach weiteren 15 Meilen (24 km) auf der State Road 29 erreichen Sie gleich nördlich vom Lower Lake den Anderson March Historic Site.
Der **Anderson March Historic Site** besteht aus 10 000 Jahre alten Wohnstätten der amerikanischen Ureinwohner. Ein anderer Teil dieses insgesamt über 400 Hektar großen Gebiets ist ein Tierreservat, in dem geschützte Tiere leben.

Vom Lower Lake fahren Sie weiter auf der State Road 29 zum Clear Lake State Park.

Der Clear Lake State Park.

Robert Louis Stevenson verbrachte einen Teil seiner Flitterwochen in einer Hütte an den Hängen des Mount Helena und war so beeindruckt, daß er Details der Landschaft in seinen Roman »Die Schatzinsel« einfließen ließ.

Dieses Landstück, das immer noch Spuren der hier einst wohnenden Indianer aufweist, ist bei Anglern sehr beliebt. Sie fangen Katzenfische und Flußbarsche im Volcanic Lake, dem sogenannten Vulkanischen See, der seinen Namen allerdings nicht zu Recht trägt.

Weiter geht's auf der State Road 29 bis zum zehn Meilen (16 km) entfernten Lakeport.
Im **Lakeport County Historical Museum** können Sie einen glitzernden Vorrat an Diamanten bewundern, die hier gefunden wurden.

Nach weiteren neun Meilen (14 km) auf der State Road 29 biegen Sie am Upper Lake nach Osten in die State Road 20 und fahren 21 Meilen (34 km) bis zur State Road 53.
Ruhige Dörfer säumen die Straße östlich des Upper Lake.

Von der Kreuzung mit der State Road 53 fahren Sie neun Meilen (14 km) südlich auf der State Road 29 bis zum Lower Lake. Nach 32 Meilen (51 km) sind Sie wieder in Calistoga.

►►► Oakville

Laien, die einen Chardonnay nicht von einem Pinot Noir unterscheiden können, sollten an der höchst lehrreichen (und kostenlosen) Weinprobe mit Besichtigung in den unterirdischen Gewölben der **Robert-Mondavi-Weinkellerei** in Oakville (7801 St. Helena Highway; Tel.: (797) 963 9611) teilnehmen. Diese Weinprobe ist eine der besten im ganzen Wine Country.

An der Straße verbirgt eine Kuppel die Arbeitsstätte und das Besucherzentrum des angesehenen De-Moor-Weinguts (7481 St. Helena Highway; Tel.: (707) 944 2565).

►►► Petaluma

Petaluma, das seit langem für seine Geflügel- und Milchviehzucht berühmt ist, bietet im April das prächtige Schauspiel der farbenfrohen Butter- und Eierparade. Die Parade zieht durch das Stadtzentrum, dessen gut erhaltene Gebäude aus dem 19. und frühen 20. Jahrhundert fast schon dem Idealbild einer amerikanischen Kleinstadt gleichkommen. Es ist kein Wunder, daß die erfolgreichen, nostalgischen Filme »American Graffiti« und »Peggy Sue hat geheiratet« die Straßen Petalumas als Hintergrund für ihre Außenaufnahmen benutzten.

Wer mehr über die Ursprünge der Stadt und die wirtschaftliche Bedeutung des vorbeifließenden Petaluma River wissen will, kann das **Historical Library and Museum** besichtigen, das in dem beeindruckenden Carnegie Library Building (20 Fourth Street) von 1906 untergebracht ist. Um das Ambiente der Kleinstadt noch stärker auf sich wirken zu lassen, ist ein Spaziergang entlang des Flußufers empfehlenswert.

Frühe Tage: Auf einem Hügel über dem Highway-1 findet man Spuren aus früheren Zeiten: Im **Petaluma Adobe State Historic Park** steht ein gut restauriertes zweistöckiges Wohngebäude, das sich einst auf einer der größten Ländereien des mexikanischen Kaliforniens befand. Mit diesem riesigen Landgut etablierte sich General Mariano Vallejo, der Gründer Sonomas, unter den Reichen und Mächtigen der Provinz.

►►► Rutherford

Viele der wichtigsten Weingüter des Napa Valley liegen in der Nähe von Rutherford und bieten Führungen für Laien auf dem Gebiet der Weinkunde an. Im **Weingut Rutherford Hill** (200 Rutherford Hill Road; Tel.: (707) 963 7194) sind Neulinge willkommen. Die Weine werden, wie auch bei den meisten Konkurrenzunternehmen, in Höhlen gelagert. Die unterirdischen Tunnel dieses Weinguts sollen jedoch das größte zusammenhängende unterirdische System der Welt sein.

Weinprobe im Château: Weinliebhaber, die unter Platzangst leiden, ziehen es vielleicht vor, das efeubewachsene Schloß mit den Fenstern aus farbigem Glas aufzusuchen, das die **Weinkellerei Inglenook** (1919 St. Helena Highway; Tel.: (707) 969 3352) beherbergt. Hier wird Ihnen auf einer umfangreichen Führung der Prozeß der Weinherstellung in Einzelschritten erläutert. Zum Abschluß gibt es eine »sensorische Beurteilung« – so bezeichnet der Weinsnob eine Weinprobe.

Petaluma, Hüterin des goldenen Zeitalters der amerikanischen Kleinstädte.

249

Gut zum Wein schmeckt der trockene, nussige Monterey Jack. Er wurde erstmals 1892 bei Monterey unter Aufsicht eines unbeliebten Schotten namens David Jacks hergestellt. Heute ist das Sonoma Valley ein bedeutender Käseproduzent. Die zwei Käsefabriken Sonoma Cheese Factory (2 West Spain Street in Sonoma) und Sonoma Creamery Store (711 Western Avenue in Petaluma) veranstalten Führungen, auf denen man den Herstellungsprozeß kennenlernt. Zum Abschluß gibt es Käsestückchen zum Kosten.

■ So grün die Täler auch sein mögen: Höchstens überzeugte Abstinenzler fahren ausschließlich der Landschaft wegen ins Wine Country. Für alle anderen beginnt und endet eine Fahrt durch dieses Gebiet mit einem Glas Wein in der Hand, und in Anbetracht der vielen angebotenen Weinproben sollte das Glas am Ende der Fahrt mit viel mehr Fachkenntnissen gehalten werden als am Anfang ... ■

250

Die größeren Weingüter bieten tägliche Führungen und Weinproben an, für die manchmal reserviert werden muß. Die kleinen Güter haben nur wenige Stunden pro Woche geöffnet. Rufen Sie lieber vorher an, um Näheres zu erfahren.

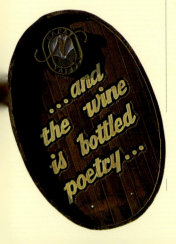

... and the wine is bottled poetry ...

Weinproben: Die meisten Weinproben sind kostenlos. Nur wenige Weingüter verlangen eine Gebühr (meistens 1 US-$ pro Glas oder 5 US-$ für eine halbstündige Weinprobe), um diejenigen fernzuhalten, die sich kostenlos betrinken wollen.

Suchen Sie zuerst einen der Hauptproduzenten auf, zum Beispiel Robert Mondavi in Oakville, damit Sie einen Einblick in den Herstellungsprozeß und eine Einführung in die Weinsorten erhalten. Später können Sie die kleinen Weingüter aufsuchen, deren Produkte ihre Nuancen nur erfahrenen Weinkennern offenbaren.

Rebsorten: Zu den Weißweinen gehören Chardonnay, Chenin Blanc, Gewürztraminer, Riesling und Sauvignon (oder Fumé). Die wichtigsten Rotweine sind Cabernet Sauvignon, Merlot, Pinot Noir und Zinfandel.

Den vielseitigen Zinfandel gibt es auch als Weißen Zinfandel, eigentlich ein schwach getönter Roséwein, der durch das Entfernen der Traubenschalen während der Fermentierung entsteht.

Sekt oder Champagner (obwohl dieser Ausdruck nur für aus der Champagne in Frankreich stammende Produkte angebracht ist) wird auch im Wine Country hergestellt, und einige Sektproduzenten verwenden die traditionelle »Méthode Champenoise«, bei der die Gärung in der Flasche stattfindet und nicht in Fässern.

Weinprobe im Zug: Wegen des Lärms, mit dem er durch das Tal rumpelt, unter dem Namen »Swine Train« (Schweinezug) bekannt, entlastet der Napa Valley Wine Train die Straßen des Tals vom Verkehr. Während der dreistündigen Fahrt zwischen Napa und St. Helena wird eine Auswahl an Weinen von Weingütern des Tals angeboten, und es werden exquisite Gourmetspeisen serviert. Im normalen Preis mit Rückfahrkarte sind die Mahlzeiten allerdings nicht enthalten. Abgesehen von seiner Umweltfreundlichkeit ist der Zug kaum zu schlagen, wenn Sie nur einen halben Tag Zeit haben, das Wine Country kennenzulernen (weitere Informationen: Tel.: (800) 427 4124 oder (707) 253 2111).

Hinweise für die Weinprobe: Es gibt unzählige Angebote, aber es ist ratsam, höchstens drei Weingüter am Tag zu besuchen. Jeder Wein, den Sie probieren, hat einen Einfluß auf die Geschmacksnerven, und Rotwein läßt einen Belag auf der Zunge entstehen, was natürlich nicht sehr förderlich ist, um die feinen Geschmacksnuancen weiterer Weine wahrzunehmen.

Bei einer Weinprobe sollte man nur weiße oder nur rote Weine zu sich nehmen. Wenn die Versuchung aber zu groß ist, dann beginnen Sie mit den Weißweinen, gehen über zu den Rosé- und Rotweinen, danach kommen die Dessertweine und ganz zum Schluß die Schaumweine.

Junge Weine: Fühlen Sie sich nicht betrogen, wenn Ihr Gastgeber Ihnen einen jungen Wein zur Probe anbietet. Wegen des Klimas sind Jahrgänge in Kalifornien weniger wichtig als in Europa. Das letzte Urteil über einen Wein hängt immer vom persönlichen Geschmack ab.

Schritt für Schritt probieren: Zuerst betrachten Sie den Wein aus der Nähe, um seine Farbe zu beurteilen. Alle Weine sollten frei von Eintrübungen sein; Weißweine mit einer goldgelben Schattierung, Roséweine rosafarben mit einem Stich ins Orange, und Rotweine sollten eine violette Beifärbung haben und können in ihrem Ton von leichtem Purpur bis zu einem vollen Rubinrot reichen.
Zweiter Schritt: Sie schwenken den Wein, um seinen Duft besser zu entfalten. Er wird auch »nose«, also Nase genannt, und ist die Mischung aus dem Aroma, das von der Rebe stammt, und dem Bouquet, das beim Herstellungsprozeß des Weines entsteht.
Drittens: Nehmen Sie einen Schluck Wein und lassen ihn über die Zunge fließen, um Konsistenz und Ausgewogenheit zu bestimmen. Geschmacksnuancen reichen von der trockenen Fruchtigkeit eines Chardonnay bis zu der süffigen Würze eines Zinfandel.
Bei den Weinproben sollten Sie sich nicht schämen, ihre Unkenntnis einzugestehen. Die kalifornischen Winzer kommen viel besser mit dem ehrlichen Interesse eines Anfängers zurecht als mit den schwachsinnigen Kommentaren eines Möchtegern-Weinkenners.

Weinprobe auf dem Weingut Robert Mondavi bei Oakville.

Während die meisten kalifornischen Trauben eindeutig aus Europa stammen, ist die Herkunft des Zinfandel nicht bekannt. Ein Schwarzer Zinfandel erschien erstmals 1838 an der Ostküste, und zwanzig Jahre später wuchsen die ersten Zinfandel-Trauben in Kalifornien. Der Sohn Agoston Haraszthys, des ersten kalifornischen Winzers, behauptete fälschlicherweise, daß sein Vater sie als erster importiert hätte. In der letzten Zeit haben Weinexperten Süditalien, Slowenien und gar Kalifornien als die wirkliche Heimat des Zinfandel bezeichnet.

251

Die Church of One Tree in Santa Rosa.

Wenn Sie das Wine Country nicht nur durch den Boden eines Weinglases sehen wollen, dann können Sie es auch von einem Ballon, hoch über den Tälern, aus betrachten. Die Preise beginnen bei 125 US-$ pro Stunde, und in vielen Ballonausflügen sind Landungen an schönen Plätzen mit Sektfrühstück enthalten. Viele Gesellschaften machen Werbung für Ballonfahrten. Dazu gehören die Bonaventura Balloon Company (Tel.: (800)-253-2224) und Sonoma Thunder (Tel.: (800) 759 5638).

▶▶▶ St. Helena

Zehn Meilen (16 Kilometer) südlich von Calistoga befindet sich in der Mitte des Napa Valley St. Helena mit seinen anspruchsvollen Restaurants und Kunsthandwerksläden, die Besuchern das Geld aus der Tasche locken.

Nachdem er Fanny Osbourne geheiratet hatte, verbrachte der verarmte Robert Louis Stevenson 1880 seine Flitterwochen nördlich der Stadt, wo jetzt der Robert Louis Stevenson State Park liegt. Das Silverado Museum, das sich in der St. Helena Public Library, der Öffentlichen Bibliothek (1490 Library Lane), befindet, hält das Andenken an Stevenson mit Manuskripten und Erinnerungsstücken in Ehren.

▶▶▶ Santa Rosa

1906 vom Erdbeben zerstört, hat Santa Rosa ein eindrucksvolles Comeback erlebt. Es ist jetzt die am schnellsten wachsende Gemeinde des Weinlandes. Die restaurierten Gebäude am Railroad Square, dem Bahnhofsplatz, und der aus der Zeit vor dem Beben stammende Bahnhof im Railroad-Park lassen etwas von den Wurzeln der Stadt ahnen, aber mehr noch sorgt Santa Rosa für das Andenken an zwei ehemalige Einwohner.

Die Church of One Tree (492 Sonoma Avenue) wurde 1875 aus einem einzigen Redwood-Baum gebaut. Sie enthält das **Ripley Memorial Museum**, das zur Erinnerung an Robert Ripley eingerichtet wurde. Seine Comics, die von merkwürdigen Begebenheiten handeln, sind seit den 20er Jahren sehr beliebt.

Der Gartenbaufachmann Luther Burbank kam 1875 mit zehn Burbank-Kartoffeln im Gepäck in Santa Rosa an. Seine Lebensaufgabe war die Entwicklung von Gemüse- und Obsthybriden. Die **Luther Burbank Home and Memorial Gardens** (415 Steele Lane) zeigen sein Wohnhaus sowie die Gärten, in denen seine Schöpfungen entstanden.

▶▶▶ Sebastopol

Aus Sebastopol stammen die bekannten Gravensteiner Äpfel, die jedes Jahr im April auf dem Apple Blossom Festival, dem Apfelblütenfest, gefeiert werden. Weiterhin ist das Gebiet für seine trockenen Weine berühmt, besonders für den Pinot Noir, den Sie in der **Dehlinger-Weinkellerei** (6300 Guerneville Road; Tel.: (707) 823 2378) probieren können.

■ Außer zahlreichen Weingütern gibt es in den Tälern Sonoma und Napa Valley auch einige Staatsparks zu besichtigen. Sie dekken den Bedarf an historischem und landschaftlichem Interesse und bieten einen Abholservice für diejenigen an, die bei den Weinproben zu tief ins Glas geschaut haben ... ■

Inspirierendes Land: Der erste Schriftsteller, der in den USA zum Millionär wurde, war Jack London. Er pries das Sonoma Valley 1913 in seinem Buch »Valley of the Moon«. Damals hatte er bereits seinen Zurück-zur-Natur-Lebensstil in die Praxis umgesetzt. Er errichtete auf einem grasbewachsenen Hügel eine experimentelle Farm und baute für sich und seine Frau das 26 Räume umfassende Wolfshaus. Sein Anwesen gehört jetzt zum **Jack London State Historic Park**. Er befindet sich bei dem Dorf Glen Ellen westlich von Sonoma. Nur die Ruinen des abgebrannten Wolfshauses sind noch zu sehen, und im Park ist das House of Happy Walls Museum, das Museum der fröhlichen Wände, mit Erinnerungen aus dem gar nicht so erfreulichen Leben Jack Londons ausgestattet (siehe Kastentext auf dieser Seite).

Der Süden des Sonoma Valley: Wander- und Reitwege durchziehen den über 2000 Hektar großen **Annadel State Park**, der Wiesen und Canyons umfaßt. Wilderes Gebiet finden Sie im **Sugarloaf Ridge State Park**, 14 Meilen (22 Kilometer) östlich von Santa Rosa, wo Ihnen die Weinschwere bei einer Wanderung über Höhenzüge zum Gipfel des Bald Mountain, des Kahlen Berges, rasch vergehen wird.
Nördlich von St. Helena führt ein Streifzug durch den **Bale Grist Mill State Historic Park**, zur restaurierten Wassermühle aus dem 19. Jahrhundert. Sie wurde für einen englischen Schiffsarzt gebaut, der zu einem prominenten Bürger des Napa Valley wurde, nachdem sein Schiff 1837 bei Monterey gestrandet war.

Gleich im Süden: Größere Wandergelegenheiten gibt es im **Bothe Napa Valley State Park**. Auf einem der Wege gelangen Sie zu den Resten der ältesten Kirche des Tals mit einem Friedhof aus der Pionierzeit, auf dem viele Mitglieder der vom Unglück verfolgten Donner-Gruppe (siehe Seite 200) begraben sind.

Geboren als unehelicher Sohn einer irischen Wanderastrologin, begann Jack Londons ereignisreiches Leben 1876 in San Francisco. Seinen Lebensunterhalt verdiente sich der Autodidakt in den Konservenfabriken Oaklands, dann als Hafenpolizist, Seemann und schließlich als Goldsucher, bevor er zu seiner eigenen Überraschung ein finanziell erfolgreicher Autor wurde, indem er seine Lebenserfahrungen in realistische Prosa umsetzte. Sein Werk »Valley of the Moon« (Tal des Mondes), veröffentlicht 1913, brachte dem Tal einen dauerhaften Spitznamen ein. Jack London lebte hier bis zu seinem Tod – er beging wahrscheinlich Selbstmord – im Jahre 1916.

253

WINE COUNTRY

Im September finden in Guerneville das Russian River Jazz Festival und ein Rodeo statt, im März das Slug Festival. In Healdsburg wird im September ein Erntedankfest veranstaltet, in Petaluma im Oktober ein Wettkampf im Armdrücken, und in Sonoma im Mai und Oktober die Living History Days (Tage der Lebendigen Geschichte).

 Sonoma

Von der Geschichte Sonomas zeugen die restaurierten Wohnhäuser der Stadt. Sie zeichnen aber auch ein eindrucksvolles Bild von den Turbulenzen Kaliforniens, das zunächst unter spanischer, dann unter mexikanischen Herrschaft stand und sich schließlich den USA anschloß. Die vielen Übernachtungsmöglichkeiten bieten eine gute Basis für Ausflüge ins Wine Country. Sonoma selbst haben Sie nach einem halbtägigen Spaziergang bereits kennengelernt.

Umgeben von Hotels ist der große **Marktplatz**, der 1835 entstand und der größte Kaliforniens ist. Im Stadtzentrum befindet sich das **Rathaus** aus dem Jahre 1906, ein Zeichen der US-Autorität. Das **Bear Flag Monument** (Bärenflaggen-Monument) symbolisiert die unabhängige kalifornische Republik. An der Ecke Spain Street und First Street East finden Sie die restaurierte **Mission San Francisco de Solano**. Sie wurde 1823 gegründet und war die letzte und nördlichste der spanischen Missionen in Kalifornien. Dazu gehörten auch eine Bar, ein Lagerhaus und eine Scheune. Ein kleines Museum erzählt ihre Geschichte.

Zum **Depot Museum** (285 First Street West) gelangen Sie von der First Street East aus durch den Depot Park. Hier gibt es Ausstellungen zur lokalen Geschichte. Auf der anderen Seite der First Street West liegen die Hauptgebäude des **Sonoma State Historical Park**. Unter ihnen sind zwei ehemalige Häuser des mexikanischen Generals Vallejo, dem Gründer und ersten Bürgermeister Sonomas, sowie die Sonoma Barracks, die Kaserne, die 1846, während der Bärenflaggen-Revolte zur Befreiung Kaliforniens, von der US-Kavallerie gestürmt wurde.

Am Stadtrand liegt das **Buena-Vista-Weingut** (18000 Old Winery Road; Tel.: (707) 938 1266), das älteste Weingut

Das Weingut Buena Vista, zwei Meilen (3 km) außerhalb von Sonoma.

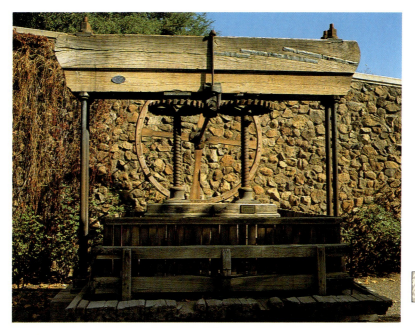

Das Gut Chandon in Yountville.

des Staates, das 1857 von dem Ungarn Haraszthy, dem »Vater« des kalifornischen Weinanbaus, gegründet wurde.

▶▶▶ Ukiah

Die indianische Kultur ist im Wine Country nur schwach vertreten, deshalb ist das **Grace Hudson Museum and Sun House** (Grace-Hudson-Museum und Sonnenhaus, 431 Main Street), um so erfreulicher. Hier gibt es lyrische Studien der Pomo-Indianer, die zur hervorragenden völkerkundlichen Sammlung Grace Carpenter Hudsons und ihres Ehemannes gehören. Ansonsten ist Ukiah eine Holzfällerstadt, in der es außer Weinproben und Besichtigungstouren in den Parducci-Weinkellern (501 Parducci Road, Tel.: (707) 462 3828) nichts Interessantes zu sehen gibt.

▶▶▶ Yountville

Ein ländliches Gegenstück zum wuchernden Napa, 14 Meilen (22 km) weiter südlich, ist das nette Yountville. Es wurde zu einer Station auf der Weintouristen-Rundreise, nachdem der bekannte Champagner- und Weinbrandhersteller Moët hier 1986 die **Domaine Chandon**, das Gut Chandon (W California Drive; Tel.: (707) 944 8844), eröffnet hatte. Besichtigungstouren, die den Herstellungsprozeß des Champagners erläutern, sind kostenlos, aber wenn Sie ein Glas probieren wollen, müssen Sie bezahlen.
Konsumbegeisterte sollten vor dem Besuch der Domain Chandon unbedingt in das **Yountville 1870** gehen, eine Ansammlung von auserlesenen Boutiquen, Kunstgalerien und Antiquitätenläden, die im ehemaligen, einfühlsam restaurierten Bahnhof aus dem 19. Jahrhundert untergebracht sind. Sie sollten aber einen kühlen Kopf bewahren, ansonsten ist Ihr Reisebudget ernsthaft in Gefahr.

Der Silverado Trail (Silverado-Pfad) wurde um 1800 benutzt, um Zinnober von den Minen am Mount St. Helena zum Hafen von Napa zu transportieren. Er führt durch den östlichen Teil des Napa Valley und ist ruhiger als die State Road 29, die weitgehend parallel verläuft. Einige wenig besuchte Weingüter verstärken die friedliche Stimmung auf dem Weg.

REISEINFORMATIONEN

Reiseplanung

Es herrscht ein starker Wettbewerb zwischen Reiseveranstaltern, die sich auf USA-Reisen und Transatlantikflüge spezialisiert haben. Am besten klappern Sie mehrere Reisebüros nach den besten Angeboten ab.

Für Pauschalreisen, in denen eine bestimmte Kombination von Flügen, Unterkunft und ein Leihwagen enthalten sind, wird in allen Reisebroschüren geworben. Diese Reisen ersparen Ihnen vielleicht nach Ihrer Ankunft eine Menge Beinarbeit, sind aber nicht unbedingt besonders billig oder interessant.

Wer den Flug unabhängig von der Unterkunft bucht, sollte einen der ermäßigten Flüge wählen, die außerhalb der Saison (im Herbst und Frühling) von allen größeren Fluggesellschaften angeboten werden. Wer unter 26 Jahre alt oder Student ist, erhält zusätzliche Ermäßigungen. Die meisten internationalen Nonstop-Linienflüge landen in Los Angeles, manche auch in San Francisco. Einige Charterfluggesellschaften fliegen von London aus direkt nach San Diego oder Oakland (zur Weiterreise nach San Francisco).

Anreise
Visa und Zoll

Im Flugzeug müssen alle Passagiere Zoll- und Einwanderungsformblätter ausfüllen. Wenn Sie in den USA nur Urlaub machen wollen, ist dies nicht schwierig. Wer jedoch plant, in den USA zu leben und/oder zu arbeiten, muß beweisen, daß er dies auf legalem Weg tun kann.

Wenn Sie mit einer größeren Fluggesellschaft reisen, wird beim Check-in wahrscheinlich ein Einwanderungscheck durchgeführt, bei dem der Computer die Namen der Passagiere mit denen bekannter Bösewichter vergleicht. Daraufhin kommt ein Aufkleber in Ihren Reisepaß, der Ihre Einreise nach der Landung beschleunigt. Bei der Ankunft wird Ihr Paß mit einem Stempel und einem Teil des Einreiseformulars versehen, der erst wieder bei Ihrer Ausreise entfernt wird.

Zollfrei einführen dürfen Sie ein Quart (knapp einen Liter) Spirituosen oder Wein sowie 100 Zigaretten oder 50 Zigarren. Nicht erlaubt ist die Einfuhr von Fleisch, Obst und Pflanzen in die USA.

Autofahren

Da Benzin in den USA nur 1 US-$ pro Gallone (3,79 Liter) kostet und das öffentliche Verkehrsnetz alles andere als umfassend ist, sparen Sie Geld und Zeit, wenn Sie Kalifornien mit dem Auto erkunden.

Die kalifornischen Straßen werden in verschiedene Kategorien eingeordnet, je nach dem, wer für ihre Instandhaltung zahlt. Die Interstates und US-Highways sind Teil des dem Bund unterstehenden Straßennetzes. Roads sind schmäler. Seltener fährt man auf County Roads, die meist durch abgelegene ländliche Gegenden führen.

Abgesehen von einigen unwichtigen Routen, verfügen alle Straßen über leicht zu findende Tankstellen. Entfernungen werden in Meilen angegeben. Überholen ist auf den inneren Fahrspuren von Interstates erlaubt, wo nicht schneller als 55 Stundenmeilen (88 km/h) gefahren werden darf. In geschlossenen Ortschaften sind die Geschwindigkeitsbegrenzungen niedriger. Bei Überschreiten der Höchstgeschwindigkeit können vor Ort Geldstrafen verhängt werden, und mit Alkohol am Steuer ist nicht zu spaßen.

Falls Sie einem Automobilclub angehören, können Sie sich nach seinen Kontakten mit der California State Automobile Association, Tel.: (213) 741 3111 in Los Angeles oder dem Automobile Club of Southern California, Tel.: (415) 565 2012 in San Francisco erkundigen.

Autovermietungen

Alle internationalen Autovermietungen sowie kleinere Unternehmen mit Kontakten zu europäischen Firmen verfügen über einen Schalter an den verschiedenen Flughäfen (sowie Büros im ganzen Staat). Hier können Sie einen bereits gebuchten Wagen abholen oder nach Ihrer Ankunft ein Auto mieten. Mit einem gültigen Führerschein der meisten europäischen Länder oder einem internationalen Führerschein ist das Autofahren legal. Die Preise der Autovermietungen

REISE-
INFORMATIONEN

unterscheiden sich nicht sehr, doch gewöhnlich ist es billiger, wenn man das Auto bereits vor seiner Ankunft in den USA mietet. Vergessen Sie nicht das Kleingedruckte zu lesen, besonders dann, wenn Sie beabsichtigen, Kalifornien nicht von dort zu verlassen, wo Sie auch angekommen sind (Manche Unternehmen sind damit nicht einverstanden und verlangen eventuell Extra-Gebühren). Denken Sie auch an den Collision Damage Waiver (CDW), eine Pflichtversicherung, die die Mietkosten eventuell noch erhöht.

Ohne Vorausbuchung muß jeder unter 25 Jahren und/oder ohne Kreditkarte mit Problemen beim Mieten eines Autos rechnen.

Banken

Die kalifornischen Banken haben normalerweise Mo bis Do 10–15 Uhr und Fr 10–17.30 Uhr geöffnet. Größere Filialen arbeiten teilweise auch Sa 10–13 Uhr.

Behinderte

Was Einrichtungen für behinderte Reisende anbetrifft, ist Kalifornien in den USA führend. Alle öffentlichen Gebäude müssen mit dem Rollstuhl zugänglich sein, das Verkehrsnetz der Stadt verfügt über »kniende« Busse, und in San Francisco kommen Rollstuhlfahrer mit Liften in das U-Bahn-Netz BART.

In allen Zügen und Flugzeugen der USA muß behinderten Reisenden auf Anfrage Hilfe geleistet werden. Greyhound-Busse sind zwar weniger komfortabel als Züge, aber dafür verkehren sie häufiger und lassen eine Begleitperson des/der Behinderten bei Vorzeigen eines ärztlichen Attests umsonst mitfahren. Autovermietungen können Wagen mit Handbedienung arrangieren, wenn sie im voraus darum gebeten werden.

Auskünft über Reisen in Kalifornien erteilt unter anderem die Society of Advancement for the Handicapped, 347 Fifth Avenue, Suite 610, New York, NY 10016, Tel.:(212) 447 7284).

Camping

Die meisten der 285 kalifornischen Staatsparks verfügen über gut ausgestattete Campingplätze, auf denen

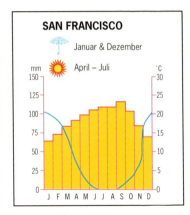

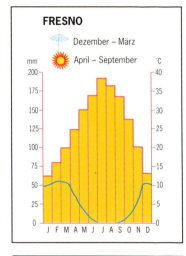

man pro Platz und Nacht mit 10–12 US-$ rechnen muß. Bis zu acht Wochen im voraus können

Plätze bei **MISTIX**, P. O. Box 85705, San Diego, CA 92138-5705, Tel.: (1-800) 444 7275 reserviert werden. Wer in größeren Staatsparks auf abgelegenen Wegen wandert, muß oft mit einfachen Campingplätzen (2–6 US-$) vorliebnehmen. Auskunft über Campingplätze in Nationalparks, wie z. B. dem Yosemite, erhalten Sie beim National Park Service, Fort Mason, Building 201, San Francisco, CA 94123, Tel.: (415) 556 0560, für Reservierungen kontaktieren Sie MISTIX.
Außerdem gibt es überall in Kalifornien viele private Campingplätze. Einer der größeren Verbände, in denen sie zusammengeschlossen sind, ist die **California Travel Parks Association**, P. O. Box 5648, Auburn, CA 95604, Tel.: (916) 885 1624.

Elektrizität
In den USA beträgt die Spannung der elektrischen Stromversorgung 110–115 Volt (60 Hertz). Alle elektrischen Geräte verfügen über zweipolige Stecker. Europäische Geräte benötigen 220 Volt (50 Hertz) Spannung und können daher nur mit einem Adapter verwendet werden, den sie in Europa oder nach Ihrer Ankunft in den USA kaufen können.

Essen
Eines der schönsten Vergnügen im »Golden State« ist das Essen, und das kann man hier besonders gut und besonders billig. Doch immer mehr Menschen ernähren sich gesundheitsbewußt. Selbst einige der Fast-food-Ketten Kaliforniens bieten fettfreie oder fettarme Alternativen an.

Traditionelle amerikanische Cafés und Eßlokale gibt es in jedem Ort, und wenn sie kein gutes Essen zu anständigen Preisen liefern, sind ihre Tage gezählt. Für 6 US-$ wird Ihnen hier ein üppiges Frühstück serviert, das Sie mit soviel Kaffee hinunterspülen können, wie Sie möchten – und das zum Preis von einer Tasse. Zum Mittagessen gibt es Sandwiches oder Salat für 6–8 US-$. Viele Cafés und Lokale schließen nach dem Mittagessen, aber in manchen kann man für 10–12 US-$ ein umfangreiches Abendessen zu sich nehmen.

Typischer Polizeiwagen in San Francisco.

Für ein paar Dollars mehr bieten etwas gehobenere **Restaurants** eine größere Auswahl. Sie verarbeiten auch nur die besten kalifornischen Naturprodukte. Auf den Farmen des Staates wird eine unglaublich breite Palette an Obst und Gemüse angebaut, während der Ozean und die Flüsse dafür sorgen, daß Meeresfrüchte und Süßwasserfische neben den allgegenwärtigen Steaks und Spareribs auf den Speisekarten stark vertreten sind.

Fremdländische Küchen sind ein wichtiger Teil der kulinarischen Landschaft Kaliforniens, **Mexikanisches Essen** ist sehr billig und wird schmackhafter und gesünder als in Mexiko selbst zubereitet. Das gilt übrigens auch für **chinesische, japanische** und **italienische** Gerichte.
Erst seit kurzem haben sich die Kalifornier an die **koreanische** und **vietnamesische** Küche gewöhnt. Sie genießen sie in einer wachsenden Anzahl von preisgünstigen Restaurants, die den ethnischen Hintergrund der jüngsten Siedler Kaliforniens widerspiegeln. Am anderen Ende des breiten Spektrums von Lokalen befinden sich die Gourmetrestaurants, deren Küchenchefs zu den führenden Vertretern der »California cuisine« gehören. In der kalifornischen Küche werden die einheimischen Erzeugnisse auf fanta-

Kalifornische Krabben.

sievolle Art zubereitet und dann als attraktiv dekorierte und ausgewogene Mahlzeiten serviert. Diesen Luxus (im Wert von 25–50 US-$) sollten Sie sich zumindest einmal gönnen.

Feiertage

Banken und alle öffentlichen Ämter sind an den folgenden Feiertagen geschlossen. Manche Geschäfte haben an diesen Tagen geöffnet: **Neujahr** (1. Januar), **Martin Luther Kings Geburtstag** (3. Monat im Januar), **Lincolns Geburtstag** (12. Februar), **Washingtons Geburtstag** (der dritte Montag im Februar), **Volkstrauertag** (4. Montag im Mai), **Unabhängigkeitstag** (4. Juli), **Labour Day** (Tag der Arbeit; 1. Montag im September), **Columbus Day** (12. Oktober), **Veteran's Day** (11. November), **Thanksgiving** (Erntedankfest; 4. Donnerstag im November), **Weihnachten** (25. Dezember). **Good Friday** (Karfreitag) ein halber Feiertag, **Ostermontag** ein ganzer.

Feste und Veranstaltungen

In Kalifornien finden jedes Jahr Tausende von Festen und besonderen Veranstaltungen statt. Die wichtigsten Ereignisse sind unter den einzelnen Regionen zu finden. Eine Liste aller Veranstaltungen erhalten Sie vom **California Office of Tourism** (siehe Karten und Touristeninformation).

Frauen auf Reisen

Jeder, der Kalifornien besucht, ist ein potentielles Opfer der hier herrschenden Kriminalität, aber Frauen, insbesondere, wenn sie allein reisen, sind besonders gefährdet. Fahren Sie in der Nacht lieber mit dem Taxi als mit einem öffentlichen Verkehrsmittel, und seien Sie besonders wachsam, wenn sich Ihnen ein Fremder unaufgefordert nähert.

Andrerseits ist es in den Großstädten allgemein üblich, daß Frauen ohne Begleitung Bars, Restaurants oder Nachtklubs besuchen. Anmacher lassen sich mit ein paar schroffen Worten gewöhnlich leicht abwimmeln. In den meisten Großstädten gibt es Unterkünfte nur für Frauen sowie verschiedene Frauengruppen und eine Stelle für Vergewaltigungsopfer, sie sind alle im Telefonbuch aufgeführt.

Frühstückspensionen

Die gemütlichsten Unterkünfte in Kalifornien, die »bed and breakfast inns«, sind gewöhnlich restaurierte viktorianische Häuser mit wenigen Gastzimmern, die mit Antiquitäten und privatem oder Gemeinschaftsbad ausgestattet sind.

Anders als in den Hotels und Motels kommen sich die Gäste hier näher. Das herzhafte Frühstück wird üblicherweise von allen an einem großen Tisch eingenommen. Die Zimmerpreise schwanken zwischen 45 und 150 US-$, je nach Lage und Ausstattung der Pension.

Das **California Office of Tourism** (Kalifornisches Fremdenverkehrsamt, siehe Karten und Touristeninformation) gibt das *Free Bed and Breakfast Inn Directory*, ein Verzeichnis der Frühstückspensionen, heraus. Buchungen werden von Agenturen wie Bed & Breakfast International, PO Box 282910, San Francisco, CA 94706, Tel.: (1800) 272 4500) entgegengenommen.

Geldwechsel

Kaufen Sie vor Ihrer Reise in die USA US-Dollar-Reiseschecks in dem Wert, den Sie auszugeben gedenken. Reiseschecks können in den Läden, Hotels, Restaurants usw. im ganzen Land wie Bargeld verwendet werden. Ausländische Währung wird in einigen Banken umgetauscht sowie in wenigen

Wechselstuben, aber immer zu einem schlechten Kurs. Von Vorteil sind Kreditkarten, sie sind bei der Begleichung größerer Beträge, z. B. der Zahlung eines Mietautos oder der Hotelrechnung, üblich und außerdem Anzeichen dafür, daß Sie kreditwürdig sind. Die völlig gleichaussehenden Dollarscheine gibt es zu 1, 5, 10 und 20 US-$, die amerikanischen Münzen sind von unterschiedlicher Größe: 1 Cent *(penny)*, 5 Cents *(nickel)*, 10 Cents *(dime)* und 25 Cents *(quarter)*.

Geschäfte
An Geschäften gibt es in Kalifornien alles: von den gigantischen Einkaufszentren der Großstädte bis zum kleinen Tante-Emma-Laden an Kreuzungen auf dem Land. Die Geschäftszeiten sind unterschiedlich, jedoch meist Mo bis Sa 9–17.30 Uhr.

Gesundheit und Versicherung
Wenn Sie durch die USA reisen, sollten Sie versichert sein – obwohl Sie nicht dazu verpflichtet sind. Abgesehen von Entschädigungszahlungen für gestohlene Artikel und Reiseunterbrechungen, bewahrt Sie eine Versicherung auch vor einer Rechnung in astronomischer Höhe, falls Sie medizinisch versorgt werden müssen.
Wenn Sie einen Arzt brauchen, sehen Sie im Telefonbuch unter »physicians« (Ärzte) nach. Manche Krankenhäuser in den größeren Städten verfügen auch über Unfallstationen. Im Falle einer größeren Verletzung rufen Sie den Krankenwagen, indem Sie den **Notruf** wählen: 911.

Homosexuelle Reisende
In Kalifornien im allgemeinen und in San Francisco im besonderen sind homosexuelle Reisende willkommen. Schwulen- und Lesbenbars, -clubs, -hotels und -informationszentren gibt es in allen Großstädten, und es ist sehr unwahrscheinlich, daß Homosexuelle in der Öffentlichkeit angefeindet werden.

Hotels und Motels
Die größeren amerikanischen Mittelklasse-Hotelketten (gewöhnlich 55–85 US-$ pro Nacht), wie Holiday Inn, Best Western, Travelodge und Vagabond, sind in Kalifornien stark vertreten. Zum Standard gehören Doppelbetten, Farbfernseher, Privatbad und Zimmertelefon.

Vergleicht man Preis und Leistung, schneiden solche Hotels jedoch selten gut ab. Viele kleinere Hotels und Motels – auch preisgünstige Ketten wie Hampton Inn, Days Inn und Red Roof Inns (28–45 US-$) – haben oft dasselbe Angebot wie die teureren Hotels, nur keinen Zimmerservice und anderen Schnickschnack.
Tausende kleiner Motels sind wahrscheinlich noch billiger (22–35 US-$), insbesondere außerhalb der Saison, wenn die Zimmer sonst leer stünden. Sie sollten zwar jedes Zimmer besichtigen, bevor Sie es nehmen, aber diese günstigen Motels bieten fast immer eine vollkommen akzeptable Unterkunft mit Zimmertelefon, Privatbadezimmer und Fernseher.
Mit dem Preis wird angegeben, was das Zimmer pro Nacht kostet, und nur selten, was eine Person zu zahlen hat. Daher zahlen zwei Leute, die ein Zimmer teilen, jeweils die Hälfte von dem, was ein einzelner Reisender zu zahlen hätte. Einzelzimmer gibt es nicht, dem einzelnen Touristen wird der Preis für das Doppelzimmer jedoch manchmal um ein paar Dollar ermäßigt. Wenn drei Personen ein Zimmer teilen, erhalten sie oft ein Extrabett für nur 10–15 US-$ zusätzlich zum regulären Preis.
Geld kann man auch sparen, indem man Gutscheine für die größeren Hotelketten kauft, bevor man in den USA ankommt. Doch dieses System ist oft weniger verläßlich, als es scheint. Die meisten daran teilnehmenden Hotels reservieren nur wenige Zimmer für Gutscheinbesitzer, und wenn diese voll sind, werden sie Sie woanders hinschicken oder Ihnen Zimmer zu regulären Preisen anbieten.
Außer der üblichen Verkaufssteuer (siehe unten) wird in manchen Gegenden noch eine »Bettsteuer« von (5–15%) aufgeschlagen.

Jugendherbergen – YMCAs und YWCAs
Jugendherbergen sowie eine kleinere Anzahl vergleichbarer YMCAs und YWCAs gibt es in ganz Kalifornien. Man zahlt 12–15 US-$ pro Nacht. Die meisten Jugendherbergen verfügen über kleine Gemeinschaftszimmer

(mit jeweils sechs bis acht Betten), ein paar Einzel- und Doppelzimmer (um die 25 US-$) und über einfache Koch-gelegenheiten. Wenn die Jugendher-berge ausgebucht ist, kann man höchsten drei Nächte bleiben. Weitere Informationen erhalten Sie bei allen Jugendherbergsämtern in Europa oder bei **American Youth Hostels**, P. O. Box 37613, Washington, DC 20013–7613, Tel.: (202) 783 6161.

Karten und Touristeninformation

In fast jeder Gemeinde gibt es ein Fremdenverkehrsbüro oder eine Han-delskammer, die Touristen mit Gratis-Land- oder Stadtkarten, Prospekten und Auskunft versorgen. Gewöhnlich sind sie ausgeschildert, und ihre Adressen stehen immer im Telefon-buch. Die meisten Büros halten die regulären Geschäftszeiten ein, in Großstädten sind sie jedoch häufig auch am Wochenende geöffnet. Auskunft über und verläßliche Karten von ganz Kalifornien erhalten Sie beim **California Office of Tourism** in 801 K Street, Suite 1600, Sacramento, CA 95814, Tel.: (916) 322 2881.

Kinder

Kinder werden in Kalifornien selten als störend betrachtet. In Hotels und Motels wird meist eine Wiege oder ein Extra-Bett (für Kinder unter 12 Jahren gratis) ins Zimmer der Eltern gestellt, und in Restaurants eilt das Personal beim Anblick von Kindern wahrscheinlich mit Spielen, dem Kindermenü und einem Hochstuhl herbei. Kalifornien bietet viel, was Kindern gefällt: Disneyland ist nur der berühmteste einer ganzen Reihe von Vergnügungsparks. In vielen Museen können die jungen Besucher selbst Hand anlegen, und in den kalifornischen Parks und Wälder können sie die Natur erforschen.

Klima und Kleidung

Das allgemeine Bild von einem sonni-gen Paradies trifft nur auf den Süden Kaliforniens zu, und selbst hier gibt es Unterschiede:
Im trockenen San Diego herrscht ein mildes bis warmes Klima. Los Ange-les kann im Sommer heiß und stickig sein, im Winter warm und schwül. Im Landesinneren sind die Wüsten den

262

UMRECHNUNGSTABELLE

von	in	multipliziert mit
Inches	Zentimeter	2.54
Zentimeter	Inches	0.3937
Feet	Meter	0.3048
Meter	Feet	3.2810
Yards	Meter	0.9144
Meter	Yards	1.0940
Miles	Kilometer	1.6090
Kilometer	Miles	0.6214
Acres	Hektar	0.4047
Hektar	Acres	2.4710
Gallons	Liter	4.5460
Liter	Gallons	0.2200
Ounces	Gramm	28.35
Gramm	Ounces	0.0353
Pounds	Gramm	453.6
Gramm	Pounds	0.0022
Pounds	Kilogramm	0.4536
Kilogramm	Pounds	2.205
Tons	Tonne	1.0160
Tonne	Tons	0.9842

Herrengrößen							
Europa	46	48	50	52	54	56	58
USA	36	38	40	42	44	46	48

Damengrößen						
Europa	34	36	38	40	42	44
USA	6	8	10	12	14	16

Herrenhemden						
Europa	36	37	38	39/40	41	42	43
USA	14	14.5	15	15.5	16	16.5	17

Herrenschuhe						
Europa	41	42	43	44	45	46
USA	8	8.5	9.5	10.5	11.5	12

Damenschuhe						
Europa	36	37	39	39	40	41
USA	6	6.5	7	7.5	8	8.5

ganzen Sommer über für Menschen unerträglich, den Rest des Jahres sind die Temperaturen heiß.
Im Norden verfügt San Francisco über milde Temperaturen, aber anhaltender Nebel sorgt selbst an einem sonnigen Tag für einen kühlen Morgen. Weiter Richtung Norden, die Küste entlang, müssen Sie mit immer mehr Nebel und immer kühleren Bedingungen

rechnen. Das Gold Country im Landesinneren ist im Sommer oft glühend-
heiß, während das Klima der höhergelegenen Gebiete der Sierra Nevada
angenehm mild ist. Im Winter schneit
es in den Bergen.
Wer durch ganz Kalifornien reisen
möchte, sollte seinen Koffer mit den
verschiedenen Klimata im Kopf packen
(siehe auch Tabellen Seite 258). In Kalifornien kleidet man sich meist sehr läs-
sig, aber barfuß und in Badekleidung
werden Sie in kein öffentliches Gebäude gelassen. Die meisten eleganten
Restaurants erwarten, daß sich die
Gäste in Schale werfen. Die National-
und Staatsparks sowie einen Großteil
der unerschlossenen Küste erkundet
man am besten zu Fuß, nehmen Sie
daher entsprechende Schuhe mit.

Kriminalität

Daß Ihnen Geld oder Wertgegenstän-
de aus Ihrem Zimmer gestohlen werden, können Sie vermeiden, indem
Sie sie vom Hotelpersonal in einen
Safe legen lassen. Statistisch gesehen passiert es selten, daß man auf
der Straße ausgeraubt wird, aber es
kommt vor. Häufig sind Menschen
betroffen, die dem Dieb sein Hand-
werk leicht machen. Tragen Sie also
Ihre Handtasche so, daß man sie Ihnen
nur schwer entreißen kann, und
lassen Sie Ihren Geldbeutel nicht aus
der Gesäßtasche hervorschauen.
Verlorene Reiseschecks sind relativ
leicht zu ersetzen, aber ein gestohle-
ner Reisepaß bringt wesentlich mehr
Probleme mit sich. Als erstes müssen Sie zu Ihrem nächsten Konsulat.
Ein Bummel durch gefährliche Stadtteile ist riskant. San Francisco ist fast
(aber nicht ganz) sicher, San Diego
etwas unsicherer, und Los Angeles
viel unsicherer. Folgen Sie dem Rat
der Einheimischen.

Nachtleben

Bevor Sie sich ins Nachtleben stürzen,
konsultieren Sie am besten die kostenlosen Zeitungen, die in Buchläden,
Bars und Restaurants verteilt werden
oder stapelweise an Straßenecken
liegen. Jede Stadt verfügt zumindest
über eine dieser Zeitungen, in denen
verläßliche Informationen über Kino,
Live-Musik, Diskotheken oder Bars
abgedruckt sind.

Öffentliche Verkehrsmittel

Es ist möglich, einen Großteil Kaliforniens auch ohne Auto zu besichtigen,
aber öffentliche Verkehrsmittel sind
außerhalb der Großstädte sehr dünn-
gesät, und in vielen ländlichen und
Küstengegenden gibt es keine. Ein Zug
verbindet San Francisco mit Los Angeles und San Diego. Doch meist legt
man weitere Entfernungen mit Greyhound-Bussen zurück, doch die sind
vergleichsweise oft nicht ganz billig.
Mit einem Ameripass-Ticket können
Sie die Kosten für sehr lange Reisen
senken. Der Paß ist eine bestimmte
Zeit – von vier bis 30 Tagen – gültig,
in der Sie unbegrenzt weit und oft
mit Greyhound-Bussen reisen dürfen. Denken Sie daran, daß die Busse
oft Stunden Verspätung haben und
die schönsten Landschaften meiden.
Abgesehen von San Francisco, das
über ein hervorragendes öffentliches
Verkehrsnetz verfügt, ist es auch in
Großstädten schwierig, ohne Auto
herumzukommen. Doch es ist nicht
unmöglich, vorausgesetzt, Sie lesen
die Fahrpläne aufmerksam.
Wenn Sie mit Stadtbussen fahren,
müssen Sie darauf achten, daß Sie
nicht an der falschen Haltestelle aus-
steigen und ungewollt in gefährlichen
Gebieten herumlaufen. Der Busfah-
rer ist Ihnen bestimmt gerne behilflich.

Postämter

Die meisten Postämter in den Städten sind von Mo bis Fr 8.30–17 und
Sa 8–12 Uhr geöffnet sind.

Sport

Beliebter als die Zuschauersportarten
sind in Kalifornien die Teilnehmer-
sportarten: Surfen, Tauchen, Skifahren, Wildwasserfahrten. Einzelheiten

263

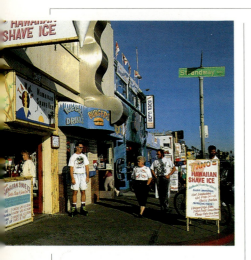

Der Mission Beach Broadwalk.

Sprache

Als Kalifornien 1850 der Union beitrat, sprachen zwei Drittel der Bevölkerung Spanisch. Erst in der Zeit des Goldrauschs, als immer mehr englischsprachige Amerikaner aus dem Osten ankamen, verlor die spanische Sprache ihre Vorherrschaft.

Heute ist Spanisch in Kalifornien wieder weit verbreitet. Über ein Viertel der Bewohner von Los Angeles, Amerikas zweitgrößter Stadt, sind Amerikaner spanischer Herkunft. Viele von ihnen haben mit Diskriminierung und Vorurteilen zu kämpfen. Anlaß zu heftigen Kontroversen gaben die Ausbildung in spanischen Schulen und die Rechte der spanischsprechenden Kalifornier. Obwohl verschiedene Bürgerrechtsbewegungen

entnehmen Sie dem Abschnitt der entsprechenden Region.

264

al mojo de ajo	mit Knoblauch in Butter abgebraten
cafe	Kaffee
cerveza	Bier
el guacamole	Avocadocreme
el jitomate	Tomate
el licuado de agua	Fruchtsaft mit Wasser
el licuado de leche	Fruchtsaft mit Milch
el refresco	Erfrischungsgetränk
empanizado	paniert
la botana	Appetithappen
la carne de res	Rindfleisch
la cena	Abendessen
la cochinita pibil	scharfes Schweinefleisch auf Yucatan-Art
la comida	Mittagessen
la comida corrida	Tagesmenü
la crepa	Pfannkuchen
la cuenta	Rechnung
la papa	Kartoffel
la torta	Teigrolle, gefüllt mit Fleisch, Salat, Avocado und Sahne
las puntas de filete	dünne Rindfleischscheiben (manchmal in einem Sandwich)
las enchiladas suizas	Tortilla, gefüllt mit Hühnerfleisch und mit Käse und Sahne überbacken
las carnitas	kleine Stücke gegrilltes Schweinefleisch
las crepas con cajeta	Pfannkuchen mit süßer Sauce
las papas francesas	Pommes frites
los tamales	Klöße
los totopos tacos	Saucen
pescado	Fisch
vegetariano	Vegetarier
verduras	Gemüse

dagegen waren, stimmte Kalifornien in einem Referendum dafür, daß Englisch die offizielle Amtssprache bliebe.

Jemand, der Spanisch spricht, versteht das mexikanische Spanisch leicht. Die Hauptschwierigkeit liegt im Wortschatz: Das mexikanische Spanisch wurde um viele Wörter in Nahuatl, der Sprache der Azteken, bereichert. Im folgenden einige Wörter, die in Restaurants mit lateinamerikanischer Küche hilfreich sein können.

Taxis

Taxis können auf der Straße angehalten werden, üblicher ist jedoch, sie telefonisch zu rufen. In den *Yellow Pages* (Gelben Seiten) sind unter *taxicabs* viele Taxiunternehmen aufgelistet. Normalerweise bestellt das Hotel- oder Motelpersonal für Sie ein Taxi. Die Fahrpreise sind vernünftig, im Durchschnitt bezahlen Sie für eine Meile 1,80 US-$.

Telefonieren

Öffentliche Telefone findet man in Kalifornien auf der Straße, in Hotelhallen, Bushaltestellen, Bars, Restaurants und in den meisten öffentlichen Gebäuden, sie funktionieren meistens, und die Gespräche sind im Vergleich mit europäischen Telefongebühren billig. Ortsgespräche kosten nur ein paar Cents, aber Ferngespräche sind unter Umständen ganz schön teuer. In die Schlitze am Telefon können Sie Münzen zu 5, 10 und 25 Cents einwerfen, tun Sie dies, bevor Sie wählen.

Um in einem anderen Land anzurufen, wählen Sie zunächst 011 und dann die Vorwahl des Landes: Deutschland (49); Österreich (43); Schweiz (41).

Der Notruf (911) und Gespräche mit der Vermittlung (0) oder der internationalen Vermittlung (1-800-874-4000) sind gebührenfrei.

Toiletten

Öffentliche Toiletten (*rest rooms* oder *bathrooms*) gibt es in Kalifornien viele und kostenlos, man findet sie jedoch eher in öffentlichen Gebäuden als auf der Straße.

Trinkgeld

In Restaurants, Bars oder Taxis gibt man gewöhnlich ein Trinkgeld von 15–20% der Rechnung. Wer Ihr Gepäck trägt, sollte ein Trinkgeld von 50 Cents bis zu 1 US-$ erhalten.

Verkaufssteuer

Eine Verkaufssteuer von bis zu 8,5% wird auf alles, was in kalifornischen Geschäften verkauft wird, aufgeschlagen.

Wein und Bier

Viele Touristen kommen nach Kalifornien, um im Wine Country die international anerkannten Weine zu probieren. Aber auch die hier gebrauten Biere sind nicht zu verachten. San Franciscos Anchor Steam Beer wurde weltweit sehr gelobt, und viele kleine Brauereien brauen ausgesprochen gute Biere.

Zeit

In Kalifornien gilt die Pazifik-Normalzeit, die der Zeit an der Ostküste der USA drei Stunden hinterherhinkt. In Westeuropa ist man neun Stunden früher dran.

265

Das ist Kalifornien.

SAN FRANCISCO

Vorwahl 415
Unterkunft
Teuer

Fairmont Hotel & Tower, 950 Mason Street, Tel.: 772 5000. Elitehotel im noblen Nob Hill, das das Erdbeben von 1906 überlebt hat.

Hotel Griffon, 155 Steuart Street, Tel.: 495 2100. Nobelherberge am Embarcadero. Ihre Gäste können das angrenzende Fitneßcenter umsonst benutzen.

Mark Hopkins Hotel, 1 Nob Hill, Tel.: 392 3434. Gehört jetzt zur Hotelkette Intercontinental, bewahrt sich aber den individuellen Charakter.

The Miyako, 1625 Post Street, Tel.: 922 3200. Diskreter und luxuriöser Zufluchtsort in Japantown, eine Kombination japanischer und westlicher Ideen.

San Francisco Marriott, 55 Fourth Street, Tel.: (800) 228 9290. Trotz seiner umstrittenen Architektur, ist das San Francisco Mariott sehr komfortabel.

Tuscan Inn, 425 North Point, Tel.: (800) 648 4626. Das beste Hotel in dem von Touristen bevölkerten Viertel Fisherman's Wharf: sympathisches Personal.

Mittlere Preisklasse

Abigail Hotel, 246 McAllister Street, Tel.: (800) 553 5575. Herrlich altmodisch und voller Erinnerungsstücke an vergangene Tage, als hier die Schauspieler von Wandertheatern abstiegen. Kürzlich komplett renoviert.

Alamo Square Inn, 719 Scott Street, Tel.: 992 2055. Zimmer mit Frühstück in einem gemütlichen und verschachtelten viktorianischen Gebäude mit einer herrlichen Aussicht; in einer Gegend zwischen Haight Ashbury und Pacific Heights, deren Ruf immer besser wird.

The Alexander Inn, 415 O'Farrel Street, Tel.: (800) 253 9263. Knapp, aber stilvoll möbliert, in zentraler Lage.

Days Inn at the Wharf, 2358 Lombard Street, Tel.: (800) 556 2667. Eine der preisgünstigsten Hotelketten in der Nähe von Fisherman's Wharf.

Holland Motel, 1 Richardson Avenue, Tel.: 922 0810. Mittelmäßiges Motel, aber hübsch gelegen in der Nähe von Fisherman's Wharf.

Hotel Diva, 440 Geary Street, Tel.: 885 0200. Eindrucksvolles italienisches Design, jedes Zimmer mit Videorecorder.

Hotel Essex, 684 Ellis Street, Tel.: 474 4664. Freundliches Hotel in schöner Lage, gutes Preis- Leistungsverhältnis.

Hotel Union Square, 114 Powell Street, Tel.: 397 3000. Bekanntes, wieder auf Vordermann gebrachtes Hotel aus den 30er Jahren, Croissants und Kräutertee im Zimmerpreis inbegriffen.

The King George, 334 Mason Street, Tel.: 781 5050. Freundliche, aber langweilige Zimmer im Herzen von Downtown. Nachmittagstee mit Klavierklängen.

Laurel Motor Inn, 444 Presidio Avenue, Tel.: (800) 552 8753. Nichts Besonderes, aber gutes Preis- Leistungsverhältnis.

Lombard, 1015 Geary Street, Tel.: 673 5232. Stilvolles, nicht allzu großes Hotel mit einer traumhaften Dachterrasse und einem Service, den man angesichts seiner vernünftigen Preise nicht vermuten würde.

Pacific Bay Inn, 520 Jones Street, Tel.: (800) 445 2631. Eine einladende Unterkunftsmöglichkeit in der Nähe von Downtown mit gemütlicher Inneneinrichtung und aufmerksamem Personal.

The Pickwick, 85 Fifth Street, Tel.: 421 7500. Vielversprechendes Hotel in dem modischen Viertel SoMa.

Raphael Hotel, 386 Geary Street, Tel.: 986 2000. Nichts Außergewöhnliches, ein Lichtblick ist das freundliche Personal.

The Red Victorian, 1665 Haight Street, Tel.: 864 1978. Ein Gebäude aus dem Jahre 1904 mit einer beruhigenden Inneneinrichtung, Meditationsraum, hauseigenen Masseuren und einem gesunden Frühstück – das ist San Francisco.

Suites & Pub Edward II, 3155 Scott Street, Tel.: (1 800) 473 2846. Die feinsten Whirlpools, die in Pacific Heights zu finden sind. Im Preis inbegriffen ist ein Glas Sherry in der Bar nebenan.

Stanyan Park Hotel, 750 Stanyan Street, Tel.: 751 1000. Elegant renoviertes Hotel gegenüber dem Golden

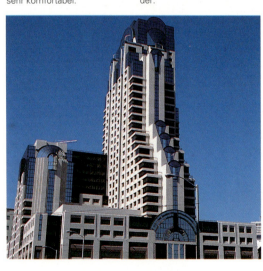

Das San Francisco Mariott Hotel.

HOTELS UND RESTAURANTS

Gate Park; im Zimmerpreis ist das Frühstück inbegriffen.
Washington Square Inn, 1660 Stockton Street, Tel.: 981 4220. Mit Antiquitäten vollgestopfte Frühstückspension in einer erstklassigen Lage am North Beach, im Preis ist der Nachmittagstee mit Keksen sowie Wein und Käse am Abend inbegriffen.

Günstig

18th Street Guest House, 3930 Eighteenth Street, Tel.: 255 0644. Sehr billige und gemütliche Herberge; das Frühstück ist im Preis inbegriffen; im Sommer wird einmal in der Woche ein Barbecue veranstaltet.
Brady Acres, 649 Jones Street, Tel.: 929 8033. Billige Zimmer, die farbenfroh eingerichtet und mit Kaffeemaschine und Mikrowellengerät ausgestattet sind.
Central YMCA, 220 Golden Gate Avenue, Tel.: 885 0460. Schlichte Einzel- oder Doppelzimmer in einem uninteressanten Viertel, jedoch eine billige Unterkunft.
Embarcadero YMCA, 166 Embarcadero, Tel.: 392 2192. Bei weitem das hübscheste YMCA der Stadt, Männer und Frauen sind gleichermaßen willkommen.
European Guest House, 761 Minna Street, Tel.: 861 6634. Gemütliche und preisgünstige

Unterkunft im lebendigen SoMa-Viertel, lockere Atmosphäre, Schlafsaal und Doppelzimmer.
Globetrotters Inn, 225 Ellis Street, Tel.: 7346 5786. Ungezwungene Herberge für Rucksackreisende; mit Schlafsaalbetten und einer gut ausgestatteten Küche.
Grant Plaza, 465 Grant Avenue, Tel.: (800) 472 6805. Ausgesprochen preisgünstiges Hotel mitten in Chinatown, mit kleinen, liebevoll eingerichteten Zimmern und einer bleiverglasten Kuppel im obersten Stock.
Grove Inn, 890 Grove Street, Tel.: 929 0780. Billige Bed & Breakfast-Unterkunft in der Nähe von Haight-Ashbury.
Hotel One, 1087 Market Street, Tel.: 861 4946. Spottbilliges Hotel ohne jeden Schnickschnack in zentraler Lage, macht oft spezielle Angebote, um seine Preise noch weiter zu reduzieren.
Hotel Sheehan, 620 Sutter Street, Tel.: (800) 848 1529. Ein umgebautes YMCA-Gebäude mit großen, billigen Zimmern; der riesige Swimmingpool und die Turnhalle stehen den Gästen offen.
International Guest House, 2976 23rd Street, Tel.: 641 1411. Zugeschnitten auf mit dem Rucksack reisende Studenten; Schlafsaal und wenige Einzelzimmer.

Mary Elizabeth Inn, 1040 Bush Street, Tel.: 673 6768. Freundliche und kostengünstige Unterkunft, die seit 1914 ausschließlich Frauen beherbergt.
Obrero Hotel, 1208 Stockton Street, Tel.: 989 3960. Ein großartiges Hotel, eingezwängt zwischen dem geschäftigen Chinatown und dem lebendigen North Beach: hilfbereites Personal, adäquate Zimmer und kräftiges Frühstück.
San Francisco International Hostel, Building 24, Fort Mason, Tel.: 771 7277. In dieser riesigen Jugendherberge sind die Aufenthalte im Sommer auf drei, im Winter auf fünf Übernachtungen begrenzt.
San Francisco Summer Hostel, 100 McAllister Street, Tel.: 621 5809. Im Sommer eine Unterkunftsmöglichkeit in Downtown, mit Schlafsaal, Waschmaschinen und einer freundlichen Atmosphäre.
San Remo Hotel, 2237 Mason Street, Tel.: 776 8688. Komfortable, aber spartanisch eingerichtete Zimmer mit Gemeinschaftsbädern, gutes Preis-Leistungsverhältnis in guter Lage.
Sutter Larkin Hotel, 1048 Larkin Street, Tel.: 474 6820. Das Nötigste zu einem sehr niedrigen Preis.

Restaurants
Teuer

Asuka Brasserie, 1625 Post Street, Tel.: (800) 533 4567. Bei der Kombination der traditionellen japanischen Küche mit kalifornischen Neuerungen entstehen sehr schmackhafte Gerichte, die eine wahre Augenweide sind.
Café Majestic, 1500 Sutter Street, Tel.: »776 6400. »California Cuisine« in einem superelegant, klassisch eingerichteten Speisesaal.

Fisherman's Wharf, San Francisco.

Die Gegend um North Beach, San Francisco.

Crown Room, 950 Mason Street, Tel.: 772 5131. Mittags und abends extravagante Büffets, die mit Blick über die Stadt vom obersten Stockwerk des noblen Fairmont Hotels verspeist werden.

Greens, Building A, Fort Mason, Tel.: 771 6222. Vegetarisches Gourmetlokal, in dem Zutaten verwendet werden, die auf einer buddhistischen Farm angebaut werden.

La Folie, 2316 Polk Street, Tel.: 776 5577. Außergewöhnliches französisches Essen in einer erfrischend unstickigen Umgebung. Das Fünf-Gänge-Menü enhüllt die Talente des Küchenchefs.

Mittlere Preisklasse

An Hong Phu-Nhuan, 808 Geary Street, Tel.: 885 5180. Verführerische vietnamesische Gerichte zu vernünftigen Preisen.

Angkor Palace, 1769 Lombard Street, Tel.: 931 283. In diesem eleganten Speisehaus kann man auf Sitzkissen exzellente kambodschanische Küche genießen.

Bayon, 2018 Lombard Street, Tel.: 922 1400. Überraschend erschwingliche französisch-kambodschanische Küche, nur Abendessen.

Blue Light Café, 1979 Union Street, Tel.: 922 5510. Scharfe Gerichte aus dem Südwesten der USA mit viel Fleisch.

The Buena Vista, 2765 Hyde Street, Tel.: 474 5044. Eines der wenigen preisgünstigen Lokale in Fisherman's Wharf, gute Frühstücks- und Mittagskarte, berühmt für seinen Irish Coffee.

Calzone's, 430 Columbus Avenue, Tel.: 397 3600. Pizzas aus dem Holzofen mit fantasievollem, exotischen Belag.

Cha Cha Cha, 1805 Haight Street, Tel.: 386 5758. Kleines, lebendiges Lokal, dessen unterschiedliche Kundschaft sich an den (hauptsächlich kubanischen) Mittag- und Abendessen zu vernünftigen Preisen erfreut.

The Élite Café, 2049 Filmore Street, Tel.: 346 8668. Große Auswahl an kreolischen Gerichten.

Fog City Diner, 1300 Battery Street, Tel.: 982 2000. Speiselokal im Stil der 50er Jahre mit Neonlicht und Edelstahl, das Essen entstammt der kreativen – und erschwinglichen – California Cuisine.

Gaylords, 1 Embarcadero Center, Tel.: 397 7775.

Gehört zu einer Kette unbedeutender indischer Restaurants, aber das Mittagsbüffet mit Festpreis ist sein Geld wert.

Gold Spike, 527 Columbus Avenue, Tel.: 421 4591. Eine Institution am North Beach, bekannt für seine üppigen italienischen Dinner mit sechs Gängen.

The Good Earth, 1865 Post Street, Tel.: 771 0151. Eine feine Speisekarte mit Omeletts, Suppen sowie Fleisch- und Fischgerichten, die alle aus frischen Zutaten zubereitet werden. Die Umgebung ist leider langweilig

Judy's Homestyle Café, 2268 Chestnut Street, Tel.: 922 4588. Riesige Omeletts und Sandwiches.

Limbo, 299 Ninth Stret (Tel.: 255 9945. Eine gesunde Speisekarte, die sowohl Vegetarier entzückt als auch Fleischesser erfreut.

Little Thai, 2348 Polk Street, Tel.: 771 5544. Wunderbares Lokal mit verführerischen thailändischen Speisen.

Max's Diner, 311 Third Street, Tel.: 546 6297. Reichlich traditionelle amerikanische Kost: Truthahnsandwiches, Hamburger, Milk Shakes und vieles mehr, aufgetischt in einem Lokal wie in den 50er Jahren.

HOTELS UND RESTAURANTS

In San Francisco spielt der Kaffee eine wichtige Rolle.

The New San Remo Restaurant, 2237 Mason Street, Tel.: 673 9090. Abends geöffnet, preisgünstige fünfgängige italienische Menüs.

North Beach Pizza, 1499 Grant Street, Tel.: 433 2444. Immer voll, und in der ganzen Stadt für seine fachmännisch gebackenen Pizzas berühmt, die mit vielen verschiedenen Belägen erhältlich sind.

Perry's, 1944 Union Street, Tel.: 922 9022. Große Portionen, traditionelles amerikanisches Essen in einem bekannten Treffpunkt von Pacific Heights.

The Pine Crest, 401 Geary Street, Tel.: 885 6407. Etwas teures Downtown-Lokal, das rund um die Uhr geöffnet ist. Simple, schwerverdauliche Kost.

Yank Sing, 427 Battery Street, Tel.: 362 1640. Nicht billig, aber eines der besten chinesischen Restaurants der Stadt, immer voll.

Günstig

Bohemian Cigar Store, 566 Columbus Avenue, Tel.: 362 0536. Ideales Lokal für eine Pause auf einer Tour den North Beach entlang, die focaccia-Sandwiches sind umwerfend gut.

Café Caravan, 1312 Chestnut Street, Tel.: 441 1168. Preisgünstiges Lokal der Einheimischen mit schneller und freundlicher Bedienung.

Caffè Trieste, 601 Vallejo Street, Tel.: 392 6739. Seit langem etabliertes italienisches Café, das für seinen Espresso und seine Live-Opern am Samstag nachmittag berühmt ist.

Dottie's True Blue Café, 522 Jones Street, Tel.: 885 2767.Gesundheitsbewußte Küche mit viel frischem Obst und Getreide, in Downtown.

Eats, 50 Clement Street, Tel.: 752 8837. Morgens und mittags geöffnet, riesige Portionen, billiges und saftiges Fastfood.

El Toro Taqueria, 598 Valencia Street, Tel.: 431

3351. Beliebtes Lokal mit mexikanischen Gerichten.

Gum Tong, 675 Jackson Street, Tel.: 788 5393. Bemerkenswert günstiges Restaurant in Chinatown.

Hamburger Mary's Organic Grill, 1582 Folsom Street, Tel.: 626 5767. Große Hamburger, laute Musik und interessante Gäste.

Hang Ah Tea Room, 1 Hang Ah Street, Tel.: 982 5686. Günstiges chinesisches Essen, viele Stammgäste.

House of Nanking, 919 Kearny Street, Tel.: 421 1429. Die guten und billigen Gerichte ziehen eine Menge Leute an.

La Cumbre, 515 Valencia Street, Tel.: 863 8205. Bistro mit einfachen, aber köstlichen und billigen mexikanischen Gerichten.

Lefty O'Douls, 333 Geary Street, Tel.: 982 8900. Typisch amerikanische Küche im Kaffehaus-Stil.

New Dawn, 3174 16th Street, Tel.: 553 8888. Variante eines traditionellen Cafés, das typisch für San Francisco ist: verrückte Dekoration und ungezwungene Atmosphäre, aber sättigendes Frühstück und Mittagessen.

Nicaragua, 3015 Mission Street, Tel.: 826 3672. Kleines Restaurant das nicaraguanische Küche in freundlicher Umgebung bietet.

St Francis Candy Store, 2801 24th Street, Tel.: 826 4200. Wunderbarer, seit langem bestehender Sandwich- und Milk Shake-Lieferant.

Salvadoreno, 535 Valencia Street, Tel.: 431 6554. Salvadorianische Bäckerei.

San Francisco Bar-B-Cue, 1328 Eighteenth Street, Tel.: 431 8956. Scharfe Fleischgerichte auf thailändische Art.

Tad's, 120 Powell Street, Tel.: 982 1718. Idealer Platz für ein billiges Frühstück, aber es gibt auch Hamburger, Suppen und Sauerteigbrot.

Village Pizza, 3348 Steiner Street, Tel.: 931 2470. Hier können Sie in einer teuren Gegend billig Ihren Hunger stillen.

DIE GEGEND UM DIE BAY

Unterkunft
Teuer

Claremont Resort Hotel and Tennis Club, Ecke Ashby und Domingo Avenue, Oakland, Tel.: 510 843 3000. Umfassend restaurierte Villa aus dem Jahre 1916, die auf einem schön gestalteten Gelände in den Oakland-Hügeln liegt; Saunas und Swimmingpools.

Mittlere Preisklasse
Cowper Inn, 705 Cowper Street, Palo Alto, Tel.: 327 4457. Unterkunft mit Frühstück in einem komfortablen Haus aus dem 19. Jahrhundert.

The Hensley House, 456 N Third Street, San Jose, Tel.: (408) 298 3537. Kleines, aber luxuriöses Haus aus dem

Jahre 1884, das Unterkunft mit Frühstück anbietet.

Günstig

Hidden Villa Ranch Hostel, 26870 Moody Road, in der Nähe von Los Gatos, Tel.: 949 8648. Billige Unterkünfte, rustikale Zimmer, im Sommer meistens ausgebucht.
Motel 6, 4301 El Camino Real, Palo Alto, Tel.: 949 0833. Gehört zu der billigen amerikanischen Motelkette, die über einfache, aber praktische Motels verfügt.
Motel 6, 2560 Fontaine Road, San Jose, Tel.: (408) 270 3131. Siehe oben.
Sanborn Park Hostel, 15808 Sanborn Road, Saratoga, Tel.: (408) 741 0166. Eine hübsche Jugendherberge, früher eine Jagdhütte.

Restaurants
Teuer

Chez Panisse, 1517 Shattuck Avenue, Berkeley, Tel.: (510) 548 5525. Die Geburtsstätte der *California Cuisine* und so fantasievoll und beliebt wie immer.

Mittlere Preisklasse

Frankie, Johnny, and Luigi's Too, 939 El Camino Real, Palo Alto, Tel.: 967 5384. Wegen seiner köstlichen

Pizzas bei Einheimischen beliebt.
The Good Earth, 185 University Avenue, Palo Alto, Tel.: 321 9449. Hier werden nur gesunde und natürliche Zutaten verwendet.
Tied House, 65 N San Pedro Square, Tel.: (408) 295 BREW. Das Restaurant bietet eine gute Auswahl an selbstgebrauten Bieren zu leckeren Nudelgerichten, Meeresfrüchten und Salaten.

Günstig

Blondie's Pizza, 2340 Telegraph Avenue, Berkeley, Tel.: 510 548 1129 Schmackhafte Pizzas in einem stets überfüllten Lokal.
The Blue Nile, 2525 Telegraph Avenue, Berkeley, Tel.: (510) 540 6777. Unglaublich billiges ostafrikanisches Essen, ideal für Vegetarier.
Taco Al Pastor, 400 S Boscone Avenue, San Jose, Tel.: (408) 275 1619. Sehr gute mexikanische Küche in schlichter Umgebung.

Robben bewachen den Hafen von Monterey.

NÖRDLICHE CENTRAL COAST

Unterkunft
Teuer

Highlands Inn, am Highway-1 vier Meilen (6 km südlich von Carmel), Tel.: (800) 538 9525. Hier verbrachte die Sängerin Madonna ihre Flitterwochen; jedes Zimmer mit Blick aufs Meer.

Mittlere Preisklasse

Carmel Village Inn, Ecke Ocean Avenue und Junipero Street, Tel.: (408) 624 3864. Sehr preisgünstig für das teure Carmel.
Darling House, 314 W Clift Drive, Santa Cruz, Tel.: (408) 458 1958. Herzerfrischendes auf einer Klippe gelegenes Haus das schnuckelige Bed & Breakfast-Unterkünfte bietet.

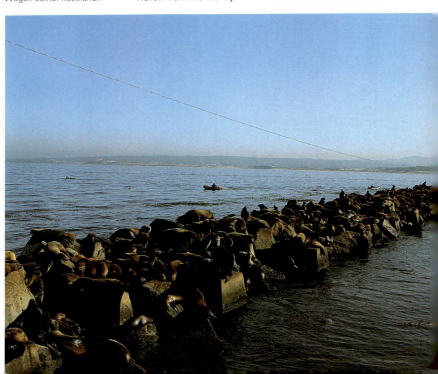

HOTELS UND RESTAURANTS

The Monterey Motel, 406 Alvaredo Street, Monterey, Tel.: (800) 727 0960). Elegant, und mitten in der Stadt.

Günstig
Hitching Post Motel, 1717 Soquel Avenue, Santa Cruz, Tel.: (408) 423 4608. Sauber, zuverlässig; eines der vielen kleinen Motels nahe der Uferpromenade.
Motel 6, 2124 Freemont Street, Monterey, Tel.: (408) 373 3500. Die billigste Unterkunft in der Stadt, frühzeitige Buchung unbedingt notwendig. An dieser von Motels gesäumten Straße gibt es jedoch noch Alternativen.
Motel 6, 1010 Fairview Avenue, Salinas, Tel.: (408) 758 2122. Das billigere der zwei Motels dieser langweiligen, aber zuverlässigen Kette in Salinas.

Restaurants
Teuer
Pacific's Edge, im Highlands Inn am Highway-1, vier Meilen (6 km südlich von Carmel), Tel.: (408) 624 3801.

Mittlere Preisklasse
Clam Box, Mission Street zwischen Fifth und Sixth Streets, Carmel, Tel.: (408) 624 8597. Schmackhafte Meeresfrüchte mit allerlei Beilagen.

India Joze, 1001 Center Street, Santa Cruz, Tel.: (408) 427 3554. Indische und indonesische Gerichte, auf kalifornische Art zubereitet.
Rappa's, Fisherman's Wharf, Monterey, Tel.: (408) 372 7562. Frische Meeresfrüchte und eine lebendige, angenehme Atmosphäre.

Günstig
Kathy's Restaurant, 700 Cass Street, Monterey, Tel.: (408) 647 9540. Zum Frühstücken und Mittagessen geöffnet; die dicken Omeletts und Sandwiches verzehrt man idealerweise an den Tischen im Innenhof.
Rosita's Armory Café, 231 Salinas Street, Salinas, Tel.: (408) 424 7039. Mexikanisches Lokal, das bei Einheimischen wegen seines günstigen und guten Mittag- und Abendessens sehr beliebt ist.
Tuck Box, Ecke Delores and Seventh Street, Carmel, Tel.: (408) 624 6365. Shepherds pie (Auflauf aus Hackfleisch und

Kartoffelbrei), Welsh rarebit (überbackene Käseschnitte) und Teegebäck werden in diesem winzigen Restaurant angeboten.
Zachary's, 819 Pacific Avenue, Santa Cruz, Tel.: (408) 427 0646. Zum günstigen amerikanischen Frühstück und Mittagessen wird köstliches selbstgemachtes Brot gereicht.

SÜDLICHE CENTRAL COAST

Unterkunft
Teuer
El Encanto Hotel, 1900 Lausen Road, Santa Barbara, Tel.: (805) 687 5000. Durchschnittszimmer im Hauptgebäude aus dem Jahre 1927 im spanischen Stil, attraktiver sind die kleinen Häuschen, die auf dem Anwesen verstreut liegen.

Mittlere Preisklasse
Adobe Inn, 1473 Monterey Street, San Luis Obispo, Tel.: (805) 549 0321. Ehemals mittelmäßiges Motel, das in eine elegante Frühstückspension verwandelt wurde.

Die Schönheiten der Küste bei Morro Bay.

Casa Del Mar, 18 Bath Street, Santa Barbara, Tel.: (800) 433 3097. Liebenswertes Hotel mit 20 Zimmern um das Schwimmbad im Innenhof.
Inn on the Beach, 1175 Seaward Drive, Ventura, Tel.: (805) 652 2000. Alle Zimmer mit Balkon Richtung Strand; Frühstück, Wein und Käse im Preis inbegriffen.
Keystone Motel, 540 Main Street, Morro Bay, Tel.: (805) 772 7503. Das beste Mittelklasse-Motel der Stadt.

Günstig

California Motel, 35 State Street, Santa Barbara, Tel.: (805) 966 7153. Santa Barbaras einzige billige Unterkunft.
Peach Tree Inn, 2001 Monterey Street, San Luis Obispo, Tel.: (800) 227 6390. Ruhig und preisgünstig.

Restaurants
Teuer
The Palace Café, 8 E Cota Street, Santa Barbara, Tel.: (805) 966 3133. Mit einem Preis ausgezeichnete karibische Küche, nur abends geöffnet.

Mittlere Preisklasse
Paradise Café, 702 Anacapa Street, Santa Barbara, Tel.: (805) 962 4416. Einfache, aber gute Gerichte.

Rose's Landing Restaurant, 725 Embarcadero, Morro Bay, Tel.: (805) 772 4441. Mit Recht eines der beliebtesten Fischrestaurants mit Blick über die Bucht und auf den massiven Morro Rock.

Günstig
Chocolate Soup Restaurant, 980 Morro Street, San Luis Obispo, Tel.: (408) 624 3801. Tagsüber ein verlockendes Angebot an Suppen und Sandwiches, abends eine nicht weniger verführerische Auswahl an Spezialitäten des Küchenchefs.
Dorn's Original Breakers Café, 801 Market Street, Morro Bay, Tel.: (805) 772 4415. Die fantasievolle Frühstückskarte ist unübertroffen, auch mittags und abends beliebt.
Joe's Café, 536 State Street, Santa Barbara, Tel.: (805) 966 4638. Immer voller Leute, die auf die Riesenportionen Fleisch und Fisch erpicht sind.
Kyoto/China Brown, 685 Higuera Street, San Luis Obispo, Tel.: (805) 546 9700). Chinesische und japanische Gerichte vom Selbstbedienungsbuffet.
La Marina Cantina, 1567 Spinnaker Drive, Ventura, Tel.: (805) 658 6077. Wunderbares, günstiges mexikanisches Essen in einem Lokal mit Blick auf den Hafen.

LOS ANGELES
Unterkunft
Teuer
Beverly Hills Hotel, 9641 Sunset Boulevard, Tel.: (310) 276 2251. Eine Filmlegende, von der jeder schon mal gehört hat, aber der Service ist nur gut, wenn das Personal von Ihnen schon mal gehört hat.
Loews Santa Monica Beach Hotel, 1700 Ocean Avenue, Tel.: (310) 458 6700. Ein architektonisches Musterhotel am Meer.
New Otani Garden Hotel, 120 S Los Angeles Street, Downtown, Tel.: (800) 421 8795. In Little Tokyo in Downtown; am schönsten sind die im japanischen Stil eingerichteten Zimmer.

Shutters on the Beach, 1 Pico Boulevard, Tel.: (800) 334 9000). Das neueste Luxushotel in Santa Monica bietet jeglichen Komfort und wunderbaren Meeresblick von jedem Zimmer.

Mittlere Preisklasse
Bel Air Hotel, 11461 Sunset Boulevard, West Hollywood (Tel.: (800) 333 3333). Einfallslose Fassade, aber aufgrund des schicken, ultra-modernen Designs wird Ihnen ein dortiger Aufenthalt in Erinnerung bleiben.
Beverly Terrace Hotel, 469 N Doheny Drive, Tel.: (310) 274 8141. Ein sympathischer, erschwinglicher Stützpunkt in Beverly Hills.
Del Capri Hotel, 10587 Wilshire Boulevard, Tel.: (310) 474 3511. Heimelig und preisgünstig im teuren Westwood, die meisten Zimmer haben eine kleine Küche.
Figueroa Hotel, 939 S Figueroa Street, Downtown, Tel.: (800) 421 9092. Freundliches, attraktives Hotel im spanischen Stil.
Highland Gardens Hotel, 7047 Franklin Avenue, Tel.: (213) 850 0536. Viele Annehmlichkeiten in einer zentralen Straße in Hollywood, in der jedoch fast nur Wohnhäuser stehen.
Holiday Inn, 1755 N Highland Avenue, Tel.: (213) 462 7181. Langweiliges, aber zuverlässiges Kettenhotel der Mittelklasse, von dem aus die meisten Sehenswürdigkeiten Hollywoods zu Fuß zu erreichen sind.
Hollywood Metropolitain, 5825 Sunset Boulevard, Tel.: (800) 962 5800. Gut möbliert, elegant, idealer Ausgangspunkt für Hollywoodausflüge
Hollywood Roosevelt, 700 Hollywood Boulevard, Tel.: (213) 466 7000. Hollywood ist überall spürbar, doch die Zimmer sind weniger beeindruckend als die Eingangshalle.
Huntley Hotel, 1111 Second Street, Santa Monica, Tel.: (800) 556 4012. Solides Hochhaus in der Nähe vom Strand; verlangen Sie ein Zimmer mit Blick aufs Meer.
Jamaica Bay Inn, 4175 Admiralty Way, Marina Del Rey, Tel.: (310) 823 5333.

273

Nettes kleines Hotel neben einem Palmenstrand.
Le Parc, 733 West Knoll Drive, West Hollywood, Tel.: (310) 855 8888. Dezente Eleganz in einem Wohnviertel.
The Mansion Inn, 327 Washington Boulevard, Tel.: (800) 828 0688. Eine Bed & Breakfast-Pension unweit von Marina Del Rey und Venice Beach.
Shangri-la Hotel, 1301 Ocean Avenue, Santa Monica, Tel.: (310) 394 2791. Eine Freude für Freunde des Jugendstils; alle Zimmer mit Blick auf die Santa Monica Bay.
The Sovereign at Santa Monica Bay, 205 Washington Avenue, Tel.: (800) 331 0163. Das renovierte Wahrzeichen von Santa Monica aus den 20er Jahren ist heute nobel, aber erschwinglich.
Westwood Plaza, 10740 Wilshire Boulevard, Tel.: 800 472 8556. Hotel mit Blick auf den UCLA Campus, ideal für die Erkundung von Westwood und Beverly Hills.

Günstig
Banana Bungalow AAIH, 2775 Cahuenges Boulevard, Tel.: (800) 4 HOSTEL. Wunderbare Herberge in den Hollywood Hills, kostenloser Transfer zum Flughafen und zu den Stränden.
Bevonshire Lodge Motel, 7575 Beverly Boulevard, Tel.: (213) 936 6154. Sehr preisgünstiges und gut gelegenes, kleines Hotel.
Cadillac Hotel, 401 Ocean Front Walk, Tel.: (310) 399 8876. Billige Gemeinschafts- oder Einzelzimmer neben dem lebendigen Venice Beach.
Crest Motel, 7701 Beverly Boulevard, Tel.: (800) 367 8868. Sauber, klein, ruhig und überraschend günstig für seine Lage in West Hollywood/Beverly Hills.
Kent Motel, 920 S Figueroa Street, Tel.: (213) 626 8701. Zweckmäßiges Motel in Downtown ohne Schnickschnack.
Los Angeles International Hostel, 3601 S Gaffrey Street, Building 613, San Pedro, Tel.: (310) 831 8109. Zwar etwas vom Stadtzentrum von LA entfernt, dafür aber nicht weit zum Flug-

hafen und in die Gegend um die South Bay (südliche Bucht.
Hastings Hotel, 6162 Hollywood Boulevard, Tel.: (213) 464 4136. Bei weitem die billigste Unterkunftsmöglichkeit in Zentral-Hollywood, in der Nacht ein nervendes Viertel.
Hollywood Downtowner Motel, 5601 Hollywood Boulevard, Tel.: (213) 464 7191. Einfach, aber gut gelegen für Ausflüge nach Hollywood.
Motel de Ville, 1123 W Seventh Street, Downtown, Tel.: (213) 624 8474. Aufdringliches Dekor, aber adäquate, schlichte Zimmer.
Orchid Motel, 819 Flower Street, Tel.:(213) 626 5855. Attraktive, billige Unterkunft im Zentrum von Downtown.
Park Plaza Hotel, 607 Park View Street, Tel.: (213) 384

5281. Kleine, einfache Zimmer in einem Jugendstilbau im MacArthur Park; nachts eine unsichere Gegend.
Santa Monica International Hostel, 1436 Second Street, Santa Monica, Tel.: (310) 393 9913. Große, moderne Herberge in einer sicheren und angenehmen Gegend.

Restaurants
Teuer
Chinois on Main, 2709 Main Street, Santa Monica, Tel.: (310) 392 9025. Das neue Flagschiff des Chefkochs Wolfgang Puck bietet ausgezeichnete kalifornische Küche mit fernöstlichem Touch zu astronomischen Preisen.
Citrus, 6703 Melrose Avenue, West Hollywood, Tel.: (213) 857 0034. In Bezug auf Essen und Design das kreativste Restaurant in LA.
Spago, 8795 Sunset Boulevard, West Hollywood, Tel.:

(310) 652 4025. Ob exotische Gourmetpizzas oder appetitiche Nudelgerichte, Spago bestimmt seit Jahren die kulinarischen Standards in LA – einen Tisch muß man Wochen im voraus reservieren.
Valentino, 3115 Pico Boulevard, Santa Monica, Tel.: (310) 829 4313. Italienische Küche der Weltklasse, eine lange und abwechslungsreiche Karte mit außergewöhnlichen Tagesgerichten.

Mittlere Preisklasse
Aunt Kizzy' Back Porch, 4325 Glencoe Avenue, Marina Del Rey, Tel.: (310) 578 1005. Großzügige Portionen und Südstaaten-Spezialitäten.
Authentic Café, 7605 Beverly Boulevard, West Hollywood, Tel.: (310) 939 4626. Erstklassige und fantasievolle Gerichte aus dem Südwesten der USA; besonders bei kritischen Essern beliebt.
Caffe Luna, 7463 Melrose Avenue, West Hollywood, Tel.: (213) 665 8647. Die italienische Küche zieht vor allem junges modisches Volk an.
Campanile, 624 S La Brea Avenue, West Hollywood. Norditalienische Gerichte und gleiches Klientel wie im Caffe Luna.
Coast Cafe, 1700 Ocean Avenue, Santa Monica, Tel.: (310) 458 6700. In dem im modernen Loews Hotel untergebrachten Café kann man gut Menschen beobachten.
City, 180 S La Brea Avenue, West Hollywood, Tel.: (213) 938 2155. Immer neue Hauptgänge zu Mittag und zahlreiche verführerische Nachspeisen; aber das Abendessen ist super-teuer.
Dar Maghreb, 7651 Sunset Boulevard, Hollywood, Tel.: (213) 876 7651. Marokko im Hollywood-Stil: Bauchtanz und gutes Essen in großen Portionen.
East Indian Grill, 345 N La Brea Avenue, West Hollywood, Tel.: (213) 938 8844. Feurige Kombinationen der indischen und kalifornischen Küche.
El Cholo, 1121 S Western Avenue, Wilshire District, Tel.: (213) 734 2773. Mit einem Preis ausgezeichnetes

mexikanisches Restaurant, in dem früher die Stars von Hollywood Stammgäste waren.

Mon Kee, 679 N Spring Street, Chinatown, Tel.: (213) 628 6717. Nicht umsonst ist dieses chinesische Lokal, das sich auf Meeresfrüchte spezialisiert hat, immer voll.

Nowhere Café, 8009 Beverly Boulevard, West Hollywood, Tel.: (213) 655 8895. Hervorragendes Vollwertrestaurant, in dem ihre Geschmacksnerven nicht enttäuscht werden und Sie gesund bleiben.

The Original Sonora Café, 445 S Figueroa Street, Downtown, Tel.: (213) 624 1800. Nicht billig, aber eines der besten kalifornischen Restaurants mit Gerichten aus dem Südwesten der USA.

Orleans, 11705 National Boulevard, nahe Beverly Hills, Tel.: (310) 479 4187. Vorzügliche kreolische Speisen in einer ungezwungenen Atmosphäre.

Hollywood Athletic Club, 6525 Sunset Boulevard, Hollywood, Tel.: (213) 962 6600. Mittelmäßiges Essen in schöner Umgebung.

Kachina Grill, 330 S Hope Street, Downtown, Tel.: (213) 625 0956. Spezialitäten aus dem Südwesten USAs, Nudel- und Fischgerichte.

Little Joe's, 900 N Broadway, Downtown, Tel.: (213) 489 4900. Das wahrscheinlich älteste italienische Restaurant besticht durch seine norditalienischen Gerichte.

Pacific Dining Car, 1310 W Sixth Street, Wilshire District, Tel.: (231) 483 6000. Saftige Spareribs und Steaks in einem Lokal, das wie ein luxuriöser Speisewaggon ausgestattet ist. Rund um die Uhr geöffnet, probieren Sie auch das Frühstück.

Water Grill, 544 S Grand Avenue, Downtown, Tel.: (213) 891 0900. Ausgezeichnete Fisch- und Meerestiergerichte in lichter, mit moderner Kunst angefüllter Umgebung.

Red Sea, 1551 Ocean Avenue, Santa Monica, Tel.: (310) 394 5198. Ausgezeichnetes äthiopisches Essen; das Personal hilft Gästen, die mit der Speisekarte nicht vertraut sind.

Günstig

Barney's Beanery, 8447 Santa Monica Boulevard, West Hollywood, Tel.: (213) 654 2287. Hamburger und Importbiere in einer Kombination von Billardzimmer, Lokal und Bar.

Canter's, 419 Fairfax Avenue, West Hollywood, Tel.: (310) 651 2287. Delikatessengeschäft, in dem seit Jahrzehnten reichliche Portionen serviert werden.

Clifton's Brookdale Cafeteria, 648 S Broadway, Downtown, Tel.: (213) 627 1673. Bedienen Sie sich selbst mit Fleisch, Gemüse und Nachspeisen.

Ed Debevic's, 134 N La Cienega Boulevard, Tel.: (310) 659 1952. Eines der neuen Diners, mit 50er-Jahre-Decor und Riesenhamburgern.

Gorky's, 1716 N Cahuenga Boulevard, Hollywood, Tel.: (213) 463 7576. Günstige russische Gerichte um die Uhr.

The Gumbo Pot, am Farmer's Market, 6333 W Third Street, Tel.: (213) 933 0358. Verführerische kreolische Speisen in hektischer Umgebung.

The King's Head, 116 Santa Monica Boulevard, Tel.: (310) 451 1402. Auf englisch getrimmter Pub, der Fish-and-Chips und britisches Bier.

Home Café, 859 N Broadway, Chinatown, Tel.: (213)

624 6956. Nudel- und Suppenimbiß in Chinatown.

Hot Wings, 7011 Melrose Avenue, Tel.: (213) 930 1233. Hähnchenflügel, Sandwiches und andere Imbisse zu niedrigsten Preisen in dieser schicken Einkaufsstraße.

The Pantry, 877 S Figueroa Street, Downtown, Tel.: (213) 972 9279. Durchschnittsessen, aber am preisgünstigsten in Downtown – und immer offen.

Philippe's, 1001 N Alameda Street, Downtown, Tel.: (213) 462 7181. Hier wird seit 1918 bekömmliches amerikanisches Essen an großen Holztischen mit Bänken serviert.

Pinks Famous Chili Dogs, 711 N La Brea Avenue, Hollywood, Tel.: (213) 931 4223. Hamburger, Hot Dogs und Chiligerichte in einem Lokal, das unerklärlicherweise zu einer Fast-food-Legende in LA wurde.

Positively Fourth Street, 1215 Fourth Street, Santa Monica, Tel.: (310) 393 1464. Große Auswahl an Salaten, Nudeln und Suppen zum Mitnehmen.

Vickman's, 1228 E Eighth Street, Downtown, Tel.: (213) 622 3852. In diesem spartanisch eingerichteten Café gibt es ein herzhaftes Frühstück und alle möglichen selbstge-

Das Beverly Wilshire Hotel.

backenen Köstlichkeiten.
Yorkshire Grill, 610 W Sixth Street, Tel.: (213) 629 3020. Lange geöffneter und ausgezeichnter Deli, billiges Frühstück oder Mittagessen.

DIE UMGEBUNG VON LA

Unterkunft
Teuer
The Disneyland Hotel, 1150 W Cerritos Avenue, Anaheim, Tel.: (800) 647 7900. Das offizielle Disneyland-Hotel, in dem jeder Winkel genauso unter einem Motto steht wie Disneyland selbst. Bietet fast genauso viel Unterhaltung wie der Vergnügungspark.
The Ritz-Carlton Huntington Hotel, 1401 S Oak Knoll Avenue, Pasadena, Tel.: (818) 568 3900. Ein Wahrzeichen von Pasadena aus dem Jahre 1907, das nach der Restaurierung wieder in seinem alten Glanz erstrahlt.
Surf and Sand Hotel, 1555 S Coast Highway, Laguna Beach, Tel.: (800) 524 8621. Umfassend ausgestattete Luxuszimmer.

Mittlere Preisklasse
Casa Malibu, 22752 Pacific Coast Highway, Malibu, Tel.: (310) 456 2219. Ruhig, komfortabel und gewöhnlich ziemlich ausgebucht.
Doubletree Hotel, 191 N Los Robles Avenue, Pasadena, Tel.: (800) 528 0444. Schicker und idealer Ausgangspunkt für einen Aufenthalt in Pasadena.
Howard Johnson's Hotel, 1380 S Harbor Boulevard, Anaheim, Tel.: (800) 854 0303. Mit seinen edel gestalteten Außenanlagen ein fast nicht erkennbares Glied dieser Hotelkette der Mittelklasse; Disneyland ist zu Fuß leicht zu erreichen.
The Inn at the Park, 1855 Harbor Boulevard, Anaheim, Tel.: (714) 750 1811. Groß und komfortabel, nicht weit von Disneyland, besonders kinderfreundlich.
Seacliff Motel, 1661 S Coast Highway, Laguna Beach, Tel.: (714) 497 9717. Schlichtes Motel mit den niedrigsten

Preisen in dieser teuren Stadt.
Zane Grey Pueblo Hotel, 199 Chimes Tower Road, Santa Catalina Island, Tel.: (714) 510 0966. Ehemaliges Zuhause des Westernschriftstellers; sehr gemütlich.

Günstig
Anaheim Angel Inn, 1800 E Katella Avenue, Anaheim, Tel.: (800) 358 4400. In der Umgebung von Disneyland gibt es haufenweise Motels, dies ist eines der billigsten.
Colonial Inn Youth Hostel, 421 Eighth Street, Huntington Beach, Tel.: (714) 536 3315. Nicht weit zum belebten Strand; vom Flughafen von LA leicht zu erreichen.
Econo Lodge, 1203 E Colorado Boulevard, Pasadena, Tel.: (818) 449 3170. Das freundliche Personal verhilft diesem einfachen und preisgünstigen Hotel zu größerer Attraktivität.
Fullerton Hacienda Hostel, 1700 N Harbor Boulevard, Tel.: (714) 738 3721. Kleine Herberge, nur fünf Meilen (8 km von Disneyland entfernt. Buchen Sie früh.
Penny Sleeper Inn, 1445 S Manchester Avenue, Anaheim, Tel.: (714) 991 8100. Schöne Zimmer zu vernünftigen Preisen, nur einen Häuserblock vom Disneyland entfernt.

Restaurants
Teuer
Fresco, 514 S Brand Boulevard, Glendale, Tel.: (818) 247 5541. Die wählerischsten Esser von ganz LA fühlen sich von seiner exzellenten italienischen Speisekarte angezogen.
The Wine Cellar, 1107 Jamboree Road, Newport Beach, Tel.: (714) 644 1700. Ausgezeichnete französische Küche, Sie können zwischen 6 7-Gänge-Menüs auswählen.

Mittlere Preisklasse
Armstrong's Seafood Restaurant, 306 Crescent Avenue, Santa Catalina Island, Tel.: (714) 510 0113. Frischer Schwertfisch und mahi-mahi gehören zu den Grillspezialitäten.
Gladstone's 4 Fish, 17300 Pacific Coast Highway, Malibu, Tel.: (310) 573 0212.

Frische Meeresfrüchte mit Blick aufs Meer und – beim Abendessen – auf unvergeßliche Sonnenuntergänge.
Inn of the Seventh Ray, 128 Old Topanga Canyon Road, Topanga Canyon, Tel.: (310) 455 1311. In diesem seit langem bestehenden, beliebten Restaurant wird gesundes Essen serviert. Die kalifornischen Blumenkinder leben hier weiter.
Malibu Sea Lion, 21150 Pacific Coast Highway, Malibu, Tel.: (310) 456 7570. Große Auswahl an frischen Fisch- und Meerestiergerichten und eine ausladende Suppen- und Salatbar.
Parkway Grill, 510 S Arroyo Parkway, Pasadena, Tel.: (818) 795 1001. Frische Salate und eine anregende Auswahl an Pizzas und Nudeln sowie hervorragenden Fisch- und Fleischgerichten; voller Weinkeller.
White House, 340 S Coast Highway, Laguna Beach, Tel.: (714) 494 8083. Beeindruckend große Auswahl an guten Menüs, nach dem Essen können Sie noch auf der Tanzfläche das Tanzbein schwingen.

Günstig
Birdies Café, 17 S Raymond Avenue, Pasadena, Tel.: (812) 449 5884. Vogelliebhaber werden in diesem kitschig eingerichteten und übervoll mit Vogelmotiven dekorierten Restaurant auf Ihre Kosten kommen.
The Busy Bee, 306 Crescent Avenue, Santa Catalina Island, Tel.: (714) 510 1983. Einfaches, aber sättigendes Frühstück und Mittagessen, die an Tischen im Innenhof serviert werden.
Country Harvest, 1630 Katella Avenue, Anaheim, Tel.: (714) 539 2234. Das riesige Selbstbedienungsbuffet stellt auch die anspruchsvollsten Geschmäcker zufrieden.
Lawry's, California Center, 570 W Avenue 26, Glendale, Tel.: (818) 225 2491. Feine mexikanische Speisen in einem angelegten Innenhof – manchmal spielen sogar Musiker ein Ständchen.
Rose City Diner, 45 S Fair Oaks Avenue, Pasadena, Tel.: (818) 793 8282. Hervor-

ragendes Restaurant im Stil der 50er Jahre mit nahrhaftem Frühstück, Mittag- und Abendessen sowie einem Kaugummi als Geschenk. **Ruby's**, Balboa Pier, Newport Beach, Tel.: (714) 431 RUBY. Jugendstillokal am Ende des Piers; gute Lage und gute Milchshakes, aber das Essen ist nichts Besonderes.

SAN DIEGO

Vorwahl: 619
Unterkunft
Teuer
Hotel Del Coronado, 1500 Orange Avenue, Tel.: 522 8000. Geschichtsträchtiges architektonisches Meisterwerk aus Holz.
U S Grant Hotel, 326 Broadway, Tel.: (800) 334 6957. Charaktervolles Hotel, in dem seit vielen Jahren Präsidenten und andere Berühmtheiten absteigen.

Mittlere Preisklasse
Beach Front Motorlodge, 707 Reed Avenue, Tel.: 483 7670. Kleine Zimmer, aber eine unschlagbare Lage, wenn man Mission Beach und Pacific Beach erkunden möchte.
Hotel St James, 830 Sixth Avenue, Tel.: 234 0155. Elegante, aber eher kleine Zimmer in einem hübsch restaurierten Gebäude.
Hotel San Diego, 339 W Broadway, Tel.: 800 824 1244. Erstklassige Unterkünfte in dem vollständig renovierten Wahrzeichen in Downtown.
La Jolla Cove Motel, 1155 Coast Boulevard, Tel.: 459 2621. Guter Ausgangspunkt für die Entdeckung von La Jolla.
La Pensione Hotel, 1654 Columbia Street, Tel.: 232 3400. Sauber und ruhig.
Loma Lodge, 3202 Rosecrans Street, Tel.: 222 0511.

Eines der günstigeren Motels auf der Halbinsel Point Loma. **Ramada Hotel Old Town**, 2435 Jefferson Street, Tel.: (800) 255 2544. Ausgezeichnetes Hotel in der Nähe der Old Town (Altstadt).

Günstig
Downtown Inn, 660 G Street, Tel.: 238 4100. Bemerkenswert niedrige Preise für schöne Zimmer.
Jim's San Diego, 1425 C Street, Tel.: 235 0234. Auf Rucksackreisende zugeschnittene Herbergsunterkünfte; das Frühstück ist im Preis inbegriffen; jede Woche wird ein Barbecue veranstaltet.
The Maryland Hotel, 630 F Street, Tel.: 239 9243. Einfach, aber sauber; praktische zentrale Lage.
Pickwick Hotel, 132 W Broadway, Tel.: 234 0141. Trist, aber billig in der Hauptstraße von San Diegos Downtown.
Point Loma Hostel, 3790 Udall Street, Tel.:223 4788. Freundliche Herberge mit kleinen Gemeinschaftszimmern; nicht weit zum Strand, aber ein paar Meilen vom Stadtzentrum entfernt.
YMCA, 500 W Broadway, Tel.: 232 1133. Groß und ziemlich seelenlos, bietet aber einfache Zimmer für Männer und Frauen für ganz wenig Geld; liegt zwischen den teuren Hotels in Downtown.
YWCA, 1012 C Street, Tel.: 239 0355. Ausschließlich für Frauen; Unterbringung im Schlafsaal oder in kleinen Einzelzimmern. In einer etwas heruntergekommenen Gegend von Downtown.

Restaurants
Teuer
George's at the Cove, 1250 Prospect Street, Tel.: 454 4244. Zu Recht für seine kreativen Fisch- und göttlichen Nudelgerichte berühmt.
Grant Grill, U S Grant Hotel, 326 Broadway, Tel.: 239 6808. Lange bei den Mächtigen der Stadt beliebt; große Auswahl an Fleisch und Meeresfrüchten, berühmt für seine falsche Schildkrötensuppe.

Mittlere Preisklasse
Anthony's Fish Grotto, 1360 N Harbor Drive, Tel.: 232 5103. Breite Palette köstlicher Fischgerichte; Blick auf den Hafen.
Bayou Bar & Grill, 329 Market Street, Tel.:696 8747. Kreolische Gaumenfreuden.
La Gran Tapa, 611 B Street, Tel.: 234 8272. Abends wird hier eine hervorragende Paella serviert.
Old Town Mexican Café y Cantina, 2489 San Diego Avenue, Tel.: 297 4330. Immer voll, denn hier gibt es das beste mexikanische Essen in der Old Town (Altstadt).
Red Onion, 3125 Ocean Front Walk, Tel.: 488 9040. Riesige Portionen mexikanischer Gerichte in Partyatmosphäre.
The Spot, 105 Prospect Street, La Jolla, Tel.: 459 0800. Gutes erschwingliches Essen, große Steaks, Meeresfrüchte und Pizzas.

Günstig
Broken Yolk, 1851 Garnet Street, Tel.: 270 0045. Vielfältiges Angebot an preisgünstigen Omeletts.
Dick's Last Resort, 345 Fourth Avenue, Tel.: (619) 231 9100. Lebhafte Atmosphäre und großzügige Portionen amerikanischer Spezialitäten.
El Indio, 3695 India Street, Tel.: 299 0333. Gutes mexikanisches Essen in einem Fast-food-Restaurant.
Grand Central Café, 500 W Broadway, Tel.: 234 CAFE. Bekömmliche amerikanische Tagesgerichte im riesigen YMCA-Gebäude.
Hob Nob Hill, 2271 First Avenue, Tel.: 239 8176. Zuverlässiger Familienbetrieb.
Ingrid's Cantina, 818 Fifth Avenue, Tel.: 233 6945. Dicke Frühstücksomeletts; schmackhafte Chiligerichte

Lake Tahoe.

und Hamburger bis in die Puppen.
Old Columbia Brewery & Grill, 1157 Columbia Street, Tel.: 234 2739. Fleisch- und Fischgerichte in großen Portionen; Bier aus eigener Brauerei.
Village Kitchen, 2497 San Diego Avenue, Tel.: (619) 294 4180. Billige mexikanische und amerikanische Kneipe in der Old Town (Altstadt).

DIE WÜSTEN

Unterkunft
Teuer
La Quinta Golf and Tennis Resort, 49499 Eisenhower Drive, La Quinta, Tel.: (619) 564 4111. Hübsch restauriertes Anwesen aus dem Jahre 1926 mit mehreren Luxusvillen.

Mittlere Preisklasse
Casa Cody Country Inn, 175 S Cahuilla Road, Palm Springs, Tel.: (619) 320 1346. Wunderbar eingerichtete Zimmer und Suiten.
Furnace Creek Ranch, Death Valley, Tel.: (800) 622 0838. Nicht sehr attraktiv, aber ein hervorragender Ausgangspunkt für eine Tour ins Death Valley.
Hampton Inn, 1590 University Avenue, Riverside, Tel.: (714) 683 6000. Gehört zu einer expandierenden amerikanischen Hotelkette mit angemessenen Preisen.

Günstig
Motel 6, 666 S Palm Canyon Drive, Palm Springs, Tel.: 325 6129. Das größere der zwei Motels dieser Kette in der Stadt, hier ist eher noch ein Zimmer frei als im anderen Motel 6.
Tiki Palms Hotel, 2135 N Palm Canyon Drive, Palm Springs, Tel.: 327 5961. Gut und preiswert.

Restaurants
Teuer
Cuistot, 73111 El Paseo, Palm Desert, Tel.: 340 1000. California Cuisine, die die Gaumen der reichsten Bewohner der Wüstenstädte erfreut.

Mittlere Preisklasse
Flower Drum, 424 S Indian Canyon Drive, Palm Springs, Tel.: 323 3020. Erstklassige Gerichte aus fünf chinesischen Regionen werden neben einem Wasserfall serviert.
La Casuelas Terraza, 222 S Palm Canyon Drive, Palm Springs, Tel.: 325 2794. Verzehren Sie das gut zubereitete mexikanische Essen im Innenhof.
Hank's Fish House, 155 S Belardo, Palm Springs, Tel.: 778 7171. Frische Meeresfrüchte sind die Spezialität des Hauses; auch die Austernbar ist sehr beliebt.

Günstig
Churchill's English Fish & Chips, 665 S Palm Canyon Drive, Palm Springs, Tel.: (619) 325 3716. Enorme Portionen des berühmten englischen Fast-Food-Gerichts.
Elmer's Pancake and Steakhouse, 1030 E Palm Canyon Drive, Palm Springs, Tel.: 327 8419. Pfannkuchen und Waffeln zu Preisen, die es einem schwer machen, aufzuhören.
Louise's Pantry, 124 S Palm Canyon Drive, Palm Springs,

Tel.: 325 5124. Einfache Imbißgerichte in einem winzigen Lokal.
Wheel-In, nahe der Ausfahrt Cabazon von der Interstate-10, Tel.: 849 7012. Rund um die Uhr geöffnet; riesige Portionen schwerverdauliche Lastwagenfahrerkost; die Jukebox spielt Country- und Westernmusik.

SIERRA NEVADA

Unterkunft
Teuer
Ahwahnee Lodge, Yosemite Valley, Tel.: (209) 252 4848. Gebäude aus einheimischem Stein von 1927, das sich vollkommen in die wunderbare landschaftliche Umgebung einfügt.

Mittlere Preisklasse
Giant Forest Lodge, Sequoia National Park, Tel.: (209) 565 3381. Gemütlich, aber nicht gerade luxuriös.
Inn By The Lake, 3300 Lake Tahoe Boulevard, South Lake Tahoe, Tel.: (800) 877 1466. Ruhiges und gut ausgestattetes Hotel unweit des Lake Tahoe.
Snow Goose Inn, 57 Forest Trail, Mammoth Lakes, Tel.: (800) 874 7308. Angenehmes Bed & Breakfast.
Wawona Hotel, Mariposa, Yosemite National Park, Tel.: (209) 252 4848. Zauberhaftes viktorianisches Hotel in angemessener Entfernung von den belebtesten Abschnitten des Parks.

Günstig
Creekside Inn, 725 N Mai Street, Bishop, Tel.: (619) 872 3044. Licht, großzügig, preisgünstig.
Motel 6, 2375 Lake Tahoe Boulevard, Lake Tahoe, Tel.: (916) 542 1400. Meilenweit die billigste Unterkunft; buchen Sie schon früh.
Winnedumah Country Inn, 211 N Edwards Street, Tel.: (619) 878 2040. Liebenswertes, alterwürdiges und sehr komfortables Hotel.

Restaurants
Teuer
Ahwahnee Dining Room, Yosemite Valley, Tel.: (209)

372 1429. Formelles Abendessen in einer großartigen Umgebung.

Mittlere Preisklasse
Giant Forest Lodge Dining Room, Sequoia National Park, Tel.: (209) 565 3314. Hier können Sie einen Tag im Wald angemessen beenden.
Whiskey Creek, Ecke Highway-203 und Minaret Road, Mammoth Lakes, Tel.: (619) 934 2555. Wegen der Steaks und Spareribs beliebt, die Fischgerichte und Saucen sind aber auch nicht ohne.
Wolfdale's, 640 N Lake Boulevard, Tahoe City, Tel.: (916) 583 5700. Tolle vegetarische Gerichte.

Günstig
Jack's Waffle Shop, 437 N Main Street, Bishop, Tel.: (619) 872 7971. Eher bodenständige als raffinierte Gerichte; rund um die Uhr.
Rosie's Café, 571 N Lake Boulevard, Tahoe City, Tel.: (916) 583 8504. Sandwiches, Suppen und Hamburger – mit einem Lächeln serviert.
Village Cafeteria, Giant Forest Village, Sequoia

National Park, Tel.: (209) 565 3314. Einfache, sättigende Kost in Gesellschaft von Baumliebhabern und passionierten Wanderern.
Yosemite Trails Inn, Highway 395, Lee Vining, Tel.: (619) 647 6369. Gutes Essen, große Portionen; Frühstück, Mittagessen und Abendessen.

GOLD COUNTRY

Unterkunft
Teuer
Delta King Hotel, 1000 Front Street, Sacramento, Tel.: (916) 444 5464. Zimmer auf einem Flußschiff aus dem Jahre 1927, das neben der Old Town vertäut liegt.

Mittlere Preisklasse
Ahrgold's, 2120 G Street, Sacramento, Tel.: (916) 441 5007. Heimeliges Bed & Breakfast in einem Gebäude im Neokolonial-Stil.
National Hotel, 211 Broad Street, Nevada City, Tel.: (916) 265 4551. Seit 1856 in Betrieb und damit das älteste

Hotel im Westen.
Ryan House, 153 S Shepherd Street, Sonora, Tel.: 209 533 3445. Frühstückspension im Haus eines Minenarbeiters aus der Mitte des 19. Jahrhunderts.

Günstig
Central Motel, 818 16th Street, Sacramento, Tel.: (916) 446 6006. Günstiger Preis und günstige Lage.
Coach & Four Motel, 628 S Auburn Street, Grass Valley, Tel.: (916) 273 8009. Günstige Übernachtungspreise inklusive Frühstück.
Gold Rush Home Hostel, 1421 Tiverton Avenue, Sacramento, Tel.: (916) 421 5954. Am Stadtrand mit nur vier Betten – buchen Sie früh!
Sonora Inn Hotel, 160 S Washington Street, Sonora, Tel.: (916) 532 2400. Komfortable Zimmer im Hauptgebäude im spanischen Stil; billigere und einfachere Unterkünfte im Anbau.

Restaurants
Teuer
Biba, 2801 Capitol Avenue, Sacramento, Tel.: (916) 455 2422. Hochwertige italienische Gerichte in modischer Umgebung, begütertes Publikum.

Mittlere Preisklasse
Americo's Trattoria Italiana, 2000 Capitol Avenue, Sacramento, Tel.: (916) 442 8119. Köstliche Nudeln und Saucen.
City Hotel Dining Room, Main Street, Columbia, Tel.: (209) 532 1479. Französische Gerichte in einem Lokal wie zur Zeit des Goldrauschs.
Murphys Hotel Restaurant, Main Street, Murphys, Tel.: (209) 728 3444. Exotische Speisen wie Kalbsleber und Froschschenkel sowie normale amerikanische Fleischgerichte.

Günstig
Greta's Café, 1831 Capitol Avenue, Sacramento, Tel.: (916) 442 7382. Suppen, Sandwiches und Salate.
Marshall's, 203 Mill Street, Grass Valley, Tel.: (916) 272 2844. Hier schmeckt die Spezialität dieser Gegend, kornische Pastete (Cornish Pasty, am besten.

In Old Sacramento geht das Leben einen ruhigen Gang.

Rubicon Brewing Company, 2004 Capitol Avenue, Sacramento, Tel.: (916) 448 7032. Selbstgebrautes Bier und Vollwertkost.

Wilma's Café, 275 S Washington Street, Sonora, Tel.: (209) 532 9957. Normale Imbißkost bis spät in die Nacht.

NORDKÜSTE

Unterkunft

Teuer

Eureka Inn, Ecke Seventh und F Street, Eureka, Tel.: (707) 442 6441. Villa im Tudor-Stil mit eleganten, großen Zimmern und aufmerksamem Personal.

Mittlere Preisklasse

Carson House Inn, Ecke Fourth und M Street, Eureka, Tel.: (707) 443 1601. Etwas langweiliges, aber komfortables Motel.

Grey Whale Inn, 615 N Main Street, Fort Bragg, Tel.: (707) 964 0640. Vierstöckiges Haus aus Redwood.

The Lady Anne Inn, 902 14th Street, Arcata, Tel.: (707) 822 2797. Bed & Breakfast in viktorianischem Gebäude.

MacCallum House, Albion Street, Mendocino, Tel.: (707) 937 0289. Gemütliche Frühstückspension in einem Haus aus dem Jahre 1882.

Günstig

City Motel, 2505 S Main Street, Fort Bragg, Tel.: (800) 974 6730. Tiefstpreise; saubere, einfache Zimmer.

Econo Lodge, 1630 Fourth Street, Eureka, Tel.: (707) 443 8041. Kleines Glied einer großen, landesweiten Kette.

Fairwinds Motel, 1674 G Street, Arcata, Tel.: (707) 822 4824. Günstige Unterkunft in dieser teuren Stadt.

Restaurants

Teuer

Café Beaujolais, 961 Ukiah Street, Mendocino, Tel.: (707) 937 5614. Frühstücken und mittagessen kann man hier zu normalen Preisen, die teureren Abendessen zeugen von der Kreativität der Köche.

Straßen in Eureka.

Mittlere Preisklasse

Ferndale Café, 606 Main Street, Ferndale, Tel.: (707) 786 4795. Gute amerikanische Küche.

Lost Coast Brewery, 617 Fourth Street, Eureka, Tel.: (707) 445 4480. Schmackhafte Suppen, Stews und Sandwiches zu Bier aus heimischer Fertigung.

Pasta House & Deli, 322 N Main Street, Fort Bragg, Tel.: (707) 964 8260. Verlockende italienische Gerichte und vieles mehr.

Günstig

Egghead Omelettes of Oz, 356 N Main Street, Fort Bragg, Tel.: (707) 964 5005. Gemütliches Lokal, das viele verschiedene Omeletts serviert sowie manches andere.

Mendocino Café, 10451 Lansing Street, Mendocino, Tel.: (707) 937 2422. Mischung aus thailändischer und amerikanischer Küche, sehr beliebt.

Mendocino Market, 45051 Ukiah Street, Mendocino, Tel.: (707) 937 FISH. Exzellente *clam chowder* (Muschel-Gemüse-Suppe) zu Mitnehmen.

Stanton's, 5th and C Streets, Eureka, Tel.: (707) 442 8141. Guter Coffee Shop.

WINE COUNTRY

Unterkunft

Teuer
Sonoma Mission Inn and Spa, 18140 Sonoma Highway, Sonoma, Tel.: (800) 358 9022. Luxuriöse Zimmer, Gourmetspeisen und ein voll ausgerüsteter Kurbetrieb.

Mittlere Preisklasse
Brannan Cottage Inn, 109 Wapoo Avenue, Calistoga, Tel.: (707) 942 4200. Frühstückspension in einem Haus, das 1860 von einem legendären Pionier erbaut wurde.
The Gables, 4257 Petaluma Hill Road, Santa Rosa, Tel.: (707) 585 7777. Eine heimelige Pension, die ein sehr nahrhaftes Frühstück bietet.
Victorian Garden Inn, 316 E Napa Road, Sonoma, Tel.: (707) 996 5339. Altes, ehemaliges Farmhaus inmitten von prächtigen Gärten.

Günstig
Calistoga Inn, 1250 Lincoln Avenue, Calistoga, Tel.: (707) 942 4101. Für die Verhältnisse im Wine Country sehr günstig; gemütliche Zimmer und freies Frühstück.
Motel 6, 2760 Cleveland Avenue, Santa Rosa, Tel.: (707) 546 1500. Hat im Wine Country Seltenheitswert: eine billige, wenn auch langweilige Unterkunft.
Swiss Hotel, 18 Spain Street, Sonoma, Tel.: (707) 938 2884. Kleiner, gemütlicher Lehmziegelbau in zentraler Lage.

Restaurants

Teuer
Auberge du Soleil, 180 Rutherford Hill Road, Rutherford, Tel.: (707) 963 1211. Köstlich zubereitete und hübsch präsentierte französische und California Cuisine in ländlicher Umgebung.

Mittlere Preisklasse
Calistoga Inn Restaurant, 1250 Lincoln Avenue, Tel.: (707) 942 4101. Große Auswahl an erstklassigen Fleisch- und Fischgerichten; im Sommer wird draußen gegessen.
Mustards Grill, 7399 St Helena Highway, Yountville, Tel.: (707) 944 2424. Knusprig gegrillte Leckerbissen auf kalifornische Art.
Tra Vigne, 1050 Charter Oak Avenue, St Helena, Tel.: (707) 963 4444. Hervorragendes italienisches Essen in einem traumhaften, von Wein umrankten Gebäude.

Günstig
Boskos, 1403 Lincoln Avenue, Calistoga, Tel.: (707) 942 9088. Hausgemachte Nudeln und verführerische Nachspeisen.
Dempsey's Ale House, 50 E Washington Street, Petaluma, Tel.: (707) 765 9694. Ungezwungener Ort mit Blick auf den Petaluma River, gutes Essen und gutes Bier.
St Helena Coffee Shop, 61 Main Street, St Helena, Tel.: (707) 963 3235. Spartanisch eingerichtet, aber preisgünstiges, einfaches Frühstück und Mittagessen.
Sonoma Cheese Factory, 2 Spain Street, Sonoma, Tel.: (707) 996 1931 Mehr als 100 hausgemachte Käsesorten für Ihr Picknick.

Weinkeller Buena Vista, Sonoma.

Register

A

Abholzung der Wälder 13
Acres of Orchids 77
Adamson House 153
Aerospace Museum 124, 127
Africa USA/Marine World 59, 79, 87
African American Historical and Cultural Society 40
Agoura Hills 158
Alameda Island 83
Albinger Archaeological Museum 115
Alcatraz 77, 80
Alviso 82
AM Foundation of Youth 16
Amador City 212
Amador County Museum 214
Amargosa Opera House 186
America's Cup Museum 173
Ancient Bristlecone Pine Forest 198
Anderson Marsh Historic Site 248
Andreas-Graben 21, 89, 229, 239
Andres Pico Adobe 163
Andrew Molera State Park 101
Angel Island 76
Angels Camp 212, 214
Annandel State Park 253
Ano Nuevo State Reserve 101
Anreise 256
Antelope Valley 194
Antelope Valley California Poppy Reserve 194
Anthony Chabot Regional Park 89
Anza-Borrego Desert 183, 184
Arcata 229, 230
Ardenwood Historic Farm 77
Armand Hammer Museum of Art and Culture Center 124,136
Armistice Chapel Museum 255
Armstrong Redwoods State Reserve 246
Artist's Drive 187
Asian Art Museum 42
Atascadero 112
Auburn 212
Audubon Canyon Ranch 242
Ausflugsveranstalter 59
Austin, Mary 200
Autofahren 256
Automative Museum 169
Autovermietungen 256–58
Avalon 162
Avila Beach 107
Azalea State Reserve 230

B

Badger Pass Ski Resort 199
Bale Grist Mill State Historic Park 253
Banken 258
Barstow 184
Bass Lake 198
Bay Area 75–89
  Festivals 83
  Mit dem Auto 79
  Ökologie 82
  Parks 89
  Restaurants 271
  Sehenswürdigkeiten 76–77, 80–83, 86, 88
  Unterkunft 270–71
Baylands Nature Interpretive Center 82
Bear Flag Monument 254
Beatniks 32, 38
Behinderte Reisende 258
Benicia 76
Bergsteigen 199
Berkeley 33, 58, 75–78, 84
Bernhard Museum 212
Beverly Hills 118
Bevölkerung 14–15
Big Basin 92
Big Bear Lake 184, 186
Big Foot 236
Big Pine 198
Big Sur 59, 91, 92, 95, 97
Bishop 198
Bixby Creek Bridge 92
Black Bart 214, 223
Black Panthers 33, 84–85
Black's Beach 175
Blade Skating 18
Blythe 185
Bodega Bay 230
Bodie 197
Bohemian Grove 246
Bolinas 230–31
Borrego Springs 184
Bothe-Napa Valley State Park 253
Box Canyon Monument 184
Boyden-Höhlen 201
Brannan, Sam 247
Bridgeport 200
Brokeoff Mountain 226
Brown, Jerry 33
Buellton 114
Buena-Vista-Weingut 254–55
Builders of Adytum 16
Bumpass Hell 224

C

Cable Car Museum 40
Cabot's Old Indian Pueblo Museum 188
Cabrillo Marine Museum 124, 134
Cabrillo National Monument 173, 175
Cabrillo, Juan Rodriguez 23, 173
Calavaras Big Trees State Park 212–13
Calico 185
California Academy of Sciences 40, 42
California Marine Mammal Center 234
California Oil Museum 113
California Rodeo 96
California State Indian Museum 221
California State Mining and Mineral Museum 219
California State Museum of Science and Industry 124, 127
California State Railroad Museum 221
Californios 24, 25, 111, 177
Calistoga 247
Calistoga-Weingüter 244
Cambria 103, 104
Camp Pendleton Marine Base 175
Camping 258–59
Cannery Row 99
Carlsbad 176, 177
Carmel 59, 91, 92, 95, 98
Carpinteria State Beach 104
Carson Mansion 231
Carter House Natural Science Museum 225
Cartoon Art Museum 40
Castle Rock 92
Castroville 95
Cathedral City 185
Central Coast, nördliche 91–101
  Parks im Inland 97
  Restaurants 272
  Sehenswürdigkeiten 92–93, 96–97, 99–101
  Unterkunft 271–72
  Zu Fuß 98
Central Coast, südliche 103–15
  Mit dem Auto 114
  Restaurants 273
  Sehenswürdigkeiten 104–05, 108–09, 112–13, 115
  Strände 106–07
  Unterkunft 272–73
Central Pacific Railroad Company 28
Central Valley 13, 21
Channel Islands National Park 107
Chateau Montelena 244
Chateau Souverain 246
Cherry Valley 186
Chinese Camp 213
Chinese Culture Gardens 86
Chinese Historical Society of America 40, 46
Cholla Cactus Garden 188
Chula Vista 176
Chumash Painted Cave 114

Cinder Cone Nature Trail 226
Clarke Memorial Museum 231
Clear Lake State Park 248
Cleaver, Eldridge 84, 85
Coachella Valley 183
Coachella Valley Museum und Kulturzentrum 188
Coastal Highway 91
Coastal Ranges 21
Colorado-Wüste 183
Columbia State Historic Park 214, 215
Coronado 169
Coulterville 215
County Historical Museum and Archives 214
Coyote Point Museum 82 88
Craft and Folk Art Museum 138
Crocker Art Museum 221
Crystal Cathedral 156
Cults 16–17
Cuyamaca 176
Cuyamaca Rancho State Park 176

D

Daggett 186
Dana Point 157
Darwin 186
Dattelpalmen 191
De Mille, Cecil B. 30, 107
Dean, James 104
Death Valley (Tal des Todes) 183, 187, 195
Del Mar 169, 176
Del Mar Beach 175
Del Mar Landing 235
Del Norte State Park 243
Desert Hot Springs 188
Desert Museum (Palm Springs) 190
Devil's Postpile Monument 203, 206
Disneyland 160–61
Donner Memorial State Park 205
Donner Pass 200
Downieville 215
Drake, Francis 23
Drogen 32, 229, 234

E

Earthquake Trail 239, 241
East Bay 75, 79
Eastern California Museum 200
Edward-Dean Museum of Decorative Arts 186
Egyptian Museum 86
Einwanderung 14, 15
Eisenbahn 28–29, 221
El Capitan 199, 202, 209

El Dorado County Museum 214
El Presidio State Historic Park 112, 113
Elektrizität 259
Elkhorn Slough Reserve 98
Emerald Bay State Park 205
Emerald Triangle 229
Emigrant Trail Museum 205
Empire Mine State Historic Park 218
Encinitas 181
Encino 164
Erdbeben 21, 29, 53, 203, 238
Erdölvorkommen 12
Esalen Institute 92
Escondido 177, 178
Esprit Quilt Collection 40
Essen und Trinken 259–60
    Bier 265
    Küche 78
    Pick-Your-Own-Farmen 97
    Restaurants 260–61
        siehe auch Regionen und Städte
    Sonoma-Valley-Käse 249
    Wein 250–51
        siehe auch Wine Country
Estero Bay 106, 107
Eureka 229, 231
Exploratorium 41, 42

F

Far North 211, 224–27
Feiertage 260
Felton 93
Fern Canyon 243
Ferndale 231, 237
Feste und Veranstaltungen 260
    siehe auch Städte
Filmindustrie 30–31, 163
Filoli Estate 88
Firestone Vineyard 114
Fischen 106
Fischer-Hanlon House 76
Flower Power 32
Font's Point 184
Foothill Electronics Museum 81
Forest Lawn cemetery 165
Forest of Nisene Marks 93
Fort Bragg 229, 231
Fort Humboldt State Historic Park 231
Fort Hunter-Liggett-Militärstützpunkt 105
Fort Ross 24, 229, 234, 239
Fowler Museum of Cultural History 137
Frauen 260
Free Speech Movement (FSM) 33, 84
Fremont 77

G

Gainey Vineyard 114
Gamble House 122, 159
Garberville 234
Geld 260–61
Gene Autry Western Heritage Museum 124, 126
Geologie 21
George C. Page Museum 138
Geschäfte 261
Geschichte Kaliforniens
    Besiedelung 22–25
    Californios 25
    Eisenbahn 28–29, 221
    Gold 26–27, 211
    Wilder Westen 27
Gesundheit und Versicherung 261
Geyserville 246
Glacier Point 209
Glamis 185
Glen Ellen 253
Gold
    Goldrausch 26–27, 211
    Techniken des Goldabbaus 216–17
Gold Bug Mine 214
Gold Country 211–23
    Floßfahrten 220
    Mit dem Auto 214
    Restaurants 279
    Sehenswürdigkeiten 212–15, 218–23
    Unterkunft 279
    Wandern 226–27
Gold Country Museum 212
Golden Canyon 187
Golden Gate Bridge 54
Golden Gate National Recreation Area (GGNRA) 52, 58, 80, 234
Grace Hudson Museum and Sun House 255
Grass Valley 218
Grauwal 82, 175, 242
Great America 87
Great Basin 182-83
Green Gulch Farm und Zen Center 234
Griffith, D. W. 30
Große Vier 28, 221
Grover Hot Springs 200
Grunion Run 152
Guajome Adobe 177
Guajome Country Park 177
Gualala 235
Gualala Regional Park 235
Guenoc-Weinkellerei 248
Guerneville 245, 246, 254
Guest House Museum 231

REGISTER

H

Hakone Gardens 88
Halbinsel Balboa 156
Half Dome 202, 207, 209
Half Moon Bay 93,94
Hammett, Dashiell 39
Harmony 104
Harte, Bret 212, 230
Hays Code 31
Hayward 77
Hayward Regional Shoreline 82
Healdsburg Museum 246
Health Clubs 18
Hearst Castle 103, 109
Hearst Mining Building 77
Hearst, Patti 85
Henry Cowell Redwoods State Park 92
Henry Miller Memorial Library 92
Hermosa Beach 134
Higgins Purisma Road 93
High Sierra Trail 207
Hippies 32–33
Historic Logging Trail 230
Hollywood Studio Museum 124, 128
Hollywood Wax Museum 124, 128
Homosexuelle Reisende 261
Honeydew 237
Hoopa Tribal Museum 236
Hoopa Valley 236
Hotels und Motels 261
Hotels und Restaurants 266–81
Humboldt Redwoods State Park 236
Huntington Art Gallery 124, 155
Huntington Beach 156
Huntington Library 155

I

Idyllwild 191
Imperial Beach 174
Independence 200
Indian Cultural Museum 209
Indian Grinding Rock State Park 218–19
Indianer 14, 22
Indio 188
Inglenook-Weinkellerei 249

J

J. Paul Getty Museum of Art 124, 154
Jack London State Historic Park 253
Jackson 214
Jamestown 214
Jamestown Railtown 1897 State Historic Park 214
Jedediah Smith State Park 243
Jeffers, Robinson 95
Jogging 18
John Muir National Historic Site 81
John Muir Trail 207
John Steinbeck Public Library 96
Joshua Tree National Monument 16, 183, 188
Jugendherbergen 261–62
Julian 178
Julian Cider Mill 178
Junipero Serra Museum 173

K

Kap Mendocino 237
Karten 262
Bay Area 74
Gold Country, Far North 210
Kalifornien 10
Kalifornien im Jahr 1851 20
Los Angeles 116
Nördliche Central Coast 90
North Coast 228
San Diego 166
San Francisco 34–35
Sierra Nevada 196
Südliche Central Coast 102
Wine Country 244
Wüsten 182
Kaweah Colony 16
Key's View 188
Kinder 262
King City 105
Kings Canyon Nationalpark 201
Klamath Mountains 21
Klamath National Forest 233
Kleidung 262–63
Klima 262–63
Knotts Berry Farm 161
Korbel-Kellereien 246
Kriminalität 263
Krishnamurti Foundation 16, 108
Krotona Institute of Theosophy 108

L

LA Arboretum 158
La Honda 97
La Jolla 175, 179
Laguna Beach 157, 158
Lake Arrowhead 186
Lake Mary 206
Lake Merritt 89
Lake Shasta Caverns 227
Lake Shasta-Staudamm 227
Lake Tahoe 19, 197, 199, 203, 205
Lake Tahoe Historical Society Museum 205
Lakeport 248
Landing Vehicle Track Museum 180
Landwirtschaft 12, 33
Larkin House 99
Las Cruces Hot Springs 114, 115
Lassen Peak 224, 226
Lassen Volcanic National Park 224, 226
Lathrop House 86
Lava Beds National Monument 224–25
Lawrence Welk Village 178
Laws 204
Laws Railway Museum and State Historic Site 204
Lee Vining 204
Lick Observatory 86
Lincoln Shrine Memorial 192
Livermore Valley 81, 87
Living Desert Reserve 191
London, Jack 253
Los Altos Hills 81
Los Angeles 11, 13, 15, 16, 29, 31, 117–49
Ankunft 148
Architektur 122–23
Avila Adobe 120, 122
Autovermietung 148–49
Beverly Hills 118
Bevölkerung 119
Century City 118
Chinatwon 118, 121
Chinese Theater 128
Downtown 121
El Pueblo 120, 121
Ennis House 123
Exposition Park 127
Farmer's Market 139
Gärten 138
Galerien zeitgenössischer Kunst 139
Griffith Park 126
Hollyhock House 123
Hollywood 29, 30–31, 128–29
Hollywood Bowl 129
Hollywood Memorial Cemetery 129
Little Tokyo 119
Long Beach 130
Los Angeles Zoo 126
Lovell House 123
Märkte 139
Miracle Mile 138
Mit dem Auto 126, 134
Museen 124
Musikindustrie 132–33
Nachtleben / Unterhaltung 144–45

Los Angeles (Fortstzg.)
Öffentliche Verkehrsmittel 149
Olvera Street 120
Pico House 120
Plaza Church 120
Praktische Hinweise 148–49
Queen Mary 130
Restaurants 142–43, 274–75
Santa Monica 131, 134
Shopping 140–41
Shoreline Village 130
Sport 125
Spruce Goose 130
St. Elmo's Village Art Center 138
Sunset Boulevard 129
Temporary Contemporary 121
Touristeninformation 149
Umgebung 150–65, 275–76
Union Station 121
Unterkunft 146–47, 273–74
Venice 29, 131
Watts Tower 122
Westwood 136
Wilshire Boulevard 137–39
Zu Fuß 121, 130
Los Angeles County Museum of Art 124, 138
Los Angeles Maritime Museum 134
Los Encinos State Historic Park 164
Los Gatos 81
Los Olivos 114
Los Osas Oaks State Reserve 107
Los Padres National Forest 97
Los Trancos Open Space Preserve 89
Lost Coast 237, 239
Lost Horse Mine 188
LSD 32
Luftfahrtindustrie 12
Luftverschmutzung 12, 13
Luther Burbank Home and Memorial Gardens 252

M

M.H. de Young Memorial Museum 42
Malakoff Diggins State Historic Park 219
Malibu 152, 153
Malibu Creek State Park 153
Malibu Lagoon State Beach 153
Mammoth 19, 197, 199, 203, 206

Mammoth Mountain Bike Park 199
Manchester State Beach 238
Manhattan Beach 134
Manson, Charles 33
Marihuana 229, 234
Marin County 58, 75, 79
Marin County Civic Center 76, 79
Marin Museum of the American Indian 79
Marina 98
Marina del Rey 134
Mariposa 219
Mariposa County History Center 219
Mariposa Grove 209
Maritime Museum 173
Marshall Gold Discovery State Historic Park 219
Martinez 81
Martyr's Memorial and Museum of the Holocaust 138–39
Max Factor Museum 124, 128–134
McConaghy House 77
Mendocino 229, 238
Mendocino Botanical Gardens 231
Mendocino County Museum 242
Mendocino Headlands State Park 238
Mengei International Museum of World Folk Art 179
Menlo Park 81
Mexican Museum 42
Middletown 248
Milk, Harvey 45
Mill Valley 240
Miller, Henry 95
Mineral King 207
Miners' Foundry and Cultural Center 220
Mission Beach 174
Mission Dolores 54
Mission José de Guadaloupe 77
Mission La Purisma Concepcion 110, 114
Mission San Antonio de Padua 105, 110
Mission San Buenaventura 115
Mission San Fernando Rey 123, 163
Mission San Francisco de Solano 254
Mission San Gabriel Arcangel 123, 158, 159
Mission San Juan Bautista 96, 100
Mission San Juan Capistrano 157
Mission San Luis Obispo de Tolosa 108
Mission San Luis Rey de Franca 177, 181

Mission Santa Barbara 110, 113
Mission Santa Ysabel 177, 181
Missionen 23, 24, 25, 110–11
Mitchell Caverns 189
Modoc Plateau 21
Mojave River Valley Museum 184
Mojave-Wüste 183
Mono Lake 204
Montano de Oro State Park 107
Monterey 23, 91, 94, 95, 99
Monterey Bay Aquarium 99
Monterey State Historic Park 99
MontereyPeninsula 59, 91, 98
Montez, Lola 218
Moonlight State Beach 175
Moorten's Botanical Garden 190
Morro Bay State Park 105
Morro Strand State Beach 106
Moss Landing 98
Motels 108
Mount Diablo 83
Mount Hamilton 86
Mount Orizaba 163
Mount Rubidoux 193
Mount Shasta 16, 17, 226
Mount Tamalpais State Park 240
Mountain Biking 199, 202
Muir Woods National Monument 58, 240
Muir, John 81, 209
Muriel's Old Doll House Museum 79
Murrieta Hot Springs 193
Museum of Contemporary Art 179
Museum of Modern Art 43
Museum of Money of the American West 43
Museum of Natural History (LA) 124, 127
Museum of Natural History (Pacific Grove) 96
Museum of Natural History (San Diego) 168
Museum of Photographic Arts 168
Museum of Photography 193
Mutarango Museum 193

N

Nachtleben 263
Napa Valley 245, 253
Naval and Historical Museum 79
Nevada City 220
New Age 17
Newport Beach 156
Newport Harbor Art Museum 124, 156

Nipomo Dunes Preserve 107
Nit Wit Ridge 104
Nixon, Richard 156, 157
Nordküste 228–43
  Bootsfahrten 231
  Mit dem Auto 237
  Restaurants 234, 280
  Sehenswürdigkeiten 230–31, 234–38, 240–43
  Unterkunft 279–80
North Bay 79
North Beach Museum 43
North Mariposa County History Center 215
North Star Mining Museum 218
Norton Simon Museum 124, 155, 159
Novato 79

Oakland 58, 75, 79, 83
Oakville 249
Ocean Beach 174
Oceanside 180
Ocotillo Wells Recreational Area 184
Öffentliche Verkehrsmittel 263
Ojai 16, 108
Old-Faithful-Geysir 247
Olivas Adobe Historical Park 115
Orange County 151, 156–57
Orden vom Rosenkreuz 16
Owens Valley 197, 203, 206

P

Pacific Asia Museum 124, 159
Pacific Beach 175
Pacific Grove 96
Pacific Heritage Museum 43
Paiute Shoshone Indian Cultural Center 198
Pala 180
Pala Indianer-Reservat 177
Pala Mission 177, 180
Palace of the Legion of Honor 43
Palisades Glacier 198, 203
Palm Canyon 184, 190
Palm Springs 189–90, 193
Palo Alto 83
Palomar-Observatorium 177
Palos Verdes peninsula 134
Parducci-Weinkeller 255
Parks 233
  siehe auch Regionen
Parks an der Küste 101
Parks Jane Carriageway House 114
Pasadena 29, 158, 159
Patriarch Grove 198

Pauschalreisen 256
Pegleg's Monument 184
People's Temple 16
Performing Arts Library and Museum 44
Petaluma 249, 254
Petaluma Adobe State Historic Park 249
Petrified Forest 247
Petroglyphen 204
Petrolia 237
Pfeiffer Beach 101
Pfeiffer Big Sur State Park 97
Phoebe A Hearst Museum of Anthropology 77
Piercy 241
Pioneer Museum 178
Pioneer Yosemite History Center 209
Pismo State Beach 107
Pit River Bridge 227
Placerville 214
Plumas-Eureka State Park 220
Point Arena 240
Point Bonita Lighthouse 234
Point Fermin Park 134
Point Lobos State Reserve 101
Point Loma 173, 175
Point Reyes Lighthouse 241
Point Reyes National Seashore 239, 241
Point Sal 107
Politik 33, 84–85
Port Costa 79
Portola State Park 97
Ports O'Call Village 134
Postämter 263
Prairie Creek State Park 243
Presidio Army Museum 44
Providence Mountains State Recreation Area 189
Punta Gorda 237

Q

Quail Botanical Gardens 181
Quellen, heiße 115, 193, 200, 247

R

Raging Waters 87
Rainbow Basin 192
Rancho Guajome 177
Rancho Mirage 191
Randsburg 192
Reagan, Ronald 33, 104
Rebsorten 250, 251
Redding 225
Redding Museum of Art and History 225
Redlands 192–93
Redondo State Beach 134
Redwood City 83, 86

Redwood National Park 243
Redwood Regional Park 89
Redwoods 228, 232–33, 236, 240, 243
Reiseplanung 256
Reuben H Fleet Space Theater and Science Center 168
Richard Nixon Birthplace and Library 124, 156
Richardson Bay Audubon Center and Sanctuary 79
Richardson Grove State Park 241
Richter, Charles F. 238
Ridgecrest 193
Ripley Memorial Museum 252
Riverside 193
Roaring Camp Big Trees Narrow Gauge Railroad 93
Robert Louis Stevenson House 99
Robert Louis Stevenson State Park 248
Robert-Mondavi-Weinkellerei 249
Rock Point 242
Ronald Reagan Presidential Library 104
Rose-Bowl-Stadion 159
Rough and Ready 220
Russian River Valley 245
Rutherford 249
Rutherford-Hill-Weinkellerei 249

Sacramento 26, 211, 221
  Museen 221, 222
  Stanford House 222
  State Capitol 27, 221
  Sutter's Fort 221
  Zu Fuß 222
Salinas 94, 96, 98
Salk Institute 179
Salmon-Trinity Alps Primitive Area 226
Salton Sea 183, 193
Samos-Halbinsel 230
San Andreas 214
San Anselmo 241
San Bernardino Asistencia 193
San Bernardino County Museum 192
San Bruno Mountain Regional Park 89
San Clemente 157
San Diego 29, 166–75
  Aerospace Museum 169
  Architektur 170
  Balboa Park 167, 168–69
  Casa de Estudillo 172
  Coronado 169

San Diego (Fortstzg.)
Expo 170
Downtown 171
Festivals 169
Gaslamp Quarter 170, 171
Mission Bay 171
Mission Valley 171
Mit dem Auto 177
Old Town 170, 171,
172–73
Point Loma 173, 175
Presidio Park 173
Restaurants 277
San Diego Harbour 173
San Diego Zoo 173
Santa Fe-Bahnhof 170
Sea World 171
Seaport Village 173
Simon Edison Complex
for the Performing
Arts 168
Strände 174–75
Unterkunft 276–77
San Fernando Valley 163–64
San Francisco 11, 15, 26,
34–73
Alamo Square 56
Anreise 70
Ausflüge 58–59
Aquatic Park 56
Baker Beach 56
Bay Area Rapid Transit
System (BART) 73
Buddha's Universal
Church 52
Buddhistische Kirche 52
Buena Vista Park 56
Castro, The 36, 45
China Beach 56
Chinatown 36, 46
Civic Center 36
Cliff House 52
Columbus Tower 53
Dolores Park 56
Downtown/Union Square
36
Embarcadero 36
Ferry Building 53
Festivals 36
Financial District 36, 47
Fisherman's Wharf 36, 60
Fort Mason 53
Fort Point 41
Golden Gate Bridge 54
Golden Gate Park 57
Golden Gate Promenade
47
Grace Cathedral 38
Haight Ashbury 32, 33, 37
Hyde Street Pier Historic
Ships 41
Japantown 37
Lombard Street 39
Mission District 37
Mission Dolores 54
Museen und Galerien
40–44
Nachtleben 66–67
Names Project 36
Nob Hill 38

North Beach 38, 50
Öffentliche Verkehrsmittel
72–73
Old Mint 43
Pacific Heights 38, 50
Palace of Fine Arts 55
Praktische Ratschläge
70–73
Presidio 55
Restaurants 62–65,
268–70
Rincon Center 55
Rundgänge 51
Russian Hill 39
San Francisco Zoo 57
Schwule und Lesben 36,
43, 45
Shopping 60–61
SoMa 39
St. Mary's Cathedral 55
Sutro Heights Park 57
Telegraph Hill 39
Tenderloin 37
Touristeninformation 71
Transamerica Pyramid 47
Unterkunft 68–69, 266–68
Western Addition 37
Zu Fuß 46–47, 50
San Francisco Art and Craft
Museum 44
San Francisco Art Institute
39
San Francisco Bay National
Wildlife Refuge 77, 82
San Francisco Craft and Folk
Museum 44
San Gabriel Valley 158, 159
San Jose 16, 75, 86
San Juan Bautista 98, 100
San Juan Bautista State
Historic Park 100
San Luis Obispo 103, 108
San Luis Rey 177, 181
San Mateo 83, 88
San Mateo County Historical
Museum 88
San Pedro 29, 134
San Rafael 79, 83
San Simeon State Beach 106
Santa Anita Racetrack 159
Santa Barbara 29, 103, 113
Festivals 112
Sehenswürdigkeiten
112–13
Zu Fuß 112
Santa Catalina 162
Santa Clara 88
Santa Cruz 91, 94, 97, 100
Santa Cruz Big Trees and
Pacific Railroad 93
Santa Fe Railroad 29
Santa Rosa 252
Santa Ynez 114
Santa Ynez Valley 114
Santa Ynez Winery 114
Santa Ysabel 177, 181
Santa's Village 186
Saratoga 88
Sausalito 58, 79
Schramsberg Vineyards 244

Schuller, Robert 156
Sculpture Garden of Romano
Gabriel 231
Schulman Grove 198
Scripps Oceanographic
Institute and Scripps
Aquarium 179
Self-Realisation Fellowship
152
Sequoia Nationalpark 201
Shadow Cliffs Regional
Recreation Center 87
Shasta 227
Shasta State Historical Park
227
Shelter Cove 237
Shepard, Jesse 171
Siedler, europäische 22–24
Sierra City 223
Sierra Nevada 21, 197–209
Abenteuersport 199
Bergwandern 207
Mit dem Auto 201, 206
Restaurants 278
Sehenswürdigkeiten 198,
200–01, 204–09
Unterkunft 278
Silicon Valley 12, 13, 75
Silver Strand State Beach 174
Silverado Trail 255
Silverwood State Recreation
Area 186
Sinkyone Wilderness State
Park 237
Six Flags Magic Mountain
161–62
Skunk Train 232
Skyline National Trail 89
Sobon Estate 214
Society of California Pioneers
44
Solana Beach 175, 180
Solar One Power Plant 186
Solvang 113, 114
Sonoma 254
Sonoma State Historical Park
254
Sonoma Valley 245 249, 253
Sonora 214, 223
Southern Pacific Railroad 28
Southwest Museum 124, 158
Spezies, bedrohte 13
Sport 18–19, 263–64
siehe auch Regionen und
Städte
Sprache 264–65
St. Helena 252
Standvolleyball 19
Stanford Museum of Art 83
Stanford University 83
Steinbeck Foundation 96
Steinbeck, John 91, 94, 96, 99
Sterling, George 95
Stevenson, Robert Louis 94,
99, 248, 252
Stinson Beach 242
Stovepipe Wells 187
Strandsport 19
Strauss, Joseph B. 54
Stroud, Robert 77

REGISTER

Sugar Pine Point State Park 205
Sugarloaf Ridge State Park 253
Surfing Museum 100
Sutro, Adolph 52
Sutter, John 222
Symbionese Liberation Army (SLA) 85

T

Tall Trees Grove 243
Tallac Historic Site 205
Taxis 265
Tech Museum of Innovation 86
Tecopa Hot Springs County Park 193
Telefonieren 265
Themenparks 87, 160–62
Tiburon 79
Tijuana 170
Tilden Regional Park 89
Toiletten 265
Topanga Canyon 132, 152–53
Topanga State Park 153
Torrey Pines State Preserve 176, 179
Towe Ford Museum 222
Trinkgeld 265
Truckee 205
Tuolumne County Museum 223
Tuolumne Meadows 209
Twain, Mark 212
Twentynine Palms 193

U

Ukiah 255
Umweltschutz 13
Universal Studios 163
University of California 76–77, 84
University of California at Los Angeles (UCLA) 137

University of Southern California 127
Unterkunft
    Frühstückspensionen 260
    Hotels und Motels 261
    Jugendherbergen 261–62
    siehe auch Städte und Regionen

V

Vallejo 79
Valley Historical Society museum 114
Ventana Wilderness 97
Ventura 103, 115
Ventura County Museum of History and Art 115
Vikingsholm 205
Villa Montalvo 88
Villa Montezuma 171
    Park 178
    San Diego Museum of Art 168
    San Diego Wild Animal Park 178
Visa / Pässe 256
Vizcaino, Sebástian 23
Volcano 223

W

Wassersport 18, 153, 174
Watsonville 98
Wawona 209
Weingüter
    Bay Area 81
    Gold Country 214
    San Diego-Gebiet 178
    Wine Country 245, 246, 249, 250–51, 255
Weinprobe 250
Welk, Lawrence 177, 178
Wells Fargo History Museum 44, 47
West, Nathaniel 128
Whale Point 175
Whaley House Museum 172

Whiskeytown-Shasta-Trinity National Recreation Area 227
White Mountains 202, 203
Wildcat Canyon Regional; Park 89
Will Rogers State Park 152
William Randolph Hearst Memorial State Beach 106
William S. Hart County Park 164
Willits 242
Winchester Mystery House 86
Wine Country 59, 244–55
    Mit dem Auto 248
    Restaurants 281
    Sehenswürdigkeiten 246, 248–49, 252–55
    Unterkunft 280–81
Wright Art Gallery 137
Wright, Frank Lloyd 76, 123, 134
Wrigley Botanical Gardens 163
Wüstenregionen 21, 182–95
    Flora und Fauna 182, 194
    Golfplätze 193
    Mit dem Auto 186, 191
    Quellen, heiße 193
    Reisetips 194–95
    Restaurants 278
    Sehenswürdigkeiten 184–93
    Unterkunft 277–78

Y

Yorba Linda 156
Yosemite National Park 199, 207, 208–09
Yosemite Valley 21, 203, 208–09
Yountville 255

Z

Zeit 265
Zollbestimmungen 256

Bildnachweis

Die britische Automobile Association dankt folgenden Fotografen, Bibliotheken und Vereinen für die freundliche Unterstützung bei der Herstellung dieses Buches. Von **ROBERT HOLMES (© AA Photo Library)** stammen die meisten Fotos, mit Ausnahme von: Umschlag: Pictor International, Ed Pritchard, Ken Biggs/TSW, PMI, Sven Müller **CALIFORNIA DEPT OF PARKS AND RECREATION** 26/7 Monterey, Strand, 200 Wiese vor Grover Hot Springs; **LOS ANGELES CONVENTION AND VISITORS BUREAU** 18/9 Beach boy; **MARINE WORLD** 87 Elefanten, Delphin; **MARY EVANS PICTURE LIBRARY** 22 Eingeborene und Missionare, Eingeborener und Familie, 23 Mission San Diego, 26 Goldgräber, 28 Erdbeben, 29 Cartoon; **POPPERFOTO** 16 Charles Manson, 30 Gentlemen, 32/3 Polizei und Demonstrant, 85 Studenten; **REX FEATURES** 132 Beach Boys ,133 The Doors; **ROYAL GEOGRAPHIC SOCIETY** 20 Karte; **SPECTRUM COLOUR LIBRARY** Umschlag: Zypresse, 75 Feuerwerk, 97 Frucht, 102 Ölplattformen, 128/9 Hollywood, 137 Universität von Kalifornien, 202/3 Sierra Mountain, See, 207 Kaweah River, Mount Whitney Trail, 239 Erdbebenschäden, 243 Smith River; **WALT DISNEY CO** 160 Dornröschen-Schloß; **ZEFA PICTURE LIBRARY (UK) LTD** Rückumschlag innen: Neon-Schild, 6 Hollywood, 136 LA Westwood Village, 144 Hard Rock Café, 145 Sunset Boulevard, 148 LA Flughafen 149 Taxis, 162 Catalina Island, 164 Autobahn 175 Mission Bay 201 Baum, 228 Gull Rock, 257 Bei Nacht; **AA PHOTO LIBRARY** Beiträge von Harold Harris und Barrie Smith.